推进农业保险高质量发展
护航新时代农业强国建设

——《太安农业保险研究院成果集》第一辑

顾　越　主编
宋建国　副主编

中国农业出版社
北　京

深入领会2023年中央1号文件精神
要从四个方面下工夫（代序）

袁纯清

2023年中央1号文件刚发布，太安农业保险研究院就组织了本次中央1号文件的学习解读会，体现了一种服务大局的政治自觉。刚才各位专家学者及有关领导都谈了很好的认知，我感到深受启发，受益匪浅。结合大家的发言，我谈一谈对学习中央1号文件的体会，有四个方面。

一、要从站在建设农业强国的高度来学习中央1号文件

党的二十大确立了建设中国特色社会主义强国的伟大目标，并成为新时代的根本任务。作为党的二十大之后的第一个中央1号文件，着重宣示了建设农业强国的基本要求，开宗明义地提出了"强国必先强农，农强方能国强"，把农业强国定义为"五强"，即"供给保障强、科技装备强、经营体系强、产业韧性强、竞争能力强"。由此理解，农业保险作为农村金融，"做强"自然成为一个根本的任务和要求。这"五强"也完全可以成为农业保险的奋斗目标与对标导向。对标供给保障强的要求，农业保险应做到应保尽保，事实上对这一点，目前仍然存在差距。对标科技装备强的要求，农险科技应当充分发挥作用，更好地服务农户。对标经营体系强的要求，农业保险的体制、机制应当组织运用得更加充分有力。对标产业韧性强的要求，农业保险应当健康可持续稳健经营。对标竞争能力强的要求，农业保险应当提高效能，更好发挥保障农业生产的作用。总之，农业保险持续高质量发展是做强农险的基本要求。

二、要从围绕乡村振兴的主题来理解中央1号文件

乡村振兴是党的十九大确定的三农发展重大战略，自2021年开始，每年中央1号文件都以乡村振兴为主题。我们要牢记乡村振兴的二十字方针“产业兴旺、生态宜居、乡风文明、治理有效、生活富裕”。既然是乡村振兴战略，乡村就是我们工作的立足点、着力点和落脚点，是我们工作的天地、舞台和战场。中央1号文件中最能体现乡村的表述是“乡村发展、乡村建设、乡村治理”的一体化开展；文件最能体现振兴特点的是高频使用了“提升”和“行动”两个词汇，这两个词汇出现了15处。比如“实施千亿斤粮食产能提升行动”“深入推进大豆和油料产能提升工程”“实施加快油茶产业发展三年行动”“实施乡村振兴巾帼行动、青年人才开发行动”，等等，采取提升工程和专项行动的方式来推进乡村振兴，体现出一种聚精会神、咬定目标、踔厉奋发、力促力行、行而有成的工作决心和工作方法。农业保险也可以针对存在的短板与不足，实施几项专项行动，如加强农险治理与服务的数字化推进行动，农险基层组织建设行动，农险协保员培训行动等。

三、要从抓住2023年的重点工作来把握中央1号文件

从2022年开始，中央1号文件主要以布局乡村振兴重点工作的方式来进行工作安排。我理解，文件中9个方面33项重点工作很全面，但细分到某个方面、某个行业，仍然有其重点。从全局上来把握，重中之重的工作是稳粮保供、产业发展、防止返贫、乡村建设和治理四个方面。就稳粮保供，确保粮食安全而言，重点有四项特别值得注意：一是实施新一轮千亿斤粮食产能提升行动；二是开展吨粮田创建；三是实施玉米单产提升工程；四是持续推进大豆和油料产能提升工程。对农业保险而言，要围绕乡村振兴的重点工作来展开，尤其是在稳定粮食生产、发展乡村产业、防止规模性返贫、发展绿色农业上下工夫、花力气、有作为。

四、要从推动农业保险高质量发展来贯彻中央1号文件

农业保险作为金融业的重要组成部分，其突出的属性是服务。农业保险要服务乡村振兴，为乡村振兴保驾护航，其突出作用是要铸牢农业发展、产业发展的保护堤，系牢农民基本收益的安全带。2023年中央1号文件，与农业保险直接相关的有四个方面，这是文件强调的重点，但不等于我们以前提过的农业保险项目就不重要了。比如说广西糖料蔗的完全成本保险，再保险、大灾风险基金的建立、草原保险等，我认为还是应该按照扩面、增品、提标的目标要求来开展农业保险的工作，落实好中央1号文件的要求。下面我讲讲对扩面、增品、提标的几点认知。

第一，扩面。2023年中央1号文件继续提出了扩大三大粮食作物完全成本保险和种植收入保险的实施范围。我认为首先还是应该在产粮大县作为县级单位全覆盖的基础上，向非产粮大省的产粮大县来扩展。应该在产粮大县粮农的参保率上下工夫，提高覆盖率。我们在2022年的调研报告中还提出了一个观点，即对在非产粮大县的产粮大户也可以适时纳入扩面的范围。同时，要扩大特色农产品的参保面，提高覆盖率，促进农村产业发展。

第二，增品。随着新产品、新业态的发展，农业保险应该适应这种新的发展需求，增加农业保险的品种。比如说休闲农业、乡村旅游、乡村民宿等业态，既是农民的致富产业，又是城市居民的休闲产业、康养产业，但是隐含着财产风险、人身安全风险，需要强有力的保险来防控风险。这次文件提出了鼓励发展渔业保险，大家都为之振奋。渔业保险应该说需求广泛、意义重大、潜力巨大、任务艰巨，应该在原有的基础上付出更多努力，推进渔业保险的新发展。总之，农业保险要适应乡村产业发展的需求，增品是一项长期的任务。

第三，提标。其包括提高保障标准、提高绩效标准、提高服务标准三个方面。

一是提高保障标准。我们现在有三大粮食作物的完全成本保险和种植收入保险，有糖料蔗完全成本保险，有大豆完全成本保险的试点，应该说是一个巨大的历史性进步。但总的来讲，我们农业保险的保障水平、保障标准还很有限。美国目前在农险领域有204个品种，达到了50%～85%的保障水平，与美国相比我国农险的差距还比较大，还需要付出持续的努力。

二是提高绩效标准，财政部2022年下发了农险保费补贴管理办法，对农业保险提出了绩效导向的要求。但总的来讲，政府财政补贴资金的效率还远远没有达到预期，政策性保险的功能还没有充分实现，这一点应该引起农险部门的高度注意。农险行业按照中央要求，提高绩效标准有三条：一要实行精准费率，要尽快改变一省一费率的现状；二要降低费用率，2022年农险承保理赔管理办法已经明确规定费用率不超过20%，降低费用率实际上是要全面提升农险机构的管理水平；三要合理赔付，从2008—2018年这十年农险赔付情况看，玉米的平均赔付率为67.2%，水稻为54.14%，小麦为54.44%，这种低赔付率的状况不可持续，也不能持续，应当优化提升。

三是提高服务标准。当前农业保险的服务还比较粗放，尤其表现在勘损不及时、定损不准确，赔付迟滞，这也是农民反映特别突出的问题。一方面要树立正确的农险观，心系农民、服务农民、奉献农民；另一方面要科技赋能，让电子签单、科学流程、网络运行、遥感勘验、数字化运营成为农险的新的服务方式。

总之，2023年中央1号文件作为农业领域的一个纲领性文件，我们要认真学习和领会，使之成为农险战线的一个行动指南。要始终坚持高质量发展的目标要求，努力工作，积极创新，讲求实效，为乡村振兴和农业强国的建设做出更大贡献。

2023年2月17日

（本文为中共农村工作领导小组原副组长袁纯清在太安农业保险研究院2023年中央1号文件解读会上的讲话）

序　言

庹国柱

顾越先生主编的《推进农业保险高质量发展　护航新时代农业强国建设——〈太安农业保险研究院成果集〉第一辑》即将出版，这是农业保险研究百花园里的一束芬芳的鲜花，也是献给农业保险界的一份珍贵的礼物。作为一个农业保险研究的爱好者，能先读到这些作品，我由衷地感到高兴。

我国的农业保险在过去17年里，有了长足的发展，跨越了其他农业保险发达国家半个世纪甚至更长的发展历程。就保险保障水平和保险费收入而论，近年已经位列全球第一或者第二。跟其他发展中国家的农业保险市场相比要超越太多。农业保险的这种发展是与我国农业农村现代化发展相匹配的。如果说小农经济对于农业保险的需求还有限的话，现代农业就离不开保险这种风险管理的工具。因为适宜于中国国情的传统风险管理工具已经无法适应中国农业农村发展的现状了。农业保险成为中国发展现代化农业和农村主要的遮风挡雨的保护伞。

我国目前的农业保险制度是由2013年开始实施的《农业保险条例》（以下简称《条例》）规范的。《条例》初步确立了政策性农业保险的制度、政策框架和操作规范，为农业保险特别是政策性农业保险的发展奠定了初步基础。10年的实践表明，我国政策性农业保险的发展方向是正确的，实施路径也是成功的、有效的。但随着国际国内环境的变化，国家战略的深化和调整，对农业保险的要求在不断提高，农业保险在农业现代化发展和乡村振兴战略中的地位越发凸显，明确成为价格、补贴、保险“三位一体”的国家农业支持保护体系的重要组成部分。但是，无论是《条例》本身还是现行经营体制和操作规范，都难以适应国家建设农业强国战略的要求，存在许多需要研究和解决的问题，包括顶层制度、框架结构，与国际规则的衔接，以及农业保险的市场体系和操作规范，都需要进一步优化和完善。

太安农业保险研究院就是在这样的背景下诞生的。这家由太平洋财产保险公司、太平洋安信农业保险公司、华风象辑（北京）气象科技有限公司、北京佳格天地科技有限公司、金丰农业服务有限公司和上海艾妮维农产品专业合作社等六家保险和农业科技企业共同申请设立并独立经营的非营利法人研究机构，是国内第一个具有独立法人身份的农业保险专业研究机构，也是一家有气魄和创意的研究机构。几家投资企业每年要注入不少资金来支持各类课题的研究，表明他们是有远见卓识的，看到了农业保险发展在中国的美好远景，也体会到了农业保险发展还不能尽如人意的现状。深知要顺利走向远景，需要加强研究，推动现行制度、政策、市场体系、业务经营的改进和完善，需要投入更多的资金，支持更多的人才来从事农业保险问题的研究。虽然这种投入对这些企业的财务报表来说，可能“不好看”，因为只有投入，没有收益，但却是必要的、值得的。这些投入既是农户、农业企业和农业保险行业成长发展的迫切需要，也是企业可以和应当承担的社会责任。当然，研究成果的转化，既是制度建设的需要，行业会得利，投资企业自身也会受益。

太安农业保险研究院成立几年来，面对整个农业保险行业和全国农业保险发展实际，充分利用和发挥社会上相关科研机构和高等院校的农业保险研究资源和专业人才的作用，针对农业保险制度和市场发展中的问题开展了一系列的专题研究，产生了数十项有理论高度和实践价值的研究成果。这些成果涉及的范围比较广泛，有的成果也受到了中共有关领导的批示，有的意见还被有关政策文件采纳。

在这本书里，汇集了27篇研究成果。这是近三年来太安农业保险研究院研究成果的精简版。读者会看到，这些成果中，既有农业保险如何服务于国家发展战略方面，例如，如何深入领会中央对于农业保险方面的指导意见，如何在乡村振兴中发挥作用的讨论，也有如何改进农业保险体制机制建设方面的成果，有优化保险经营制度和业务结构的探讨，也有关于农业保险方面国际经验的介绍。我觉得，这些成果不仅对农险的管理和监督部门有参考价值，也对经营机构有重要的参考价值。

祝贺太安农业保险研究院的优秀成果顺利出版，也期盼在研究院的努力下，有源源不断的丰硕成果问世。

2023年6月20日于北京

编 者 按

顾 越

党的二十大提出通过中国式现代化建设实现民族复兴。习近平总书记强调，强国必先强农，农强方能国强。农业强国是建设社会主义现代化强国的根基。没有农业强国就没有整个现代化强国，没有农业农村现代化，社会主义现代化是不全面的。

保险在风险补偿和管理机制方面的独特作用，对于国家实施乡村振兴战略、实现农业强国有着不可代替的作用。保险作为分散和转移风险的关键工具，提供各类风险保障，成为三农发展的稳定器；创新财政补贴方式，发挥保险杠杆作用，成为财政支农惠农的放大器；完善农村金融保险体系，发挥金融协同效应，成为农村金融的传导器；推进保险风险减量管理工作，发挥保险综合作用，成为推动三农社会治理的助推器。

“栽下梧桐树，引得凤凰来”。为更好地支持三农发展，推进农业强国建设，中国太保产险发挥主人翁精神，全力投入和支持农业保险政策和理论创新研究工作，以太安农业保险研究院为创新研发基地，通过课题研究等形式，汇聚行业内外智慧，形成了一系列高质量的研究成果，为新时期农业保险如何实现高质量发展绘蓝图、指方向、明方略。为进一步发挥研究成果价值，助力行业发展，太安农业保险研究院特将已取得的主要研究成果进行精选凝练，公开汇编成册予以出版。

本书共收集 2020 年以来各类专家学者课题论文 27 篇，有谋大局、定政策的顶层设计，如对中央 1 号文件精神的解读、防返贫的机制和政策研究、绿色保险研究；有开眼界、学经验的国外模式学习，如农业保险国际创新模式研究，中美保险十期货的比较和借鉴；有对行业找短板、寻问题的研究探索，如农业保险风险指数和费率研究，农业保险大灾风险分散机制研究；有对行业提服务、促经营的建议做法，如农业保险基层协保员队伍建设研究，农险档案全面电子化的研究；有对区域定准位、瞄靶心的特色产业研究，如海南休闲渔业保险研究、新疆棉花“保险十信贷”模式研究等。一言以蔽之，本书汇编内容丰富、内涵深刻，涵盖了农业保险政策、产品、技术、实务、风险管理等各项内容，可为新时期从事农业保险的工作者提供有益参考。

“却顾所来径，苍苍横翠微”。回望过去，农业保险已取得骄人成就，展望未来，在新的历史征程上，农业保险人要继续跋山涉水，始终坚持高质量发展，为全面推进乡村振兴、加快建设农业强国书写新的篇章。

目　　录

深入领会2023年中央1号文件精神　要从四个方面
　下工夫（代序）………………………………………………… 袁纯清
序言 ……………………………………………………………… 庹国柱
编者按 …………………………………………………………… 顾　越

理事长观点 …………………………………………………………………… (1)

逆风前行的“抗风者” ………………………………………………………… (1)
以巨灾保险为城市发展托底 …………………………………………………… (6)

服务国家战略篇 ……………………………………………………………… (10)

农业保险助推乡村振兴战略发展的政策建议 ………………………… 袁纯清 (10)
农业保险服务推进乡村振兴的几点思考 ……………………………… 宋建国 (19)
“稳脱贫”与“防返贫”的机制和政策研究
　——以太平洋保险“防贫保”为例 …………………………………… 汪三贵 (25)
农业保险助力休闲农业高质量发展研究 ……………………………… 曹广明 (36)
大豆玉米带状复合种植保险研究 ………………………… 太安农业保险研究院 (46)
农业保险行业绿色保险研究 ……………………………… 太安农业保险研究院 (62)

灾害风险分散篇 ……………………………………………………………… (77)

农业保险大灾风险分散机制研究 ……………………………………… 江生忠 (77)
农业保险费率定量研究 ………………………………………………… 郭桂祯 (90)
极端天气下农业保险运行存在的难题及对策建议 ………………………
　……………………………………………………………… 太安农业保险研究院 (102)
上海市农业巨灾保险债券化研究 ………………………… 太安农业保险研究院 (108)

区域产业风险篇 ………………………………………………………………… (136)

海南省海水养殖保险研究 ………………………………………… 王小平 (136)
东北黑土地农田保护与可持续利用的经营保险机制研究 …… 李保国 (151)
海南省胡椒产业保险研究 …………………………………………………
　………………………… 太安农业保险研究院华南农业发展研究中心 (163)
棉花种植“保险+信贷”模式研究 …………………………………
　…………………… 太安农业保险研究院西北农业风险管理研究中心 (175)
肉牛养殖业保险纳入中央财政补贴可行性研究 …………………
　………………………… 太安农业保险研究院北疆生态保护研究中心 (189)

国际经验篇 ……………………………………………………………………… (205)

中美两国期货市场在农业保险中的运用：比较与借鉴 ……… 何小伟 (205)
海外现代农业保险保障分析
　——以美国农业企业一揽子保险为例 ………………………… 何兴龙 (217)
海外农业相互保险经营模式比较分析
　——以法国和日本的农业相互保险为例 ……………………… 何兴龙 (224)

高质量发展转型篇 ……………………………………………………………… (234)

我国农业收入保险的发展模式与实践 ……………… 宋建国　刘　莉 (234)
农业保险基层协保员队伍建设研究 ……………………………… 庹国柱 (250)
推进我国农业收入保险发展研究 ………………………………… 江生忠 (263)
“保险+期货”与农民收入保障政策研究 ………………………… 李正强 (277)
马铃薯作为期货品种上市的可行性研究 ………………………… 李正强 (288)
农业保险财政补贴结算模式与优化研究 ………………………… 龙文军 (297)
大中城市农产品流通环节保供保险研究 ………………………… 翟留栓 (307)
我国棉花种植业支持保护政策的保险优化路径研究 ………… 冯文丽 (319)
农业保险理赔档案全流程电子化探索研究 ……………………………
　………………………… 太安农业保险研究院华中农业发展研究中心 (333)

理事长观点

逆风前行的“抗风者”

作为国内财险市场“老三家”之一，中国太保产险在过去6年多的时间里绘就一条深度转型的曲线。面对改革阵痛，中国太保产险自上而下毫不动摇，“第一年剜疮止血、第二年活血化瘀、第三年通经活络”，追求价值转型的步伐铿锵有力。

中国太保产险董事长顾越

执着等来了丰收。中国太保产险不仅扭亏为盈，综合成本率迎头赶上，在总保费增速、非车险占比等折射业绩含金量的多项指标上跑赢主要竞争对手；就连经营模式亦脱胎换骨——从过去以产品为中心到以渠道为中心，再到如今以客户为中心，中国太保产险成为同业对标的新风向标。

此时，中国太保产险转型班底并未选择功成身退，而是继续砥砺前行。中国太保产险董事长顾越在近日接受上海证券报独家专访时坦言，无论是顺境还是逆境，产险业“有效益、可持续、精细化”的底层经营逻辑始终未变。遵循这个逻辑，中国太保产险将坚定长期主义，实现从数字对标转向能力对标，打造品质过硬、增长有力的高质量发展标杆。

刀刃向内找问题　深挖根源调结构

这两年来，在不少行业交流的场合，监管及同业人士都会提及中国太保产险的成功转型。始于2015年的这次转型，让中国太保产险调整了结构，非车险业务年均保费复合增长率达29%，成为推动公司业务发展的绝对主力；承保利润扭亏为盈，且在行业整体亏损的情况下保持盈利并持续改善，保费增速与成本“双优”于行业整体水平。

但当年这场转型的由来与个中曲折，却并不为多数人所知。前期在发展策略、风险选择、理赔管控等经营管理方面存在的诸多问题，开始在2014年度集中暴发。中国太保产险基层机构造假案频发，综合成本率直线上升，保费增速与承保利润均跌入低谷。

内外部形势夹击之下，中国太保产险内部达成“转型”共识。

临危受命的“救火队长”顾越于2015年初从集团调至产险坐镇，甫一上任即制定了“三年三步走”计划，即第一年实现盈利，第二年与行业看齐，第三年缩小与主要同业差距。内部更通俗的解读是，“第一年剜疮止血，第二年活血化瘀，第三年通经活络”。

彼时占比超过70%的车险业务，成为剜疮止血的重点。顾越说：“那个时候，我们发现，之前经营中遇到的很多困难，根源在于业务品质管控、基础管理不足。比如，基础管理薄弱造成很多车险理赔案件涉嫌做假，即所谓舞弊案件，对产险公司而言，这是毒瘤，必须剜掉。对此，我们有针对性地进行了强化基础管理和打击假赔案。”

顾越清楚地记得，他上任后召开的第一个会议是打假工作会。调集全公司专职人员，成立专门打假队伍，确定三个“一律”原则——涉及作假的管理部门负责人，一律问责；涉案的当事人，一律开除；其中涉及违法犯罪的，一律移送司法机关。

他说，实践中发现，一律开除、一律问责的效果有限，因为很多人会因为碍于情面，而简单处分或表面处分，只有一律移送司法机关才能起到真正的震慑作用。

在顾越看来，刀刃向内找问题要“严、实、细”，找准问题；深挖根源要“敢、质、效”，坚持问题导向。

“业务品质较差”是拖累中国太保产险综合成本率持续攀升的主因。因此，中国太保产险当时最主要的动作就是淘汰劣质业务，诸如管理混乱的营运货车险、道德风险较大的部分小企业财产险等，从根本上扭转了中国太保产险业务的品质与模式。

“现在回过头来看，当时做出转型决定是非常明智的，但那时候压力真的不小。任何改革都会触碰到一些既有利益者。”忆起往昔，顾越直言，过去的业务模式导致部分基层业务员有了惰性，市场化程度不高，转型势必影响到这些人的既得利益。

开弓没有回头箭。最终结果证实了战略选择的正确性。通过打假、淘汰劣质业务，中国太保产险得以实现“止血”，在2015年顺利达成了盈利的目标，为后续几年的发展夯实了地基，即活血化瘀、通筋活络。辅之以渠道转型变革，同时主动布局开拓农险、个人信用保证险等新产品业务线。

增长动能转换　非车险占比持续上升

在整个产险市场竞争加剧、车险监管形势严峻的大环境下，凭借车险优化、非车险加速的双轮驱动，中国太保产险2020年保费增速达到两位数，比行业平均水平高出6个百分点以上，也明显高于主要同业；综合成本率持续向好，明显优于行业水平，与最优同业处于同一水平（截至2020年6月综合成本率为98.3%，较上年同期改善0.3个百分点），足可见其可持续发展基础之扎实。

这样的成绩单令同业心生羡慕，但这绝非检验中国太保产险6年来转型成效的唯一标尺。

顾越感慨，转型的最大收获：一是实现了增长动能转换，不再主要依赖车险业务；二是产品及业务作业方式通过科技赋能和数字化转型得以完善与升级；三是通过转型创新了客户经营模式，建立了可持续增长机制；四是培育了无论是顺境还是逆境，是顺周期还是逆周期，都能够抓住增长机会的能力，唯有长期的客户培育、自我卓越的运营管理以及高效的服务能力，才能随时抓住机遇。

随着在非车险领域的多年布局，中国太保产险的产品结构趋于多样化、非车险增量贡献逐年提升。已公开的最新数据显示，2020年上半年，中国太保产险的主要产品增量结构中，健康险、农险、车险分别占25%、22.8%、21.7%，责任险、企业财险分别占14.6%、1.3%。车险在公司整体业务中不断下降，2018年、2019年车险占比分别为74.7%、70.1%，2020年上半年车险占比下降至62.6%。

"这两年，我们的非车险业务增长速度非常高，其中，农险年复合增长率保持在50%左右。我们在发展农险业务之初，就确立了双创双领先（产品创新、技术创新）的策略，目前在行业拥有了一定影响力。"顾越说。

未来，非车险市场仍然存在很大的发展空间。顾越认为，背后有四方面的推动因素：一是内外部的新形势、新环境，蕴藏着非车险相关的广阔空间和无限机遇；二是双循环的新发展格局下，非车险业务的需求将保持持续旺盛；三是"十四五"规划对保险有新的期待，健康险、意外险、责任险、农险等新领域业务将呈现更好的发展机遇；四是技术的突破，将极大地提升保险的风险管理能力和风险保障的覆盖面，进而催生出更多的发展机会。

机遇是留给有准备之人的。面对新形势、新环境，中国太保产险将在以下几个方面加快业务布局，把握市场机遇，深挖增长潜能，使非车险继续成为公司未来增长的主要引擎。一是强化风险保障及管理，助力中国制造和创造；二是提升公共治理参与度，优化经济发展环境；三是践行企业责任担当，创新开展助力乡村振兴；四是主动融入大局、服务国家战略；五是打造个人生活保险服务圈。

通过在以上几个方面的持续布局、推进，中国太保产险预计，未来，公司非车险业务有望延续当前的快速发展势头，保费占比将进一步提升。

坚守长期主义　车险仍是“好业务”

谈及产险行业未来发展，车险综合改革是一个绕不开的话题。截至目前，车险综改对中国太保产险的影响主要体现在哪些方面？影响大概还会持续多久？下一步如何在车险业务领域提质增效？

对于市场关注的这些问题，顾越并未回避。他认为，过去“一个条款、一个价格”的车险政策红利，本身就不符合市场化发展方向，所以，车险综改是大势所趋。

但他亦坦言，对于所有经营车险业务的市场主体而言，短期内改革带来的挑战极大。“行业基本上有一个一致判断，即未来车险业务的盈利空间会被压缩，预计对非车险业务占比较小、集约化能力较弱的中小产险公司来说，影响更为明显。”

但从另一个角度来看，顾越认为，车险未来依然是一个很好的业务领域。“车险是能带来现金流的业务，作为个人业务，风险亦相对可控。从这几点来判断，车险依然是产险市场的主要领域，不能忽视这个业务的重要性。”

虽然车险仍是产险市场的压舱石，但顾越认为，车险经营理念必须顺势而变。“车险市场主体间竞争加剧，综改影响下同业加大市场争夺，客户经营能力的重要性更为凸显。因此，在客户的识别获取，客户需求的挖掘、创新产品开发设计、客户服务资源配置、直通获客渠道建设等方面亟待加强，预计未来车险市场格局或将发生较大变化。”

新的一年，中国太保提出要做好当期经营业绩的同时推动长期能力建设。作为集团旗下的主舰队，中国太保产险在坚持长期主义方面，中国太保产险2015—2020年经历了困境求生、逆境发展、顺境提升三个阶段，正是坚持贯彻长期主义才取得了丰硕成果。

“当年我们拟定‘三年三步走’计划，提出‘剜疮止血、活血化瘀、通经活络’目标，就是要先解决基础管理薄弱的问题，加强自身品质管控能力建设，为未来可持续的长期发展奠定坚实基础；后来，逆境发展阶段提出‘双优双对标’，就是解决发展问题；顺境提升阶段，提出‘对标一流、看齐先进’，就是解决能力问题，通过渠道建设、创新布局、转型突破等一系列举措，打造自身长期核心竞争能力。”顾越说。

成为一家保险百年老店，正是中国太保在上市之初制定的目标。“我们始终把长期主义作为基本信念，提出成为高质量发展标杆的目标，其核心内涵就是‘有效益、可持续、精细化’。”顾越表示，新的一年，中国太保产险要实现从数字对标转向能力对标，主要从产品经营向客户经营、单一运作向区域协同、点状集约向全域集约、传统经营向数字经营等维度转型突破，深入挖掘双循环格局和扩大内需战略中涌现的新机遇、新领域的新需求，全面构筑高质量发展硬核，向卓越的高质量发展新高地迈进。

（本文作者是黄蕾，来源：《上海证券报》）

以巨灾保险为城市发展托底

当一场大雨造成城市内涝、道路损毁、人身安全受到威胁，来自保险的托底业务，能给城市应急处置和恢复发展托住底吗？围绕这一话题，中国太保产险党委书记、董事长顾越近日接受了《人民政协报》记者的专访。

记者：据我们了解，当前以城市为单位上保险已较为普遍，比如公责险、道路险，安全生产责任保险等，您认为这些保险品种是否能覆盖或绝大部分覆盖需求？

顾越：保险作为社会的"减震器"和"稳定器"，近年来不断创新产品和服务供给，为社会、企业、居民财产和人身安全提供全方位的保障。其中，您所提到的这些以城市为单位，带有强制性的保险，也逐步扮演起了为社会经济平稳运行提供抗灾功能的"基础缓冲器"。

我举个例子。经过多年的探索，我国现已开展了全国层面的城乡居民住宅地震巨灾保险和十余省市的区域性巨灾保险实践，形成了"政府主导推动、商业保险运作、地域特色鲜明"的巨灾保险发展模式。

记者：数字时代，我们推动新基建、打造智慧城市，保险业也在经历数字化转型。那么您认为，保险领域在帮助城市变得更聪明、人民生活更智慧方面，有哪些切入点？

顾越：一直以来，我们都在积极推动智慧科技赋能保险服务、保险助力智慧科技应用。以我们开发了新一代智能化风险管理平台"风险雷达"为例，其

浙江分公司运用 AIS 船舶信息定位系统精准锁定船舶动态

对接国家级气象机构，可以实时跟踪发布暴雨、暴风、台风等气象灾害预报。此外，我们还开发了城市内涝风险预警地图，社会公众可精准查询周边易涝点，获取车辆等家庭财产的防护指南，以此打通灾害预警的“最后一公里”，提升居民防灾抗灾的能力。

宁波分公司运用“观察者”车理赔服务可视化管理平台，
为客户车辆高效远程定损

记者：灾情发生后，理赔任务是很重的，险企是否也会采取新方式来推动快速理赔？

顾越：答案是肯定的。在这方面我们有三大举措：一是免查勘、免单证，启动简易报案模式，减少问询信息，免现场查勘，开启大灾事故绿色理赔通道，快速赔付；二是小额案件、打包快处，对接当地行业协会，按照行业大灾车辆定损及赔付标准对小额案件打包赔付，快速处理、快速赔付；三是线上化处置，开通绿色通道，优化流程，扩大案件线上化处置通道，提升案件线上化处置效率，快速处置。我们一直在探索灾害应对处置新方式，快速处置案件，积极履行保单承诺。

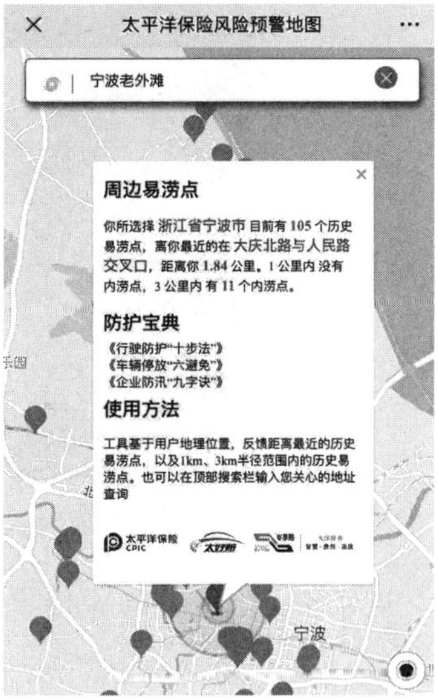

“云工兵”太平洋风险预警地图

记者：据我们了解，您也很关注乡村振兴，这次水灾波及部分乡村，从中您发现了哪些行业启示？

顾越：从这次水灾中，我们可以看到，农村地区基础设施较弱，极易受自然灾害影响；同时，还受到农产品价格波动、动物传染病等因素的影响，因此巨灾属性十分突出。

浙江分公司查勘员帮助客户搬移压砸车辆树干，
并通过“太好赔”线上理赔系统处理客户车损

河南分公司农险查勘员在新乡长垣涉水查看玉米受灾情况

近年来，农业保险保费收入增长迅速，从 2007 年的 53.3 亿元快速增加至 2020 年的 814.93 亿元，已经超越美国，成为全球最大的农业保险市场。未来，在服务乡村振兴战略工作中，我们将重点做好四方面服务工作。

一是巩固拓展脱贫攻坚成果同乡村振兴有效衔接，“扶上马、送一程”，特别是对“三区三州”、原国家级贫困县、国家乡村振兴重点帮扶县等有针对性地加大工作力度，确保防返贫工作成效显著。

二是聚焦现代农业产业转型升级，创新农业保险保障模式，助力农业现代化。开展“一县一特”“一县多品”地方特色保险，保障地方特色农业产业，同时积极推进三大主粮作物的完全成本和收入保险，以及“保险+期货”模式，保障农业产业的转型升级。

三是围绕乡村治理保障需求，不断创新完善“防贫保”产品及服务体系，从单一的防止返贫保障到既防贫又助致富的综合保障，全面助力农村现代化。

四是聚力乡村建设行动推进，创新开办三农综合保险、普惠综合金融服务，服务美丽乡村建设。

河南分公司农险查勘员在鹤壁使用无人机对受灾花生进行查勘

（本文作者是崔吕萍，来源：《人民政协报》）

服务国家战略篇

农业保险助推乡村振兴战略发展的政策建议

袁纯清

一、加快推进粮食作物的高保障保险

党的十八大以来，中央高度重视粮食问题。习近平总书记强调："中国人的饭碗任何时候都要牢牢端在自己手上。我们的饭碗应该主要装中国粮。""我国是个人口众多的大国，解决好吃饭问题始终是治国理政的头等大事。"多年来，产粮大县一直是我国粮食生产的主力军，为保障国家粮食安全做出了巨大贡献，国家也不断加强对产粮大县的支持力度。但从实际情况看，目前部分产粮大县仍是经济小县、财政穷县，部分地区陷入了粮食贡献越大、地方财政收入越少、农民收入越低、经济越落后的怪圈，已严重影响了地方政府抓粮食生产以及农民种粮的积极性，加之近年来自然灾害频发，价格波动等市场风险加剧，种粮风险高，农民种粮积极性受挫，给国家粮食安全和社会经济全面可持续发展带来了隐忧。

目前我国粮食种植的保障水平仍以直接物化成本为主，三大粮食作物每亩生产成本约 600 元，与我国每亩 1 100 元以上的全生产成本及发达国家保障种粮者收入的做法仍有较大差距。近年来种粮成本持续攀升，土地流转费和用工费用明显上涨。据国家发改委统计，2009—2019 年三大主粮亩均总成本从 600 元增加到 1 106.8 元，增幅高达 84.4%，特别是人工成本、土地流转费用分别上涨 120%、102%，而粮食平均售价仅上涨 19.8%。2018 年 8 月，财政部、农业农村部、银保监会联合印发了《关于开展三大粮食作物完全成本保险和收入保险试点工作的通知》，迈出了我国农业保险由"保成本"向"保收入"转变的关键一步。与现行农业保险主要保障物化成本不同，完全成本保险隐含了土地、劳动等生产要素的平均价格，体现了农户的物权收益和劳动力收益，是一种准收入性质的保险。通过各地开展的试点情况来看，完全成本保险和收入保险，更好地保障了种粮收益，为农民扩面增产免除了后顾之忧，农民参保率不断提升，自交保费的积极性不断提高，深受农民欢迎。

为此，本课题组认为，要站在国家粮食安全和保障种粮农民利益的高度，加快推进粮食作物高保障保险，提高对粮食种植的风险保障能力，保障种粮农民收益，提高种粮积极性，保障粮食安全。深入总结试点地区的成功经验，加快推进以完全成本保险和收入保险为主的粮食作物高保障保险，建议到 2021 年，将完全成本保险和收入保险的试点范围扩大到 100 个县，并逐年翻倍，力争用 3～5 年时间将全国 800 个产粮大县全覆盖，并根据农业生产成本和劳动力成本变化的情况，适度提高保障标准，进一步提高保障水平。

二、加快推进优势特色农产品保险的扩面、提标、增品

近年来，地方优势特色产业发展较快，在促进农民增收中发挥了重要作用，如新疆的林果，陕西、甘肃的苹果，南方多省的水果，海南的橡胶，湖北的淡水养殖，山东的设施蔬菜，山东、海南、浙江等省的海洋牧场等。全国已投保的地方优势特色农产品品种快速增长，保险机构开发的各类保险产品数量稳步提升。目前开展地方优势特色农产品保险奖补试点地区已经扩大至 20 个省份。部分省份还出台了省级财政对市县特色农产品保险的以奖代补政策，如甘肃、陕西省等财政部门已经发文明确地方特色农险补贴办法。在中央及地方财政的支持下，地方特色农产品保险的扩面、提标、增品正在稳步推进。与此同时，我们也清醒地认识到，地方优势特色险种虽然发展较快，但整体规模与大宗农产品相比仍然偏小，功能作用发挥不够充分，难以满足农户日益增长的风险保障需求，

要进一步推进优势特色农产品保险的扩面、提标、增品的相关工作。一是结合质量兴农、绿色兴农战略，尽快将优势特色农产品保险奖补的政策实行到 31 个省市区，在 300 个国家级和省级特色农产品优势区，选择“茶菌果蔬，种药烟花”等地方特色品种，加快推动优势特色农产品保险发展。二是大力推进“一县一特”地方优势特色农产品保险工作，重点关注区域特色明显、产业规模较大、经济效益可观、市场竞争力突出的特色品种，同时，重点关注西部地区和贫困地区，实施东西部差异化的奖补比例，形成“一县一特”的保费奖补清单。三是增加中央财政的补贴品种，如苹果、柑橘等经济林果业，羊、牛、鸡等畜牧产业，以及淡水养殖业。同时考虑到我国草原面积 60 亿亩①，其生态效应巨大，对于畜牧业的发展具有天然优势，应加快相关试点，加大推进力度，尽早列入中央财政补贴险种。

① 亩为非法定计量单位，1 亩≈667 平方米，下同。

三、扩大“目标价格保险＋期货”试点

“目标价格保险＋期货”是近年来我国利用市场化机制开展价格风险分散的重要举措与模式创新，连续几年试点效果显著。从实践情况看，“目标价格保险＋期货”通过发挥市场作用，在较大程度上简化了政府操作，提高了补贴资金的使用效率，能够解决财政补贴的不确定性、预算难以安排等问题。

但是，“目标价格保险＋期货”仍然存在一些亟待解决的问题。一方面是保费补贴缺乏稳定的来源。目前的“目标价格保险＋期货”试点的项目经费绝大部分来自期货交易的试点项目，有的源于地方政府的支持，缺乏稳定的保费补贴已成为扩大试点所面临的突出问题；另一方面是相关体制机制有待进一步完善。“目标价格保险＋期货”作为一种全新的农业保险服务方式，国外无先例可循，横跨保险、期货两个行业，专业性强、业务链条长、管控要求高。同时，价格保险定价能力与合理性需进一步提升。另外，期货市场容量较小，流动性不足，价格形成机制不完善，不少项目没有场内期权，只能进行场外交易，无形中增加了运行成本等，需要进一步培育发展。

要加快推进并扩大“目标价格保险＋期货”试点的范围。一是将“目标价格保险＋期货”的品种列入中央财政保费补贴或以奖代补品种，交易所按一定比例补助保费，以形成稳定的保费供给。二是搭建“政府＋交易所＋保险机构＋投保主体（农户或新型经营主体）”四方合作共赢的机制。参与方各司其职，政府提出项目计划，补贴部分保费，并加强指导推动。交易所负责加强对期货市场以及相关期货公司的培育与监督，并适当补贴部分保费。保险机构负责保险项目的具体运营，并与期货公司合作，设计出赔付效果最好、综合成本相对较低的期权方案，再依据期权产品匹配保险方案。参保主体自愿投保，缴纳应担保费，维护自身权益。三是加快扩大新疆棉花、海南橡胶、广西糖料蔗、苹果的试点，并对其品种逐步建立期权。

四、加大对综合性保险的支持力度

近年来，一二三产业融合发展逐渐成为一种经济形态，产生了保险的新需求，客观上需要保险从单一性向综合性转变。为响应新时代农民群众的新期盼、农业农村发展的新需要，加大财政对农业、农村综合性保险的支持力度，可在更多条件成熟地区开展试点。甘肃省“一户一保”模式以及陕西省“助农保”模式都是综合性保险的范式，值得进一步总结并复制推广。

要从政策层面支持保险公司开发服务现代农业产业体系，保障农业生产经

营全流程的综合性保险，全面服务生产、加工、储存、流通、贸易直到终端消费的产业链和价值链，帮助各环节经营主体转移存在的生产风险、质量风险、销售风险、消费风险。通过支持综合性保险的发展，引导农业保险逐步由单一产品模式向保障农业生产经营全流程风险的综合性一揽子组合产品及模式发展。要加强政府层面对综合性保险的政策引导，解决产品相互衔接的政策性障碍。保险公司加快此类保险产品的开发，注重机制建设，形成模式，便于复制、推广。

五、将湿地保险列入政府支持试点项目

湿地与人类的生存和发展息息相关，是自然界最富生物多样性的生态景观和人类最重要的生存环境之一，它不仅为人类的生产、生活提供多种资源，而且具有巨大的环境功能和效益，在抵御洪水、蓄洪防旱、控制污染、控制土壤侵蚀等方面有其他系统不可替代的作用。此外，湿地还是众多植物、动物特别是水禽生长的乐园，同时又向人类提供食物、能源、原材料和旅游休闲场所，是人类赖以生存和持续发展的重要基础。近年来，随着我国经济发展的加快，基础设施建设加速，土地、耕地开垦，渔民过度捕捞，养殖污染破坏，工业、生活废水污染，以及外来物种入侵等因素对湿地造成了较大破坏。目前我国在湿地保险方面仍是空白，是一个有待引起关注的新课题。建议开展湿地保险的试点，如设定代表湿地环境质量的关键性环境指标，出现指标数值恶化的情形时，对因自然原因造成的损害，保险公司依照保险合同的约定进行理赔，对因人为因素造成损害的，则追究投保者的违约责任。政府可将赔款用于湿地环境的改善和治理，充分发挥保险的专业优势，利用市场的规则，调动各方积极性，加大对我国湿地环境的保护力度。

六、努力开发保险的生态环境保护功能

乡村振兴战略对农村人居环境提出了新的要求，近年来，我国针对农村存在的水源地污染、垃圾污染、土壤污染等一些重要环境问题，加大建设力度，持续开展农村人居环境整治和美丽乡村建设，使农村生态环境得到了极大改善。但在部分地区养殖污染、垃圾污染、生活污水、废弃物、农药化肥的排放以及自然资源的盲目开发利用等事件时有发生，农村生态环境保护依然面临严峻考验。

安信开发的地力指数保险，可视为既是对地力的一种保护，又是一种土地生态的保护，从保险功能向生态保护拓展，具有创新性意义。从这一点上说，

从政府层面应予以高度关注，可以列为试点予以支持，加强跟踪总结，获取有益的经验。另外，青海省在全省化肥农药减量增效行动（2019—2023年）中，将"两减"行动中造成的农作物产量损失纳入政策性农业保险内容，保障农户的种植收益不减少。这为运用保险的方法推进农业生态化发展开创了一个先例。

建议发挥农业保险的生态环境保护功能，从源头上预防和减少环境污染和破坏的隐患，推动生态文明建设。一是延伸保险的功能，从"保险"到"保险＋防险"一体化，将风险关口前移，通过保险的手段保护生态资源，提前避免生态环境可能遭受的破坏，净化生态环境。中航安盟森林保险的成功经验可资借鉴。二是创新保险产品形式，在产品设计中增加对环保因素的考量，在保险合同中增加与环保有关的条款，或者要求将环保达标作为保险理赔的前置条件。还有早些年浙江省游龙县将病死猪处置保险理赔与无害化集中处理工作联动的"龙游模式"，都表明保险对生态环境保护能够发挥作用，需要对这些做法加以总结，变为一种政策导向。同时，要改变传统的保险损失赔付办法，增加违约追偿的责任条款。

七、积极推进省一级农业的巨灾保险

我国是农业巨灾频发的国家，巨灾种类多、发生频次高，造成的经济损失大。一直以来，我国针对巨灾造成的农业经济损失补偿与救助，实行的是政府主导型的巨灾风险补偿机制，但这种机制有明显的局限，既耗费了政府大量的财力，影响了财政收支的稳定性，也影响了全局经济部署，还使得我国国民的防灾保险意识薄弱，过度依赖政府部门的补偿。

为维护经济社会稳定，提高突发灾害应对能力，充分发挥保险在防灾减灾救灾工作中的重要作用，更好地保障和改善民生，要加快完善巨灾风险分散机制，可考虑先行推进省级巨灾保险建设。一是政府引导与市场运作相结合。政府在组织推动、财政补贴、税收优惠、防灾减灾等方面给予政策引导。保险公司发挥营业网点的地域优势和损失评估、风险管理等技术优势，提供承保、理赔以及防灾防损服务。二是明确保障范围与保障对象。巨灾保险的保障范围可以涵盖经常遭受自然灾害及其引起的次生灾害造成的大宗农产品绝收或死亡、居民人身死亡和农村住房倒塌。保障对象包括参保政策性种植险和养殖险的农户和新型农业经营主体，也包括农村居民住宅及其室内附属设施。三是建立巨灾保险运行机制。由财政部门作为投保人，签订巨灾保险合同，承担保费补贴的市县区财政部门作为共同投保人。由具备政策性农业保险承保资格的多家保险公司组成共保体进行承保。同时建立巨灾保险理赔预付、防灾防损、定期报告等相关制度。

八、解决好农业保险＋担保＋信贷的共担机制

实施乡村振兴战略，离不开金融行业各主体的相互配合与支持。从2009年中央1号文件提出建立农村信贷与农业保险相结合的银保互动机制以来，我国许多地方根据自身需求开展了各具特色的银保互动模式。《关于加快农业保险高质量发展的指导意见》对发挥农业保险的增信功能，破解农村金融难题提出了明确要求。农业保险与信贷、担保、期货（权）等金融工具的联动不仅可以有效缓解农业生产经营者遭受的信贷约束，提高其信用等级破解融资难题，同时也为各参与方提供了更全面的风险保障。推进“农业保险＋”共担机制的深层次发展，有利于加快推进我国农业产业化与现代化。

但总体而言，无论是农业保险与信贷等各种金融产品相结合还是发挥其自身的增信功能，农业保险与其他金融机构共担业务存在或多或少的发展障碍。究其原因除了这种共担业务的法律法规等立法体系和相关风险补偿机制等配套措施的不健全之外，产品设计与经营模式的粗放性也限制了共担业务各参与方的深层次合作。

因此，农业保险与政府部门、银行、担保、期货、企业等金融主体或市场主体合作应着重解决以下问题：一是农业保险与其他金融机构的联动主旨是解决农业主体的“贷款难、贷款贵”的农村金融困境，政府应率先承担一定责任，可以作为发起方，承担一定资金责任，解决参与各方的信心，也便于政府发挥导向作用。二是各方参与主体的中央主管部门应该视作这是一次惠农举措，从中央层面加以明确，排除其政策障碍。三是明确参与主体的职责以及损益分担比例。四是解决和完善贷款利率优惠、贷款贴息、保费补贴、增值税减免、财政奖励等相关政策，通过建立合理的激励机制来降低风险，促进共赢。

九、加快农业保险科技发展的规划与建设

随着科技与农业保险的交汇与融合，科技已在农业保险服务三农，以及农业保险自身的经营管理和监管决策等方面取得了显著的应用成效。但是我们也要认识到，农业保险科技发展面临诸多问题。一是相关数据共享难和获取成本高，在一定程度上限制和影响了农业保险科技的应用广度和深度。二是农业保险科技的创新能力、熟化程度和集成应用水平有待提高。三是作为保险金融机构开展的科技创新和新技术应用，如何认定并纳入政策支持范畴还缺乏相关标准和规范。现行的农业保险监管条例已滞后于当前科技发展应用水平，制约了

农业保险科技应用的推广与扩展。四是农业保险科技投入严重不足，政府层面未引起应有的重视，各保险机构各自为战，科技力量和资源分散，没有形成合力。

农业保险走上科技化发展之路。一是加强统筹规划。从战略高度进行谋划，加强农业保险科技发展的顶层设计与规划，要把农业保险科技列入农业科技之中，列入“十四五”规划。农业保险主管部门应组织制定农业保险科技发展的专项规划。二是加大投入，要把农业保险科技化发展作为对保险企业的要求，并有考核性指标。对平台性基础性项目，要列入“新基建”之中，政府要给予投入，或是在政府的支持下，整合相关保险行业资源共同建设、共享共用。三是制定规范标准。研究制定农业保险科技应用的行业技术标准与工作规程，废止滞后或阻碍保险科技应用的规范程序及标准，提升农业保险科技应用的效率和效果。研究制定农业保险大数据共享标准和数据融合应用标准，打通数据融合应用通道，为农业保险的大数据共享、集聚和增值提供保障。四是加强人才队伍建设。依据农业保险科技发展规划与现实需要，研究制定人才需求目录、团队建设规划、人才激励保障政策等。

十、要着力治理农险领域的“三虚”问题

近年来，随着农业保险的快速发展，越来越多的主体参与到农险经营过程中来，不可避免地出现了一些市场秩序乱象，其中“三虚”问题较为突出，即虚假承保、虚假理赔、虚列费用。这导致农业保险对于农民的利益并未实现足够有效的保障，而且“三虚”问题往往还涉及贪污腐败、职务侵占等违法犯罪，这些都侵蚀了农业保险发展的诚信基础，严重损害了农业保险行业形象，如果不及时采取有效措施加以解决，很可能会引发信任危机，制约行业的可持续发展。

农业保险涉及三方面参与主体，即政府、保险机构、投保农户。“三虚”问题产生的原因是多方面的，例如长期以来农业保险保障程度低，农户参与积极性不强，对农业保险关注度不高，保险意识淡薄，导致三方主体参与的农险业务缺失了农户端的参与及监督，为保险公司与基层政府相互配合虚假承保骗取财政补贴提供了客观条件；相关制度设计不完善造成市场乱象，如市场准入及退出机制不完善、招投标缺乏统一规范等，既导致了保险主体的恶性竞争，也增加了基层政府的寻租风险；政策性农业保险财政补贴资金管理不善，行业应收保费坏账问题突出，导致保险公司铤而走险违规套取资金填补窟窿，如虚假赔款、虚列防灾防损费、农险工作经费等；农业保险基层协办组织（如村委会以及基层财政、气象、国土、农业、畜牧等相关部门）人员的法律意识淡

薄，容易受到利益的诱惑，同时缺乏必要的监督，很容易由财政惠农政策的协助者变成财政惠农政策的践踏者；部分投保农户法律意识淡薄，有逆选择和道德风险，甚至骗保、骗赔等保险欺诈行为。

要着力治理农险领域的“三虚”问题。一是要不断完善顶层制度设计，如不断提高农业保险保障程度，引导农户增强保险意识，提高农户保险参与度，也能对保险公司、村干部以及相关部门工作人员形成监督，减少虚假投保与虚假理赔的发生；按照适度竞争原则构建农业保险市场体系，完善市场准入和退出机制；规范招投标工作，抓紧制定全国统一的农业保险招投标制度，规范招投标层级（要在县级或县级以上）及招投标期限（不低于 3 年），激励保险机构明确预期加大投入，切实提高服务能力，防止政府频繁招标异化为公司竞相寻租；及时拨付财政保费补贴资金，解决保险行业“应收保费”难题。二是加大对农业保险各参与主体“三虚”行为的监管及处罚力度。对于保险公司，监管部门要加大监管检查力度，一旦发现保险机构出现“三虚”行为的，坚持“零容忍”，予以严厉打击，取消相关责任人员从业资格，严重的依法对涉事保险机构清退出农业保险市场；对于基层政府以及其他协办机构的工作人员，如在农业保险工作中存在渎职及失职行为的，应坚决追究其相关责任；对于贪污犯罪行为，应纳入党纪政纪处分的范畴，严重的应依法进行刑事处罚；对于投保农户，如发生严重道德风险及保险欺诈等行为，应对其采取罚款或暂停投保等处罚措施。

十一、加强农业保险基层服务体系建设

加强农业保险基层服务体系建设是农业保险合规经营和规范管理的必然选择，是促进农业保险高质量发展，有力助推乡村振兴战略实施的基础。积十余年的努力，农业保险基层队伍建设和服务机构建设取得了积极的成就，发挥了重要作用。但还存在不少亟待解决的问题：一是行业基层专职人员数量不足、专业化程度不高。27 家经营农业保险业务的保险公司各级机构中，专职人员共 2.8 万人，其中县支机构 1.8 万人，占比 64%，该数量与监管单位对于县级机构应配置专职人员的要求相比有近一倍的差距。同时，具有相关专业背景的人员占比仅为三成左右，本科以上学历人员占比不足一半。二是三农服务网点建设不足。截至 2019 年底，在已开办农险业务的地区，村级三农服务点的开设覆盖率为 68.5%，较高的三农网点开设覆盖率主要是人保公司占比大，其他公司尤其是中小公司的三农网点开设率仍处于不充足状态，基层服务触角有待进一步延伸。三是农业保险协保员队伍建设差距大。协保人员数量不足，目前村级三农服务点层面共聘请协保员 47.7 万人，而开办农险业务的行政村

数量为67.96万个，因此村级服务点协保员数量不能有效覆盖行政村。协保员队伍整体素质偏低，专业性不够，因协保员不属于保险公司在编人员，具有临时工的性质，绝大部分保险公司未建立起系统、完善的协保员管理制度，协保员整体缺少业务学习和业务培训机会，直接影响到农险服务的质量，违规违法问题时有发生。

加强农业保险基层服务网点的建设。一是增加县级机构专职人员的配备，专职人员的数量应当能满足当地农业保险业务管理和服务的需要，特别是增加具有农业保险专业背景的人员配备。此外，人保公司将三农服务中心进一步下沉，在中心乡镇设置五级管理机构三农服务部并配备专职农险人员的做法为行业提供了有益借鉴，值得推广。二是建议在省级财政的统一协调和支持下，引导保险经营机构以行政村为单位，共同建立基层农业综合金融服务网点，可以参照甘肃省建立村级农金服务室的办法，打通金融服务的最后一公里。三是建议监管部门对协保员队伍建设加强调查研究，制定协保员管理的基本规则，实行协保员证书制度，组织编写符合其业务需要的培训教材，试点推行协保员从业资格认证计划。保险公司建立并完善协保员队伍的相关管理机制，做到不培训不上岗，建立健全协保员培训制度。

十二、加快制定《农业保险法》

《农业保险条例》作为《农业法》和《保险法》的配套法规，在农业保险近些年的发展中发挥了十分重要的作用。但农险规模迅速扩大，涉及农民的利益越来越多，对农业风险防范的作用越来越大，政府财政资金投入的规模占比越来越高，涉及的各种民事主体、市场主体的关系越来越复杂，《农业保险条例》显然已经不适应农业保险的现实与未来发展。当前迫切需要制定一部《农业保险法》。应该以《农业保险条例》为基础，贯彻财政部等四部委联合下发的《关于加快农业保险高质量发展的指导意见》的重要精神，总结近年来我国农业保险发展的经验，针对目前农业保险领域急需解决的农业保险中各主体的民事责任以及政府的权力责任边界，对侵权责任的承担，农险经营机构准入退出的量化标准，农业保险科技应用的行业技术标准与工作规程，政策性农业保险保费补贴资金的有效投放及使用，巨灾保险风险分散过程中各方的权利及义务，银保互动，脱贫攻坚与乡村振兴战略衔接等作出规定，从法律上保障农业保险的高质量发展，更好地服务乡村振兴战略。

农业保险服务推进乡村振兴的几点思考

宋建国

引言：2021年是“十四五”开局之年，也是向第二个百年奋斗目标迈进的启航之年。在这个关键节点，党中央指出，全面建设社会主义现代化国家，实现中华民族伟大复兴，最艰巨最繁重的任务依然在农村，最广泛最深厚的基础依然在农村；要把全面推进乡村振兴作为实现中华民族伟大复兴的一项重大任务，举全党全社会之力加快农业农村现代化。在全面推进乡村振兴战略的背景下，农业保险作为三农发展的重要保障和管理工具，理应发挥更为突出的作用，也必将大有可为。如何发挥好农业保险的功能作用，服务和推进乡村振兴战略实施是需要重点研究的课题。

农业是安天下稳民生的战略产业。当前新冠肺炎疫情仍在全球蔓延，国际环境错综复杂，发展面临的不确定不稳定性风险明显增加，农业农村的稳定发展为我国应对风险挑战起了至关重要的作用。从世界百年未有之大变局看，稳住农业基本盘、守好三农基础是应变局、开新局的“压舱石”。正是基于这一判断，在如期实现第一个百年奋斗目标，开启全面建设社会主义现代化国家新征程的“十四五”开局之际，中央提出“把全面推进乡村振兴作为实现中华民族伟大复兴的一项重大任务，举全党全社会之力加快农业农村现代化”，彰显了新发展阶段三农工作的极端重要性。

如何稳住农业基本盘、守好三农基础？2021年中央农村工作会议、中央1号文件、“十四五”规划纲要给出了明确部署。未来五年三农工作思路和重点举措已然明晰，深入学习领会中央精神，准确理解并贯彻落实中央精神是确保工作目标实现的关键。学懂中央精神才能读懂全面建设社会主义现代化国家的内含，才能更好地服务全局。

笔者基于对中央文件精神的学习体会，主要就如何发挥好农业保险的功能作用，服务和推进新发展阶段三农工作，谈几点思考。

一、扩面提标，保障14亿人粮食安全主动权

全面推进乡村振兴，首要任务是确保农业最基本供给功能的发挥，保障

14亿人的粮食安全。掌握粮食安全主动权要害是耕地和种子。2020年，我国粮食生产实现“十七连丰”，水稻、小麦自给率达100%。但耕地长期高强度、超负荷利用，耕地退化加剧，且随着城镇化、工业化快速推进，优质耕地资源紧缺问题愈加凸显。近几年黑土地变“瘦”，有机质含量下降，土壤保水保肥能力减弱，黑土层明显变薄需要引起高度重视。种子方面，我国种业自主创新能力不足，在一些品种、领域和环节存在明显的卡脖子问题，除水稻和小麦种源能够做到完全自给且具备一定竞争力外，玉米、大豆种子自主选育品种单产与世界先进水平还存在较大差距；养殖业中，生猪、奶牛、白羽肉鸡等种源不同程度依赖国外，如果出现极端断供情况，虽然不会“一卡就死”，但着实影响农业发展的速度、质量和效益。保护耕地与振兴种业迫在眉睫。

（一）农业保险服务粮食安全的前期探索

农业保险既是基于市场化的风险管理工具，同时也是创新性的农业支持保护政策。相比以直接补贴为主要特征的财政兜底政策，农业保险具有数倍放大财政支农资金效益、提高支农资金精准性、符合WTO绿箱政策等优点，通过农业保险为粮食等重要农产品提供风险保障应成为财政支农的重要方式。自2007年政策性农业保险启动实施以来，农业保险的支农作用不断提升，在金融服务三农中居领先地位。到2020年，我国农业保险实现保费收入814.93亿元，累计为1.89亿户次农户提供风险保障4.13万亿元，对稳定农业生产、保障粮食等重要农产品供给作出了积极贡献。在三大粮食作物风险保障方面，农业保险探索深入，在保障直接物化成本的基础上，发展大灾保险、完全成本保险和收入保险，逐步提高农业保险保障水平。2017年，13个粮食主产省的200个产粮大县启动实施三大粮食作物大灾保险试点。2018年，内蒙古、辽宁等6个省份24个产粮大县推动开展完全成本保险和收入保险试点。在发展制种保险方面，2018年三大粮食制种纳入中央财政保险补贴目录，2019年发布三大粮食作物制种保险行业示范条款。在耕地保护方面，各地也进行了积极探索，推出耕地地力指数保险。

（二）农业保险服务粮食安全的实现路径

前期的实践探索为农业保险发挥支农保障功能夯实了基础。下一步农业保险应主动提升站位，对标国家粮食和重要农产品安全保障需求，在以下几个方向着力扩面提标：一是守好基本盘，继续扎实推进直接物化成本保险扩面。突出直接物化成本保险广覆盖特征，为粮食和重要农产品安全生产兜住底。二是深耕产粮大县，总结试点经验，完善大灾保险保障模式。自2017年启动大灾保险试点工作以来，大灾保险覆盖面已由200个产粮大县扩展至500个，现阶段应着手总结前期试点经验，优化形成可供复制的大灾保险保障模式。三是开启高保障时代，积极推动完全成本保险和收入保险扩面。实施完全成本保险和收入保险是回应种粮农民提高风险保障诉求的现实做法，是保护和调动种粮农民积极性的重要举措，在总结完全成本保险和收入保险试点经验的基础上，尽快扩大粮食作物完全成本保险和收入保险实施面，以三大粮食作物为切入点，全面开启我国农业保险高保障时代。四是服务种业科技攻关，大力推动制种保险业务。高度重视种业的战略地位，给予资源倾斜大力发展制种保险业务。种业保险展业要找准切入点，优先关注种源自给率、产量自给率双低品种，重点开发玉米、大豆、蔬菜、畜牧育种保险产品，助力种业打好翻身仗。五是对接耕地修复保护需求，精准开发耕地保险产品。以黑土地保护为重点，开发优质耕地资源保护与修复险种；聚焦高标准农田建设和中低产田改造，发挥保险在质量管控、资金融通、风险保障方面的功能作用，服务藏粮于地战略实施。

二、保足保全，促进生猪产业长期平稳有序发展

我国是猪肉消费大国，猪肉在居民肉类消费结构中的占比高达 62.7%。国际猪肉贸易量有限，加之各国采取疫情防控措施，全球贸易不确定性增加，保障我国居民猪肉消费需求应主要靠国内供给。2018 年以来，受非洲猪瘟疫情与周期性因素叠加影响，我国生猪产能和能繁母猪产能持续下降，猪肉市场供给紧张，一度面临严峻挑战。在一系列政策激励和市场拉动下，我国生猪基础产能持续恢复，有望在 2021 年下半年恢复至常年水平。当前生猪产能恢复态势向好，猪肉市场供应最紧张的时期已经过去，经历此番“超级猪周期”冲击，保护国内生猪产能的重要性愈加凸显，同时，也应深刻认识到冲击生猪产能的因素趋于多元化、复杂化，保障生猪产业长期平稳有序发展面临考验。

（一）生猪保险服务产业发展的前期探索

生猪保险具有防范自然灾害和疫病风险、提供生产损失补偿、稳定价格、融资增信等功能作用。我国于 2007 年起实施政策性生猪保险，各级财政对能繁母猪和育肥猪提供 70%～80%的保费补贴。近年来生猪保险呈快速发展态势，特别是 2018 年非洲猪瘟疫情发生以来，生猪保险加大供给力度，提供多元化风险保障，为推动生猪产能恢复发挥了积极作用。2020 年，我国生猪保险实现保费收入 157.60 亿元，承保生猪 4.44 亿头，提供风险保障 3 238.98 亿元，为 530 万户次养殖户支付保险赔款 100.56 亿元。

（二）生猪保险服务产业发展的现实路径

保护生猪基础产能，健全生猪产业平稳有序发展长效机制，是当前和今后保障国内生猪产能的工作重心。支持生猪产业平稳持续向好，生猪保险需在以下几个方面着力：一是坚决落实愿保尽保。紧紧围绕中央支持促进生猪稳产保供工作要求，提升站位、主动作为，进一步扩大生猪保险覆盖面，竭力保足保全，最大限度发挥生猪保险的功能作用。二是提高科学预判力。冲击生猪产能的多重风险因素在国际间传导蔓延，本土性风险与输入性风险并存，生猪生产风险管控面临极大挑战，需要以全球视野，研判影响生猪产业的风险因素，制定风险应对预案，优化生猪保险精算理赔策略，提高风险管控能力。三是推动产品提标创新。在继续做好能繁母猪、育肥猪养殖成本保障的基础上，开发生猪产业多元化保险产品，同时，随着生猪产业化程度日益提高，生猪保险应主动匹配养殖主体保收入、保收益的需求，由保成本向保收入转变。

三、以奖代补，扶植地方优势特色农产品做大做强

产业是乡村振兴的核心载体，实现巩固拓展脱贫攻坚成果同乡村振兴有效衔接，发展壮大地方特色产业至关重要。我国生态类型多样，各地特色农产品资源丰富，产业发展具备良好基础。开发利用地方特色农产品资源，培育壮大优势特色产业，健全联农带农机制，是实现乡村产业兴旺、农民增收的根本之策。脱贫攻坚期间，各地依托优势特色产业带动贫困地区农民脱贫致富成效显著，涌现出一批“名特优”农业特色品牌，探索形成了诸多特色产业发展的样本模式。中央强调运用好脱贫攻坚实践的丰富经验，进一步加大对地方特色产业的扶植力度，健全产业链条，补齐要素短板，拓展产业增值增效空间，为实现巩固拓展脱贫攻坚成果同乡村振兴有效衔接提供有力支撑。

（一）地方特色农产品保险服务产业发展的前期探索

地方特色农产品经济价值高、投资大，一旦发生风险，生产经营者将遭受较大损失。通过保险手段提供损失补偿是地方特色农业敢于做大的内在需求。近年来，多数省份对本地特色农产品提供农业保险补贴，且品种逐年增加。截至 2019 年底，全国已投保的地方优势特色农产品品种超过 200 个，保险机构开发的各类保险产品超过 800 个。2019 年财政部在 10 个省份开展中央财政对地方优势特色农产品保险以奖代补试点。2020 年试点范围扩大至 20 个省份，试点保险标的由不超过两种增加至三种，持续加码支持地方优势特色农产品发展。部分省份还出台了省级财政对市县特色农产品保险以奖代补政策，推动优

势特色农产品保险发展。

（二）地方特色农产品保险服务产业发展的重要路径

地方优势特色险种虽然发展较快，但整体规模与大宗农产品相比仍然偏小，功能作用发挥不够充分。当前，三农工作重心已转入全面推进乡村振兴阶段，各地产业呈现蓬勃发展态势，农民增收致富诉求强烈，对特色农产品保险的有效需求将被进一步激发。中央提出“将地方优势特色农产品保险以奖代补做法逐步扩大到全国”，可以预见特色农产品保险即将进入快速增长的黄金期。地方特色农产品保险加速发展需把握以下几个重点：一是突出重点，服务产业发展战略。围绕国家现代农业产业园、优势特色产业集群、农业产业强镇、“一村一品”示范村镇等发展布局，匹配重点培育的支柱性产品风险保障需求，开发地方特色农产品保险险种，扶植地方优势特色产业做大做强。二是高起点切入，服务特色产业高保障需求。与大宗农产品相比，地方优势特色产品具有高附加值、经济收益预期高的特点，其生产经营主体的风险保障需求不仅仅是保成本，更主要是保收益。因此，地方特色农产品保险产品设计应以收入保险等保障水平较高的险种切入，满足生产经营主体的高保障需求。三是拓展保障网，提供产业链全程风险保障。特色农产品险种应由支持种养环节向全产业链拓展，覆盖种养加、产购销、收储运以及休闲旅游、生态康养、质量安全等环节，提供全方位的风险保障。

四、优化模式，用好“保险＋期货”服务乡村产业振兴

随着市场化改革进程加快和履行我国加入 WTO 的相关承诺，2014 年起我国启动新一轮主要农产品价格形成机制和粮食收储制度改革，陆续取消了大豆、棉花、油菜籽、玉米临储制度，逐步推动农产品市场定价、价补分离。伴随农产品价格形成机制改革深入，市场风险将成为我国农业发展面临的主要风险，而且由于市场风险具有系统性特征，其对生产经营者造成的影响范围更大、程度更深。作为防范农产品市场风险的有益尝试，2016 年中央 1 号文件提出开展“保险＋期货”试点，六年来地方政府、期货交易所、保险机构等多主体联动，积极探索“保险＋期货”支农模式，取得了一定成效。截至 2019 年，“保险＋期货”试点区实现保费收入 14.6 亿元，较 2016 年增长了 12.6 倍；“保险＋期货”试点地区由 12 个省市区扩大至 26 个；试点品种由 5 个增加至 14 个。

（一）“保险＋期货”前期探索中存在的问题

“保险＋期货”试点实践积累了农产品市场风险管理经验，也凸显出一些

亟待解决的问题：一方面是“保险＋期货”涉及两个行业的分工与协作，在风险识别、风险定价、风险分散等方面有待进一步磨合，协作模式的机制设计需要进一步完善。另一方面是我国农产品期货市场容量较小，流动性不足，对现货价格走势的呈现度不高，农产品期货市场尚不成熟。而且，入市产品多数尚无场内期权，只能进行场外交易，交易的规范性、透明度较低，交易成本高企。

（二）“保险＋期货”模式的优化路径

优化“保险＋期货”模式，探索“保险＋期货”服务乡村产业振兴的有效路径，需要在以下几个方面突破：一是优化“保险＋期货”业务模式，回归风险保障属性，以增强市场风险应对能力为根本，合理划定保险与期货协作的边界。保险端核心是进行风险管理，期货端主要作用是价格发现。二是积极审慎推进业务探索，重点对“目标价格保险＋期货”“收入保险＋期货”模式进行试点探索，对目标价格保险与收入保险业务中超出保险机构风险承受能力的市场风险，通过期货市场进行转移和分散。三是明确模式的适用条件，应重点选择价格、市场化形成机制较为成熟，可以进行场内交易的农产品进行推广，探索采取“保险＋期货”助力产业发展的有效路径。

"稳脱贫"与"防返贫"的机制和政策研究

——以太平洋保险"防贫保"为例

汪三贵

（中国人民大学中国扶贫研究院院长、教授）

摘要： 2020 年，中国脱贫攻坚战取得全面胜利，绝对贫困历史性地消除，区域性整体贫困得到有效解决，成就举世瞩目。在新的历史时点，"巩固脱贫攻坚成果"与"守住不发生规模性返贫底线"成为工作重点。保险作为经济社会发展的"稳定器"和"助推器"，发展保险防返贫模式势在必行。"防贫保"是中国太平洋财产保险股份有限公司与地方政府合作推出的保险产品，在一定程度上发挥了保险的杠杆效应、精准效应与补偿效应，防贫成效显著，是后脱贫时代保险防返贫的创新型产品。本报告基于对"防贫保"这一典型产品的深度剖析，包括其理论逻辑、现实意义、主要做法、服务模式和主要成效，在此基础上得出经验启示，并进一步基于相对贫困大背景下，有针对性地提出防贫保助力精准防贫的模式优化路径。

关键词： 防贫保；防返贫；相对贫困；乡村振兴

因病返贫和因灾返贫是导致农村脱贫人口致贫返贫的主要原因，而通过政府救助、直接补贴等转移支付方式应对这类致贫返贫问题难以及时、有效地应对疾病、灾害等致贫风险，从而表现出一定的局限性。返贫的实质在于贫困本身所具有的脆弱性。当受到外部事件的冲击时，由于自身缺乏资产的缓冲与保护，脱贫对象很容易重新退回贫困线以下。因此，针对脱贫攻坚和巩固脱贫成果过程中出现的致贫返贫现象，即边扶边增、边脱边返的"沙漏式"扶贫难题，构建稳定脱贫和防止返贫的长效机制对巩固脱贫攻坚成果至关重要。

在此背景下，中国太平洋保险公司将企业社会责任充分融入经营发展中，发挥保险主业优势，在河北邯郸市魏县开启"防贫保"项目试点，后在湖北等地铺开。太平洋保险公司利用"防贫保"模式探索在抓好精准扶贫精准脱贫、减少贫困存量的同时，创新精准防贫机制，用市场化方式防贫堵贫，控制贫困增量，从源头上对贫困发生筑起“截流闸”和“拦水坝”，以有效防范和化解致贫、返贫的风险。

一、“防贫保”模式的理论逻辑

（一）为何瞄准“不稳定脱贫户”和“边缘户”两类临贫易贫人群

预防返贫成功的关键在于及时识别返贫风险户，找出致贫原因，摸清贫困特征，因地制宜、因贫施策，阻断返贫发生。在以往脱贫攻坚实践中发现两类人群易形成“贫困增量”：一类是已经达到脱贫标准，但收入不稳定的人群（简称“不稳定脱贫户”），这一类人群一旦家庭成员发生大病或出现意外灾害，很容易导致返贫；另一类是处于贫困边缘的非贫困户（简称“边缘户”），这一类人群因未享受到许多专属建档立卡贫困户的专项扶持政策，如：生产生活补贴、房屋改造、保费减免等，导致扶贫前后形成“境况倒置”现象，造成原本境况比建档立卡贫困户要好的边缘户在针对贫困户的扶贫措施实施后不如建档立卡贫困户，改变原本贫富境况排序，容易引发社会矛盾。因此，“两类临贫易贫人群”就成为“防贫保”瞄准的关键。

（二）为何实施“群体共享”，而不直接“定人定量”

过去的保险扶贫，保险对象是“事先确定”，采用谁买保险谁受益的模式直接定人定量，这不仅要求对保险对象进行事前调查，需要事先知道哪些脱贫户有返贫风险，哪些边缘户有致贫风险。这种事前识别工作不仅行政成本很高，而且风险的不确定性很难做到保险对象的精准识别和全覆盖，必然会出现有返贫户和致贫户因没有被识别和未参保而享受不到保障。“防贫保”依据“大数法则”，按照农村人口总数10%筹措资金设立资金池，事先不确定具体的保障对象，扩大保障范围。理论上讲，所有符合条件的脱贫户和边缘户都处于保障范围之内，不会出现遗漏问题。通过采取“事后审定”让易返贫群体均可享受保障，降低行政成本的同时扩大保障的覆盖面，确保脱贫成效更加稳固持续。

（三）为何采取“政府主导，保险公司参与”的形式

原有防贫保险由地方政府具体负责时暴露出两大问题：一是政府人员不足，防贫保运营工作繁琐，县乡政府和基层政府人手有限，难以抽出足够精力运营；二是扶贫干部保险知识储备不足，面对较专业的保险理赔事项，更是无法及时有效完成。此外，地方政府既充当运动员又充当裁判员，易滋生社会矛盾和新的腐败。政府通过使用购买太平洋保险公司的服务的形式来实施，保险

公司在“防贫保”的运作中不以营利为目的，只留取保费收入的一定比例作为保险产品运作的人力、物力费用，在每年保费期限结束后，保费不清零，扣除赔款及运营费用后继续用于下一年度。通过这一模式，既降低了政府的管理成本，又利用了保险公司的专业知识和团队的力量，确保了保险公司的合理利益，从而使防贫保能快速推广。

二、“防贫保”模式的现实意义

（一）发挥分摊损失和经济补偿功能，实现风险分散

保险建立在灾害事故的偶然性与必然性的对立统一基础之上，保险机制能够运转的原因是被保险人愿意以交付小额确定的保险费来换取对大额不确定的损失的补偿，通过向大量的投保人收取保险费来分摊其中少数成员遭受的大额损失。“防贫保”将参加保险的全体成员建立起来的保险基金用于少数成员遭遇自然灾害或意外事故所损失的经济补偿，按照保险合同对遭受灾害事故而受损的单位、个人进行经济补偿。通过分摊损失和经济补偿功能，分散群众面临的风险，发挥资金效益。

（二）提高贫困人口抗风险能力，降低贫困家庭的贫困脆弱性

保险作为风险管理的基本手段，其保障功能可以使贫困人口遭受疾病、灾害等风险后获得损失补偿，损失补偿的“点对点”滴灌确保了受灾人口能及时进行生活自救和再生产，相当于为扶贫开发设置安全阀和稳定器。从成本—收益角度分析，保险能否降低家庭贫困脆弱性由“保险的损失补偿效应”与“保费的资产侵蚀效应”共同决定，其对贫困家庭和不同资产量脱贫家庭的贫困脆弱性的影响不同。由于保费通常由政府全额补贴，脱贫家庭不承担任何费用，也不用抵押任何资产，能够显著降低其贫困脆弱性，助推稳定脱贫。

（三）导入保险机制，有利于完善精准防贫机制

贫困具有多维性、动态性和成因复杂性等特征。实现稳定脱贫是一项长期性、系统性、综合性的工作，建立防止返贫监测和帮扶机制有利于精准防贫减贫机制的建立。防贫保的保险机制通过对易引起不稳定脱贫户和边缘户陷入贫困的诸多因素和脱贫户的脱贫效果进行监测，并依托各方系统进行信息的纵横向传递，决策机构依据实时信息判定是否启动相应后续机制，以保险的方式将扶贫关口前移，从源头上筑起致贫返贫的“拦洪闸”，为稳定、长效防贫脱贫建立了一个好机制。

三、“防贫保”的主要做法和服务流程

（一）保障对象

保障对象瞄准易返贫人群，解决“为谁防”的问题。魏县实施防贫保主要瞄准两类临贫易贫重点人群，设定预警监测线和防贫保障线。预警监测线是由相关部门对近三年全县农村人口在医疗、就学、灾情等方面的有关费用和具体案例进行大数据分析而形成，个人花费部分超过政府设定的监测线的人群，全部纳入监测范围。湖北通城在河北魏县所覆盖的两类人群基础上，增加了城镇特困人群。

（二）保障范围

瞄准致贫返贫原因，解决“为何防”的问题。魏县针对因病、因学、因灾三类致贫返贫原因，开展防贫保试点，后在此基础上，升级扩展到因产业、因就业致贫返贫两种类型，初步形成精准防贫“3＋2”模式框架。在产业方面，分为三个板块：一是针对易返贫人群的基础农业产业①，在生产和使用过程中，因遭受自然灾害和火灾等风险损失而致贫返贫的；二是针对扶贫资金主导开展的各类扶贫产业项目，因遭受各类自然灾害（包括病虫害）和火灾事故，导致损失发生的；三是扶贫微工厂，包括已建和在建的各类房屋建筑物及附属设施、机器设备和各类原材料、半成品和成品，因自然灾害和火灾、爆炸事故所导致的本身或者第三者的人身伤害或者财产损失。在就业方面，针对年龄在18～60周岁，在本地或在外地务工期间所发生的各类未涉及第三方的风险事故，或因产业风险或者非个人意愿公司解除劳动合同或者协议约定保障原因，导致家庭收入中断或减少而致贫或返贫的。

（三）资金来源

通过政府出资设立保险资金池，购买保险服务，为易致贫返贫高风险人群提供保险保障。在因病、因学和因灾防贫上，政府筹集资金设立“防贫保险基金”，按照农村人口总数10％设立资金池，每人每年50元标准。河北魏县资金池主要来自财政资金，湖北通城在魏县的基础上，扩大资金来源，整合各方面的资金，吸纳社会资金进入，包括爱心人士的捐款等。

① 当地基础农产品（小麦、玉米、水稻）、特色农产品（大棚蔬菜、冬枣、梨、板栗等）及养殖业等。

（四）保险责任

在因病防贫上，属于“不稳定脱贫户”的，以自付费用0.5万元起作为预警监测线，分设0.5万元（含）以下、0.5万～1.5万元（含）、1.5万～3.5万元（含）、3.5万元以上四个区间，分别按30%、50%、70%、90%阶梯式比例，发放防贫保险金；属于“边缘户”的，以自付医疗费用2万元为预警线，分设2万元（含）以下、2万～7万元（含）、7万～12万元（含）、12万元以上四个区间，同样按30%、50%、70%、90%的阶梯式比例，发放防贫保险金。

在因学防贫上，在学费扣除0.8万元起付线后，分设0.3万元（含）以下、0.3万～0.5万元（含）、0.5万元及以上三个区间，按100%、80%、60%的阶梯式比例，发放防贫保险金。

在因灾防贫上，扣除一万元为起付线后，分设1万元（含）以下、1万～3万元（含）、3万元以上三个区间，按40%、60%、80%的阶梯式比例，发放防贫保险金，最高不超过3万元。意外灾害有火灾、风灾、雨灾及交通事故等多种情况，交通事故由县交警部门监测上报，其他灾害由县乡民政部门监测上报，及时纳入核查对象。交通事故类经司法等程序未得到相应赔偿或已得到赔偿但需要长期医治的，分两种情况发放防贫保险金。其中，一种是因财产损失过高可能返贫或致贫的，参照因灾防贫办法发放保险金；另一种是因医疗花费过高可能返贫或致贫的，参照因病防贫办法发放保险金。

在因产业防贫上，分为三种责任方案。针对农业产业，预警监测线为1 000元，遭受保障责任中列明的灾害事故，对损失金额超出1 000元（含）或在获得其他保险赔偿后，损失金额仍超出1 000元（含）的部分予以防贫救助，按照不同比例进行防贫救助金的发放，最高救助金额为5万元。针对扶贫资金形成的产业项目，由保险公司和乡镇政府对实际损失进行核定，据实赔付。针对扶贫微工厂，以核定实际发生的损失作为赔偿基础，对于物质损失部分每次事故免赔2 000元或损失金额的10%（标准按照就高不就低执行），每次事故物质损失和对第三者人员的赔偿总计以30万元为限。

在因就业防贫上，包括身故救助金和伤残补助金。二者均以5 000元/（人·年）为标准，按20年计算。28周岁（不含）以下的，年龄每减少一岁，补偿年限减少一年，补偿年限为10～20年，金额为5万～10万元。同时伤残补助金根据所评定的伤残等级不同，按照一级按100%补偿，依次递减，十级按10%补偿。

（五）服务流程

一是信息收集。由人社、教育、民政等相关部门，结合各自职能，每月将监测到的因病、因学、因灾等防贫对象有关信息报告县防贫中心。为防止个别对象未被大数据监测到而出现漏查、漏报，同时开通县乡村三级“通道”，接受农户自行申报，同样纳入核查范围。

二是调查核实。县防贫中心接到相关信息后，以委托书的形式转交“第三方”，即太平洋财险公司。“第三方”组织人员逐户走访，采取“四看、一算、一核、一评”的方式，核实验证家庭人口、收入、重大开支、致贫返贫风险等情况（“四看”，即看住房、看家用、看大件、看儿女；“一算”，即算收入；“一核”，即核信息，由县国土、市场监管、交警等部门逐户进行房产、经营实体、车辆等信息比对；“一评”，即评估家庭整体情况），调查取证结果附具体意见（确定是否列入防贫保险金发放对象），反馈县防贫中心。

三是评议公示。县防贫中心以乡镇为单位进行任务转办，由乡镇按村进行分解，由村两委组织有关人员进行评议，并在村内显著位置公示五天，无异议的，将人员名单连同评议记录、公示照片等交至乡镇，经乡镇收集整理后上报县防贫中心。

四是审批备案。县防贫中心对乡镇上报结果进行审批、备案，并通知保险公司发放防贫保险金（时间一般不超一个月）。

五是资金发放。由县保险公司对照审批名单，将防贫保险金直接打到群众提供的银行账户上，并将有关凭证报县防贫中心。

同时，防止个别对象因相关费用低于预警线等原因未被监测到，防贫办公室也接受农户自行申报，经乡、村两级主要领导签字盖章，并以乡镇为单位上报县防贫办公室，再由县防贫办公室按程序进行情况交办、审批备案，符合条件的，按规定标准发放防贫保险金。

四、“防贫保”模式的主要成效

（一）源头防贫，结合“群体共享”与“综合保障”织密致贫风险防护网

第一，按人群投保，将城乡居民和“边缘户”纳入保障，拓展保障范围，弱化“悬崖效应”。在以往的保险产品中，保险的承保对象范围往往是“事先确定”，定人定量，不仅每年都要对保险对象进行调查，增加了管理成本，而且保障对象有限，不在保障名单之内就无法享受保险保障。防贫保通过对于一些未纳入建档立卡范围的边缘户和城市困难群众的风险保障，使因某些原因掉到贫困线以下的非贫困户也能够及时得到救助，而不至于陷入贫困，有效抑制了“悬崖效应”。此外，防贫保还通过风险保障极大地提升了群众对生产收益的预期，提高群众生产投入的积极性。以魏县为例，魏县财政拿出 400 万元作为精准防贫保险金，按照每人每年 50 元保费标准，为全县 10%左右的农村人

口设立保险，构筑起致贫返贫风险的“截流坝”。第二，围绕因病、因灾、因学三大致贫因素，引入因产业和就业风险保障，为群众致贫返贫风险提供综合保障。“防贫保”在重点围绕因病、因灾、因学三大致贫因素进行保障的基础上，引入产业和就业保障机制，采取保险公司自负盈亏的方式，当人均年收入因以上风险而低于防贫预警线和“防贫保”保障线时，自动触发保险理赔机制，为符合条件致贫群众及时按标准予以赔付。“防贫保”通过对因病、因灾、因学等致贫因素的保障，扩大群众生产生活风险保障覆盖面，为群众因致贫返贫风险所造成的损失提供及时有效的补偿，有效降低致贫返贫的风险所带来的负面影响。

（二）未贫先防，结合“控制增量”与“减少存量”有效降低贫困人口总量

第一，通过对贫困户和“边缘户”全覆盖，实现快速赔付，有效减少了新增贫困人口。脱贫攻坚主要任务是减贫，聚焦的是贫困人口，“防贫保”主要目的是提升脱贫质量，巩固脱贫成果，聚焦的是临贫易贫人群。在实践中，“防贫保”是在抓好减贫任务的同时，引入保险机制，运用保险办法“防贫于未然”，将“控制贫困增量”与“减少贫困存量”结合起来，既减少了新增贫困人口，又减少了原有脱贫人口返贫，提高了减贫实效。第二，构建“后扶贫时代”切实可行的防贫机制，明显提高了县域可持续防贫能力。相对贫困人口覆盖范围更为广泛，相对贫困成因更加多元，家庭特征更加多样，对扶贫工作精准性提出了更高的要求。“防贫保”运用保险构建出低成本、全方位、高效率防范生产生活风险防范机制，对已发生风险的贫困人口做到应赔尽赔、不落一人，借助保险机制中专业的查勘定损方式，将错综复杂的识别和考核转向更为简便、直接、精准的发生后理赔，做到“谁困难，救助谁”，实现新贫困治理阶段县域防贫工作的精准化，有效平滑了易致贫返贫高风险群体各类致贫风险，极大地提升了县域可持续防贫能力，也为全面脱贫后构建可持续防贫机制进行了探索实践。

（三）阳光操作，结合“查勘核实”与“评议公示”进一步提高群众认可度

第一，“防贫保”通过“查勘核实”与“评议公示”流程确保防贫资金落到实处，明显地提高了群众的满意度。相较于政府扶贫对贫困户直接发放防贫款或者出台优惠政策，容易引发群众“不患寡而患不均”的心理，保险公司以第三方的身份参与扶贫，能精准地做到对出险的“弱者”进行帮扶，结合保险公司专业的核查和公示制度，能够极大地化解民众矛盾。以通城县为例，“防

贫保”在最初推行的前六个月，各级政府收到当事人亲手写、委托他人或村委会写的感谢信50余封，向县乡政府和太保公司送的锦旗20余面。第二，通过第三方专业团队运营，以“三合一”模式集中使用同质性资金，明显提高防贫资金使用透明度。通过“三合一”模式将“政府专项资金防贫＋公益慈善捐款防贫＋企业担当防贫”资金统一汇集于“县防贫减贫服务中心”，构建“防贫保资金池”，由第三方专业保险公司承保运营。保险公司直接将防贫资金支付给返贫户，实现每笔善款、理赔款，都可溯源到村、到户、到人，杜绝了熟人、关系户留下任何“批条子”“打招呼”的缝隙，确保分散各个部门的同质性资金在公开透明的机制下进行使用，并接受政府和群众的双重监督，有效保证了防贫资金落实到位。以通城县为例，自“三合一”模式运行以来，基层没有一例违规违纪案件发生，也无一例信访事件发生。社会上爱心捐款也大幅增加，“防贫服务中心”挂牌后仅五个月，“防贫保”资金池接受社会捐款即由挂牌时的20万元增加到70万元，充分显示出群众对“防贫保”机制公信力的认可。

（四）措施延伸，结合“风险补偿”与“帮扶政策”多维提升防贫效益

防贫要精准，保障到位是关键。建立“防贫保”只是暂时兜住了贫困底线，在遇到突发情况下，防止部分群众陷入贫困。从长远来说，增强困难群众自身“造血”功能、增加收入才是根本。为此，“防贫保”还和地方扶贫政策相结合，基于数据筛查出的群众家庭特点进行措施延伸，针对不同返贫、致贫潜在因素，结合精准帮扶，与产业、就业政策结合形成合力，进一步提升防贫效益。对于有劳动能力的家庭因身体原因不能外出务工的，从发展产业和帮助就业入手，通过扶贫微工厂、农业园区等开发轻体力工作岗位安排就业；对因病因残等劳动能力减弱的，安排公益性岗位就业；对没有劳动能力的防贫救助对象实施社保兜底政策，将其全部纳入农村最低生活保障，确保一个也不掉到贫困线以下。此外，还通过帮助其办理低保、实施光伏扶贫和“量资入股”分红等方式增加收入，实现了政策兜底保障。

五、“防贫保”模式的经验启示

（一）综合运用“数据筛查”和“个人申报”，确保“防贫保”不落一人、公平公正

在赔付识别阶段，防贫保通过综合人社、教育、民政等相关部门每月监测到的因病、因学、因灾等事后发生的数据，进行数据筛查，有效判断保障对象的损失，及时开展赔付准备工作。同时结合个人申报的方法，允许符合条件的

个人进行申报，有效防止未被大数据监测而漏查、漏报的现象发生，确保了“防贫保”不落一人。在查勘定损阶段，保险公司不仅依靠大数据分析受灾情况，而且派专业人士入户核查，确定受灾人口和受灾金额，进一步提升了防贫精准性和有效性，确保“防贫保”公平公正。此外，“防贫保”在实施过程中形成的分析结果、赔付金额等相关资料还可以为政府进一步做好防贫返贫、巩固脱贫攻坚成果工作提供数据支撑。

（二）充分发挥“行政力量”和“市场优势”，实现致贫风险防范提质增效

在以往扶贫工作中，无论是行业扶贫、定点扶贫、社会扶贫、驻村帮扶，都严重依赖基层政府和行政手段来发挥作用，给基层工作人员增加了很多负担，许多专业工作也使本就人员紧张的基层扶贫干部更加难以招架，在一定程度上影响了扶贫工作的效率，限制了扶贫政策效果的发挥。部分保险公司的扶贫探索也仅仅依赖市场主体的力量，由于其可获得的贫困相关数据信息有限，缺乏对区域贫困特征的把握，致使其在精准扶贫工作中难以发挥出自身的专业优势。“防贫保”将市场手段与政府手段结合起来，由政府承担出台政策、筹措资金、审核批准等职责，利用保险公司在县、乡、村完备、独立的运行机构、大批专业人才队伍和勘查理赔人员优势，开展“防贫保”勘查和理赔。结合政府的监管优势，充分发挥市场手段的积极作用，减轻县乡村干部的工作压力，提高了防贫的工作效率和工作质量，实现更为专业、精准、公平、高效的致贫风险防范，可以有效破解政府人力不足的难题，提高财政资金的利用效率。此外，借助第三方购买服务的形式框定责任，政府以监督形式确保防贫资金使用效果，还可降低政府内部的廉政风险和审计成本。

（三）积极引入“群众监督”和“奖惩机制”，落实落细精准防贫措施

首先，“防贫保”基金监管委员会通过对防贫资金运行管理的监督，确保防贫机制的公平、公益和高质量运转。“防贫保”通过将保费转换成“防贫保”基金，成立“防贫保”基金监管委员会，制定“防贫保”基金管理办法，植入更多的“公益基金”核心元素，在做好社会募捐、服务反馈捐赠人士的同时，有效确保了防贫机制的公平、公益和高质量运转。其次，政府通过对流程的规范监督和管理，对保险公司实行激励约束机制，确保了“防贫保”机制的及时有效运行。政府出资设立资金池，设立规范化管理程序，资金一方面用于发放“防贫保”救助金，另一方面是按照发放保险金额的一定比例向保险公司支付服务费。在此基础上，地方政府对保险公司实行激励约束机制，对理赔事项中所出现的错发漏发情况扣罚服务费，以督促保险公司履职尽责，对不错不漏的

情况进行奖励，充分调动保险公司积极性，确保了“防贫保”机制的及时有效运行。

六、相对贫困背景下“防贫保”的发展建议

（一）大力推广“防贫保”在更多地区的应用，逐步扩大“自负盈亏”模式防贫保险产品试点范围

脱贫攻坚战的全面胜利，意味着工作重点将转移到防止规模性返贫和致贫上来。实事求是地讲，在当前农村，因为受大病、灾害等大额开支影响，返贫致贫现象时有发生，仅靠各类普惠性社会保障措施远不能防止，如果不采取有效措施加以防控，势必会影响脱贫攻坚工作成效。应进一步推广“防贫保”在更多地区的应用，并结合“防贫保”的相关经验，在防贫工作中推广用好“监测线”“大数据”和“第三方”，针对不同实践出现的不足和特点不断完善防贫机制，推动防贫工作效率和工作质量持续提升。在大规模推广“防贫保”并获得足够的数据支撑后，逐步试点“自负盈亏”的防贫保产品，使防贫保险多元化，满足不同地区和群体的需要。

（二）探索以财政资金保障“防贫保”保费稳定，吸纳社会公益资金支持，实现对相对贫困人群的持续稳定保障

首先，为避免各地社会资金、财政资金状况差异而导致防贫保障水平参差不齐，影响“防贫保”的风险保障效果，可探索利用财政资金对“防贫保”基金进行托底保障，确保防贫保障政策资金供给的稳定。其次，应进一步强化“防贫保”基金阳光管理制度，通过透明公正的资金管理机制，进一步增强公信力，吸纳社会公益资金支持。最后，应结合当地经济发展水平和财政能力，协调财政资金为“防贫保”保障水平和保障范围的逐步提升留足预算空间，不断加强“防贫保”兜底保障能力，确保防贫保障机制的长期可持续健康运转，为持续缓解相对贫困助力。

（三）结合不同地区相对贫困群众生产生活特点，进一步拓展“防贫保”风险保障范围

根据脱贫地区农业产业特色，结合致贫、返贫的实际情况，进一步推广因产业、因就业保障类“防贫保”产品覆盖范围，制定“一县一域一特色”的专属保障方案，以“防贫保”支持产业和就业扶贫、减贫，以创新思路来拓宽承保范围，提高综合保障水平。可根据潜在致贫原因，将主要致贫因素纳入保障的基础上，对重点扶贫产业、就业项目进行重点保障。进一步探索市场化风险

保障机制，在实现生活风险兜底保障的同时，提升对产业、就业、市场风险的抵御能力，为当地百姓提供全面生活、生产风险保障。建议将防贫保与成本保险、收入保险结合，在防范因病、因学、因灾导致的损失的同时，稳定收入水平，彻底阻断致贫和返贫的可能性。

（四）提升防贫增值服务，以“防贫保＋”模式推动“防贫保”的“事前预防”功能升级完善，进一步降低防贫成本，提高防贫效果

在逐步提升“防贫保”基本保障水平的基础上，探索利用防贫资金和第三方保险机构升级完善“防贫保”的“事前预防”功能，通过降低事后出险概率，缩小出险损失，提升“防贫保”防贫效率。主要包括以下几个方面：其一，使用先进的体检仪器为建档立卡户提供防癌筛查体检服务，帮助困难家庭提前治疗疾病，防止病情扩大造成家庭负担；其二，为扶贫产业提供风险排查服务，通过防损风险排查降低扶贫项目风险隐患，助力安全生产出效益；其三，通过 72 小时灾害预警，将基本防范措施提前通知到各个微工厂负责人，帮助微工厂及时有效预防人员、财产损失。

农业保险助力休闲农业高质量发展研究

曹广明

（农业农村部巡视组原副组长、高级经济师）

摘要： 随着现代农业不断发展和新型经营主体快速涌现，土地、设施、人力等经营资源越来越集中集聚，特别对休闲农业经营者来说，固定资产和资金投入量相比种养业更多，对农业保险的市场需求正不断扩展和增长。本课题以休闲农业经营主体为研究对象，以促进休闲农业和乡村旅游高质量发展为目标，研究探讨购买农业保险意愿的因素，探讨农业保险拓展的方向和目标，探索总结真实有效可借鉴的休闲农业保险服务模式和保险产品，以抢占休闲农业乡村旅游的“潜力市场”，为农业保险融入现代农业奠定坚实基础，为助力休闲农业和乡村旅游持续健康发展和促进现代农业发展贡献力量。

关键词： 风险管理；保险需求；发展建议

一、休闲农业和乡村旅游现状及风险管理分析

近年来休闲农业和乡村旅游消费市场快速增长，与之相伴的风险事故发生概率也出现显著上升的趋势，而与之对应的保险市场却并不匹配，甚至一度出现热旅游、冷保险的局面。随着人们消费观念的不断成熟，乡村旅游过程中的安全问题及权益保障问题越来越多被人们所关注。乡村振兴战略和新产业新业态快速发展也为保险业深耕乡村市场提供了广阔舞台，为保险业转型发展创造了有利空间。总体上看，农业风险保障领域由以生产风险为主扩展到生产与市场两种风险并重。拓宽农业保险服务领域，满足多元化的风险保障需求，探索构建涵盖财政补贴基本险、商业险和附加险等农业保险产品体系成为趋势。休闲农业和乡村旅游快速和高质量发展，亟需相关保险助力和保驾护航，蕴含着保险行业发展的巨大潜力和需求。

（一）发展范围不断拓展，成效与问题并存

一是发展内涵不断丰富。 在技术创新和制度创新驱动下，生产要素在农村三次产业之间加快流动和跨界配置，三次产业之间、产业内部各部门之间相互

渗透、交叉和重组，形成农林牧渔“内向”融合、产加销服“顺向”融合、农文旅教“横向”融合、科工贸金“逆向”融合、产园产村产城“多向”融合。农家乐、乡村民宿、休闲观光园区、休闲农庄、休闲乡村、康养和教育基地等业态类型丰富。

二是经济效益和品牌效应凸显。截止到2021年底，全国休闲农业和乡村旅游示范县（市、区）421个，国家级休闲农业和乡村旅游示范点741个，乡村旅游重点村1 197家。据2019年不完全统计，乡村旅游经营主体不断优化升级，休闲农业和乡村旅游经营单位超290万家，休闲农庄、观光农园等各类休闲农业经营主体达30多万家，农业合作社7 300家，全国星级休闲农业与乡村旅游企业（园区）3 396家，超过10万个村开展乡村旅游活动。我国休闲农业接待游客32亿人次，占国内旅游总人数的53.28%，营业收入超过8 500亿元，占国内旅游营业收入的14.83%，展示了休闲农业与乡村旅游的发展活力与经济效益。

三是高水平发展存在制约。第一，缺乏保险保障。休闲农业和乡村旅游发展存在着管理、建设、安全、餐饮、住宿、环保、卫生、服务以及收入等多方面的风险和问题，但现阶段，针对性的农业保险产品相对较少，缺少特异性和覆盖率低，难以满足休闲农业发展需求。第二，休闲乡村旅游理论框架体系尚待完善。第三，存在政府投资偏好与预算软约束风险。第四，布局简单雷同，产品类型单一。第五，基础设施和公共服务建设滞后。第六，从业人员素质低，管理水平不高。

（二）发展能力不断增强，机遇与挑战并存

一是乡村休闲与康养结合成为新选择。居民消费结构的变化，推动着原来以观光休闲为主体的旅游市场逐渐向以度假居住为核心，结合观光、休闲、体验、养生的度假市场转变。游客不再追求赶景点、忙拍照，而是希望停留下来、沉淀心灵、享受生活。

二是乡村休闲意识不断强化。伴随经济社会的发展，民众休闲度假意识的增强是必然趋势。在国家实施乡村振兴战略大政方针下，伴随乡村发展、乡村建设和乡村治理的推进，乡村不再是单一从事农业的地方，更有生态涵养、休闲观光、文化体验等功能。

三是休闲农业和乡村旅游风险挑战多元。第一，存在自然风险。自然因素与农业生产息息相关，农业生产属于弱质产业，其在抗击自然灾害方面，缺少韧性。第二，存在市场风险。我国在市场信息波动传导机制方面，还没有相对完善和成熟。另外，还存在土地流转风险、技术风险、管理风险、经营风险等。

（三）保险功能不断增加，发展与瓶颈并存

一方面，休闲农业和乡村旅游保险具有风险分散和经济补偿功能。休闲农业和乡村旅游保险具有风险分散、经济补偿和资源配置等多项新功能，通过风险分散和经济补偿功能可以获得具有较高价值的特色农产品，作为抵押品便于农业经营主体获得融资，保障农业再生产，实现收入再分配，确保价值链和供应链稳定。另外，该类保险具有融资增信、金融扶贫、转移支付等功能作用。

另一方面，休闲农业和乡村旅游保险存在瓶颈。保险市场活力不足，保险市场处于未充分发展的状态；缺少保险规划体系的风险设计，难以凝聚产业发展；特色产业保险市场缺位，发展休闲农业和乡村旅游能力不足；保险产品种类单一，缺少全品类、全链条的保险产品设计；消费者市场保险待开发，难以保证消费者合法权益。

二、休闲农业经营主体购买保险意愿分析

本文调研对象主要为休闲农业经营主体，通过问卷星平台及相关工作群开展，详细了解休闲农业经营主体对农业保险的购买意愿、经营主体购买农业保险的基本情况、经营主体购买农业保险的影响因素等，进而深入分析相关保险产品。本次调查共回收 235 份有效问卷。通过资料分析及问卷调查发现，当前休闲农业发展仍面临诸多的风险，无论是个体农户及小型主体，还是中型、大型休闲农业经营主体，分散风险的能力都受到一定限制。保险的发展可以帮助其有效地规避风险，提供保障，但当前阶段我国农业保险品类更多偏向于传统农业，休闲农业和乡村旅游保险产品体系不健全，严重影响了休闲农业经营主体购买保险的主动性和积极性，也阻碍了休闲农业和乡村旅游保险的高质量发展。

（一）保险覆盖面明显不足

通过调研问卷显示，仅有 1/4 主体购买过相关农业保险，近 3/4 主体没有购买过农业保险，农业保险覆盖面明显不足，农业保险发展空间潜力巨大。通过调研问卷分析，发现缺少相关保险产品、保险产品宣传不到位、赔偿程序复杂、保费太高、保障程度低等问题是制约休闲农业经营主体购买保险的关键因素。

（二）保险险种需求多元化

从险种需求来看，休闲农业经营主体的需求是多元的，巨灾指数保险、农

作物天气指数保险、成本保险、收入保险、价格保险、产量保险等需要系统开发，以不断满足休闲农业经营主体的需求。

（三）保险产品需求较强烈

从产品需求来看，休闲农业经营主体需求集中在几个方面，包括公众责任保险、雇主责任保险、成熟期农作物保险、生长期农作物保险，对于特色农作物保险、牲畜养殖保险、水产养殖保险、特种养殖保险也是需要重点考虑的。

（四）消费者及雇工保险亟待满足

休闲农业消费者人身安全问题是特别值得注意的问题，需要从衣食住行方方面面进行考虑。冒险造成意外事故、食物中毒、磕碰伤害、火灾事故、治安事故、动物伤害、旅游中走失等均需要开发相应的保险产品。

休闲农业消费者财产安全问题是休闲农业保险的重要一环，财产遗失、遭到偷窃、诱骗消费、遭遇诈骗、遭遇抢劫等情况是消费者财产安全的主要隐患。

休闲农业雇工是休闲农业产业的重要参与者，需要对休闲农业雇工进行系统的保障，意外伤害保险、个人责任保障、员工团体医疗保障、失业保障等保险的开发是保障休闲农业雇工的有力措施。

（五）设施设备和财产保险待填补

设施设备安全是休闲农业经营主体看重的问题，设施设备破坏、设施设备丢失、观赏农作物破坏、火灾等现象是造成休闲农业经营主体损失的重要方面，需要加强保障。

休闲农业经营主体经营范围包括旅游服务及生产服务，且生产服务是基础，是传统农业的升级版，表现出规模化经营的特点，因此，休闲农业企业财产安全要加强对收获期农作物、生长期农作物、牲畜养殖、水产养殖、货物运输、果树产量等保险产品的开发。

三、休闲农业和乡村旅游保险现状与发展需求

安全保障和产业发展是休闲农业和乡村旅游生存和发展的基础。由于相对弱化的经济基础、缺失的安全保障体系和不完善的公共基础设施等因素，导致乡村旅游安全问题越来越引发关注。这些问题不仅会对游客的出行带来阻碍，而且严重影响了休闲农业和乡村旅游的健康发展。发展休闲农业和乡村旅游保险保障研究迫切而重要。

（一）新业态催生大市场，政策环境待优化

一是产业园区化是新业态的承载形式。目前，国家批准创建了一大批国家级现代农业产业园、国家农业科技园区、国家现代农业示范区、省级产业园，一大批市县级产业园纷纷涌现，它们是城市人才、技术、资金等要素流向农村的重要载体，是返乡下乡人员干事兴业的重要平台，面临技术风险、市场风险，加强农业产业园区和农业保险的衔接，既能有效地保障产业园区的正常运营，又能让产业园区更好地起到农业产业示范带动作用，引领产业转型升级。

二是政策环境有待优化。乡村旅游保险对实施乡村振兴战略有较大助益，但是真正落地的保险措施还比较少，还处于政府引路阶段，距离自发购入、成为旅游相伴产品还待时日。目前来看，凡是由政府推动和补贴的地区发展就比较好。

（二）技术环境支撑保障，产品服务待提高

一是成熟保险产品支撑保障基础。总体上讲，市场上常见产品的保险责任可分为3类：旅游期间遭遇突发性事故导致人身损伤的产品；旅行期间由于意外事故导致财务损失的产品；因疏忽或操作不当引起赔偿纠纷的产品。成熟的保险产品完全可以支撑休闲农业和乡村旅游保险市场的开发与应用，对新产品的开发有雄厚的技术基础。

二是产品综合服务待提高。保险市场建立是由市场定位，保险品种和服务保障综合形成的。综合服务差距会严重影响保险的推进，表现出险种进展不平衡。如旅游意外损害险和医疗救助风险类型广泛，对游客保障充分且承保方式灵活，但由于业务办理复杂和缺少宣传，让旅游者忽视了这一险种的作用，导致效果好的险种难有较大的市场空间，发展不平衡。

（三）保险实施可行性强，发展需求需满足

一是保险实施可行性强。随着我国推进全域旅游、乡村旅游、美丽中国战略，越来越多的人选择在假期前往城市周边乡村，需求风险保障需求的人数多，风险多样；潜在投保人数规模庞大，国内可以搜集到详细的意外数据，为乡村旅游保险厘定合理的费率作基础；乡村旅游保险符合保险投保的“大数法则”，风险也符合意外、偶发、不可预知的特点，符合可保风险的要求。

二是保险发展趋势需跟进。第一，面向主导产业发展保险市场。要面向粮食及重要农产品保险，围绕特色农产品和养殖业发展农业保险，提升农业设施和农业机械等相关联的财产损失的保险保障，将农产品加工、种植业、养殖业纳入投保对象中。第二，突出政策性保险发展大方向，种植业和养殖业的一般

经营对商业保险需求不大，因为商业保险公司会倾向于较高的风险估值，对于附加值较高、收益较多、开发超前的项目可以考虑推动商业保险。在农业保险助力休闲乡村旅游时，政策保险要做先行者。第三，发展综合性保险类型。建议现阶段应考虑发展综合性保险，全面服务生产、加工、储存、流通、贸易直到终端消费的产业链和价值链，帮助各环节经营主体转移生产风险、质量风险、销售风险和消费风险。另外，要积极围绕园区综合发展开发保险产品、围绕小镇建设开发保险产品。

四、休闲农业和乡村旅游保险发展建议

经过先期调研和数据分析充分说明，休闲农业和乡村旅游保险市场潜力巨大，但受我国经济社会发展限制，现有保险市场存在消费者购买意愿不强、保险价格不高、保险效益不佳等问题。我们应当用更宽阔的视野观察休闲农业和乡村旅游保险市场的巨大潜力，提前布局，抢占先机，完善休闲农业和乡村旅游保险发展新机制。

（一）营造休闲农业和乡村旅游发展的安全环境

一是建立安全发展理念。需要关注休闲农业安全所涉及旅游者的人身、心理、财产等 5 个方面安全问题，在这些安全领域加强管理，营造安全运营的发展环境。

二是建立安全事故应急预案。乡村地区可根据历年治安事件发生的类型、原因、特征，加强对事件多发地带的治安预警和监管，还应制定应急预案，针对可能发生的安全事故做好应急准备，完善应急预案，确保在事故发生后妥善应对。

三是经营者善用保险方法。利用收取保费的方法分摊灾害事故造成的损失，实现经济补偿是保护经营者的最好途径。乡村旅游经营者应提高保护意识，善用保险方法分摊安全事故所造成的损失，减少事故对经营造成的影响。

（二）构建休闲农业乡村旅游保险体系

是发挥财政税收政策的导向作用。瞄准新型农业经营主体给予保费补贴。适应农业经营方式转变趋势，建议将涉农财政补贴特别是农业保险保费补贴对象从土地承包方转换为土地经营方，支持新型农业经营主体积极利用保险机制开展风险管理，提高农业生产抗风险能力。将农产品价格保险等纳入保费补贴范围。建议中央和地方财政在现有农业保险保费补贴险种目录的基础上，将保障水平更强的产值保险、价格保险和收入保险等新型农业保险险种纳入财

政补贴范畴。

二是构建和完善保险服务体系。建立健全政策法律法规体系。应从产业政策、税收政策、金融政策等方面营造有利于休闲农业和乡村旅游保险发展的外部条件。结合区域制定政策，分析、查找开展休闲农业保险的有利因素，使休闲农业保险实施更加规范化、科学化，能尽快落地和获得成效。构建保险再保险服务体系。政策性农业保险已经家喻户晓，随着直保端业务量的拓展，财政支持农业保险补贴的资金量越来越大，迫切需要通过再保险体系对农业保险直保业务发展提供合理引导，出台农业再保险监督管理办法。

（三）发挥科技创新引领保险的作用

一是应用农业高新技术辅助保险。农业高新技术辅助农业保险已成为现实。如产量指数保险可利用作物遥感技术记录作物的类别和生长状况，预测作物的产量，缓解区域农作物产量统计效率低下，保险理赔周期长的问题；利用无人机技术查勘定损受灾地区；利用气象风险识别技术量化天气因素对作物的影响，为天气指数保险作技术支持；采用 GPS 定位与 GIS 在线地图，实现移动采集信息和即时查看作物生产情况，减少作物投保和理赔的审核时间；将移动互联网和 5G 技术等应用于种养类保险，建立数据采集、管理和追溯机制；利用大数据技术，建立诚信记录和保险记录的数据中心，健全信息共享机制，搭建三农征信平台，促进农业再保险和农业巨灾风险分散机制的发展。

二是创新“互联网＋三农”保险模式。探索开发农产品价格指数、通过数据互联互通建设保险信息数据库、通过建立新型农业经营主体信息系统、推进三农保险信用体系建设等正在成为农业保险的新模式。采用“互联网＋5G”支持农业保险理赔查勘，助力保险公司采用卫星遥感、无人机查勘、新一代数据采集器、GPS 定位测量等技术，快速精准定损，提高理赔效率。目前，“互联网＋农业保险”已嵌入农村电商。

三是在“e 农险”APP 中增加休闲农业企业投保模块。“e 农险”自 2015 年 8 月发布以来，从“e 农险 1.0”到“e 农险 7.0”，共研发并在移动端上线了涉及产品开发、承保理赔、销售管理、风险管控、客户服务等农险经营管理全流程的 30 多个功能应用，在业务实践推广中取得良好成效。建议在“e 农险”APP 中增加休闲农业企业的模块，增加专用产品。

（四）休闲农业和乡村旅游保险重点产品设计

一是优势特色农产品保险。结合问卷调研结果，建议完善和增设成熟期农作物保险、生长期农作物保险、特色农作物保险、牲畜养殖保险等产品，满足大、中、小型农家乐特色产业和生态产业发展需求，夯实休闲农业和乡村旅游的产业基础。

二是安全责任险。公众安全责任险。安全问题是保障休闲农业生存发展的基础问题。结合问卷调研结果，人们对身故赔偿和财产保障责任最为敏感，建议增设公众责任保险、雇主责任保险，还可以包括旅行社责任险和旅游意外险。民宿险。建议在提高民宿经营主体保险意识的基础上，努力为民宿业推出量身定制的适应民宿运营所需要的保险产品，围绕民宿设计、运营管理、市场开拓等方面设立民宿保险，以保障民宿旅游健康发展。环境责任保险。设立环境责任保险可有效缓解休闲乡村经营压力，有利于固定风险，同时能快速获得资金用以解决环境污染问题，为休闲乡村游的可持续发展提供保障。

三是休闲农业和乡村旅游硬件保险。特色景区与道路建设保险。通过加强与保险机构的战略合作，发展险资入景（景区）项目落地，盘活资金链条，打造典型示范性景点和特色乡村旅游场所，带动解决乡村旅游发展动能不足、体量不大、基础建设跟不上等现实问题。

四是休闲农业乡村旅游软件保险。休闲农业优质品牌险。截至 2018 年底，我国累计批准地理标志产品 2 380 个。其中一半以上的地理标志产品成为区域经济支柱产品，对当地就业、居民增收和经济发展做出了积极贡献。但是，农产品地理标志、品牌保护、专利维权难度大，农产品地理标志品牌侵权问题十分严重。通过保险增信的方式，用较低的保费支出，可获得有效的保险保障。绿色安全险。乡村旅游的快速发展极易引发环境污染，由于乡村基础设施缺乏，缺少污水集中处理系统，乡村对污水的自净能力有限，某些乡村旅游区或农家乐的餐馆，经常将厨余垃圾随意倾倒，各种生活污水直接排进河流中，形成新的污染源。建议设立绿色安全险，为区域环境和自然景观提供相应风险保障。

五是休闲农业和乡村旅游经营管理险。应急管理险。为缓解应急救援资金支出额度不确定性的情况，充分保障搜救费用、救援人员劳务费用、救援器材设备租赁和使用费用、救援工具购置费用、事故现场发生的医疗抢救费用等，部分保险公司开发了“应急救援费用补偿保险”，探索加强乡村探险旅游应急管理体制建设。土地流转履约险。为推行农村土地流转，降低乡村旅游开发过程中土地流转风险，保护土地流转当事人的合法权益，增加农民收入，建议设立土地流转履约保险产品，作为保障休闲农业和乡村旅游最重要的护身符。经营保障险。建议推出旅游淡季型保险、旅游旺季型保险，或者根据是否全年经营这一标准，划分全年型保险和半年型保险等，再根据产品的不同调整费率。应特别关注经营年限、星级标准、间歇性经营类民俗户的保险需求。

（五）发展休闲农业和乡村旅游保险的措施建议

一是引导农业保险的购买意愿。第一，适当提高现有中央财政保费补贴型险种的保额，逐步使保障水平覆盖直接物化成本或饲养成本。同时，积极探索将价格保险、收入保险等创新性产品纳入补贴试点。第二，建议中央财政安排专项补贴资金支持地方特色农业发展，结合各地农业发展状况和财政能力，适当将规模大、产值高、特色强的地方高效经济农产品纳入中央财政保费补贴范围。第三，根据各地农业生产贡献情况、地方财政能力、农业风险区域分布状况、农民收入情况等不同确定差异化的保费补贴比例。在确保农业保险普惠属性的基础上，对重点领域、不发达地区给予适当倾斜，重点支持适度规模化的新型农业经营主体和贫困落后地区。

二是开发促进休闲农业发展的针对性强的产品。本次研究结果表明，休闲农业经营主体需求是多元的，巨灾指数保险、农作物天气指数保险、成本保险、收入保险、价格保险、产量保险等特别需要系统开发，满足休闲农业经营主体的需求。其中公众责任保险、雇主责任保险、成熟期农作物保险、生长期农作物保险需求意愿较高，水产养殖保险中鱼虾淡水养殖保险、果树死亡保险、果树产量保险、林木火灾保险、特种养殖保险等需求意愿次之。要特别关注休闲农业消费者人身安全问题，需要从衣食住行多方面进行考虑。因此，对冒险造成意外事故、食物中毒、磕碰伤害、火灾事故、治安事故、动物伤害、旅游中走失等方面均需要开发相应的保险产品。

三是探索打造休闲农业保险保障区域创新示范点。争取我国休闲农业发展先进区域政府的大力支持，争取发展较好地区政府的大力支持，争取申请到保费补贴，打造休闲农业保险实验示范区，开展探索实践、优化模式、创新产品，待时机成熟，加强宣传推广。首选浙江省安吉县。该县天荒坪镇余村，是习近平总书记“两山”理念发源地，是我国休闲农业发展的排头兵。同时，中国休闲农业与乡村旅游分会曾在这里搞过大型活动，有一定的合作基础。如果当地政府能够补贴一点，保险公司设计合适产品并适当让利，分会调动行业资源帮助宣传，就可以实现三方共赢，推动休闲农业发展。

四是科技赋能支撑优质服务。当前保险科技广泛应用，在提高保险服务质效等方面发挥着重要作用。利用人工智能等技术优化和扩展前端销售和服务流程，可减少延误和人工作业，加快理赔速度，最终达到节省大量员工成本和提升保单持有人服务体验的目的。第一，保险公司应创新保险分销平台，利用API（应用程序编程接口）的强大功能嵌入乡村旅游经营商网站，为客户提供无缝对接的保险服务；第二，在发生保险事故后，保险公司可以建立虚拟索赔服务平台，为被保险人提供端到端的数字化索赔解决路径；第三，保险公司可以与乡村旅游经营者合作，为游客在乡村游玩过程中提供智能可穿戴设备，当其地理位置发生变化时为其提供相关附加服务。例如，当游客发生危险后，保险公司可以通过游客佩戴的智能穿戴设备及时组织救援，将风险造成的损失降到最低。从长远来看，这可以为保险公司节省资金，进一步增强被保险人的体验感。

五是加大对休闲农业保险的宣传力度。对于风险意识淡薄的业主，更应该讲清休闲农业保险能够有效分散“因灾致贫”的风险，改变人们心中对保险的认识。要充分利用电视、网络、微信、报纸等媒介对休闲农业风险及保险知识进行讲解，积极运用融媒体做好宣传工作，利用短视频平台等提高保险的影响力，加深群众的风险意识和对保险的认识。可以安排针对性的培训或会议作为宣传保险的方式，引导对风险转移必要性的认识和理解。

六是提升安全保障水平。要建立信用体系，做到覆盖消费者出游风险，尽量包含所有的常见、易发的风险事故；紧跟消费者面临的风险变化，及时提供最新的风险覆盖；提供可靠的安全救援服务，安全救援服务要求保险公司要建立一套完善的应急救援系统，包括与第三方合作之间的沟通等，拥有属于自己的安全救助体系；及时关注市场痛点，完善旅游保险产品体系，实现旅游保险产品定制化，让游客在选择旅游保险产品时，总能选择到适合他的保险产品。

大豆玉米带状复合种植保险研究

太安农业保险研究院

摘要： 为落实好中央关于保障好初级产品供给，扩种大豆和油料的工作部署，2022年中央1号文件明确提出“大力实施大豆和油料产能提升工程”“在黄淮海、西北、西南地区推广玉米大豆带状复合种植”。大豆玉米带状复合种植是农业农村部2022年在扩大大豆油料生产中力推的最主要技术措施，一种新的种植模式出现后会出现传统模式下意想不到的风险，亟需保险提供风险保障，尤其对于规模种植者来讲风险保障更加迫切。同时，这种复合种植模式增加了保险公司的承保、查勘、理赔、定损难度，并对后续核验、检查等工作可能造成挑战。本文就大豆玉米带状复合种植模式的保险问题进行研究，为及时推进大豆玉米带状复合种植保险设计了几种易落地的方案以供决策部门选择，同时提出未来大豆玉米带状复合种植保险的发展方案和对策建议。

关键词： 大豆玉米；带状复合种植；保险

一、大豆玉米带状复合种植的优势和意义

大豆玉米带状复合种植模式，是四川农业大学杨文钰教授团队在大豆间套种植基础上于2001年首先提出并完善改进的旱地分带轮作种植技术模式，即将2～4行密植玉米带与2～6行大豆带交替复合种植。这种模式能提高土地、光、热等资源的利用效率，不仅让玉米基本不减产，还能增收一季大豆，为解决大豆供应“卡脖子”问题提供了新思路，可以有效缓解目前粮饲争地的矛盾和提高土壤肥力，对调整种植业结构、挖掘土地增产潜力、提高种植业效益、促进现代农业可持续发展及保障粮食安全都具有重要意义。

二、大豆玉米带状复合种植试点及推进困难

（一）大豆玉米带状复合种植试点

1. 2022年全国大豆玉米带状复合种植计划

2022年，农业农村部在全国16个省（区、市）推广大豆玉米带状复合种

植模式，计划落实种植任务 1 550 万亩，具体种植任务分配为：黄淮海地区（包括河北省、山西省、江苏省、安徽省、山东省、河南省）480 万亩，长江中下游地区（包括湖南省和广西壮族自治区）120 万亩，西北地区（包括内蒙古自治区、陕西省、甘肃省、宁夏回族自治区）480 万亩，西南地区（包括四川省、贵州省、云南省和重庆市）470 万亩。随着中央对大豆油料的高度重视，未来大豆玉米带状复合种植面积还会进一步扩大。

2. 四川省大豆玉米带状复合种植情况

四川省是我国最早试点大豆玉米带状复合种植模式的省份，从 2003 年就开始小面积示范种植，2006 年起在全省大豆玉米主产县大面积推广，2021 年全省推广约 497 万亩。四川省大豆玉米带状复合种植模式包括大豆玉米带状套作模式和大豆玉米带状间作模式，占比分别为 80%、20%。两种模式下玉米亩产均可达 500 千克，与单作相当，大豆亩产在 100～150 千克，亩产值约为 1 800 元，成本约为 1 200 元，亩均利润 600 元左右，比单作玉米增加 300～400 元。

3. 河北省藁城区大豆玉米带状复合种植情况

河北省藁城区是近年引进大豆玉米带状复合种植模式比较成功的地区。2017 年引入，经过四年试验示范获得成功，吸引经营主体 50 多个，建立高产示范样板 30 多个，累计示范推广 2 万亩。经专家测产及实打验收，玉米平均亩产 550～600 千克，大豆平均亩产 100～150 千克，亩均增收 400 元，实现了“玉米不减产、增收一茬大豆”的目标，故当地规模种植户对此种植模式较受欢迎。

4. 山西省阳曲县、寿阳县大豆玉米带状复合种植情况

山西省阳曲县、寿阳县之前未开展过大豆玉米带状复合种植。2022 年阳曲县大豆玉米带状复合种植任务规模为 2 万亩，采用种植户自愿报名的形式开展，农业农村厅暂时没有明确给出种植补贴标准。由于种植户之前没有接触过这种新模式，疑虑较大，普遍反映种植机具不匹配、施肥技术不成熟、作物收获期不一致、野生动物对大豆影响较大、每亩成本会增加 300～400 元、玉米一定会减产减收等。2023 年寿阳县大豆玉米带状复合种植任务规模为 2 万亩，在此基础上当地农业农村厅再增加 1.1 万亩，合计 3.1 万亩。农业农村厅规定，种植大户需将种植面积的 5%～10%改为大豆玉米带状复合模式，若种植面积大于 1 000 亩，则给予 200 元/亩的种植补贴。由于有种植补贴的激励，种植户的积极性比阳曲县高。

（二）大豆玉米带状复合种植推广难点

调研中我们了解到，大豆玉米带状复合种植推广难度大、风险大，具体表现为：

1. 基础设施有待改善

该模式必须依靠高水平全程化的农机化作业进行示范推广，对农田基础设施提出了较高要求，但受资金投入、自然条件限制等因素影响，适度集中连片、旱涝保收宜机作业的高标准农田缺口很大，限制了该技术的示范推广。

2. 技术推广难度较大

与普通单作相比，该模式涉及两个不同科的作物，在播种、病虫草害防治、成熟期收获各个环节，操作程序相对复杂繁琐，对农业机械要求更高，种植户反映技术较难，不易掌握。同时，由于农村劳动力老龄化严重，老年人适应了传统模式操作简单、机械化率高的现状，不愿意尝试新鲜事物。

3. 机械化水平较低

在四川等一些省份，受地形地貌影响，玉米、大豆生产机械化水平较低，特别是机械收获还停留在试验阶段，大豆玉米带状复合种植适用的小型播种与收割机具还需完善。种植户不愿意自己操作农机，但专业化服务组织和技术人员严重不足。

4. 种植风险较大

大豆玉米带状复合种植除了面临与普通单作相同的暴雨、洪水、雹灾、冻灾、内涝、风灾、旱灾、地震等自然灾害和火灾、泥石流、山体滑坡等意外事故以及病虫草鼠害、野生动物毁损等风险外，还面临两种作物混合种植所特有的药害、虫害、不出苗、出苗不全等风险。

三、大豆玉米带状复合种植保险需求及实现障碍

（一）大豆玉米带状复合种植保险需求

保险需求源自两方面。一是种植户的保险需求。受访种植户反映，玉米保险在过去给他们提供了一定的损失补偿，很受欢迎，希望大豆玉米复合种植保险在不增加他们保费负担的基础上尽量提高保额。二是新种植模式推广的需求。大豆玉米带状复合种植技术要求高，种植风险大，推广困难，保险需要在发生风险事故时兜住种植户的部分损失，进而促进新种植技术、新种植模式的推广，发挥出保险的农村社会治理功能，促进农村平稳发展。

（二）大豆玉米带状复合种植保险需求实现障碍

由于大豆玉米带状复合种植模式是2022年农业农村部才大力推广的，目前还没有成熟的保险方案，各地正在积极探索中。

调研中只了解到甘肃省推出了复合种植保险方案，即纳入玉米保险，保额与玉米保险产品一致，为600元/每亩，大豆、玉米保额分别为300元/每亩，

理赔时分别根据大豆和玉米生长期确定赔偿比例和赔偿金额。费率和玉米保险产品一致，实施差异费率，河西五市 3%，其他地市 4%。

其他省份在设计保险方案和推进过程中主要存在以下障碍：

1. 保费补贴障碍

大豆玉米带状复合种植模式，有些地方 3 月底就要开始承保。但 2022 年的农业保险保费补贴预算早已在 2021 年做好，如何对复合种植保险进行保费补贴各地暂时没有明确的思路。如果按照 2021 年保费补贴预算只保玉米，不保大豆，保险保障水平较低，种植农户不满意；如果按照农户需求设计专门的大豆玉米带状复合种植完全成本保险，保费补贴政策审批和保险产品报备都来不及；还有些省份，例如山西省，大豆未列入本省中央财政保费补贴品种，如何对复合种植的大豆进行保费补贴也是个难题。

2. 产品创新障碍

保险公司受补贴政策和经营数据等约束，对创新大豆玉米带状复合种植保险产品没有明晰的思路或者急功近利。调研中我们发现，有些保险公司在连大豆玉米带状复合种植产量保险都没有试点的情况下，就提出要发展收入保险，这是很不科学的。还有些地方已经推出来大豆玉米带状复合种植完全成本保险方案，并在方案中规定农民自缴保费 20%，市、县级财政共补贴保费 5%，其余 75%由中央和省级财政承担。这些没有通过保费补贴政策审批和产品报备手续、擅自提标为完全成本保险和收入保险的方案，想法虽好，但实现难度较大。

四、大豆玉米带状复合种植保险方案

根据调研组前期实地调研和走访相关部门了解到的情况，本研究报告提出三类大豆玉米带状复合种植保险方案：一是基于现有玉米和大豆保险产品的方案，此类方案方便直接落地，保额较低；二是基于保障成本或产量的保险方案，此类方案从农民实际种植投入或产出的角度出发，相应提高保额；三是从长远考虑设计玉米大豆带状复合种植完全成本保险方案，以便将来结合试点开展的经验推动实施。

（一）基于现有玉米和大豆保险产品的方案

应三月底、四月初有些地方需要开始承保的时间要求，课题组在现有补贴政策和保险方案框架下提出基于现有玉米和大豆保险产品的三种“急救单”方案，这些方案可以立即实施，以供财政部门、农业农村部门和银保监部门协商选择。

方案一：按玉米和大豆的种植面积分别承保

该方案是根据各地复合种植中玉米和大豆的种植面积分别承保，保额分别为玉米或大豆每亩保额和面积占比的乘积，费率等其他保险要素按各地现有玉米或大豆保险方案执行，玉米和大豆两种标的分别出单承保，受灾后根据保单分别定损理赔。

以河北省藁城区 4∶4 复合种植模式为例，复合种植的一亩地上 0.5 亩种植玉米，0.5 亩种植大豆，根据当地保险政策①，在本方案下，产粮大县每亩带状复合种植作物的保额合计 500 元/亩，保费合计 27.8 元，农户总共承担 5.56 元保费；非产粮大县每亩带状复合种植作物的保额合计 300 元/亩，保费合计 16.4 元，农户总共承担 3.28 元保费，如表 1 和表 2 所示。

表 1　按玉米/大豆分别承保复合种植保险保费负担测算（产粮大县）

单位：元

项目	保额	费率	保费	农民自负	政府补贴			
					中央	省	市	县
玉米完全成本保险	800	5.7%	45.6	9.12 (20%)	20.52 (45%)	13.68 (30%)	2.28 (5%)	0 (0)
大豆种植保险	200	5%	10	2 (20%)	4 元 (40%)	2.5 (25%)	0.75 (7.5%)	0.75 (7.5%)
带状复合种植保险	500	—	27.8	5.56	12.26	8.09	1.52	0.375

表 2　按玉米/大豆分别承保复合种植保险保费负担测算（非产粮大县）

单位：元

项目	保额	费率	保费	农民自负	政府补贴			
					中央	省	市	县
玉米种植保险	400	5.7%	22.8	4.56 (20%)	9.12 (40%)	5.7 (25%)	1.71 (7.5%)	1.71 (7.5%)
大豆种植保险	200	5%	10	2 (20%)	4 (40%)	2.5 (25%)	0.75 (7.5%)	0.75 7.5%
带状复合种植保险	300	—	16.4	3.28	6.56	4.1	1.23	1.23

优点：本方案最大的优点是可以直接落地实施，简单快捷；不涉及新的保费补贴政策，各级财政和种植户均不用增加额外的保费负担；同时不涉及新保

① 河北省产粮大县玉米完全成本保险保额 800 元/亩，费率 5.7%，保费 45.6 元，农户承担 9.12 元，非产粮大县玉米种植保险保额 400 元/亩，费率 5.7%，保费 22.8 元，农户承担 4.56 元；大豆种植保险保额 200 元/亩，费率 5%，保费 10 元，农户承担 2 元。

险方案和产品的报备审批，基本没有政策障碍。

缺点：本方案没有考虑新种植模式下的复合风险，对于种植户来说保额较低，出险后容易造成农户不满意等理赔纠纷的情况发生；对于保险公司来说在一块地中对两种标的分别承保，增大了测亩、勘损、信息系统录入等技术操作难度，同时与单作种植模式相比，保费不变的情况下赔付率将上升；同时本方案在没有大豆保险的试点省无法适用。

方案二：按现有玉米保险主要保障玉米种植风险

据调研组了解，选择复合种植模式的大多数种植户较为在意其中的玉米收成不受损失，故本方案选择主要保障带状复合种植的玉米风险，即按当地玉米保险的政策（玉米完全成本保险或玉米物化成本保险）来保障带状复合种植模式中玉米潜在的风险。根据“玉米基本不减产”的原则，建议复合种植模式每亩保额与当地每亩玉米保险保额保持一致，同时增加由于复合种植模式导致的玉米受灾、减产等方面的保险责任。以河北省藁城区 4∶4 复合种植模式为例，每亩面积上玉米的种植面积约 0.5（4/8=0.5）亩，对这 0.5 亩玉米按 1 亩的保额进行保障（产粮大县为 800 元/亩，非产粮大县为 400 元/亩），同时在保障暴雨、洪水、雹灾、冻灾、内涝、风灾、旱灾、地震等自然灾害和火灾、泥石流、山体滑坡等意外事故以及病虫草鼠害、野生动物毁损等风险外，增加两种作物混合种植所特有的药害、虫害、专业机具损毁、新技术应用等风险保障。

优点：本方案主要出发点是化解大多数农户保障玉米风险的后顾之忧，从而在“多收一茬豆”的情况下可以增加大豆的额外收入；同时和方案一类似，各级财政不增加相应保费补贴负担，也不涉及新产品的审批。

缺点：据调研组了解，复合种植模式的种植成本普遍高于单作种植模式，本方案主要缺点是保额与带状复合种植模式的实际成本不匹配，容易造成农户投入多、赔付少的问题。更为重要的是，这里建议用一亩玉米的保额保障了不足一亩玉米的风险，是否符合监管部门和审计部门的要求还需要探讨；同时对于保险公司而言，增加保险责任的同时也增加了赔付风险。

方案三：按现有玉米保险承保玉米大豆复合种植

这个方案和甘肃方案类似，即复合种植模式以玉米保险承保，根据各地复合种植中玉米和大豆实际种植成本占比分摊保额。以河北藁城为例，据调研组了解每亩复合种植成本中玉米和大豆的成本投入比约为 7∶3，故在本方案下，产粮大县每亩玉米保额为 560 元（800 元×0.7），大豆保额为 240 元（800 元×0.3）；非产粮大县每亩玉米保额为 280 元（400 元×0.7），大豆保额为 120 元（400 元×0.3）。表 3 和表 4 是以河北省玉米完全成本保险和玉米种植保险承保、按照 7∶3 比例分摊保额的示例。

表 3　以玉米完全成本保险承保方案

单位：元

项目	保额	费率	保费	农民自负	政府补贴			
					中央	省	市	县
玉米分摊（70%）	560	5.7%	31.92	6.38 （20%）	14.36 （45%）	9.58 （30%）	1.60 （5%）	0 0
大豆分摊（30%）	240	5.7%	13.68	2.74 （20%）	6.16 （45%）	4.10 （30%）	0.68 （5%）	0 0
玉米完全成本保险	800	5.7%	45.6	9.12	20.52	13.68	2.28	0

表 4　以玉米种植保险承保方案

单位：元

项目	保额	费率	保费	农民自负	政府补贴			
					中央	省	市	县
玉米分摊（70%）	280	5.7%	15.96	3.19 （20%）	6.68 （40%）	3.99 （25%）	1.20 （7.5%）	1.20 （7.5%）
大豆分摊（30%）	120	5.7%	6.84	1.39 （20%）	2.73 （40%）	1.71 （25%）	0.51 （7.5%）	0.51 （7.5%）
玉米种植保险	400	5.7%	22.8	4.58	9.41	5.7	1.71	1.71

优点：这种模式的优点同方案二类似，按照玉米保险来操作，保险方案和保费补贴政策都不需要审批，可以直接落地实施，较为简单快捷，能解燃眉之急，化解了大豆玉米复合种植没有保险可保的问题，同时方便了没有大豆保险的试点省实施。

缺点：此方案实际是大豆当作玉米承保，突破了传统的承保模式，监管部门是否认可此类承保模式是值得商榷的问题；同时保障水平太低，这种方案相当于大豆挤占了玉米的保险金额，尤其是有的地方玉米种植保险的保额才 400 元/亩，相比复合种植模式 1 000～1 100 元/亩的完全成本而言保障水平过低。

（二）基于实际成本或产量的保险方案

上述方案全部是基于现有保险产品的方案，可以迅速落地，但是与复合种植模式的实际风险相比保障程度太低。本类方案是基于农户实际种植成本和作物产量情况下，专门设计了提高保额的大豆玉米带状复合种植保险方案。

方案四：基于成本的 1 亩玉米保险+1 亩大豆保险

1. 具体方案

为每亩带状复合种植的大豆玉米投保 1 亩玉米保险（产粮大县为玉米完全成本保险，其他县为玉米种植保险）和 1 亩大豆保险。

2. 逻辑说明

人们刚看到这种方案可能首先想到的是，在 1 亩土地上投保 1 亩玉米保险和 1 亩大豆保险，好像是重复保险，难以接受。

但从农民的成本投入角度来看，农民是在 1 亩土地上立体化投入了相当于单作 1 亩玉米的成本和单作 1 亩大豆的成本。如表 5 所示，大豆玉米带状复合种植的完全成本为每亩 1 000～1 100 元，但大豆和玉米分别只占大概 0.5 亩的面积，所以玉米的完全成本实际为 685 元/0.5 亩，大豆的完全成本为 415 元/0.5 亩。这和实际情况也基本吻合。在河北省藁城区调研中我们了解到，在 4∶4 复合种植模式中，玉米和大豆大概各占 0.5 亩的土地，但农民在 0.5 亩的土地上的投入成本和净作 1 亩的成本相当。例如，在复合种植中，每亩地需要种植玉米 4 000 株以上、大豆 8 800 株以上，和单作 1 亩玉米的株数（4 000～4 500 株）基本相同，比单作 1 亩大豆的株数（13 000 株）少一些。

表 5　河北省藁城区大豆玉米带状复合种植每亩完全成本

单位：元

项目	玉米	大豆	合计
种子	50	40	90
化肥	170	50	220
播种	20	10	30
除草	75	15	90
浇水	30	30	60
收割	90	20	110
地租	250	250	500
合计	685	415	1 100

这和我们购买复式住宅的道理一样，开发商在单位面积上投入的成本是两层，我们获得的居住面积也是两层，所以开发商要按两层面积向我们收取购房款。对于大豆玉米带状复合种植这种高密度投入的种植新模式，我们如果僵化地认为按“1 亩玉米+1 亩大豆”承保是重复保险，无异于要按照平面面积收取复式住宅购房款的思维，这在逻辑上肯定是行不通的。我们需要从农民复合投入的角度来考虑问题，立体化地设计保险金额。

3. 保费负担测算

目前，在一些省份如河北省，产粮大县的玉米保险是完全成本保险，非产粮大县则是种植保险，因此需要分别测算两种情况下农民和财政部门的保费负担。

（1）产粮大县的保费负担测算。如表 6 所示，河北省产粮大县玉米完全成本保险保额 800 元/亩，费率 5.7%，保费 45.6 元，农户承担 9.12 元；大豆种植保险保额 200 元/亩，费率 5%，保费 10 元，农户承担 2 元。农户总共承担 11.12 元保费。

表 6　基于成本的产粮大县大豆玉米带状复合保险保费负担测算

单位：元

项目	保额	费率	保费	农民自负	政府补贴			
					中央	省	市	县
玉米完全成本保险	800	5.7%	45.6	9.12 (20%)	20.52 (45%)	13.68 (30%)	2.28 (5%)	0 (0)
大豆种植保险	200	5%	10	2 (20%)	4 (40%)	2.5 (25%)	0.75 (7.5%)	0.75 (7.5%)
带状复合种植保险	1 000	—	55.6	11.12	24.52	16.18	3.03	0.75

（2）非产粮大县的保费负担测算。如表 7 所示。河北省非产粮大县玉米种植保险保额 400 元/亩，大豆种植保险保额 200 元/亩，带状复合种植保险保额 600 元/亩，保费 32.8 元/亩，农户自担 6.56 元。

表 7　基于成本的非产粮大县大豆玉米复合保险保费负担测算

单位：元

项目	保额	费率	保费	农民自负	政府补贴			
					中央	省	市	县
玉米种植保险	400	5.7%	22.8	4.56 (20%)	9.12 (40%)	5.7 (25%)	1.71 (7.5%)	1.71 (7.5%)
大豆种植保险	200	5%	10	2 (20%)	4 (40%)	2.5 (25%)	0.75 (7.5%)	0.75 7.5%
带状复合种植保险	600	—	32.8	6.56	13.12	8.2	2.46	2.46

4. 优点

（1）保障较高。这种方案中，产粮大县复合种植保额为 1 000 元/亩，非产粮大县复合种植保额为 600 元/亩。在产粮大县中，保额基本相当于复合种植的完全成本，保障比较充分。

（2）操作简单。复合种植中的大豆和玉米分别按照大豆保险条款和玉米保险条款承保理赔即可，操作比较简单。

（3）可持续操作。如果财政部门、农业农村部门和监管部门不想因为大豆玉米带状复合种植而对农业保险补贴政策和保险方案做大的调整，这种方案基本能够满足农户的保障需求，在以后年度中也可以持续使用。

5. 缺点

（1）补贴逻辑可能不被接受。财政部门和监管部门可能会认为，在1亩土地上投保1亩玉米和1亩大豆属于重复投保。

（2）需要增加保费补贴。玉米保险的保费补贴已经在2021年预算中安排，但增加的大豆保险的保费补贴可能就需要地方财政或农业农村部门想办法解决。

（3）存在道德风险。因为提高了保额，就存在单作种植当作复合种植承保的道德风险存在，保险公司和地方监管部门需要加大工作力度避免这种情况的发生。

方案五：基于产量的1亩玉米保险+0.5亩大豆保险

1. 具体方案

本方案是为每亩带状复合种植的大豆玉米投保1亩玉米保险（产粮大县为玉米完全成本保险，其他县为玉米种植保险）和0.5亩大豆保险。

2. 逻辑说明

这个方案的原理是基于“玉米不减产，多收一茬大豆”产量逻辑。根据实际调研，在复合种植下，玉米亩产量和单作基本相同，大豆亩产量大概为单作的一半。

3. 保费负担测算

（1）产粮大县的保费负担测算。在产粮大县，每亩带状复合种植的大豆玉米按1亩玉米完全成本保险（保额800元/亩，费率5.7%，保费45.6元，农户承担9.12元）和0.5亩大豆种植保险（保额100元/0.5亩，费率5%，保费5元，农户承担1元）来承保，具体的保费负担如表8所示。

表8 基于产量的产粮大县大豆玉米复合保险保费负担测算

单位：元

项目	保额	费率	保费	农民自负	政府补贴			
					中央	省	市	县
玉米完全成本保险	800	5.7%	45.6	9.12 (20%)	20.52 (45%)	13.68 (30%)	2.28 (5%)	0 (0)
大豆种植保险	100	5%	5	1 (20%)	2 (40%)	1.25 (25%)	0.375 (7.5%)	0.375 (7.5%)
带状复合种植保险	900	—	50.6	10.12	22.52	16.18	2.655	0.375

（2）非产粮大县的保费负担测算。在非产粮大县，每亩带状复合种植的大豆玉米按 1 亩玉米种植保险（保额 400 元/亩，费率 5.7%，保费 22.8 元，农户承担 4.56 元）和 0.5 亩大豆种植保险（保额 100 元/0.5 亩，费率 5%，保费 5 元，农户承担 1 元）来承保，具体的保费负担如表 9 所示。

表 9　基于产量的非产粮大县大豆玉米复合保险保费负担测算

单位：元

项目	保额	费率	保费	农民自负	政府补贴			
					中央	省	市	县
玉米种植保险	400	5.7%	22.8	4.56 (20%)	9.12 (40%)	5.7 (25%)	1.71 (7.5%)	1.71 (7.5%)
大豆种植保险	100	5%	5	1 (20%)	2 (40%)	1.25 (25%)	0.375 (7.5%)	0.375 (7.5%)
带状复合种植保险	500	—	27.8	5.56	11.12	6.95	2.085	2.085

4. 优点

（1）可能更容易接受。财政部门和监管部门可能会认为方案四是重复保险难以接受。方案五相对单作玉米保险，只是多了 0.5 亩的大豆种植保险，可能比方案四更容易被接受。

（2）保额较低。无论是产粮大县，还是非产粮大县，每亩保额比上一方案均降低了 100 元。在费率不变的情况下，每亩保费、农民自缴保费和各级财政补贴相应减少。

5. 缺点

此方案的缺点和方案四类似，也是容易被监管机构认为是重复保险，需要增加保费补贴，存在道德风险。只不过相比上种方案，该方案可能更容易被接受，成本也略低。

（三）未来大豆玉米带状复合种植完全成本保险方案

上述两类方案都是为了解决近期投保需求的紧急方案，但方案保障水平低或是存在政策障碍。故课题组根据生产者的保险需求，量身定制了大豆玉米带状复合种植完全成本保险方案作为政策储备，未来可随着试点的逐步扩大推广，结合试点开展的经验推动实施。

方案六：大豆玉米带状复合种植完全成本保险方案

1. 被保险人

大豆玉米带状复合种植模式的种植者，包括种植户和新型农业经营主体，都是该保险的被保险人。

2. 保险标的

（1）符合当地复合种植的种植规范和技术管理要求，种植密度达到当地农业技术部门规定的标准。

（2）经过政府部门审定的符合带状种植合格品种。

（3）种植场所在当地洪水水位线以上的非行洪区、蓄洪区。

（4）生长正常。

3. 保险责任

在保险期间内，由于下列原因直接造成保险玉米的损失，且损失率达到10%（含）以上的，保险人按照本保险合同的约定负责赔偿：暴雨、洪水（政府行蓄洪除外）、内涝、风灾、雹灾、冻灾、旱灾、地震等自然灾害；火灾、泥石流、山体滑坡等意外事故；重大病虫害。

4. 保险期间

保险责任期间自保险玉米、大豆定苗时起，至成熟开始收获时止，但不得超出保险单载明的保险期间范围。

5. 保险金额

复合种植保险标的的每亩保险金额应覆盖保险玉米、大豆生长期内所发生的直接物化成本、土地成本和人工成本等农业生产总成本，具体以保险单载明为准。以藁城区为例，初步测算大豆玉米带状复合种植每亩完全成本为1 100元，具体分项请见表10。

表10　藁城区大豆玉米带状复合种植完全成本

单位：元/亩

项目	玉米	大豆	合计
种子	50	40	90
化肥	170	50	220
播种	20	10	30
除草	75	15	90
浇水	30	30	60
收割	90	20	110
地租	250	250	500
合计	685	415	1 100

为了防止保额过高产生道德风险，将大豆玉米复合种植保险的保险金额设计为1 000元/亩，按照玉米、大豆成本占总成本的比例，将玉米的保险金额

设计为600元，大豆的保险金额设计为400元。

6. 保险费率和保险费

保险费率为6%，保险费为60元/亩。

7. 保费补贴

大豆玉米带状复合种植的保费补贴，参照玉米完全成本保险的保费补贴政策。以河北省石家庄市藁城区为例，中央财政补贴保费的45%，省级财政对直管县补贴35%、对非直管县补贴30%，市级财政对非直管县补贴5%，农户自缴保费20%。

8. 赔偿处理

根据大豆、玉米的生长期列出时间轴，每个时间段分别列明玉米和大豆的不同生长期，并对每个生长期设定保险金额的最高赔偿比例，具体如表11所示。

表11　大豆玉米带状复合种植完全成本保险赔偿比例

时间段	玉米生长期	玉米最高赔偿标准	大豆生长期	大豆最高赔偿标准
时间段1	苗期—拔节期前	50%	苗期—始花前	50%
时间段2	拔节期—开花期前	65%	始花期—结荚期前	80%
时间段3	开花期—灌浆期前	80%	结荚期前—鼓粒期前	100%
时间段4	灌浆期—成熟期	100%	鼓粒期—成熟期前	100%

当保险玉米、大豆发生保险责任范围内的损失，保险人按以下方式计算赔偿：

$$赔偿金额=玉米赔偿金额+大豆赔偿金额$$

$$玉米赔偿金额=玉米受损面积\times玉米损失率\times玉米最高赔偿标准比例\times玉米单位面积保额$$

$$大豆赔偿金额=大豆受损面积\times大豆损失率\times大豆最高赔偿标准比例\times大豆单位面积保额$$

$$损失率=\frac{玉米（大豆）单位面积植株平均损失数量}{玉米（大豆）单位面积植株平均种植数量}\times100\%$$

当保险玉米、大豆损失率达到80%（含）以上的，按全部损失计算赔偿金额，发生全部损失经一次性赔付后，保险责任自行终止。

（四）保险方案的保费测算

综上所述，课题组测算了几种方案的实际保费和各级财政补贴变化，因第一类方案（方案一、二、三）不涉及保费补贴变化，同时因为全国各省保费补贴政策不同，故这里着重以河北为例分析方案四、五、六的保费补贴变化，如表 12 至表 14 所示。

表 12 几种保险方案对比

单位：元

项目	保额	费率	保费	农民自负	政府补贴			
					中央	省	市	县
原方案	800	5.70%	45.6	9.12	20.52	13.68	2.28	0.00
方案四	1 000	—	55.6	11.12	24.52	16.18	3.03	0.750
方案五	900	—	50.6	10.12	22.52	14.93	2.655	0.375
方案六	1 000	6.00%	60.0	12.00	27.00	18.00	3.00	0.00

表 13 河北省几种保险方案对比

单位：万元

项目	保费	农民自负	政府补贴			
			中央	省	市	县
原方案	4 651.2	930.24	2 093.04	1 395.36	232.56	0.00
方案四	5 671.2	1 134.24	2 501.04	1 650.36	309.06	76.50
方案五	5 161.2	1 032.24	2 297.04	1 522.86	270.81	38.25
方案六	6 120.0	1 224.00	2 754.00	1 836.00	306.00	0.00

表 14 河北省几种保险方案保费增加值

单位：万元

项目	保费	农民自负	政府补贴				
			中央	省	市	县	合计
方案四	1 020.0	204.00	408.00	255.00	76.50	76.50	816.00
方案五	510.0	102.00	204.00	127.50	38.25	38.25	408.00
方案六	1 468.8	293.76	660.96	440.64	73.44	0.00	1 175.04

注：方案四为基于成本的 1 亩玉米保险+1 亩大豆保险；方案五为基于产量的 1 亩玉米保险+0.5 亩大豆保险；方案六为大豆玉米带状复合种植完全成本保险方案。

五、大豆玉米带状复合种植保险发展建议

大豆玉米带状复合种植在当前复杂多变的国际形势和粮食供求趋势下，具有紧迫而深远的意义，为其提供风险保障的保险更应及时跟上，中央及地方有

关部门、保险公司以及种植户均应高度重视，切实推动相关保险方案落地，提升大豆玉米带状复合种植模式的风险抵御能力。

（一）中央部委做好顶层设计

《关于加快农业保险高质量发展的指导意见》明确了中央与地方分工负责的多层次农业保险体系，财政部、农业农村部、银保监会和国家林草局作为中央政府层面农业保险工作的主要领导机构，面对今后可能大范围推开的大豆玉米复合种植保险新问题，建议做好以下几方面工作：一是各部委做好沟通对接，尽快确定大豆玉米复合种植保险补贴原则，建议在上述前两类方案中选择出一种最容易落地实施的方案，以便各地迅速开展业务，保证近期选择大豆玉米带状复合种植模式的农业生产者有保险可投；二是中央层面相关部门牵头组织行业专家、保险机构等，对未来大豆玉米带状复合种植保险方案进行研究，给出具体指导、出台相关政策、规范数据上报口径，同时适时召开全国性推进会议，做好政策解读宣导、交流经验与推广示范；三是相关牵头部门积极探索创新保障模式与保险方案，随着种植经验与风险认知的提高，可以采用分步走的方式从基本险过渡到高保障保险，最后真正落实对大豆玉米复合种植的风险保障，提升种植积极性，扩大油料作物种植规模。

（二）地方层面尽快推动落实

调研中我们了解到，凡是大豆玉米复合种植试点推动好的地方，都是当地政府及相关厅局重视程度高，工作力度大，保障措施到位。2023 年要将试点范围推广到 16 个玉米主产省的 1 550 万亩，对其进行风险保障需要更大的工作力度。为此建议地方政府及相关部门做好以下几方面工作：一是提高认识、尽快落实，建议当地党委政府牵头组织相关部门，积极推动将本年度当地大豆玉米带状复合种植模式优先予以保障；二是解决保费补贴问题，鼓励地方财政拿出部分资金支持相关保费补贴，提高当地农户种植积极性，同时像山西省这种没有将大豆纳入中央财政保费补贴险种的省份，可由省级财政、农业农村厅或其他厅局对大豆保险补贴或设立创新项目补贴，同时尽快申请大豆的中央财政保费补贴；三是做好指导监督，指导当地保险机构建立专业基层服务体系，提高复合种植保险的服务水平，同时做好组织管理，监督保险机构切实履行相关合规要求。

（三）保险公司解决经营问题

大豆玉米带状复合种植模式下，种植区域不同、行宽选择不同，复合种植的风险、成本和收益都会不同。在实际工作中，可能会导致保险公司承保面积计算不精准，增加其查勘、理赔、定损的难度，并对后续核验、检查等工作造成挑战。这就对保险公司提出了更高的业务要求：一是着力解决承保理赔难题。保险公司应借助丰富的承保理赔经验，研究出科学合理、操作简单的承保理赔规则，进一步优化和完善承保理赔全流程，细化管理的颗粒度、精细度、科技度，积极运用遥感、无人机等科技手段，保证带状复合种植保险的精准承保和精准理赔。同时根据复合种植标的特点，更新数据信息系统功能模块，保证上报数据质量，承保单录入、案件赔付规范操作，避免错误操作，要全面符合监管部门或中农再数据信息的上报要求。二是因地制宜设计保险产品。保险公司应根据当地的复合种植模式、风险因素、种植成本和种植时间等因素，积极开展调查研究、因地制宜地设计符合农户需求的保险产品，制定大豆玉米带状复合种植示范性条款，确保大豆玉米带状复合种植保险规范化开展。需要注意的是，保险公司在设计产品时，对于从未经营过的全新保险产品，设计要相对保守，综合考虑风险收益，避免较大的经营风险。三是按照保本微利原则开展相关工作，控制综合费用率不高于 20%，面对承保理赔这种复合种植模式的复杂条件，保险公司应积极运用科技手段降低运行成本，同时加强成本费用监管。

（四）加大模式推广与媒体宣传

对于生产者还不愿意接受大豆玉米带状复合种植模式的情况，建议：一是加大全国层面的宣传力度，通过农民日报等媒体进行系统宣传，加深广大干部对试点政策的理解，营造发展大豆玉米带状复合种植的良好氛围；二是各试点地区采取更为灵活多样的形式加强宣传，提高广大农民对试点的知晓率，充分利用广播、电视、网络、微信公众号等传统媒体和新媒体，进行多渠道多形式的宣传；三是积极组织农业机械社会化服务组织开展大豆玉米带状复合种植的全程托管服务和跨区域作业，提高农机使用效率，降低耕、种、管、收环节人工成本投入，提高农户的种植积极性。

农业保险行业绿色保险研究

太安农业保险研究院

一、绿色农险的概念及其发展历程

2022年6月，银保监会印发了《关于印发银行业保险业绿色金融指引的通知》（银保监发〔2022〕15号），首次对绿色保险进行了明确的定义：绿色保险，是指保险业在环境资源保护与社会治理、绿色产业运行和绿色生活消费等方面提供风险保障和资金支持等经济行为的统称。文件认为，绿色保险是绿色金融的重要组成部分，要实现“双碳”目标和社会经济可持续发展，离不开绿色保险发挥必要的保障作用。

我国很早就提出了绿色发展的理念。早在2012年11月，党的十八大报告首次把“美丽中国”作为生态文明建设的宏伟目标。2013年9月，习近平总书记指出：“我们既要绿水青山，也要金山银山。宁要绿水青山，不要金山银山，而且绿水青山就是金山银山。”2015年4月，中共中央、国务院印发《关于加快推进生态文明建设的意见》；同年9月，中共中央、国务院印发《生态文明体制改革总体方案》，明确了生态文明体制改革的“四梁八柱”。2015年10月，党的十八届五中全会首次提出“创新、协调、绿色、开放、共享”五大发展理念。2020年9月，在第七十五届联合国大会一般性辩论上的讲话中，习近平主席首次向世界宣布中国碳达峰与碳中和的愿景：“中国将提高国家自主贡献力度，采取更加有力的政策和措施，二氧化碳排放力争于2030年前达到峰值，努力争取2060年前实现碳中和。”所谓碳达峰是指主体的碳排放在由升转降的过程中，碳排放的最高点即碳峰值。碳中和是指人为排放源与通过植树造林、碳捕集与封存（CCS）技术等人为碳吸收达到平衡的状态。随着“双碳”战略的提出，绿色保险理念在我国也步入了快速发展的新阶段。

近年来，我国保险行业高度重视绿色保险的理念，保险资金发挥长期资金优势，把握“双碳”目标及绿色转型带来的投资机遇，积极提供绿色金融服务，开展可持续投资，为保险业长期健康发展奠定了基础，也为我国经济社会高质量发展贡献力量。2016年8月，中国人民银行与保监会等七部委联合印发《关于构建绿色金融体系的指导意见》，将发展绿色保险作为独立章节提出指导意见，“在环境高风险领域建立环境污染强制责任保险制度、鼓励和支持保险机构创新绿色保险产品和服务、鼓励和支持保险机构参与环境风险治理体系建设”，为绿色保险理念在保险业的发展提供了顶层设计。2021 年 1 月，银保监会在工作会议上将“积极发展绿色信贷、绿色保险、绿色信托，为构建新发展格局提供有力支持”列入 2021 年度重点工作。《关于印发银行业保险业绿色金融指引的通知》指出“银行保险机构应当完整、准确、全面贯彻新发展理念，从战略高度推进绿色金融，加大对绿色、低碳、循环经济的支持，防范环境、社会和治理风险，提升自身的环境、社会和治理表现，促进经济社会发展全面绿色转型。”

二、农业保险行业贯彻绿色保险的重要意义

当前，农业保险行业进入转型深水区，传统的单一要素驱动发展难以再现。引入绿色保险的理念将为农业保险行业探索高质量发展提供具体的路径和抓手，通过更加关注客户需求、更加关注管理精细化和专业化、更加关注资源使用效率，追求更加稳定和可持续的经营结果。

（一）助力国家“双碳”战略实施

党的十八大以来，习近平总书记围绕生态环境保护和生态文明建设提出了一系列新理念、新思路，实现双碳目标是习近平生态文明思想的重要理念，是实现美丽中国目标的战略性举措。三农既是经济社会发展的重要基础，又是碳排放的重要领域。据联合国政府间气候变化专门委员会评估报告显示，全球农业碳排放占全球碳排放总量三分之一左右，其中畜牧业碳排放占全球碳排放总量 15％左右，这些碳排放来自农业生产加工、流通等环节，也来自农作物种植、畜牧饲养业等生产经营活动。因此实施乡村振兴战略，推进农业农村现代化建设，始终肩负着实现“双碳”目标的责任和使命。农险行业直接服务三农产业发展，落实绿色保险理念，积极开发碳汇保险产品，有利于促进生态良好和乡村振兴、生态振兴，推动三农节能减排，促进农业更好地发挥固碳功能，助力国家“双碳”战略。

（二）推动绿色转型与可持续发展

在全球气候持续变暖的大趋势下，近年来各类极端天气、气候灾害事件频发，气候变化的风险对农业农村的可持续发展产生了重要影响。在此背景下，有必要采取有效措施，应对气候变化风险，为农业农村的绿色转型提供保障。农业保险作为分散农业生产风险的重要手段，可以通过新科技、新技术的应用，引导科技渗透到农业生产领域，促进农业农村绿色转型。农业保险还可以

通过收取一定的保费，将特定区域或特定风险，分散至全社会乃至全球范围，有效帮助受灾农民重建家园、恢复生产，保障社会的稳定性和生产的连续性，推动农业农村可持续发展。

（三）促进农险行业高质量发展

2019年9月，财政部、农业农村部、银保监会、林草局印发了《关于加快农业保险高质量发展的指导意见》（以下简称《意见》），对农业保险高质量发展提出了明确要求，要求农业保险应当“保护农民利益、支持农业发展”。“双碳”战略对我国农业产业的发展提出了新任务、新要求，既要保持农产品产量和质量双提高，切实保障国家粮食安全和重要农产品的有效供给，又要节约资源，减少消耗，保护生态；既要促进农民收入增长，又要促进农业产业绿色、低碳发展。面对“双碳”战略对我国农业产业发展提出的新要求，农险行业面临的保护资源、保护生态、节能降耗、绿色发展的任务进一步凸显。农险行业落实绿色保险理念，推动农业产业绿色低碳发展，已经成为农业保险行业高质量发展的必由之路。

（四）保障生产者碳汇收益实现

在“双碳”战略的背景下，农业产业所具有的碳汇功能的重要性更加凸显，森林、草原、湿地、广大种植业、部分养殖业等都具有吸收并储存二氧化碳的功能，以农业保险为抓手，在保险产品中体现农业生产所含有的碳汇价值，可以为生产经营主体增加新的碳汇收益，增加碳汇贷款融资的手段，提高生产经营主体的收入水平。以目前开展较多的林业碳汇保险为例，林业碳汇保险可以为林业经营主体提供风险管理和收入支持，将碳汇价值纳入保障范围，提高现在森林保险保障水平，保障林农收入。另外，林业碳汇保险要求的碳汇林均为满足要求的新造林，可以推动农村居民转移就业，提供新的绿色经济增长点。农业碳汇保险的实施，能够将原本的农业碳汇转变为可贷款、可融资的资产，为碳汇质押贷款增信，有效扩展融资贷款手段，促进生产者提高效益，增加收入。

三、农业保险行业在绿色保险发展方面取得的成就

（一）农业保险是惠农安农政策，发挥了多方面社会功能

绿色保险理念注重经济行为对社会的影响。农业是国民经济的基础，同时也是高风险产业。农业保险在防范化解农业风险，保障农民利益，提高农民种粮积极性，稳定农业生产尤其是粮食生产，促进农业转型升级，保障国家粮食

安全等方面，发挥了重要作用，成为国家强农惠农安农政策的重要内容，成为农业支持保护的重要手段和农业现代化发展的重要支柱，发挥了多方面的正向社会功能。2021 年，我国农业保险保费规模为 965.18 亿元，同比增长 18.4%，继续保持全球农险保费收入第一大国的地位。根据太安农业保险研究院与中国农业科学院农业信息研究所共同完成的《中国农业保险保障研究报告（2020）》研究表明，2021 年，我国农业保险深度达 1.17%（保费/第一产业增加值），同比增长 10.83%，连续两年突破 1%；全国农业保险密度达 565 元/人（保费/农业从业人口），同比增长 23%，提前完成《意见》提出的 500 元/人的目标。在政府的大力支持下，我国政策性农业保险快速发展，各方面的积极作用日益凸显。

（二）种植业保险快速发展，促进农业固碳功能更好发挥

目前尽管开发了很多固碳新技术，但成本较高，真正具备经济可行性，具有商业推广价值的很少。通过种植农作物生长固碳，仍然是最可行、最有效的途径。而农业保险可以兜底种粮农民的风险，消除了粮农的后顾之忧，能够有效地稳定、扩大粮食种植面积，也助推种植业充分利用植物的光合作用，更多地吸收二氧化碳，更好地发挥固碳功能。上海太安农业保险研究院曾组织有关专家组成调研组，于 2021 年 4 月 12 日—5 月 14 日，赴多省开展调研，调研发现通过开展三大粮食作物完全成本保险和收入保险，种粮农户参保热情提升，种粮积极性明显提高，试点地区粮食种植面积几乎都有增加。突出的有安徽和县水稻种植面积增加 5.5 万亩，辽宁义县玉米种植面积增加 2 万亩。剖析其原因，很重要的一点是提高了保险保障程度，有力兜底了种粮风险，保证种粮不亏，从而激发了农民种粮的积极性。可见，农业保险稳定并扩大了粮食的种植面积，助推种植业更好地发挥了固碳功能。

（三）养殖业保险联动无害化处理，促进了生态环境改善

养殖业带来的环境污染风险一直是农险行业关注的焦点。2014 年浙江省龙游县创建了将病死猪处置保险理赔与无害化集中处理工作联动的“龙游模式”。2015 年中国保监会等联合印发的《关于进一步完善中央财政保费补贴型农业保险产品条款拟定工作的通知》中明确提出，病死畜禽无害化处理应作为获得养殖业保险理赔款的前提条件。2022 年 7 月 1 日，农业农村部制定的《病死畜禽和病害畜禽产品无害化处理管理办法》正式实施，该办法明确规定“病死畜禽和病害畜禽产品无害化处理坚持统筹规划与属地负责相结合、政府监管与市场运作相结合、财政补助与保险联动相结合、集中处理与自行处理相结合的原则。”目前我国大部分农险从业主体开展的养殖险业务都已与病死畜

禽无害化处理工作进行了联动，有力降低了养殖业带来的环境污染风险，提高了农户积极主动对病死畜禽进行无害化处理的意识，改变了农户随意丢弃病死畜禽的习惯，减少农村环境的污染和疫病的传播。

（四）森林保险规模稳步提升，防灾减灾能力不断强化

森林是陆地生态系统最重要的贮碳库，森林通过光合作用每年吸收的二氧化碳约占整个陆地生态系统的 2/3，对实现碳中和目标具有非常重要的作用。自 2009 年以来，我国森林保险稳步发展，保障了森林稳定地发挥固碳功能。

一是保险规模稳中有增，面积覆盖接近七成。2020 年，中央财政森林保险保费补贴范围覆盖全国 25 个省区市、4 个计划单列市和 4 个森工企业，参保面积达到 24.37 亿亩，比上年增加 0.81 亿亩，增幅为 3.44%。参保面积覆盖全国森林面积的 73.85%，增幅为 3.66%。其中，公益林 18.27 亿亩，占比 74.97%，同比增长 1.90%；商品林 6.10 亿亩，占比 25.03%，同比增长 8.35%（图 1）。

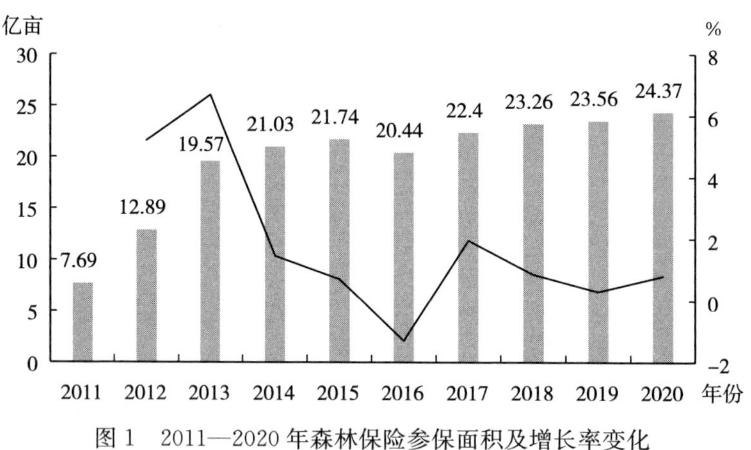

图 1　2011—2020 年森林保险参保面积及增长率变化

2020 年，33 个地区和单位均开展了公益林保险，其中有 18 个地区和单位的公益林参保面积较 2019 年有所增加；有 13 个地区和单位的公益林参保面积较 2019 年有所下降；2 个地区没有变化。2020 年，有 29 个参保地区和单位开展商品林保险，其中，有 18 个地区和单位的商品林参保面积较 2019 年有所增加，有 9 个地区和单位的商品林参保面积有所下降，1 个地区没有变化。山西省首次开展商品林保险。

二是保额提高费率下调，保障程度有所提升。2020 年，森林保险总保险金额为 15 882.61 亿元，较上年增加 817.36 亿元，增长 5.43%。亩均保额

651.73 元，较上年增加 11.73 元，增幅为 1.83%。2020 年，森林保险费率水平总体略有下调，为 2.29‰，同比下降 0.03 个千分点（图 2）。

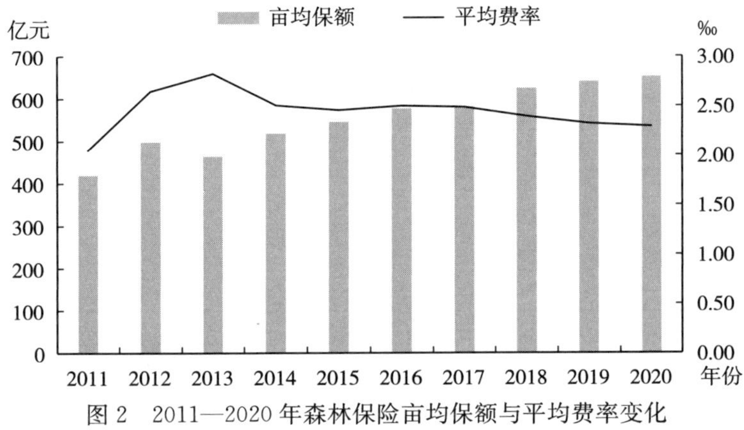

图 2　2011—2020 年森林保险亩均保额与平均费率变化

2013 年以来森林保险单位面积的保额逐年提高，平均费率逐年下调，这意味着林业经营主体可以花更少的钱获得更高的保障，森林保险保障程度逐步提高。

三是财政补贴保持平稳，亩均补贴稳步增加。2020 年，森林保费总额达到 36.41 亿元，较上年增长 1.44 亿元，同比增长 4.12%。各级财政对森林保险的保费补贴金额共计 32.23 亿元，比 2019 年增加了 1.44 亿元，同比提高 4.68%（图 3）。财政补贴占总保费的 88.52%，与上年差距不大。其中，中央、省、市县三级财政补贴资金分别为 16.40 亿元、10.91 亿元和 4.92 亿元，分别占保费总额的 45.04%、29.96%和 13.51%。

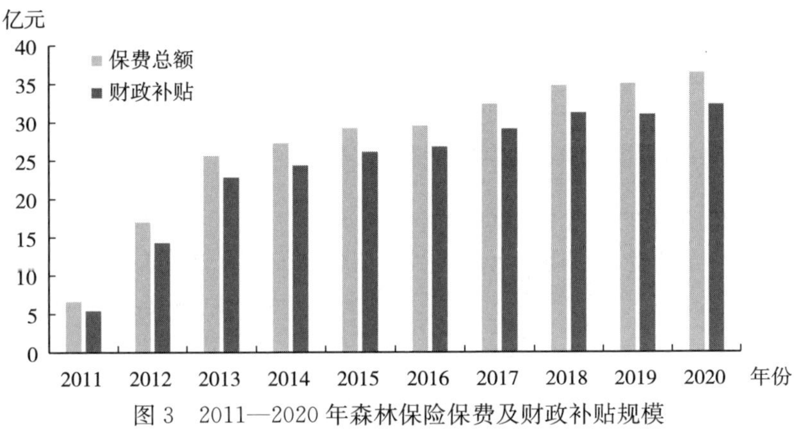

图 3　2011—2020 年森林保险保费及财政补贴规模

2011 年以来，财政补贴与保费规模保持同步增长，补贴所占比例保持在

88%上下。各级财政亩均补贴金额在 2012 年有较大幅度的增长，之后保持平稳上升态势，2020 年为 1.32 元，近几年基本维持稳定水平（图 4）。

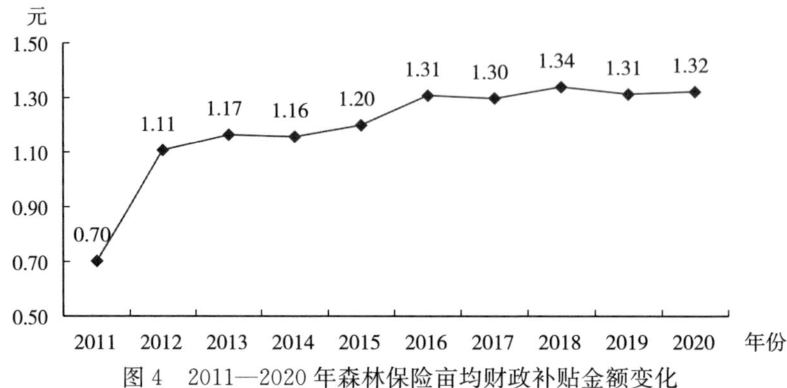

图 4　2011—2020 年森林保险亩均财政补贴金额变化

四是赔付水平保持稳定，保障功能持续发挥。2020 年，全国森林保险完成灾害理赔 9 494 起，理赔面积 876.50 万亩，已决赔款 9.59 亿元，较上年减少了 1.41 亿元。全国平均简单赔付率为 26.35%，较上年降低了 5.11 个百分点（图 5）。

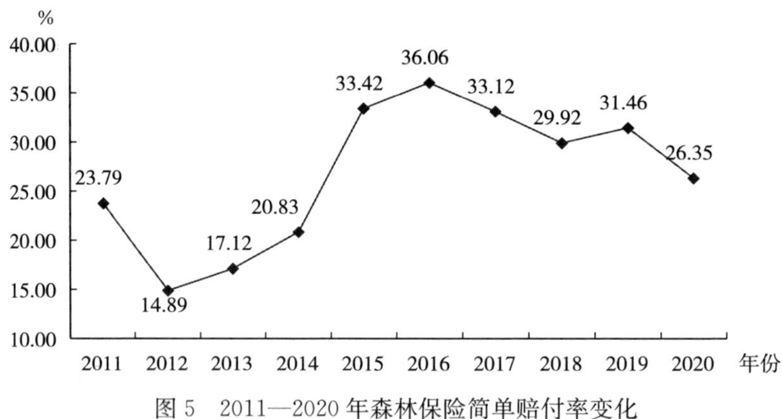

图 5　2011—2020 年森林保险简单赔付率变化

2012—2016 年的森林保险总体赔付率逐年上升。自 2016 年以来，森林保险总体赔付率在波动中下降，2020 年达到最低值，为 26.35%。赔付金额和赔付率的下降与灾害发生情况密切相关。据国家森林草原防灭火指挥部公布的数据，2020 年，全国发生森林火灾 1 153 起（其中重大火灾 7 起），受害森林面积 12.79 万亩，同比分别下降 51%和 37%；发生草原火灾 13 起，受害面积 16.57 万亩，同比分别下降 71%和 83%。据国家林业和草原局森林和草原病虫害防治总站的数据，2020 年全国主要林业生物灾害发生情况总体上较为稳定，近五年发生面积在1.8亿～1.9亿亩。受主要林业生物灾害发生情况的影响，森林保险赔付额和赔付率均有所下降，但实际赔付带来的保障功能未受影响。

（五）气象指数保险不断丰富，保险运行效率显著提升

农业气象指数保险是以气象数据为依据计算赔偿金额的一种创新型农业保险产品，其基本方法是通过将一个或多个气象条件（如气温、降水、风速等）对农作物保险标的损害程度指数化，使每个指数均有其对应的产量及损益。农业气象指数保险合同则以该指数为依据，当指数触达规定阈值时，即触发向投保人给予对应标准的赔付。从绿色保险的角度来看，农业气象指数保险具有两个方面的重要意义。一是该保险本身能够积极应对各类环境气象的灾害，应对环境挑战；二是合同透明、理赔简单、快捷、管理成本低，具有能降低道德风险，减少逆向选择，支持再保险条件好等诸多优势，具有明显的低碳环保优势和绿色保险属性。

从实践来看，2007年4月，安信农业保险股份有限公司在上海试点推出西甜瓜梅雨强度指数保险，这是我国首次开展天气指数保险试点。2008年4月，国元农业保险股份有限公司与国际农业发展基金（IFAD）、联合国世界粮食计划署（WFP）等机构开展了安徽省“农村脆弱地区气象指数农业保险”合作项目。据不完全统计，截至2021年底，我国代表性的农业天气指数保险试点已达100多处，保险标的从小麦、玉米、水稻等主粮作物推广到水果、烟叶、茶叶等经济作物，从种植业发展到渔业、蜂业等养殖行业，得到了长足的发展。

（六）林业碳汇保险快速发展，有效保障森林固碳功能

2020年以来，党中央、国务院高度重视林业碳汇在实现“碳达峰、碳中和”中的重要作用，做出了“提升生态系统碳汇能力”“探索建立林业碳汇补偿机制”“完善林业碳汇项目交易机制”等一系列重要部署，国家林业和草原局也协同有关部门积极推进林业碳汇保险工作，支持地方探索开展林业碳汇保险试点。在一系列政策指导下，2021年起，我国多家农险从业主体纷纷开展了林业碳汇保险的试点工作。2021年4月26日，福建省龙岩市在全国最先推出了林业碳汇指数保险，保险标的为龙岩市新罗区境内生长正常且管理规范的生态林和商品林，保险覆盖面积超过300万亩，提供保险保障金额2 000万元，有效保障近100万吨碳汇量，在保费为120万元的基础上，最大赔付比超过16倍。截至2022年10月，林业碳汇保险试点地区已拓展至全国15个省份的30余个市县。我国林业碳汇保险试点情况如表1所示。

表 1　我国林业碳汇保险试点情况

保险类型	保险区域	发展状况
林业碳汇指数保险	福建省龙岩市	为 300 多万亩林地提供 2 000 万元保额，保费 120 万元
	广东省肇庆市	提供 21.8 万元的碳汇损失风险保障
	云南省文山市	为 22.39 万亩碳汇林提供 300 万元保障
	湖南省邵东市	为 7 万余亩森林提供 388 万元保障
	安徽省池州市	为 10 979 亩林地提供 64.12 万元保障
	广东省梅州市	为 2 005 亩林场提供 23.16 万元保障
	河北省承德市	提供 57.37 万元碳汇损失风险保障
	福建省宁德市	为 2 万亩国有林场提供 30 万元风险保障
	福建省三明市	为 5 万余亩国有林场提供近 76 万元风险保障
林业碳汇价格指数保险	福建省顺昌县	为 6.9 万亩碳汇林提供 100 万元保障，保费 0.52 万元
	广东省清远市	为碳汇林提供 221 万元风险保障
	甘肃省兰州市	为 11 742 亩森林提供风险保障
林业碳汇价值保险	江西省黎川县	为 370 亩碳汇林提供 37 万元保障
	四川省阿坝州	为 231.94 万亩森林提供 3 479.22 万元保障
	海南省儋州市	为 5 万亩林木提供 486 万元保障
	安徽省宣城市	为 18.84 万亩森林提供 5 004.17 万元风险保障
	浙江省安吉县	为 14.24 万亩竹林碳汇交易提供风险保障
	内蒙古自治区呼伦贝尔市	提供 36.14 万元的森林碳汇价值风险保障
	安徽省望江县	为凉泉乡的碳汇林提供 38.47 万元的风险保障
	河南省商丘市	为 1 000 亩国有林场提供 70 万元风险保障
	安徽省岳西县	为 6.88 万亩公益林提供 5 431.89 万元风险保障
	内蒙古自治区鄂温克族自治旗	为巴音岱林场提供 36.14 万元风险保障
林木综合价值保险	广东省云浮市	为 5 100 亩造林项目提供 112 万元保障，保费 0.71 万元

（七）农险科技应用水平提高，推动了生产生活低碳化

我国小规模农户众多，保险公司如果一家一户展业、收费，成本较高，也会增加很多碳排放。河南省保监局曾开展调研，农险公司开展业务，到每家每户展业、收费，每户每亩收取 5 元保费，但人工成本、汽车燃油成本等合计需要 30 元，也造成了大量碳排放。近年来，出于提升农业保险作业效率，降低农业保险业务成本，防范道德风险和逆向选择，适应新冠肺炎疫情防控新常态

等多方面的考虑，农险数字化进程快速推进，物联网、互联网、遥感、大数据、人工智能等新技术应用层出不穷。2015 年，太平洋财险公司与中国农科院合作推出了“e 农险”，首次提出了打造数字农业保险移动运营体系，将移动平台搭建、终端功能开发、前沿技术应用和业务流程再造等工作有机结合，彻底改变传统农险业务与服务模式。以“e 农险”的出现为标志，我国进入了农险科技快速发展的新时代，不仅有效解决了农业保险中存在的工作量大、数据采集难、信息不对称、经营成本高、合规风险高等问题，使农业保险业务运营更加精准、及时、高效，实现了“让数据多跑腿，让农户少跑路”，推动农险业务的无纸化、低碳化，也促进了农民生产、生活的低碳化。

四、农险行业落实绿色保险理念的困难与障碍

目前，农险行业落实绿色保险理念还面临政策体系与配套制度有待健全，保险机构绿色保险能力建设相对落后，金融服务体系尚未建立，价值核算评估体系缺乏，以及保险定价机制不够完善、科技应用水平不高等诸多挑战。

（一）绿色保险理念贯彻力度不足，协同推进面临诸多困难

绿色保险理念在农业保险行业仍然处于起步探索阶段，虽然农险行业多家主体对绿色保险的重视程度不断提高。但总的来看，农险行业对绿色保险的重视程度和执行程度仍然有很大提升空间。更多从业主体对绿色保险理念的贯彻主要体现在部分业务的试点，将认知转变为行动，把理念贯彻到公司治理和经营业务的各个方面，并起到更好的实际效果还有一段较长的路要走。建立农险行业绿色保险评价体系，是落实绿色保险理念的有效途径，也是识别绿色保险风险的重要工具。目前，我国尚未建立适合我国国情，面向农险行业的绿色保险评价体系，影响了绿色保险理念在农险行业的快速推广。

（二）碳汇政策体系不够完善，碳汇项目开发动力不足

政策法律等制度对碳汇开发和创新型保险产品发展有着重要的推动作用，但从我国碳汇保险的立法现状来看，缺少国家层面法律、法规的支撑，未对农林业碳汇有关的开发交易行为形成制度支持，市场主体开展农林业碳汇保险试点工作时仍面临无法可依的困境。虽然目前有个别省份出台了指导意见或发展规划支持林业碳汇发展，但这些地方部门出台的相关的试点推行办法或规章缺少更多法律依据，大部分都停留在探索试点层面，停留在对投保企业给予一定的保费补贴，缺乏给予税收优惠、建立专项基金、认可碳汇测量方法等深层次的支持措施。

（三）价值核算评估体系缺乏，碳汇资产无法准确计量

农林业固碳主要有两个方面：一是光合作用吸收的二氧化碳，被称为碳通量；二是土壤对有机碳的富集和保存。总体来看，目前碳汇缺乏公认的监测、计量标准，导致确定损失量方法不明确，碳汇保险金额难以测算与衡量。即便是目前相对较为成熟的林业碳汇监测、计量也不能满足实际工作的需要。以福建省龙岩市开展的林业碳汇指数保险为例，在该案例中：一是保险金额由政策统一规定，不足以区分各地域的风险水平差异和灾害的实际损失成本。由于不同地域森林固碳能力具有差异性，在概算平均固碳能力时势必造成基差较为明显，无法反映各地域真实的固碳能力。二是投保植被的固碳能力影响因素衡量方面不全面不明确。除了受自身树种、树龄、胸径和密度等因素影响，林木的净固碳能力还受到区域年度日照时长的影响。因此需要尽快形成统一的碳汇计量监测体系及核算评估标准，才能更好地支持农业碳汇保险的发展。

（四）保险费率厘定不够科学，保险定价机制有待完善

科学厘定保险费率是确保碳汇保险稳定经营的重要前提，关系到投保主体对林业碳汇保险的有效需求，也关系到政府保费补贴的有效使用。如果保险费率偏高，超出投保主体交纳保费的能力，就会影响投保的积极性，不利于保险业务的发展；如果费率偏低，就会导致保险公司偿付能力不足，最终也将损害投保主体的利益。以福建省龙岩市开展的林业碳汇指数保险为例，在该案例中，将保险费率统一规定为6%，缺乏费率动态调整机制，另外根据测算各树种的年净固碳量和每单位面积平均年净固碳量来确定保险费率，无法反映不同地区同一树种的固碳量差异，因此，无法根据保险标的实际成本与风险状况科学厘定费率。

（五）天气指数保险创新不足，政策支持力度亟待加强

我国天气指数保险虽然经过了多年发展，但总体规模依然较小，投保主体有限。以开展时间长达7年，效果较为理想的浙江茶叶天气指数保险为例，该险种2021年承保茶园面积为11.79万亩，但也仅占到2020年浙江茶园总面积的5.9%。同时，试点对象的选取较多倾向于专业合作社、家庭农场、农业企业以及种植大户等新型农业经营主体。与传统农业保险一样，农业天气指数保险同样具有普惠性和正外部性。但由于目前中央财政保费补贴对象以作物品种而非产品类型为依据，没有专门将天气指数保险产品纳入保费补贴的范围，财政支持力度仍然有限。虽然部分省份将天气指数保险列入“以奖代补”名单且品种逐渐增多，但受限于财政资金压力和“先支付、后奖励”的资金使用模

式，目前天气指数保险的财政支持力度依然不足。

（六）金融服务体系尚未建立，“保险＋”机制有待深化

目前，我国碳汇融资仍处于规划与发展建设的起步阶段，贷款过程中面临质押物价值变动、质权落空、还款违约等风险问题，普遍缺乏完善的“政银保”合作贷款风险补偿机制，碳汇融资过程中银保互动合作极为有限，制约了碳汇产业的快速发展。以目前开展较多的林业碳汇保险为例，现有的林业碳汇质押贷款融资模式中，虽然引入林业碳汇价格保险、森林（碳汇）综合保险、碳汇远期回购等金融支持，但保险、回购、期权、收储等金融支持与质押融资之间衔接不足，没有建立有效的“保险＋信贷”合作机制，单纯依靠保险无法有效缓解林业碳汇发展的资金困境。同时，由于国内金融机构对林业碳汇金融产品缺乏深入研究，现有林业碳汇债券、基金等融资工具以及保障碳汇信贷开展的保险产品可复制性低，缺乏推广价值，使得林业碳汇保险与林业碳汇其他金融产品之间难以形成合力，林业碳汇“保险＋”金融产品支持体系仍有较大创新和提升空间。

（七）科技应用水平整体不高，承保理赔效率仍需提升

近年来我国农险行业进入了科技应用快速发展的新时代，各种创新科技在保险领域的应用层出不穷，但现阶段我国农业保险与现代科技融合深度还不足，特别是在促进农业降低碳排放强度，提高农业固碳能力，推动节能与可再生能源替代等方面的技术应用，还处于探索阶段。保护性耕作、合理密植、秸秆还田、智能防治害虫、有机肥施用、人工种草，滩涂和浅海贝藻类养殖等能够增加碳汇潜力，但提高固碳能力、减少碳排放绿色生产技术的推广应用水平还需要进一步提升。此外，我国农险领域信息共享的机制尚未建立。农业保险相关数据信息分散在不同部门，如土地确权、地理信息、气候气象、价格产量、保险业务、空间遥感等数据分别在农业农村、国土资源、气象、发展改革、保险监管、航空航天等部门。信息共享机制的不完善，影响了农险效率的进一步提高，影响了农险科技的进一步发展。

五、推动农险行业绿色保险发展的措施与建议

未来农险行业应积极探索有中国特色的绿色保险投资机制，推动我国绿色保险投资标准的国际化和兼容性，主动融入国家“双碳”目标布局，进一步加强顶层设计、创新驱动、主动管理、责任投资、绿色运营，为能源转型、气候治理、固碳增汇、绿色农业、低碳建筑和交通、减污降碳以及绿色科技等领域

提供创新保险解决方案。

（一）发挥农业保险多种功能，挖掘农业绿色价值

在 2022 年 8 月 27 日举办的“太安农业风险管理国际论坛（2022）”上，与会的领导专家对“绿色保险”有深刻的论述，对农险行业深入落实绿色保险理念，具有很强的指导意义。领导和专家们认为，要转变观念，把绿色保险作为一个新的理念、新的业务领域、新的工具手段，贯穿在农业保险之中。要看到，碳汇金融化是大势所趋，农业保险本身也是一种金融手段，两者结合具有天然的优势，应该探索以农业保险为手段，挖掘农业本身的绿色金融价值、碳汇价值，促进农业农村绿色发展。农业保险要借助农业本身的碳汇价值、绿色价值，加强自我服务能力，促进农业行业的绿色发展。

在保险产品设计当中应积极探索增加对碳排放因素的考量，在保险合同中增加与固碳有关的条款，或者改变传统的保险损失赔付办法，增加违约追偿的责任条款或碳汇的激励条款。在护绿增绿上，将保险标的具有的碳汇能力，在可交易的条件下，置换为等量的货币，作为保费替代，可更好地激励绿色发展。青海省的做法值得借鉴。青海省在全省化肥农药减量增效行动（2019—2023 年）中，将“两减”行动中造成的农作物产量损失纳入政策性农业保险，保证农户的种植收益不减少，就是以保险为手段，减少对碳的排放。当前，我国森林保险覆盖率不高，“双碳”背景下，可以探索用森林本身的碳汇价值、绿色金融价值来补贴森林保险的保费，从而保护森林，促进绿色发展，实现良性循环。政府可以通过保费补贴或奖励，鼓励保险公司或农户开展秸秆粉碎还田，提升种植业固碳水平，再通过这种固碳行为增加的碳汇收益补贴政府投入。

（二）完善碳汇法规支持体系，促进碳汇开发交易

建议进一步完善碳汇领域的法律法规，明确碳汇保险参与市场主体的权利和义务范围，允许符合法律法规的农业碳汇经营业主和保险机构进入市场进行交易，更好地保障交易双方的利益。同时，建议培养一批对农业碳汇保险项目具有较高知识水平的法律人才，为农业碳汇保险产品的供给者以及需求者提供及时完善的法律咨询，使得交易双方都能履行各自的职责与义务，降低交易矛盾的发生概率。此外，建议加快建设纠纷处理体系，降低处理纠纷的成本，改善农业碳汇保险的法律环境。2021 年 12 月 31 日发布并实施的《林业碳汇项目审定和核证指南》是我国明确双碳战略目标后发布的首个涉及林业碳汇的国家标准。但由于 CCER（国家核证自愿减排量）机制仍处于暂停状态，备案碳汇项目总量不能满足现有的市场需求，建议加快推进 CCER 机制恢复。

（三）建立碳汇计量监测体系，明确价值认定标准

额外性是碳汇能够进入碳市场进行交易的先决条件，不同的市场根据不同的碳汇项目方法学确定项目是否满足额外性标准。在这一过程中，对碳汇的准确计量和监测至关重要，直接关系到碳汇项目的成功申报。此外，金融机构在权衡是否借款以支持碳汇项目的开展时，需要确定该碳汇项目能够抵消的碳排放量及预期产生的经济收入，碳汇的计量和监测数据在此过程中发挥重大作用。建议加快制定碳汇的计量和监测等管理办法，将碳汇项目的方法学和中国的实际情况相结合。在碳汇计量、监测和价值认证方面，官方指导创设专业的碳汇价值评估机构，制定全国统一的碳汇资产价值认定标准，建立可核查和计量的价格形成机制，并加强对从业人员培训，促进计量监测体系推广应用。同时，运用互联网技术，对林地资源进行全面精细的动态监测，提高管理效率，避免不必要的纠纷。

（四）强化指数保险政策支持，加大产品创新力度

农业保险的发展离不开政策扶持，作为创新险种的农业天气指数保险尤其如此，建议加强对指数保险的政策支持力度。《中央财政农业保险保险费补贴管理办法》（财金〔2016〕123 号）中就明确提出“补贴险种的保险责任应涵盖当地主要的自然灾害、重大病虫害和意外事故等；有条件的地方可稳步探索以价格、产量、气象的变动等作为保险责任，由此产生的保险费，可由地方财政部门给予一定比例补贴。”因此，建议地方政府根据作物品种、风险特点、财政实力选择农业天气指数保险作为中央及地方的补贴品种，既解决了市场失灵，又避免地方政策碎片化带来的低效率。在政策支持的方式上，除了给予保费补贴之外，建议给予开展天气指数创新产品的保险机构一定的经营权保护，允许其在产品试点地区、试点时期内享有优先经营权，充分调动保险机构从事新产品开发的积极性。此外，在保费资金综合费用率的调控上，建议结合农业天气指数保险的成本支出“前期研发成本高、后期运行成本低”的周期特征，在前期研发阶段给予其相对宽松的考核标准，并允许研发阶段的高一些的费用率支出标准。

（五）创新“保险＋”合作机制，构建金融服务体系

林业碳汇项目周期长、收益不稳定，林业碳汇项目融资面临的风险高，因此需要深化“政银保”风险分担合作，构建由政府支持、保险增信等多方保障体系下的林业碳汇开发投资与信贷风险补偿机制。政府可以通过完善林业碳汇贷款贴息政策、减免银行税收、引导担保机构下调专项担保费率、建立贷款违

约风险补偿基金等手段，健全对银行及担保公司的碳汇项目风险补偿机制。同时，为加强风险防控，银行可以要求贷款主体通过购买林业碳汇保险、约定远期回购，或引入地方政策性林业碳汇收储等方式进行担保，降低风险，保障经济效益。保险公司应针对林业碳汇项目面临的风险情况，优化保险产品设计，完善定损理赔流程，为林业碳汇质押贷款提供履约保证，促进碳汇信贷稳定发展。结合以上创新，完善以碳汇保险为核心的金融综合服务体系，积极构建“保险＋”合作机制，探索林业碳汇保险、远期碳汇产品、政府收储担保等金融支持与林业碳汇质押的有效结合，满足碳汇融资需求。

（六）推动农险新兴技术应用，助推绿色低碳发展

2021年10月24日，中共中央、国务院印发了《关于完整准确全面贯彻新发展理念做好碳达峰碳中和工作的意见》（以下简称《意见》），《意见》指出，“推动互联网、大数据、人工智能、第五代移动通信（5G）等新兴技术与绿色低碳产业深度融合”“加快推进农业绿色发展”“推进县城和农村绿色低碳发展”。在绿色保险理念推动下，农险行业应当按照意见的要求，进一步推动农险数字化，办公绿色化。一是建议从业主体从数据获取、数据传输、数据处理、数据应用四个核心环节入手，继续深入推动农险数字化进程，助推农业、农村绿色发展。二是建议政府部门牵头，加快农业保险大数据战略规划和统筹部署，从我国实际出发，可先行构建省级农险大数据管理与服务平台，筑牢农险数字化的工作基础。三是建议从业主体进一步加强业务开展办公的低碳化，推动运营线上化，提高无纸化率，加速业务智能化，降低系统性碳排放，推进保险行业的绿色低碳运营。

（七）完善绿色保险指标体系，构建农险绿色保险评价体系

建议适时启动研究借鉴MSCI（MSCI为美国指数编制公司，是一家提供全球指数及相关衍生金融产品标的国际公司，其推出的MSCI指数广为投资人参考）和Refinitiv（路孚特，为金融市场数据和基础设施提供商）两套主流评价方法，基于大数据和人工智能技术，探索构建农险行业数智化绿色保险评价体系。具体可分四步走：一是用大数据手段与技术构建农险行业绿色保险数据库。二是完善农险行业绿色保险指标体系，构建绿色保险评价体系的基石。农险行业绿色保险指标体系可借鉴MSCI对绿色保险指标分类的相关经验，先期下沉到三级，并逐步下沉到四、五级指标。三是使用人工智能技术构建农险行业绿色保险评价模型，高效、精准地遴选出适用于农险行业或单个农险机构的绿色保险评价模型。四是分析和运用农险行业绿色保险评价结果。根据绿色保险评价模型，尝试探索对各农险机构给予AAA—CCC的评价。

灾害风险分散篇

农业保险大灾风险分散机制研究

江生忠

（南开大学风险管理与保险学系教授）

摘要：近年来极端恶劣天气频发、国际粮食危机以及疫情冲击，不仅使我国的农业生产与经营面临多重挑战，影响农产品的有效供给和农户的收入稳定，而且也将严重威胁农业保险的可持续经营和高质量发展。现阶段我国农业保险大灾分散机制还不健全，规模大、波动高的潜在风险赔付无疑将给农业保险经营机构带来更大的风险冲击，一旦发生大规模农业灾害损失，农业保险经营机构将面临巨大的集中偿付压力，因此，建立健全农业保险大灾风险分散制度是农业保险实现可持续发展的重要保障，也是我国农业保险制度建设亟待解决的重要问题。

随着农业保险的恢复与发展，我国在农业保险大灾风险分散机制建设和推进上已取得一定成果，初步建立起中央和地方财政支持的农业保险大灾分散机制，农业再保险体系建设和改革取得有效经验，农业保险机构农业大灾准备金制度也基本建立。但在农业保险大灾风险的敞口和压力下，与建立有效的、可持续的农业保险大灾的风险分散机制的要求相比，我国的农业保险大灾风险分散体系建设仍然处于初期的发展阶段。其中，顶层制度和机制设计缺失、市场化分散手段欠缺、政府在体系内的角色功能定位模糊以及各参与主体协同管理难等问题，直接影响了我国农业大灾风险分散机制的效用发挥。

本课题进一步对我国现阶段农业保险大灾风险开展评估，认为我国农业灾害频率总体呈下降趋势但绝对水平仍处高位，灾害损失规模大，波动高。同时研究发现农业大灾风险负向作用于农业经济，保险有利于缓解这种不利冲击。我国国情的农业保险大灾风险分散机制涉及投保农户、农业保险经营机构、再保险机构、政府等多方主体。分散农业保险大灾风险，可通过增加风险单位、再保险体系、省级国家级农业保险大灾风险基金、大灾风险证券化、财政兜底五级途径分散。

关键词：农业保险大灾风险分散机制；农业再保险；农业保险大灾风险基金；农业保险大灾风险证券

一、我国农业保险大灾风险分散机制现状

经过多年发展探索，现阶段我国已经初步建立由中央和地方财政支持的农险大灾分散长效机制，形成了直接保险广覆盖、农业再保险重点发展、农业大灾准备金充足的大灾保障。但与发达国家相比，我国的农业保险大灾风险分散体系尚不成熟，政府承担的角色尚未明确，参与的方式较为单一（丁少群和李植，2019）。

曾经农共体是我国对农业保险大灾风险分散机制的一次重要尝试，但其存在内部治理严重缺陷和相关政策制度配套不完善等机制弊端。2020 年中农再成立，依据《政策性农业保险再保险标准协议》向国内所有开展农业保险业务的保险公司提供再保险保障，从制度机制设计到内部治理和运营都实现了较大突破，标志着我国政策性农业再保险制度正式建立（何小伟等，2021）。

农业保险大灾风险分散机制除了再保险外，通常还包括大灾风险基金制度（或风险准备金制度）和其他融资方式①。我国自 2008 年开始探索建立农业保险大灾风险准备金制度，前期只针对种植业补贴险种将保费收入的 25%计提为大灾风险准备金。2013 年颁布实施的《农业保险大灾风险准备金管理办法》进一步完善了我国农业保险大灾风险准备金制度，规定了大灾风险准备金的计提和使用要求，增强了对大灾准备金使用的约束和管理。截至 2020 年底，保险机构累计积累大灾风险准备金约 50 亿元②，由保费准备金和利润准备金两部分构成的公司级大灾风险基金基本建立。

现阶段我国还注重加强对经营主体的行为约束，提高市场准入门槛。2020 年颁布的《关于加强政策性农业保险承保机构遴选管理工作的通知》明确规定了农业保险市场的准入条件，同时也对保险公司提出了大灾风险分散机制、基层网络等方面的要求。相较农共体时期和 2013 年颁布实施的《农业保险条例》，对农业保险的准入条件有明显提升，能够对市场主体起到筛选和引导作用。

我国的农业发展和农业风险呈现较大的地域差异，因此，地方各级政府也

① 其他融资方式包括向政府借债、向金融机构融资或发售巨灾债券等。

② 数据来自中华人民共和国财政部官方网站．http：//jrs. mof. gov. cn.

充分发挥了主观能动性，结合地方实际，探索建立符合地方农业生产特点的大灾风险分散机制和手段。例如黑龙江的相互保险模式、江苏的政企联办共保下的三级准备金模式、浙江省的约定比例险企“共保体”模式以及上海市得益于发达的地方财政建立的“补贴农险再保险保费，财政兜底大灾赔付”分散机制，为下一阶段建立国家层面的大灾风险分散机制积累了不少实践经验。

当前由政府财政兜底赔付的大灾救助和赔偿模式存在显而易见的弊端，巨灾债券等新型大灾风险分担工具得到广泛关注。但我国现阶段资本市场仍不够成熟、制度基础相对薄弱，巨灾债券发展较为缓慢，但探索实践的步伐从未停止。2015 年中国财产再保险有限责任公司（以下简称“中再产险”）以熊猫再保险为发行主体，在境外发行了国内首支巨灾债券，为我国农业保险大灾风险提供了可借鉴的思路。2021 年，中再产险在香港地区发行巨灾债券，将国内台风风险通过香港国际金融市场进行有效转移。我国构建多层次农业保险大灾风险体系迈出了重要的一步。

二、国内外研究文献综述

（一）国际农业保险巨灾风险分散机制相关研究

关于美国农业保险巨灾风险分散机制方面，时天阳（2021）认为美国分散农业保险大灾风险的方式主要有双选择的再保险制度与风险证券化制度，其中再保险制度是核心；袁浩天（2020）归纳得出，美国的农业巨灾风险分散方式大体上包括农业保险、再保险、灾害援助和融资以及巨灾风险证券化四部分；包璐璐、江生忠（2019）认为，美国农业保险巨灾风险分散体系包含直接保险、再保险、大灾专项基金以及紧急预案四层结构，实现风险从低到高的逐级分散，有效保障农业保险体系的稳健运行。

日本的农业保险巨灾风险机制以共济保险和再保险体系为主。魏加威、杨汭华（2021）发现，日本的农业再保险实行政府与农业共济联合会、农业共济联合会与农业共济组合之间的双层再保险体系；时天阳（2021）指出日本大灾风险证券化在分散农业保险大灾风险方面也发挥着重要作用；江生忠、费清（2018）提出日本的农业保险风险分散机制包含农业共济组、农业共济组合联合会、国家农业共济再保险和紧急预案四个层次，实践了“多级分散”与“政府兜底”。

加拿大主要依靠两级再保险制度与再保险基金分散农业保险巨灾风险。时天阳（2021）认为加拿大主要通过政府主导的再保险制度和大灾风险准备金制度分散农业保险大灾风险，各省依据本地的农业保险经营状况，建立不同规模的农业保险大灾风险准备金及专门账户，同时可以投入资本市场获得收益；王克（2019）介绍加拿大联邦政府和省政府对农业保险大灾风险提供再保险和巨灾融资支持，联邦政府和省政府分别设立再保险基金，保管各省农作物保险公司缴纳的再保险费，当再保险基金赔付不足时，由两级政府提供无息贷款。

（二）我国农业保险巨灾风险分散机制相关研究

我国农业保险巨灾风险分散机制尚未形成国家层面的机制安排，但在部分地区进行了试点尝试。包璐璐、江生忠（2019）介绍，北京市采取政府主导下的商业化运作模式，政府通过财政付费，统一采购再保险的模式来转移巨灾风险；黑龙江保险学会课题组（2019）调研指出，黑龙江省垦区大多依靠保险公司自行购买商业再保险的模式，但农业保险大灾风险并未得到有效分散，如果发生巨灾次数增多，难以可持续发展；屈波（2015）指出上海市提供再保险保费补贴，激励保险公司购买再保险，由保险公司计提农业保险大灾风险准备金，应对赔付率高于150%的损失，但效果甚微，给地方财政支出带来较大压力。

关于如何建立我国农险巨灾风险分散模式，许多学者都进行了研究和建议。包璐璐、江生忠（2019）通过蒙特卡洛仿真测算得出，政府通过政策性农业再保险公司经营再保险是分散我国农业保险巨灾风险的最优选择；庹国柱、朱俊生（2014）建议建立中央和省两级农业保险大灾风险分散制度；冯文丽、苏晓鹏（2014）提出应构建多元化农业保险巨灾风险承担体系，通过农户、保险公司、再保险公司、省级政府、中央政府、资本市场六个层级来分担农业保险巨灾风险；丁少群、王信（2011）建议建立保险公司巨灾风险准备金，政策主导、市场运作的农业再保险和国家层面巨灾风险准备金组成农业巨灾风险保障体系。

三、我国农业保险大灾风险评估

本课题采用定性和定量方法对我国农业保险大灾进行风险评估。首先采用定性分析的方法，对我国农业灾害及大灾规律作基本介绍。我国农业灾害频率总体呈下降趋势但绝对水平依旧处于高位，同时存在灾害损失规模大、波动高这两个事实。从灾因分析入手，重点介绍了种植业的主要灾因——旱灾、洪灾、冷冻灾以及养殖业的主要灾因——禽流感、猪瘟。还利用GIS技术分析了种养业主要灾因损失的地域分布特点，发现旱灾高发于我国北方以及西南地区，洪灾则主要分布于我国季风区的大江大河沿岸，冷冻灾集中在我国北方，禽流感与猪流感则主要暴发在养殖大省，同时由于运输问题，暴发区域往往呈现“片状化”特征。进一步分析了灾因损失情况，发现种植业的三大灾因都具有损失大、频率高的特点，对于我国粮食安全以及经济发展都产生了负面影响。相比之下，养殖业大灾更具有偶发性特征，暴发突然且损失巨大。此外，还分别使用原始数据以及蒙特卡罗模拟得到了全国层面和不同省份灾害损失的分布以及 95%、99%两个分位点的 VaR 数据，分析发现我国农业大灾损失存在明显的厚尾特征，省份的 VaR 数据也清楚地反映了不同省不同灾害损失的情况，进一步印证了地域分布特点。最后，利用保险赔付率分析了农业保险的赔付情况，通过将保险赔付率分解为受益率以及单位保险赔付额两个指标，发现种植业、养殖业的保险赔付状况存在差异，但总体上我国农业保险的保障水平在不断提高。

随后，本课题利用理论模型和数值模拟分析了农业保险大灾风险的影响。首先搭建了理论模型，分别是大灾风险及保障对农业经济的影响、大灾补贴对农业经济的影响以及大灾风险及保障对农险公司利润的影响三个模型。其次，在理论模型的基础上进行数值模拟，首先考虑一次大灾冲击下三个模型各自的表现，在对农业经济影响的模型中，分为有风险无保险和有风险有保险两种情形进行讨论，发现保险可以有效缓解大灾的不利冲击。在大灾补贴模型中，设置了不同的补贴比例进行模拟，补贴比例越高，灾损缓解效果越明显。在农险公司利润模型中，通过改变损失程度，发现大灾风险会导致公司利润的显著下降，且下降程度与损失程度呈正相关，并且利润的影响主要集中在当期。之后在一次大灾冲击的基础上进一步考虑大灾冲击叠加的情形，具体考虑连续两次大灾冲击的影响，相比一次大灾冲击，连续两次大灾冲击中第二次大灾冲击的影响要显著小于第一次，而第一次大灾冲击的情形与一次大灾冲击下十分相似。随后，进行了实证分析，一共包括三个回归：一是大灾风险与保障对于农业产出的影响；二是大灾风险与保障对于农业资本积累的影响；三是大灾风险损失赔偿对于农险公司利润的影响。在回归中为了克服内生性问题，分别采用了面板固定效应、门槛回归、联立方程模型和面板工具变量等手段进行实证研究，发现不同方法之间能够相互印证，结果具有很强的稳健性。实证表明：宏观层面，大灾风险会导致农业产出下降但会促进农业资本积累上升，大灾保障对于农业产出与资本积累均有显著正向作用；微观层面，大灾风险导致的损失赔偿则会显著降低农险公司的利润水平。

四、我国农业保险大灾风险分散机制的构建

（一）我国农业保险大灾风险分散机制参与主体及其职能

我国农业保险大灾风险分散机制要求农业保险的各相关利益方共摊风险，参与主体应具体包括：政府、农户、农业保险经营机构、再保险机构、资本市场等。形成农户个人自保、保险公司承保、国内外再保险公司分保、资本市场运作、政府支持的农业保险大灾风险分散机制。

1. 农户

农户是农业保险大灾风险的直接冲击者，也是农业保险合同的当事人和关系人。农业保险合同可以通过免赔额的设置，将投保农户纳入我国农业保险大灾风险分散机制。免赔额的设置可以有效地降低农户的道德风险，鼓励农户通过提高农业基础设施的抗灾能力和灾后自救等措施降低灾害损失程度；可以降低保险保费水平，减轻农户的负担，提高参保率，增加风险单位；可以避免大量的小额理赔，降低保险公司大灾风险融资体系成本，使得保险公司有更多的人力、物力、财力应对大灾风险。

2. 农业保险经营机构

农业保险经营机构是农业保险的经营主体，作为原保险人对农业保险大灾风险进行时间和空间维度的初次分散。在时间维度，实现平年略有结余，丰年加速积累，滚存资金以备大灾之年赔付使用，平滑不同年度由农业风险事故造成的损失；在空间维度，基于大数法则，通过承保多地、多户农业风险，在广阔的农业生产区域内分散农业风险，实现未出险被保险人对出险被保险人的“救助”。农业保险经营机构是农业保险大灾风险来袭时的第一道风险屏障，其风险管理能力直接决定了农业经营主体乃至一国农业的可持续生产能力。可以通过计提农业保险大灾风险准备金、再保险分出农业保险业务、联合政府建立农业保险大灾风险基金、发行农业保险大灾债券等制度安排，增强农业保险经营机构的抗风险能力，有效参与我国农业保险大灾风险分散。

3. 再保险机构

农业保险再保险是目前各国最常用的大灾风险转嫁办法，其职能与农业保险经营机构类似，同样是通过持续经营和广泛展业在时间、空间维度将农业保险人承保的特定区域内累计的农业保险大灾风险责任纵向转移，扩大风险分散面，达到风险分散的目的。由于再保险是原保险人出于强化自身风险抵御能力目的而采取的高层次制度安排，因此再保险机构往往具有更强的风险偿付能力，同时由于再保险机构展业的空间范围更广，通常其业务能遍布全球，故其在空间范围内分散农业保险大灾风险的能力更强。

4. 政府部门

农业保险大灾风险对农业生产经营造成的冲击会通过产业体系层层传导影响宏观经济运行，降低人民的幸福感，政府出于服务人民的基本职责考虑必须参与农业保险大灾风险管理工作。由于农业保险具有“准公共物品”性质，从而决定了政府部门必将是农业保险大灾风险分散机制的核心主体，其主要职能是设计农业保险大灾风险分散机制并为该机制的有效运行提供支持。首先，政府可以通过提供保费补贴、税收减免、强制政策等行政手段将农户、农业保险经营机构、再保险机构、社会组织等纳入我国农业保险大灾风险分散体系，将损失补偿形式从传统的政府拨款承担为主、社会救助为辅向多主体共同承担转变。其次，政府应支持农业保险经营机构购买再保险，完善再保险体系。同时应联合地方政府、农业保险经营机构、再保险公司建立国家级、省级双层农业保险大灾风险基金，完善我国农业保险大灾风险基金制度，更好地在国家、省、市间按比例分担农业保险大灾风险责任。再次，政府应健全农业保险大灾风险管理法律体系。只有以政府为主导，在实践当中掌握农业保险大灾风险分散所遇到的困难和瓶颈，才能够更好、更具公正力地督促、建议法律部门健全完善相关法律法规，为农业保险大灾风险管理行为提供法律支持。最后，政府应制定相关紧急预案。在当前实践过程中，部分地方政府设置了应对农业保险大灾风险的紧急预案，例如上海市规定在农业保险机构、再保险机构及机构层次的农业保险大灾风险准备金无法弥补风险损失时，由地方政府财政通过一事一议方式进行兜底赔付。但国家层面尚未以政策文件或法律法规的形式明确提出当农业保险大灾风险损失超出现有制度安排偿付能力后的紧急预案，应当尽快制定政策以应对损失程度巨大的农业保险大灾风险。

（二）我国农业保险大灾风险分散机制分散途径设置

通过前文分析，构建我国农业保险大灾风险分散机制涉及农户、农业保险经营机构、再保险机构、政府多方主体，农业保险大灾风险通过增加风险单位、再保险体系、农业保险大灾风险基金、大灾风险证券化、财政兜底五级分散途径分散，运作模式如图 1。

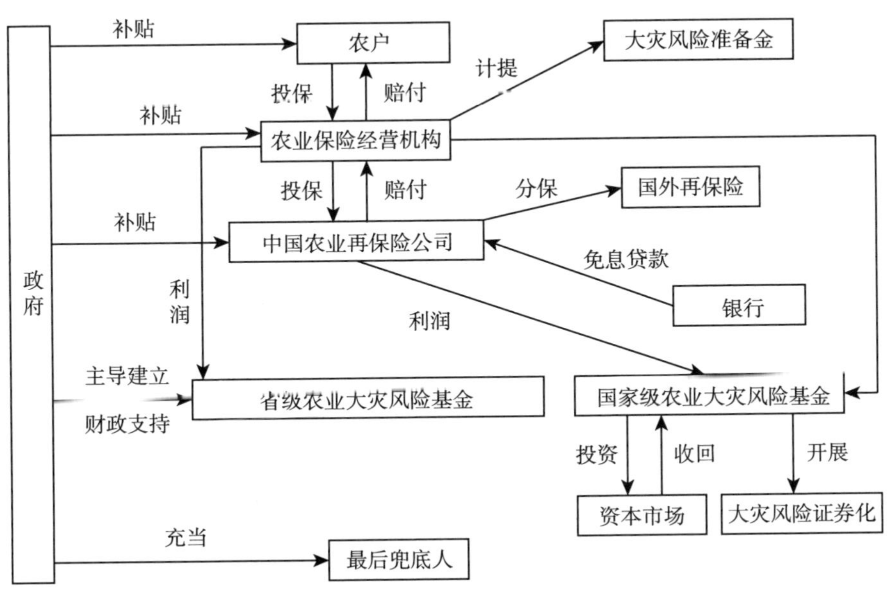

图 1　我国农业保险大灾风险分散机制运作模式

1. 增加风险单位

增加农业保险风险单位是构建我国农业保险大灾风险分散机制最基础的手段，不仅可以在直接保险层面上通过大数法则实现农业保险大灾风险的空间分散，长期持续开展还能使农业保险大灾风险在时间上得到分散。但目前增加农业保险风险单位这一举措面临以下两方面困境：第一，我国农业保险尚处于探索发展阶段，费率厘定粗糙，未有严格意义上的风险划分与费率区分，易出现实际收取保费与农户面临风险程度不匹配的情况，造成逆选择，降低低风险农户参保积极性或造成农户仅投保风险大的作物、地块或畜禽，进一步制约农业保险人的风险分散能力，农业保险难以可持续发展。第二，在我国自愿投保的条件下，由于信息不对称所引发的投保率低下，也使得分散大灾风险的效率低下。提高农业保险投保率，增加风险单位对我国农业保险大灾风险的分散有重要意义。当务之急要进一步加强风险划分的理论研究，在成本可控的情况下进行更为具体的费率分区，使农户的风险状况与其费率基本匹配，减少逆选择现象发生。同时，对保费进行合理补贴，有效增加风险单位，提高农户投保率，在更广泛的保险标的范围内分散我国农业保险大灾风险。

2. 构建完善的农业再保险体系

农业保险大灾风险的损失频率较低，但损失程度相对较高，在理论层面农业再保险安排是处理农业保险大灾风险的有效手段，这也是国际上应对农业保险大灾风险的最普遍做法之一。许多国家通行的做法是对农业保险再保险业务进行政策性补贴，同时成立专门的农业再保险公司负责具体实施运作。我国农业生产和农业风险的地区差异性明显，以省、自治区、直辖市等行政区为基础的农业保险分散经营的市场格局难以在短时期改变，因此应建立以中国农业再保险公司为核心的、全国统一的再保险体系，有效地平衡地域性风险差异，减少财政对于农业保险支持的频率和幅度，同时对全国农业保险业务进行有效整合，并借助国际再保险市场乃至资本市场，在更广阔的范围内对农业保险大灾风险进行转移和分散。

进一步，为解决当前我国再保险体系存在大灾超赔风险机制划分单位不合理、赔付标准设定过高、赔付方式不科学等问题，本课题从约定分保方式、划分单位设定、赔付率限额以及再保险费率设定四方面提出优化方案。在约定分保方式上，应使用溢额再保险或非比例再保险作为农业大灾再保险约定分保的形式。其中，最经济且简单的办法就是安排赔付率超赔再保险（停止损失再保险），在划分单位设定上，本课题提出以省级（加上四个计划单列市）农业保险经营主体为单位进行投保与赔付，即当某一省级（计划单列市）农业保险经营主体在一个业务年度内的赔付率水平超过责任限额时，便启动农业再保险赔付机制，赔付率限额设定在110%之内。

3. 建立国家级、省级农业保险大灾风险基金

农业保险大灾风险基金是预防和分散农业保险大灾风险的有效手段之一，农业保险大灾风险分散机制比较健全的国家和地区大都设立了大灾风险保障基金。虽然前两级风险分散体系能够覆盖大部分农业保险赔付责任，分散大多数年份的农业风险，但是在个别极端的情况下，大额的农业大灾损失索赔仍然难以完全消化，因此构建我国农业保险大灾风险分散机制，很有必要在各省份、国家层面建立农业保险大灾风险基金，承担赔付后的剩余缺口，平滑政府的财政支出，提高农业风险分散体系的稳健性。根据国际经验和我国国情，我国应在政府主导下，组织农业保险经营机构、中国农业再保险公司建立省级、国家级双层农业保险大灾风险保障基金，增强其抵抗大灾风险的能力。

本课题利用全国农作物灾情数据模拟全国农作物损失的概率密度分布并对中央大灾风险准备金的规模进行测算，测算表明，如果建立中央大灾风险准备基金，在20年一遇的灾损水平下，承担各省当年200%以上赔付率超赔责任，准备基金规模需430亿元，在50年一遇的灾损水平下，承担200%以上赔付率超赔责任，准备基金规模约需530亿元。参照国外成熟的大灾基金模式，我们倡导实施如下整体大灾风险基金实施办法：在分散机制上，直保公司在自行购买再保险基础上，安排当地和中央大灾风险准备金进行第二层次的风险分散，其他风险融资计划作为第三层次安排；在筹资机制上，农业保险大灾风险基金来源于财政投入和税收优惠政策、会员会费的缴纳、保险公司政策性农业保险保费收入与部分经营盈余、社会捐助以及基金的投资收益、财政紧急融资等；在管理主体上，专门设立“全国农业保险大灾风险基金管理委员会”，该管理委员会委员可由财政部、农业农村部、中国气象局、审计署、银保监会等相关部门的专业人员组成，主要职责包括把握宏观经济形势、制定农业大灾基金筹资、市场投资运营及监管政策；建立并逐步完善农业大灾基金管理人的市场准入及退出机制。也可不用专门设立机构，充分利用现成的国有“再保险公司”的技术和人力资源代为管理和运用该基金；在管理办法上，国务院财政部门应联合农业行政部门、保险监督管理机构等尽快制定《中央农业巨灾风险基金管理办法》，对基金的管理机构与职责、办事机构的设立与职责、基金的资金来源、运用范围和条件、超赔保障水平、资金拨付与回收要求、盈余资金的投资渠道、业务办理程序、检查、监督与处罚等问题作出规定；在投资管理上，倡导出台相应规定，对农业大灾基金的各项投资比例进行限制，以实现资金增值以及基金安全。对于地方农业保险大灾风险基金实施办法，目前各地陆续出台相关政策性指导文件，专门针对农业大灾风险准备金保障的农业保险险种范围、资金来源及管理、政府财政部门与准备金的责任分担作出了详细的规定；对于保险公司农业保险大灾风险基金实施办法，我们认为保险公司应当具体从计提、使用、管理、激励与约束等方面做出详细规定。

4. 推进农业保险大灾风险证券化

随着全球大灾发生的频率和损失程度大幅上升，大灾风险基金证券化成为国际保 险市场用以化解大灾风险的一项重要技术创新。农业保险大灾基金证券化突破了大灾风险在被保险人、原保险人和再保险人之间转移和分散风险的局限，它是将保险人承保的大灾风险转移到资本市场或在资本市场上寻求一种新的融资途径，以扩大自身的承保能力，同时也能更有效地在更宽广的范围内分散大灾风险。其主要功能不仅在于风险分散，更重于风险融资。

结合国际经验，本课题认为农业保险大灾基金证券化也将是构建我国农业保险大灾风险分散机制的一个重要层次。当前的大灾风险证券化产品主要有巨灾期货、巨灾期权、巨灾债券以及巨灾互换，其中巨灾期货与巨灾期权的发展必需准确的巨灾损失相关指数，但目前国内尚未建立此类指数，甚至对于该类指数的研究开发都较缺乏，而巨灾互换的适用范围相对狭窄，对风险种类要求较高，同时还要求互换双方风险信息透明，对中国现阶段的金融市场来说并不完全适合。因此本课题认为农业巨灾风险分散的最佳选择是巨灾债券。本课题针对当前我国农险业务的不足之处，从结构和定价角度设计可行的农业巨灾债券产品，结构上，对农业巨灾债券的参与主体、交易关系、运行机制做出了详细的规定，定价上，选取农业生产风险中常见的洪涝灾害为研究对象，利用CAPM模型，计算债券的收益率、发行价格和初步设计。测算结果表明，单一时期下，本金完全保障型、本金70%保障型、本金完全无保障型债券的价格分别为105.520 1元、106.881 8元、105.523 3元，形成的票面利率分别为11.24%、18.14%、21.3%，两时期下，三种不同类型的债券价格分别为110.897 6元、117.568 9元、121.818 8元。同时依托2014—2020年历史数据和当前市场上的无风险利率2.651 2%、系统性风险0.771 3、市场的期望收益率10%，通过资本资产定价模型，求得本金完全保障型债券票面利率为10.08%，70%保障型债券票面利率为13.89%。并根据现金流贴现模型求得债券的发行价格分别为110.89元、114.61元。此外本课题还对该债券进行可行性分析，从结果中可以看出，无论是本金保障程度70%的债券还是本金完全保障型债券，其市场价格均大于隐含价格，因此理论上可以发行C-1等级与C-2等级的债券。

5. 财政兜底、担保或贷款

通过以上多个层次的分散途径，我国大部分农业保险大灾风险可以有效地进行分散。但在损失巨大的农业大灾发生后，农业保险经营机构、再保险机构无法弥补风险损失时，还是需要政府的参与。由中央政府和地方政府制定相关紧急预案，以应对损失程度巨大的农业保险大灾风险。预案内容可以支持农业保险经营机构、再保险公司由财政担保向银行贷款，或财政担保发行专项债券，通过资本市场融资，赔偿损失，这些债务由农险经营者以后年度的农险保费收入逐步偿还。同时，政府可对损失进行部分兜底，在农业保险发生大额赔款后，部分超赔责任部分由政府财政负担。

（三）我国农业保险大灾风险分散机制各分散途径分摊比例

农险保险大灾风险分散机制的建设与完善是一个巨大的系统工程，它需要不 同主体、不同媒介的相互协调配合，综合运用各种风险管理工具和手段。本课题在充分吸收和借鉴国外成功的管理技术和方法的同时，结合中国的具体国情和农业生产的特点，分析研究适合我国的农业保险大灾风险分散机制各分散途径分摊比例，提高我国农业保险的强度和抗风险能力。

设计我国农业保险大灾风险分散机制的具体分摊比例应做到多层次性。为了达到最优的资源配置的效率和风险分散效果，应根据各主体之间对风险的容忍程度及分散能力，将大灾风险在农业保险大灾风险分散机制的各参与主体间进行分配。根据国内外经验和我国国情，本课题建议我国农业保险大灾风险分散机制各分散途径分摊比例如表 1。

表 1　农业保险大灾风险分散机制各分散途径分摊比例

保险责任层次	损失分担主体或分散途径	承担损失规模（赔付率）
第一层	农户	5%
第二层	农业保险经营机构	5%～150%
第三层	再保险体系	
第四层	省级农业保险大灾基金	150%～200%
	国家级农业保险大灾基金	200%～300%
第五层	政府兜底	300%以上

农民自身负责承担第一层次的风险，即农业保险合同设立一个免赔额或免赔率，虽然这不属于超赔风险的一部分，但是采用这种方式可以有效地预防道德风险的发生，促使农民采取防灾减损的措施，降低保险公司所面临的农业保险大灾风险损失程度。农业保险经营机构和再保险体系承担免赔额以上、赔付率 150%以下的损失金额。具体分担比例政府可借鉴美国制定的标准化再保险条例，制定适合我国国情的再保险协议。省级、国家级农业保险大灾基金承担赔付 150%～300%的损失。在此层次内，损失也可在省级和国家级农业保险大灾基金进行分摊。例如：省级大灾基金承担赔付率 150%～200%范围内的损失，国家级大灾基金承担 200%～300%范围内的损失。当赔付率超过 300%

时，由政府作为最后再保险人，对农业保险大灾风险进行兜底。

五、相关建议

（一）健全农业保险大灾风险管理法律法规体系

一是修订完善《农业保险法》《农业保险合同条例》等法律法规，为农业保险的高质量发展提供法律支持与保障，提高实践中的稳定性和适用性；二是明确法律关系主体及内容，明确参与主体的权利义务关系、保费、参保方式、补贴标准等，切实保障参与主体各方的权益；三是以《农业法》《保险法》《农业保险条例》及《农业保险高质量发展指导意见》为指引，从顶层设计出发，推动制定类似于美国《农作物保险法案》的相关法律和类似于标准再保协议（SRA）的农业再保险操作规范，进一步明确政策性再保与商业性再保的关系，细化分保业务比例等；四是修订完善我国大灾基金实施办法、地方农业保险大灾基金实施办法、保险公司农业保险大灾基金实施办法；五是制定对农业巨灾风险债券产品的管理制度，应当包括农业巨灾风险债券涉及的风险转移、债券发行机构的财务报表各项指标的测算方法等。

（二）完善农业保险大灾风险管理财政支持

改变目前“一刀切”的粗放式补贴方式，立足地区和产业实际，实行差异化补贴，从而拉动我国农业保险的发展水平。具体而言：一是根据地区间和产品间差异，由中央和地方从财政资金中分别切割出一定比例对投保农户实施因地制宜的差异化保费补贴政策。对经济欠发达地区可采取针对性的倾斜政策，从而促进不同地区农业保险的平衡发展。二是根据不同险种的重要程度，对经营农业保险的保险公司提供差异化补贴政策。三是按农产品对经济社会发展和人民生活影响程度将农业保险划分为强制保险与自愿保险，提高强制保险的补贴力度、补贴效率，保证保险有效覆盖。四是对于农业巨灾风险证券的多方主体合作产品开发、债券转让交易、债券投资者所获资本利得给予税收优惠甚至税收减免，为农业巨灾风险提供保障。五是针对农业保险大灾基金，国家及地方财政也应当以财政投入、税收优惠政策等方式给予支持。

（三）完善资本市场、金融市场分散农业保险大灾风险

农业巨灾风险债券的目的是将农业巨灾风险转移到资本市场，因此它需要保险和债券两种金融工具的综合运用，对金融市场的完备性提出了较高的要求。课题组建议不断完善我国金融市场，以突破农业巨灾债券发展的瓶颈。同时，农业巨灾债券需要利用资本市场达到分散农业保险大灾风险的目的。我国

资本市场规模尚小、市场功能也未做到最大化的价值发挥和有效利用，投资者对于巨灾债券的认知度比较低，难以有效分散、转移农业保险大灾风险，可能造成农业保险经营机构资金流动性较差，因此，建议优化我国资本市场，提高巨灾债券认知度，保障农业保险大灾风险在国内、国际资本市场的有效分散、转移和化解。

（四）完善农业保险大灾风险管理监管

一是监管队伍专业化，农业保险具有较强的专业性、技术性和政策性，需要监管者从专业角度对农业保险大灾风险的分散和转移、巨灾债券的发行和交易、大灾基金的管理和运用、约定分保的优化等进行合理、有效的监管。二是迫切需要建立一个针对农业巨灾债券的顺畅、透明的监督管理制度。农业巨灾风险证券化在实际操作过程中涉及保险、证券、会计、审计、税收等多个领域，国内目前的金融分业监督管理格局还无法对此进行有效的监管，建议尝试设立一个牵头机构对农业巨灾风险证券化进行监管。

（五）完善农业保险大灾风险管理的基础数据

一是推动农业保险信息化，建立农业灾害监测系统，对灾害预防、受灾监测与灾后评估进行全覆盖，减少信息不对称，完善全国农业保险信息平台和数据管理系统，加强农业基础数据、灾害风险数据、业务经营数据积累。二是建立信息共享机制，实现保险与财政、农业农村、林业草原等部门数据共享。三是加快农业信息的更新速度，为投资者提供充分信息，动态满足资本市场瞬息万变的要求。

农业保险费率定量研究

郭桂祯

（应急管理部国家减灾中心综合风险监测预警中心负责人）

摘要：近年来，随着农村经济体制改革不断深入，土地生产经营对灾害风险保障需求日益增加，越来越需要国家发展农业保险事业，以提高土地生产恢复能力，确保国家粮食安全。本文基于自然灾害风险水平，构建农业保险费率定量模型，厘定各县区农业保险费率。主要结论如下：①全国总体受灾情况方面，东北地区大部、中部地区大部、西南、华北、西北地区等地部分县区受灾情况比较严重；②综合自然灾害风险水平方面，华北北部、东北中部、华东西部和南部、华中大部、华南南部、西南南部和西北东南部等地灾情指数偏高，其中高风险区县共 129 个；③综合自然灾害农业保险费率方面，内蒙古、山西、辽宁、吉林、山东、安徽、江西、浙江、广东、湖北、湖南部分县区综合灾害农业保险费率处于较高水平，其中高费率区县共 63 个。以上结果揭示了县区间的灾害风险水平和保险费率的区域差异，为提高农业保险费率精度提供了参考，为进一步提高土地生产能力、推进农业生产集约化和可持续发展提供了保障。

关键词：农业保险；综合灾害风险指数；费率厘定；区域差异；土地生产

一、引言

我国是世界上自然灾害种类最多的国家之一，干旱、洪涝、台风等频繁发生，对国民经济特别是农业生产造成严重影响。近年来，农业保险作为保障农业生产的重要抓手，受到党中央国务院的高度重视。开展农业生产风险评估，发布农业保险纯风险损失费率，是有效保障农业保险公平性、效率性及可持续性的重要基础。2015 年，联合国峰会正式通过 17 个可持续发展目标，旨在通过综合方式解决社会、经济和环境三个维度的发展问题，开展自然灾害风险水平下的区域差异化保险费率研究综合了以上三个维度的探讨，成为促进农业可持续发展的一项重要任务。

目前，农业生产风险评估方面，国内外开展了许多相关研究，主要通过多指标综合和建立风险模型进行评估。有学者构建基于危险性、易损性分析与工程防御能力的数学模型，对地震、地质灾害、洪水和台风等 4 种自然灾害进行保险风险度分析，有学者选择单产变异系数、旱涝指数、温度距平值、规模指数和效益指数等多个指标，构建了风险测度模型，对北京市蔬菜、西瓜的生产风险进行了测度和评估，有学者从气象因子、作物产量以及社会经济水平的角度选用干旱风险度、易损性指数、产量风险指数、抗灾性能指数等指标对河南省冬小麦干旱风险进行分析和评估，也有学者通过自然灾害风险三度模型评价水稻、小麦等主要农作物的灾害风险，还有学者对比全球主要网格作物模型来评估气候变化背景下的农业生产风险水平。基于指标体系的风险评价数据易于获取，计算方便，能够识别旱灾风险的相对高低，但是指标和权重的科学性制约评价的精度，基于模型的风险评价定量化程度高，对风险形成机制进行探索，但是致灾因子造成损失的研究还有待深入，这也是未来旱灾风险评价的发展趋势。

农业保险费率研究方面，主要通过确定区域作物产量单产的分布模式确定农作物产量的期望损失，从而厘定理论纯费率。有学者通过 HP 滤波模型拟合小麦趋势产量，运用核密度估计法初步确定山东省各地市小麦产量保险费率，有学者通过统一费率与区域风险系数耦合的方法，建立费率厘定模型，从而计算玉米分级费率，有学者利用作物模型集合模拟器、配合县级历史单产统计数据，使用单产时空融合方法还原 1991—2016 年全国 10 千米栅格水平的单产损失率，厘定了保险纯风险损失率和大灾风险附加费率，也有学者提出收集原始数据、估算损失数据、量化评估风险损失、空间转化风险量化结果并计算农业保险精算费率的风险评估和保险费率厘定通用流程，还有许多学者采用参数法、非参数核密度法、相对比值法、损失成本比率法等评估农作物产量风险损失并厘定纯保险费率。

综上可知，农业保险和风险管理受到越来越多的关注。从 20 世纪 80 年代起，学界围绕农业风险评价和保险费率开展了大量研究，但尚不完善，评估结果仍存在较大不确定性，存在的主要问题为数据稀缺（如数据量不足或数据质量不高）、技术模糊（如选择不同风险评价模型产生的不稳定性）、风险评估和保险定价空间不匹配（如风险评价的尺度和保险费率的尺度不一致）、费率专业化和精细化程度不够等。我国幅员辽阔，各级各类数据质量和数量参差不齐，同时地区间农业生产情况和抵御灾害风险的能力千差万别，提高农业保险费率和定价结果的可信度成为研究的发展方向，然而当前农业保险产品满足不了现实需求。在此背景下，本文采用应急管理部国家减灾中心 2015—2021 年全国洪涝、干旱、台风三种主要自然灾害的详细灾情数据（权威、完整、详细、较长时间序列的县级数据，一定程度上解决数据质量问题），构建灾情指数表达灾害综合风险水平，根据灾害风险高低，建立农业保险费率定量模型，厘定各县区农业保险费率（在考虑承灾体各项损失的灾害风险上计算费率，一定程度上提升了结果的可信度）。本研究以期为提高农业保险费率精度提供参考，为进一步稳定土地再生产能力、推进农业生产集约化和可持续发展提供保障。

二、数据与研究方法

（一）基础数据

本研究采用全国 2015—2021 年灾情数据对各地农业自然灾害综合风险进行评估，在 11 种影响农业的主要自然灾害中，洪涝、干旱和台风造成的损失较大，故本文选择以上 3 种自然灾害评估综合风险。具体包括 3 种灾害导致的农作物受灾面积、绝收面积和直接经济损失数据，数据来源于应急管理部国家减灾中心全国灾情报送系统（全国—省—市—县—乡镇五级系统），具有较高精度（表 1）。

表 1　基础数据

数据名称	数据内容		数据来源	数据格式	数据大小
行政区划	中国行政区划图		国家基础地理中心	矢量	—
历史灾害资料	2015—2021 年中国洪涝灾情	农作物受灾面积、承灾面积、直接经济损失	应急管理部国家减灾中心灾情数据库（各级灾害管理部门上报）	Excel 表格	4 793 条记录
	2015—2021 年中国干旱灾情				1 396 条记录
	2015—2021 年中国台风灾情				2 894 条记录

（二）研究方法

1. 研究思路与框架

本研究基于区域灾害系统、保险和地学信息图谱等理论基础，以及灾情、地理信息、政策文献等数据基础，开展基于灾情数据的农业保险风险指数和费率研究。具体实施的技术路线如图 1。首先，建立灾情指标体系，选取洪涝、干旱和台风等影响最为关键的自然灾害，从农业和经济损失维度选择农业受灾面积、农业绝收面积和直接经济损失刻画农业损失程度；其次，建立基于灾情数据的综合灾害风险指数模型和保险费率厘定模型，综合灾害风险指数基于多年多区域的历史累计数据，通过单一维度的指数综合而成，用以衡量一个区域的农业平均受灾损失风险，保险费率厘定模型则是在灾害风险指数的基础上，从纯费率、风险附加费率和行政成本费率方面进行构建；最后，从灾情时空分布，综合灾害风险指数和农业保险费率角度对全国、省（市）、县（区）的总体情况进行分析，结合现有费率实行情况，验证调整各县（区）费率标准，在此基础上，进一步探讨农业灾害风险防范与保险的对策建议。

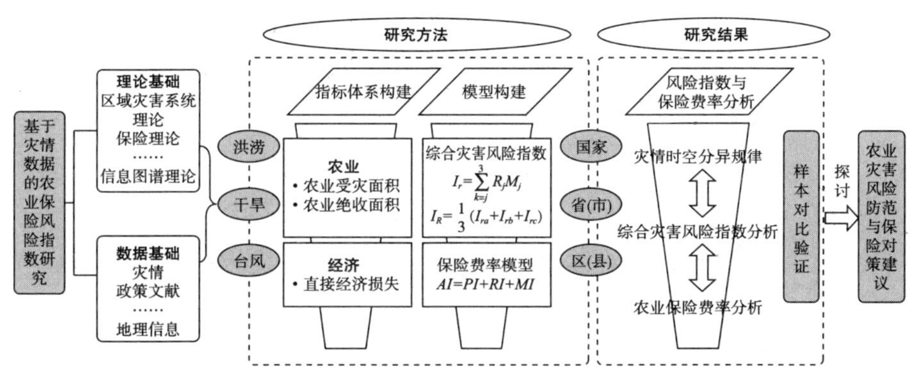

图 1　基于灾害风险指数的农业保险费率研究框架

2. 综合灾害风险指数构建

基于引言中的文献综述可知，目前农业生产风险主要有基于风险因子、基于风险损失和基于风险机理的评估方法。第一类方法从灾害构成入手，操作简单，但主观性强；第二类方法从风险结果入手，数学推理强，但受数据质量影响；第三类从风险前因后果入手，能揭示机理，但建模过程复杂。本文结合实际情况，借鉴第二类方法，考虑灾害损失，通过多指标综合法构建综合灾害风险指数，评价一个区域遭受洪涝、台风、干旱的平均受灾程度，以此代表区域的灾害风险水平。本文选取农作物受灾面积、农作物绝收面积、直接经济损失指标进行衡量，结合熵权法和专家经验确定指标权重，其中熵权法根据指标的信息熵确定权重，如果某指标信息熵越大，该指标提供的信息量越大，在综合评价中所起作用理当越大，权重就应该越高。熵权法依赖于数据本身的离散程度，通过熵值的大小获知评价因素信息量的重要性。具体步骤如下：

（1）熵值法。假设对于 n 个样本，m 个指标，x_{ij} 为第 i 个样本的第 j 个指标的观测数值，x_{ij} 为归一化后的数值。

a. 指标归一化：

$$x'_{ij}=\frac{x_{ij}-\min(x_j)}{\max(x_j)-\min(x_j)} \tag{1}$$

b. 信息熵冗余度计算：

$$P_{ij} = \frac{x_{ij}}{\sum_{i=1}^{n} x_{ij}} \tag{2}$$

$$E_j = \frac{\sum_{i=1}^{n} P_{ij} \times \ln(P_{ij})}{\ln(n)} \tag{3}$$

$$D_j = 1 - E_j \tag{4}$$

式中，P_{ij} 反映的是第 j 项指标第 i 个样本值占该指标的比重，$i=1$，…，n；E_j 表示第 j 项指标的熵值，D_j 表示第 j 项指标的冗余程度，即差异 $j=1$，…，m。

c. 指标权重计算：

$$W_j = \frac{D_j}{\sum_{j=1}^{m} D_j} \tag{5}$$

式中，W_j 表示第 j 项指标的贡献率（权重值），根据专家经验适当修订后得到最终权重值。

（2）综合风险指数计算。

$$I_r = \sum_{k=j}^{3} R_j W_j \tag{6}$$

$$I_R = \frac{1}{3}(I_{ra} + I_{rb} + I_{rc}) \tag{7}$$

式中，I_r 表示区域某一灾种的风险指数，R_j 是第 j 个评价指标的归一化值，W_j 是对应的权重，I_R 是区域综合灾害风险指数，I_{ra} 是洪涝风险指数，I_{rb} 是干旱风险指数，I_{rc} 是台风风险指数。

需要说明的是，本文经过敏感性分析筛选指标，运用 Spss 软件工具，对最初的农作物受灾面积、农作物绝收面积、草场受灾面积、林地受灾面积、水产养殖受灾面积、直接经济损失、受灾乡村等指标进行主成分分析，得到各变量载荷量，确定各指标敏感系数，最后选取敏感系数排在前列的指标评价农业自然灾害风险水平。

3. 农业保险费率厘定

行业内一般认为，保险的执行费率（即毛费率）由三个部分组成：纯费率、风险附加费率和行政成本费率。其中，纯费率即纯风险损失率，其作用是为了让保险公司的保费收入与期望赔付支出相抵。在本文中综合灾害风险指数对应的是纯费率的概念（该指数是基于农业受灾面积、农业绝收面积和农业经济损失的灾情数据计算得到，在此用以表征灾害损失程度）。风险附加费率在种植业保险中主要是指保险公司用于控制巨灾超赔而在纯费率之外额外收取的费用率。行政成本费率是指保险人将由于开展种植业保险相关业务而发生的行政开支纳入到成本，向投保人收取的费用率。依据上述基本概念，本文农业保险费率的公式为：

$$AI = PI + RI + MI \tag{8}$$

$$PI = I_R \times 80\% \tag{9}$$

$$RI = I_R \times 2\% \tag{10}$$

$$MI = PI \times 20\% \tag{11}$$

式中，AI 为农业保险费率，PI 为纯费率，RI 为风险附加费率，MI 为行政成本费率，I_R 为综合灾害风险指数。

实际计算过程中，纯费率是具有相同免赔条款（绝对、相对）的纯风险损失率，全国各地区各类农业（种植业）保险产品的实际免赔条件各异，根据相关研究与经验表明，纯费率会随着相对免赔水平的提高而快速降低。相对免赔水平每增加 10%，而对应的纯费率则可能相应降低 20%～30%。因此，在此前提下，凡是相对免赔水平为 20%及以上的，均应适当地低于 80%的测算费率。为了增强本文费率计算的合理性，综合考虑全国各类产品的不同免赔条件的平均水平，设定纯费率为灾害风险指数的 80%。

本文将综合灾害风险指数视作对地区风险总量的表达。在查阅一些文献的基础上，将风险附加费率的最高值定为综合灾害风险指数的 2%。①

三、结果分析

（一）灾情时空分布

2015—2021 年，全国历年遭受自然灾害（洪涝、干旱、台风）的损失及影响呈现波动下降趋势（中间略有起伏）。农作物受灾面积排在前三位的分别为 2015 年、2019 年和 2020 年的 4 802 千公顷、3 236 千公顷和 2 484 千公顷，农作物绝收面积排在前三位的分别为 2015 年、2016 年和 2019 年的 791 千公顷、485 千公顷和 460 千公顷，直接经济损失排在前三位的分别为 2019 年、2017 年和 2015 年的 606.39 亿元、581.74 亿元和 577.56 亿元（图 2）。

从 2015—2021 年各县区综合自然灾害平均受灾情况看，总体而言，东北地区大部、中部地区大部、西南、华北、西北地区等地部分县区受灾情况比较严重。具体来看，华北地区受灾面积达到 1 千公顷以上的县区为 142 个，排在

① 注：在经典保险模型中，风险附加费率一般是由最大可能损失（PML，Probable Maximum Loss）法则确定的。在确定 *PML* 的过程中，首先要知道一个地区保险赔付的超越概率曲线，而这条曲线则是依据中央极限定理将表征每张保险合同赔付额度的随机变量进行加和得到的。由于数据资料的限制，在这里我们用综合灾害风险指数的相对大小来代替 PML 法则。

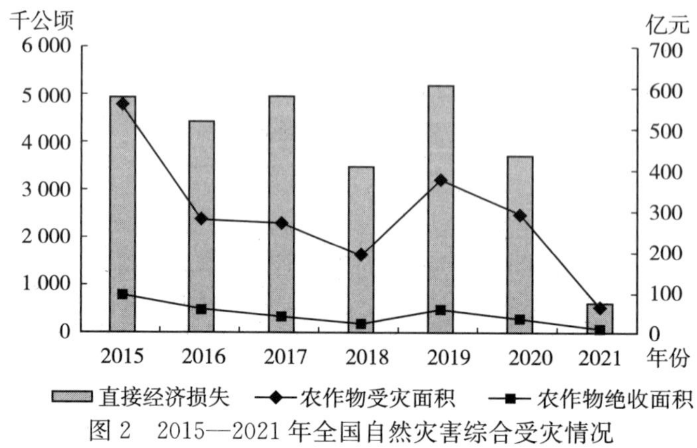

图 2　2015—2021 年全国自然灾害综合受灾情况

前五位的区县是科尔沁左翼后旗、扎赉特旗、科尔沁右翼前旗、奈曼旗、翁牛特旗；东北地区受灾面积达到 1 千公顷以上的县区为 110 个，排在前五位的区县分别是依兰县、双城区、敦化市、五常市、普兰店区；华东地区受灾面积达到 1 千公顷以上的县区为 169 个，排在前五位的区县是庐江县、金安区、霍邱县、沾化区、利津县；华中地区受灾面积达到 1 千公顷以上的县区为 114 个，排在前五位的区县是鹿邑县、天门市、监利县、仙桃市、潜江市；华南地区受灾面积达到 1 千公顷以上的县区为 37 个，排在前五位的区县是廉江市、雷州市、美兰区、遂溪县、徐闻县；西南地区受灾面积达到 1 千公顷以上的县区为 41 个，排在前五位的区县是景洪市、勐腊县、江城哈尼族彝族自治县、勐海县、思茅区；西北地区受灾面积达到 1 千公顷以上的县区为 23 个，排在前五位的区县是通渭县、陇西县、会宁县、安定区、盐池县①。

（二）基于灾情数据的综合灾害风险指数分析

全国综合灾害风险指数划分为高风险（＞0.1）、较高风险（0.03～0.1）、中风险（0.01～0.03）、较低风险（0.001～0.01）和低风险（＜0.001）5 个等级。2015—2021 年洪涝灾害风险指数总体呈现中部和东北部风险指数偏高的空间分布特征，东北地区吉林、华北地区内蒙古、华中地区湖北和湖南、华

① 本文地理分区方案（7 个区），其范围分别为：东北地区包括黑龙江省、辽宁省、吉林省；华北地区包括北京市、天津市、山西省、河北省、内蒙古自治区；华东地区包括上海市、江苏省、浙江省、安徽省、江西省、山东省、福建省、台湾省；华中地区包括河南省、湖北省、湖南省；华南地区包括广东省、广西壮族自治区、海南省、香港特别行政区、澳门特别行政区；西南地区包括重庆市、四川省、贵州省、云南省、西藏自治区；西北地区包括陕西省、甘肃省、青海省、宁夏回族自治区、新疆维吾尔自治区。

东地区安徽和江西的部分区县处于洪涝灾害高风险区。干旱灾害风险指数总体呈现北部、中部和西南部灾情指数偏高的空间分布特征，东北地区辽宁、华北地区内蒙古和山西、华中地区湖北和河南、华东地区安徽和江西、西南地区云南、西北地区甘肃和宁夏的部分区县处于干旱灾害高风险区。台风灾害风险指数总体呈现沿海和东北地区灾情指数偏高的空间分布特征，山东、江苏、浙江、福建、广东等省沿海区县，以及江苏、安徽、河南交界处和黑龙江南部的部分区县处于台风灾害高风险区。

综合自然灾害风险指数总体呈现华北北部、东北中部、华东西部和南部、华中大部、华南南部、西南南部和西北东南部等地风险指数偏高的空间分布特征，内蒙古、山西、吉林、辽宁、山东、浙江、福建、安徽、江西、湖北、湖南、广东、云南、贵州、四川、甘肃、宁夏等地部分区县处于自然灾害高风险区。五个风险等级区中，高风险区县共 129 个，较高风险区县共 392 个，中风险区县共 633 个，较低风险区县共 979 个，低风险区县共 593 个。

具体来看，华北地区高风险区县共 41 个，排在前五位的区县分别是科尔沁右翼前旗、扎赉特旗、阿鲁科尔沁旗、固阳县、科尔沁左翼后旗，其风险指数分别为 0.704、0.657、0.469、0.456、0.455；东北地区高风险区县共 15 个，排在前五位的区县分别是永吉县、丰满区、敦化市、岫岩满族自治县、瓦房店市，其风险指数分别为 0.378、0.197、0.190、0.190、0.178；华东地区高风险区县共 43 个，排在前五位的区县分别是庐江县、寿光市、临海市、邹平市、霍邱县，其风险指数分别 0.374、0.349、0.287、0.223、0.208；华中地区高风险区县共 14 个，排在前五位的区县分别是宁乡市、天门市、潜江市、仙桃市、鹿邑县，其风险指数分别 0.253、0.216、0.204、0.186、0.183；华南地区高风险区县共 9 个，排在前五位的区县分别是斗门区、廉江市、香洲区、霞山区、遂溪县，其风险指数分别 0.231、0.199、0.185、0.147、0.137；西南地区高风险区县共 2 个，分别是勐腊县、景洪市，其风险指数分别 0.136、0.115；西北地区高风险区县共 5 个，分别是盐池县、子洲县、绥德县、会宁县、陇西县，其风险指数分别 0.175、0.146、0.106、0.105、0.105。

（三）综合自然灾害农业保险费率厘定分析

全国综合自然灾害农业保险费率划分为高费率（＞0.15）、较高费率（0.08～0.15）、中等费率（0.06～0.08）、较低费率（0.02～0.06）和低费率（＜0.02）5 个等级。2015—2021 年洪涝灾害分县农业保险费率总体分布规律与洪涝灾害风险指数分布规律相似，吉林东部、内蒙古中部、湖北东部和南部、湖南南部和东北部、安徽大部、江西中部和东北部部分区县洪涝灾害农业保险费率处于较高水平。干旱灾害分县农业保险费率总体分布规律与干旱灾害风险指数分布规律相似，内蒙古东北部和中部、山西北部、甘肃东南部、宁夏东部、云南南部部分区县干旱灾害农业保险费率处于较高水平。台风灾害分县农业保险费率总体分布规律与台风灾害风险指数分布规律相似，山东、浙江、福建、广东、黑龙江，以及江苏、安徽、河南部分区县台风灾害农业保险费率处于较高水平。

全国2015—2021年综合自然灾害分县农业保险费率总体分布规律与综合自然灾害风险指数分布规律相似，内蒙古、山西、辽宁、吉林、山东、安徽、江西、浙江、福建、广东、湖北、湖南部分区县综合灾害农业保险费率处于较高水平。五个费率等级区中，高费率区县共63个，较高费率区县共97个，中等费率区县共71个，较低费率区县共498个，低费率县共1 997个。

具体来看，华北地区高费率区县共24个，排在前五位的分别是科尔沁右翼前旗、扎赉特旗、阿鲁科尔沁旗、固阳县、科尔沁左翼后旗，其费率分别为0.670、0.644、0.460、0.447、0.446；东北地区高费率区县共6个，排在前五位的分别是永吉县、丰满区、敦化市、岫岩满族自治县、瓦房店市，其费率分别为0.371、0.193、0.186、0.186、0.174；华东地区高费率区县共23个，排在前五位的分别是庐江县、寿光市、临海市、邹平市、霍邱县，其费率分别为0.366、0.342、0.281、0.219、0.204；华中地区高费率区县共6个，排在前五位的分别是宁乡市、天门市、潜江市、仙桃市、鹿邑县，其费率分别为0.248、0.212、0.200、0.182、0.180；华南地区高费率区县共3个，分别是斗门区、廉江市、香洲区，其费率分别为0.226、0.195、0.181；西南地区无高费率区县；西北地区高费率区县共1个，为盐池县，费率为0.171。

四、结论与讨论

（一）结论

2015—2021年，总体而言，全国自然灾害形势仍然复杂严峻，极端天气气候事件多发，洪涝、干旱、台风仍是影响农业的主要灾害。本研究基于县级灾情数据，通过建立综合灾害风险指数和农业保险费率模型，分析了全国各地灾害受灾情况、灾害风险水平以及农业保险费率的区域差异，进一步提升了农业保险费率精度，为全国实施分区差别化费率提供借鉴参考。

（1）从受灾情况看，总体而言，具有空间集聚的分布特征。主要表现为东北地区大部、中部地区大部、西南、华北、西北地区等地部分区县的总体受灾情况比较严重。全国受灾面积达到1千公顷以上的县区共有636个，其中，华北地区的科尔沁左翼后旗、扎赉特旗、科尔沁右翼前旗、奈曼旗、翁牛特旗，东北地区的依兰县、双城区、敦化市、五常市、普兰店区，华中地区的鹿邑县、天门市、监利县、仙桃市、潜江市等县受灾严重。

（2）从综合自然灾害风险水平来看，华北北部、东北中部、华东西部和南部、华中大部、华南南部、西南南部和西北东南部等地灾情指数偏高，五个风险等级区中，高风险区县共 129 个，较高风险区县共 392 个，中风险区县共 633 个，较低风险区县共 979 个，低风险区县共 593 个。华北地区的科尔沁右翼前旗、扎赉特旗、阿鲁科尔沁旗、固阳县、科尔沁左翼后旗，东北地区的永吉县，华东地区的庐江县综合灾害风险高，其灾情指数分别为 0.704、0.657、0.469、0.456、0.455、0.378、0.374。

（3）从综合自然灾害农业保险费率上看，与灾害风险指数分布规律相似，内蒙古、山西、辽宁、吉林、山东、安徽、江西、浙江、福建、广东、湖北、湖南部分区县综合灾害农业保险费率处于较高水平，五个费率等级区中，高费率区县共 63 个，较高费率区县共 97 个，中等费率区县共 71 个，较低费率区县共 498 个，低费率县共 1 997 个。和风险水平密切相关，华北地区的科尔沁右翼前旗、扎赉特旗、阿鲁科尔沁旗、固阳县、科尔沁左翼后旗，东北地区的永吉县，华东地区的庐江县的农业保险费率高，分别为 0.670、0.644、0.460、0.447、0.446、0.371、0.366。本研究中的保险费率可结合实践情况划分费率参考区间。

由于条件限制，本研究还存在许多不足之处，比如在计算自然灾害综合风险时没有考虑寒潮、雨雪冰冻和高温热浪等灾害；评估单元还可以进一步精细化，从县级区域扩展到网格尺度；在以灾种计算风险的基础上进一步考虑农作物（比如小麦、水稻和玉米）生产风险，进而和当前保险产品衔接。

（二）讨论

本文计算了基于灾害风险的县区农业保险费率，为高精度农业保险费率厘定提供重要的量化依据。今后可在以下方面深入开展工作：

1. 进一步提升保险费率的可信度

面对当前农业风险评价和保险费率研究中存在数据稀缺、风险评估和保险定价空间不匹配、保险费率专业化和精细化程度不够等问题，国内外许多学者为解决以上问题开展了大量研究，比如有研究提出在农业保险费率厘定中通过加入气象信息、土壤信息来弥补数据的不足，也有研究提供了区域尺度置换模型、农业风险评价数据偏差计量经济模型来解决风险评估和农业保险定价空间尺度不匹配等问题。本文在以往研究的基础上，通过收集权威、完整、详细、长时间序列的县级灾情数据，应用超过 9 000 条记录进行费率计算，一定程度上解决了数据的数量和质量问题；构建的灾情指数表达了洪涝、干旱、台风综合灾害风险，充分考虑农业承灾体在主要致灾因子影响下的损失，一定程度上提升了农业风险评估精度；结合费率厘定结果和农业保险实际情况，给出每个县区保险费率参考区间，提升了保险费率的科学性。下一步，还应该深入挖掘大数据技术，融合多种数据资源，进一步提升保险费率厘定的可信度。

2. 进一步完善农业保险产品

指数保险不以具体保险标的所遭受的实际损失为准，而是以保险合同中约定的指数为准，正受到越来越多关注。比如有研究选择累计降水量、积温、降雨强度和频率设计天气指数保险产品，有研究使用Grach、Egarch、Copula等模型模拟天气指数分布，还有研究在指数产品中考虑极端天气变量中的最大稳定性过程。指数产品发展迅速，特别是对农户数目众多、农业生产经营田块分散的国家而言，有着巨大的优势。不过农业指数保险受单一变量影响较大，存在高度依赖指标的特征，当前指数保险在风险定价中面临包括经验数据不足、不同风险之间相依关系复杂、普遍存在基差风险等挑战。未来的研究中建议进一步整合多源和多尺度的地球观测数据（包含空、天、地以及信息网络等方面数据），建立智能化指数模型，模拟分析农户经济损失和保险赔付情景，通过历史灾情不断进行校验和指标动态调整，从而提升理赔机制的科学性，促进农业保险可持续发展。

3. 进一步开展农业保险区划研究

保险区划对于推动农业保险的专业化与精细化发展具有重要意义。有学者在1994年提出了农作物保险风险分区和费率分区的问题，引出一系列关于农业保险区划相关研究工作的探索；有学者构建农业保险风险与定价的量化模型，为保险区划奠定了基础。原中国保险监督管理委员会先后设立了全国到省以及省到区县两级尺度上的种植业保险区划研究课题，国家也多次下发相关文件促进农业保险高质量发展，加快推进这项基础性工作，未来可以进一步在以下方面开展工作：研究方法上，运用区域自然灾害风险评估、保险费率厘定、区域分异理论与定量方法，依托数理统计、仿真模拟、机器学习等技术手段，开发一套适宜的农业保险区划技术方法体系；空间精度上，可以将农业生产风险评估和保险费率分区落实到县区级水平，先行地区还可以进一步精细到乡镇级水平；作物类别上，以正在试点实施新费率方案的三大粮食作物为重点，逐步针对大宗粮油作物等损失率高、风险高的险种，开展风险评估、费率厘定与区域划分工作。基于上述工作，加快编制农业生产风险区划图和保险基准费率参考表，为农业保险提供更有力的科技支撑，为稳定土地生产、推进农业生产集约化和可持续发展提供保障。

另外，各地应加快建立完善优化农户—保险企业—政府风险共担机制。农业生产是数亿农民收入的一项重要来源，也是国家粮食安全和可持续发展的基本保障。农业灾害风险防必须依靠农户、政府和保险企业共同参与（“农户—

政府—保险企业”防范体系），实现风险共担、利益共享。政府应当加大减灾规划和安全建设投入，加强对种植业保险承办机构的扶持力度，向农户提供保费补贴和灾后救济；保险企业加强种植业风险管理，通过“合营”和“转移”业务，形成市场力量；农户则应进一步加强在田间尺度的投入水平和风险管理水平，在农村基层形成“安全社区”，有效降低灾害造成的作物损失和收入损失。通过风险共担方式，提高土地生产恢复能力，确保农民增产增收，确保国家粮食安全。

极端天气下农业保险运行存在的难题及对策建议

太安农业保险研究院

摘要：由全球变暖引发的极端天气事件对农业产业安全造成了重大威胁，农业保险作为应对天气灾害、保障粮食安全的重要金融手段受到高度重视。为适应新的气候环境，突破传统农业保险的困境，本文分析了极端天气下发展农业保险的必要性及目前运行过程中存在的难题，并提出了几点对策建议。

关键词：极端天气；农业保险

一、引言

我国2021年农业保险保费收入高达976亿元，同比增长近19.8%，承保农作物种类近300个，同时覆盖我国34个省级行政区的农林渔牧业，已成为世界第一农业保险大国。农业保险作为一种有效保障自然灾害的风险管理工具，为我国农业生产提供了保障，稳定了我国农业产业发展。世界各地气候升温，极端天气灾害事件频繁出现，给社会经济发展带来了巨大负面影响。联合国气候变化大会2022年发布的《Global climate risk index 2021》中显示2019年我国因极端天气引起的经济损失总额排全球第三位，过去20年我国因极端天气引起的经济损失年度均值排全球第一位。极端天气事件对社会经济的影响直接体现在农业产业上，在极端天气持续影响下，农业生产的不确定性风险和系统性风险必将逐步升高。农业保险在发挥保障作用的同时，其广覆盖性使得保险公司在遭遇极端天气灾害后会受到大范围波及，极有可能面临巨灾风险。2016年我国东北遭遇严重干旱，3省19市102个县同时遭受损失，当地保险公司种植险的整体赔付率均在100%以上，部分受灾县市赔付率高达300%；2021年10月山西多地遭遇短时强降雨天气，导致处于收获期的玉米长期浸泡于水中发霉导致减产，更有洪水、泥石流、河水倒灌引起的玉米、杂粮等作物冲毁而绝产，当地保险公司赔款超过2亿元。在农业保险逐步成为我国农业遭遇市场和天气双重考验下有力保护伞的过程中，对极端天气下农业保险运行存在的问题及路径的研究刻不容缓。

二、极端天气下发展农业保险的必要性

（一）保障国家粮食安全战略的需要

近年来，全球气候变化带来的不断加剧的极端天气严重威胁着我国粮食安全，一些极端天气灾害破坏了我国区域农作物生产。有研究分析，干旱和极端高温使我国谷物产量将显著减少 9%～10%，到 2030 年中国东北的粮食产量将减少 1 380 万吨，约减少 12%。习近平总书记多次强调我国粮食安全问题，农业保险要站在保障国家粮食安全和保障种粮农民利益的高度，提高极端天气下风险保障能力，保障种粮农民收益，保障粮食安全。

（二）生态环保是农业保险发展的新任务

乡村振兴战略对我国农村人居环境提出了新的要求，近几年由于干旱、洪涝和台风等极端天气灾害事件造成的耕地荒漠化，森林、草原和湿地面积减少，以及过度放牧、养殖污染、农药化肥施用过度以及自然资源的盲目开发利用等人为因素，生态环境保护依然面临严峻考验。为减少极端天气灾害影响和扭转粗放使用、过度利用的生产方式，迫切需要运用保险的方式在气候变化、土地保护和农作物污染防治等方面发挥作用，从源头上预防和减少环境污染对全球气候破坏的隐患，推动生态文明建设。

（三）农业保险参与社会治理和社会稳定的作用增加

《关于加快农业保险高质量发展指导意见》强调农业保险要在农村社会治理中发挥作用，同时将农业保险纳入农业灾害事故防范救助体系，充分发挥保险在事前风险预防、事中风险控制、事后理赔服务等方面的功能作用。极端天气情况下发生的灾害往往伴随着巨大的经济损失，如果没有农业保险进行兜底赔付，在政府财政资金不足的情况下，可能会导致农户重建及农业再生产困难，农户满意度降低，影响社会稳定性。农业保险作为一种社会稳定器，保险公司担负社会责任，体现社会服务能力，第一时间对农户进行赔偿补贴，能对灾难损失进行兜底，保障农户利益。

三、极端天气下农业保险运行存在的难题

（一）农业保险保障水平不足的问题愈加凸显

保障水平不足一直是我国农业保险的短板，伴随着极端天气状况的增多，农业保险“不解渴、不顶用”的问题愈加凸显。自 2017 年“大灾保险”试点

起，我国持续推进农业保险“提标”工作，目前对粮食作物而言已经在全国意义上初步构建起了由低保障的“成本保险”、较高保障的“大灾保险”和高保障的“完全成本和收入保险”构成的农业保险体系，三大主粮作物保险多层次的产品供给体系粗具雏形。但其他重要农产品和地方特色农产品仍处于成本保险阶段，例如新疆地区冰雹灾害发生在棉花产量、质量形成的关键时期，天气形势对棉花最终产量、质量情况至关重要，自然灾害不断造成棉花减产，棉花市场价格不稳定，植棉成本居高不下，仅通过政策性保险保障物化成本还远远不够。

（二）农业保险的“防”和“保”缺少有效衔接

一直以来，我国针对极端天气灾害造成的农业经济损失补偿与救助，实行的是政府主导型的风险补偿机制，这种机制有明显的局限，既耗费了政府大量的财力，影响了财政收支的稳定性，也影响了全局经济部署，还使得我国国民的防灾保险意识薄弱，过度依赖政府部门的补偿。我们知道，农业防灾防损是农业风险管理的一部分，但在我国农业保险的经营过程中，大多数保险公司的普遍做法仅是承保理赔，很少开展防灾防损，大大影响了经营水平和质量的提高。虽然近些年的实践中，保险主体逐渐意识到农险防灾防损的重要性，例如购买鼓风机应对苹果冻害、在极寒区为牦牛穿上防寒背心、适当将部分保费收入专门用作防灾减损等，但这些富有创意性的实践还需要进一步总结经验并向全国推广，农业保险实现“防险”与“保险”的一体化还有很长的路要走。

（三）极端天气下查勘定损难度大，效率低

极端天气灾害条件下查勘定损是需要关注的焦点，主要有两方面的突出问题：一是查勘难，极端天气下发生的灾害往往涉及面积广，区域跨度大，保险公司查勘人员很难第一时间进入现场进行查勘，甚至有些受灾地区仅靠农业保险机构的技术力量无法达到，需要相关气象、农业、应急部门共同参与灾害的鉴定、技术的支持、资源的共享等，这对理赔效率和精准方面都是不小的挑战；二是定损难，目前应对极端天气灾害，缺乏具有操作性的灾损评定规范与标准，各涉灾部门定损口径和结果不一致，查勘定损人员素质参差不齐，灾损评估结果农户往往不认可，部分维权意识较高的区域，容易形成群体上访事件，影响社会稳定。

（四）应对极端天气灾害的风险分散机制不健全

完善的农业保险再保险和巨灾风险分散机制是农业保险的“护身符”，是农业保险持续健康发展的重要保障。随着全球气候变化的加剧，大灾风险发生

概率和灾损程度还在呈现上升趋势，同时极端天气下容易引发更大的经济社会连锁反应，对农业产业和农户生计产生次生冲击。近年来我国农业保险赔付率逐年创历史新高，许多地区许多品种保险赔付率都超过100%。我国虽然建立了保险公司层级的农业保险大灾风险准备金，部分省市试点建立省级财政支持的农业保险大灾基金，但国家层面财政支持的农业大灾风险基金尚未建立，同时中国农业再保险公司也刚刚建立，其发挥的职能以及再保险风险分散制度方案还需进一步优化和完善。

（五）缺乏极端灾害预警系统，关键数据信息难共享

极端天气下的灾害预警与评估十分重要，但目前我国尚未建立统一的信息数据平台，农业保险相关数据信息分散在不同部门，如耕地确权、地理信息、气候气象、价格产量、保险业务、空间遥感等数据分别在农业农村、国土资源、气象、发展改革、保险监管、航空航天等部门，这些部门对数据信息管理各司其职、互通不畅，既缺乏共享平台，也缺乏共享机制，影响了农业保险的工作效率，也使得科学评估农业巨灾风险遇到极大的障碍。保险机构要获取实时信息和相关数据只能“点对点”采集，效率低下、获取困难，往往还要支付高额的费用，既增加了运行成本，还影响了精细化管理的效率和质量。

四、农业保险保障极端天气灾害的对策建议

（一）探索建立灵活多样的农业保险产品保障体系

本文建议探索巨灾型保险产品与传统农业保险进行配套，建立灵活多样的农业保险产品保障体系。在坚定不移持续推进三大主粮完全成本保险和收入保险试点的同时，对于受天气因素影响较大的其他重要农产品和地方特色农产品，可以借鉴美国因干旱、冰雹极端天气造成损失的产量保险，探索“政策险＋商业险”“基本保险＋特定灾害保险”的更高保障模式；针对极端天气下风险暴露较大的新型农业经营主体，开发综合型保险，为其提供农业、财产、责任和人身方面的全面保障，并且给予适当保费补贴，全方位提升主体抗风险能力；加大天气指数保险基础研究力度，积极完善创新天气指数保险，将其作为农业保险的补充形式。

（二）推广“保险＋防险”的农业保险新模式

建议保险公司应将单纯的“保险”转为“保险＋防险”一体化，将风险关口前移，变事后赔付为事前预防，变被动应对为主动参与，以降低灾害发生的可能性和损失程度。保险公司做好防灾防损和防灾减损：一是能提高保险公司

自身的经营效率，保险公司通过发挥自身信息、技术和人才方面的专业优势，采取预防性措施和服务，降低保险事故发生概率，或者在事故发生后进行积极施救，能有效减少保险赔付额；二是有利于建立起农业生产经营主体与保险公司之间相互依存、相互合作的良好关系，保险公司的服务密切了与承保户的联系，并使其获得尊重感和获得感，进而提高了对保险公司的信任度和对农业保险的信心；三是通过引进新的农业防灾防损技术，降低了农业整体的风险水平，间接地为社会创造了财富，也可以协助政府的管理。

（三）着力解决极端天气灾害条件下查勘定损难题

一是从地方开始研究制定极端天气灾害农业保险查勘定损技术规范，充分利用基层农业部门和农技部门技术力量，研究制定适合本地区的极端天气灾害农业保险核灾定损技术指南或操作手册，为查勘理赔实务提供一个具有可操作性的灾损评定标准。二是规范极端天气灾害农业保险查勘定损队伍建设，人员可由保险机构提出、政府部门审定并组织开展相关技术培训，合格后颁发相关资格证书，提高其定损的权威性和专业性，解决当前查勘定损人员素质参差不齐，灾损评估结果农民不认可的问题。三是研究农业保险合同纠纷的法律问题，建立农业保险纠纷快速解决通道和中立第三方查勘定损机制，明确保险公司承担对异议保险标的的受灾情况单独收集和固定查勘定损证据的义务，并在诉讼和仲裁中承担举证责任。

（四）建立多层次、多维度的农业大灾风险分散体系

一是建议相关部门推动建立农业保险大灾风险基金。围绕极端天气下可能出现的极端大灾风险，探索建立中央和地方风险共担、全国统筹的大灾基金，实现跨区域、跨机构的统筹合理使用，提高应对全国性、区域性极端特重大灾害的风险管理能力。二是加大农业再保险供给。中国农再作为国家层面的再保险机构应尽快完善约定分保机制，对我国农险业务提供充足稳定的再保险保障，探索建立与直保公司风险共担、多层分散的再保险机制，提高行业大灾风险承载能力。三是探索巨灾债券等新型金融工具分散农业大灾风险。探索利用农业巨灾风险证券化等金融工具，打通资本市场与再保险市场、国内市场与国际市场，实现农业大灾风险的全球化分散，形成以再保险为核心、大灾基金兜底、其他金融工具补充的多层次、多维度的农业大灾风险分散体系。

（五）用农险科技提升应对极端天气灾害的能力

一是建议协调中国气象局、农业农村和农业保险有关部门，加强对气候、农业及保险标的等进行有效的监测，逐步建立和完善我国极端天气下农险巨灾

风险预警体系，提前做好极端天气的防灾减灾工作。二是加快农业保险大数据战略规划和统筹部署，加快完善数据治理机制。可先行构建省级农险大数据管理与服务平台，汇集省内农业保险业务数据和财政、农业农村、保险监管、林业草原等相关部门涉农数据和信息，逐步建立和完善农业保险数据共享平台，使其满足极端天气下农险巨灾评估与应对的需要。三是加大处理极端天气灾害事件的科技应用力度，鼓励保险机构在实践中以更大力度运用无人机、卫星遥感等科技手段来提高精准性，要特别关注勘损环节出险面积和灾损程度科技测度的准确性和有效性问题，政府部门要协调研究遥感无人机定损等农业保险电子化服务的法律效力问题。

（六）努力开发农业保险的生态环境保护功能

从根本上减少二氧化碳排放，限制全球变暖是缓解不断加剧的极端气候的有效路径。在我国实现“双碳”目标已经成为当前最为紧迫的大事，全国上下都在为此付出努力，农业保险自当其任。对农业保险而言，为实现“双碳”作贡献，这既是新的课题、新的挑战，又是一个新的机遇。本文建议：一是要扩大森林保险的力度，提高覆盖率，同时提高防险力度，减少森林损失，加快推进草原保险试点，努力推动湿地保险；二是创新保险产品形式和内容，在保险产品设计中增加对环保因素的考量，在保险合同中增加与固碳等环保有关的条款，或者改变传统的保险损失赔付办法，增加违约追偿的责任条款或激励条款；三是创新保险模式，将保险标的具有的碳汇能力在可交易的条件下，置换为等量的货币，作为保费替代，更好地激励绿色发展。

上海市农业巨灾保险债券化研究

太安农业保险研究院

一、巨灾债券和农业巨灾保险

（一）农业巨灾风险和保险

关于什么是巨灾风险？目前并没有一个统一的定义。经济合作与发展组织（OECD）将巨灾风险定义为，灾害发生地已无力控制灾害所造成的破坏，必须借助外部力量才能进行处置的灾害风险。美国保险服务局（ISO）则具体将损失超过 2 500 万美元，并影响到大范围保险人和被保险人的事件，界定为巨灾风险。从保险公司经营的角度来说，一般将超过一般偿付能力的风险定义为巨灾风险。借鉴 OECD 的定义，我们认为，农业巨灾风险又称农业大灾风险，是指受极端气象事件、疫病虫害等不利事件影响，造成的农业损失特别巨大，超出了灾害发生地能力范围，必须借助外部力量才能进行处置的风险。如 2020 年淮河流域的洪涝灾害、2008 年的汶川地震和 1998 年的洪水灾害。农业巨灾保险则是指利用保险工具专门承保、分散和转移这部分巨灾风险的保险产品。

当然，除了农业巨灾保险外，近年来在我国发展迅速的农业保险实际上也承保了部分农业大灾风险。因为根据农业保险合同规定，不利气候和自然灾害导致农作物产量损失超过一定程度之上的所有损失都在农业保险保障范围之内，其中既包括了农业产量损失的一般风险，当然也包括了农业产量极端损失的风险。由此可以看出，农业保险和农业巨灾保险是两个不同的保险产品，前者保障的范围更广，而后者只对农业巨灾风险进行承保。但两者也具有一定的共性，那就是在遭受农业大灾的情况下，农业保险也会受到重要影响，有赔付困难的可能性，成为农业保险大灾风险。

（二）发行农业巨灾保险债券的必要性

由上述分析可知，巨灾债券是为了解决传统再保险能力不足而诞生的一种金融创新工具，自诞生以来已获得了快速发展，成为再保险市场的有力补充。因此，发行农业巨灾债券或农业巨灾保险债券极为必要，主要有两个方面的原因。

第一，农业是一个高风险的行业。虽然新中国成立以来我国农业生产的基础设施条件得到极大改善，但农业是自然再生产和经济再生产相交织的行业，总体来讲仍是一个靠天吃饭的行业。农业生产风险具有时空性、时滞性和区域相关性，极易产生巨灾风险（张峭、王克等，2015），承保农业生产风险的农业保险业务所面临的风险是普通财产保险承保风险的10～15倍。

第二，我国农业巨灾（再）保险市场发展缓慢。再保险是承保和应对巨灾风险的传统手段，但我国农业再保险市场还不够发达，仅占国际再保险市场份额的0.1%，市场规模小导致农业再保险承保能力有限，而且有政府支持的农业巨灾风险分散体系迟迟未能建立。此外，农业巨灾保险的供给与需求均不存在完全弹性，不能单纯依靠提高巨灾保险价格的方式来增加保险供给，从而就不能从根本上解决巨灾风险的损失分担问题。因此，要创新巨灾保险运行机制，通过巨灾风险承担主体变更的方式——巨灾风险证券化可以有效地解决这一问题。

总之，农业巨灾债券作为巨灾证券化产品中最为成熟的金融产品，为分散和转移我国农业巨灾风险提供了新的思路和路径。有学者通过分析我国农业保险的巨灾特性以及现阶段我国农业巨灾保险相关制度，也发现我国应优先发展农业保险巨灾债券。目前在我国探讨建立农业巨灾保险债券也具有良好的政策环境。早在2014年，国务院印发的《关于加快发展现代保险服务业的若干意见》明确提出“完善保险经济补偿机制，提高灾害救助参与度”。2017年1月中共中央、国务院印发的《关于推进防灾减灾救灾体制机制改革的意见》进一步提出，“要充分发挥市场机制作用……不断扩大保险覆盖面，完善应对灾害的金融支持体系。”“鼓励各地结合灾害风险特点，探索巨灾风险有效保障模式。”在这种情况下，上海作为我国金融创新中心、改革开放的前沿阵地和易受台风等自然灾害影响的东部发达省份，在农业巨灾债券制度方面先行先试，不仅有助于促进农业保险行业的长期发展，而且还有助于深化我国金融体制的改革和创新，具有极为重要和深远的战略意义。

二、上海市农业巨灾风险分析

（一）上海市农业巨灾的主要致灾因子

第一，从上海市农业保险赔付数据看，暴风暴雨和台风是主要理赔灾因。根据上海安信农业保险公司的数据统计（表1），2017—2019年，在水稻、蔬菜、西甜瓜、水果和大棚设施等五种主要农作物保险险种的赔付中，暴风、暴雨和台风是三个最主要的理赔灾因，分别出现了12次、12次和9次，也是造成农业保险超赔的最主要灾因。如，暴雨是 2017 年西甜瓜保险赔付率高达 120％的主要理赔灾因，2019 年水果保险简单赔付率 120％的主要理赔灾因是暴风暴雨和台风。上海市农作物保险中保费收入占比较高的蔬菜保险，近三年平均简单赔付率达到 85％，暴风暴雨是主要的理赔灾因。

表 1　2017—2019 年上海市主要农作物保险的主要理赔灾因

时间	险种	保费收入（万元）	赔付金额（万元）	简单赔付率	理赔灾因
2017	水稻	3 134.67	751.05	24％	暴风暴雨、台风
	蔬菜	9 354.73	7 804.98	83％	暴风暴雨
	西甜瓜	2 418.85	2 904.50	120％	暴雨
	水果	4 368.34	3 205.18	73％	暴风暴雨、台风
	大棚设施	11 047.23	1 269.18	11％	冰雹、暴风、台风
2018	水稻	3 041.34	617.10	20％	暴风暴雨、台风
	蔬菜	10 372.97	8 188.78	79％	暴风暴雨
	西甜瓜	2 693.15	1 526.96	57％	暴雨
	水果	3 479.58	3 248.64	93％	暴风暴雨、台风
	大棚设施	11 731.38	3 171.99	27％	冰雹、暴风、台风
2019	水稻	2 984.90	2 626.03	88％	暴风暴雨、台风
	蔬菜	10 951.83	10 201.14	93％	暴风暴雨
	西甜瓜	2 532.53	2 017.62	80％	暴雨
	水果	4 491.49	5 380.78	120％	暴风暴雨、台风
	大棚设施	12 422.89	8 463.88	68％	冰雹、暴风、台风

资料来源：上海市安信农业保险公司。

第二，从农业气象灾害数据看，热带气旋（风）和暴雨是上海市主要气象灾害。据《中国气象灾害年鉴（2005—2017）》的数据，在 14 年上海市主要气象灾害（暴雨洪涝、冰雹、热带气旋、低温冷冻）的损失统计中，热带气旋发生 10 次，造成的灾害损失最大，累计直接经济损失 36.1 亿元；其次为暴雨和洪涝，14 年中发生 4 次，造成直接经济损失 2.8 亿元；风雹位列第三，冻害发生次数和经济损失最少。由于风雹灾害统计中既包括风灾，也包括冰雹灾，且热带气旋灾害也是由于飓风引起的，因此，从农业气象灾害数据看，（大）风和（暴）雨也是上海市的主要农业气象灾害因子（表 2）。

表 2　2005—2017 年上海市主要气象灾害统计

灾害类型	发生次数	累计直接经济损失（亿元）
暴雨洪涝	4	2.8
冻害	2	1.6
风雹	3	2.5
热带气旋（暴风）	10	36.1

资料来源：《中国气象灾害年鉴》，2006—2018 年。

（二）上海市农业巨灾风险评估

农业生产风险评估就是对农作物或畜产品生长过程中遭受的各种影响因素发生可能性及由此引起的实际产量低于预期产量的偏离程度进行评估。风险评估重点要回答两方面问题：一是风险发生的概率，二是风险发生的损失大小。目前，农业生产风险评估主要有三种方法：基于风险因子的风险评估方法、基于风险损失的风险评估方法和基于风险机理的风险评估方法。第一种评估方法主要应用于防灾减灾领域，第三种评估方法机理复杂，限制了其适用性，第二种评估方法（基于风险损失的风险评估方法）数学理论最为完善，是最适用于保险再保险领域的评估方法。

能够刻画农作物生产损失的数据主要有两种来源：一种是来自农业农村部门的农作物产量数据（单产数据），另一种是来自民政部门的农作物受灾数据。有学者根据农作物生产风险评估中所用数据的不同，称利用农作物产量和单产数据进行风险评估的方法为基于单产数据的评估方法，将基于民政部农作物受灾数据的风险评估方法称为基于灾情数据的评估方法。基于单产数据的风险评估方法最为常用，具有数学逻辑严密的优点，但缺点是受微观层面数据可得性差的限制，存在数据空间加总的问题。相比较而言，基于灾情数据的评估方法则较好地解决了数据空间加总的问题，只是由于统计指标限制无法利用该方法对具体作物的生产风险进行评估。但由于本报告关注的是上海市农作物总体巨灾风险，而非单一某作物的风险大小，故报告采用基于灾情数据的农作物生产风险评估方法①对上海市农业巨灾风险进行评估。

采用基于灾情的农作物生产风险评估方法，利用上海市 1990—2018 年农作物受灾数据，计算出了近 30 年来上海市农作物历年因灾损失情况（图 1），

① 关于该方法的具体介绍详见张峭、王克（2011）。该方法可分为四步：第一步根据民政部门的灾情统计数据（民政部门统计规定，凡因灾减产 10%以上的面积均计为受灾面积，因灾减产 30%以上的面积为成灾面积，因灾减产 80% 以上的面积计为绝收面积）计算作物历年因灾损失率；第二步拟合因灾损失率序列的概率分布；第三步计算作物的年平均因灾损失率；第四步对农业巨灾风险进行评估。

然后，我们以这些灾害损失数据为基础，利用参数模型法对上海市农作物生产风险进行了概率分布拟合和评估（图 2）。可以看到：①2005 年之前上海市农作物因灾损失率较高且波动较大，之后农作物因灾损失相对较小；②除 1999 年和 2005 年上海市农作物因灾损失率分别达到 18%和 9%的外，其余年份因灾损失率都在 8%以下，近三十年平均损失率为 3%，风险似乎不大；③上海市农作物因灾损失率服从广义极值分布（Gen. Extreme Distribution），长尾特征十分明显，具有较高的巨灾风险。

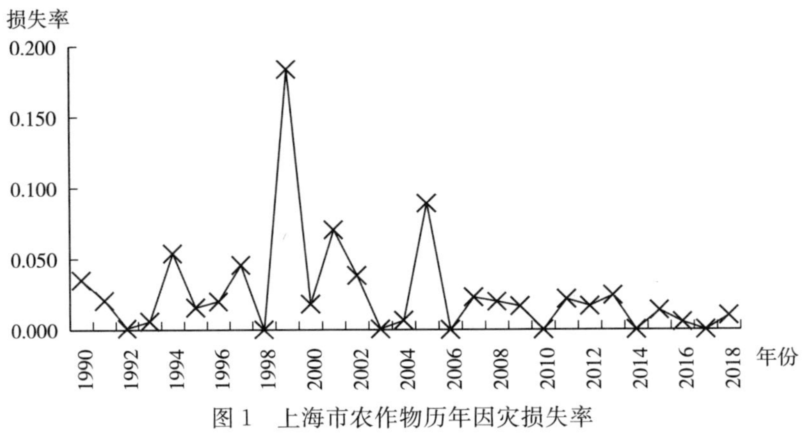

图 1　上海市农作物历年因灾损失率

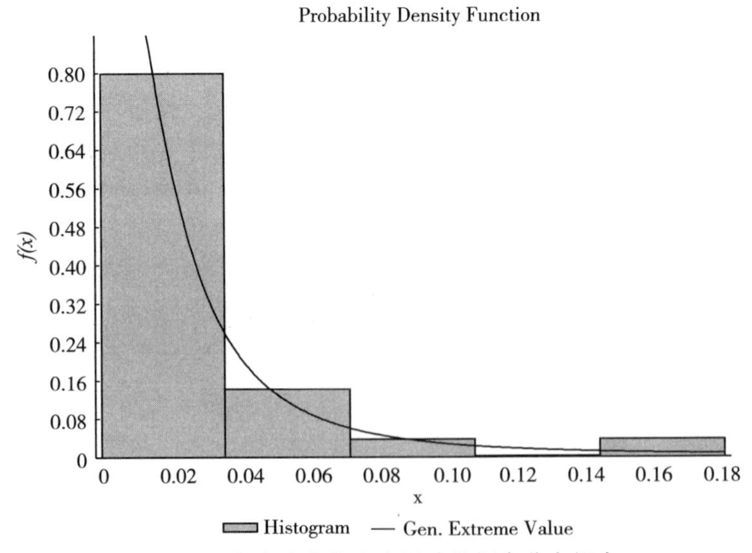

图 2　上海市农作物生产风险的概率分布拟合

按照广义极值概率密度分布函数 $f(x)=\frac{1}{\sigma}\exp[-(1+kz)^{-1/k}](1+kz)^{-1-1/k}$[①]，我们利用在险价值（Value at Risk）方法[②]，计算得到了不同重现期下上海市农作物灾害风险程度，如表 3 所示。评估结果印证了前文的直观判断，即长期看上海市农作物灾害风险水平并不高，损失期望仅为 1.4%，大部分情况下（90%的概率）上海市农作物灾害损失率低于 5.75%，但上海市农作物生产面临较大的巨灾风险，20 年一遇和 40 年一遇灾害事件造成的作物灾害损失分别为 8.64%和 12.53%，百年一遇灾害事件造成的作物损失接近 20%。

表 3　上海市农作物生产（巨灾）风险评估

	100 年一遇（VaR99）	40 年一遇（VaR97.5）	20 年一遇（VaR95）	10 年一遇（VaR90）	期望值
损失率	19.85%	12.53%	8.64%	5.75%	1.40%

（三）上海市农业巨灾风险指数

作物因灾损失数据能够较好地刻画出作物生产风险情况，但该数据是一个事后指标，需要相关政府部门在灾害事件发生后才能汇总统计出来，存在较长的滞后性，同时由于灾情数据是一级级政府统计汇总得到的，而基层政府有夸大损失以向上级索要更多救灾资金的动机和行为，因此该数据的可信度对巨灾债券投资人来说也有一定疑义。因此，本报告将分析上海市农业灾害损失及两种主要致灾因子（风和雨）的关系，以公开透明性较好的气象数据为基础，利用规划求解等方法研究气象因子和上海市农业灾害损失之间的最佳关系模型，构建上海市农业巨灾风险指数，并以该指数作为上海市农业巨灾保险债券是否触发赔付的依据。

1. 气象数据的来源及处理

在中国气象局现有的统计数据中并没有给出省市级的气象观测数据，因此，本报告利用上海市辖区内 11 个国家基本气象站的气象数据计算得到上海市风和雨的气象特征。从点（气象站）到面（上海市）的数据处理方法是：首

① 根据 MLE 概率分布拟合结果，上海市农作物因灾损失率广义极值概率分布的三个参数值为：$k=0.443\ 36$，$\sigma=0.012\ 56$，$\mu=0.009\ 04$。

② 本报告后文将简要介绍该方法，关于该方法的详细介绍请参见张峭、王川、王克（2010）。

先利用 ArcGIS 软件计算各个气象站点的泰森多边形面积[①]，然后将之作为 11 个国家级气象站的权重，最后通过加权平均的方法计算得到上海地区的日累计降雨、日平均风速、日最大风速等气象指标。该处理方法的好处是：一方面体现和反映了上海地区降雨场和风场的分布情况；另一方面方法简单易行，避免了基于空间插值法计算上海地区平均气象指标的复杂性。

上海市辖区 11 个国家气象站的地理位置及其泰勒多边形作用面积如表 4 所示。各个气象站点的气象数据起始年限[②]为 1990 年 1 月 1 日至 2019 年 12 月 31 日，指标包括各气象站点的日平均风速、日最大风速、日累计降水量。总体来看，无论是平均风速还是最大风速，近三十年来上海市各辖区气象站点监测到的风速均有下降趋势，这可能与城市化建设加快，辖区高楼大厦增多有关，一定程度上起到了阻风作用。相比而言，上海市近三十年的降水量相对平稳。

表 4　上海地区 11 个国家级气象站作用面积

气象站所处区域	站点号	作用面积（平方千米）
松江	58462	677.120 760 8
南汇	58369	1 246.963 873 0
宝山	58362	737.160 325 7
崇明	58366	1 661.223 702 0
奉贤	58463	625.563 952 5
青浦	58461	703.223 997 5
金山	58460	358.725 240 3
闵行	58361	399.600 049 9
浦东	58370	841.961 961 0
徐家汇	58367	277.395 869 0
嘉定	58365	529.838 621 9

2. 气象因子和上海市农业巨灾损失之间的关系

如本报告前述分析所言，以大风暴雨为主要特征的热带气旋是造成上海市农作物巨灾损失的主要原因。理论上讲，风雨和农业损失应该具有较高的正向

① 泰森多边形又叫冯洛诺伊图（Voronoi diagram），是一组由特点平面区域内给定散点生成的可以对该平面区域不重不漏分割的多边形。其特点是，任意一个泰森多边形区域内有且仅有一个给定散点，并且出了区域边界外任何一条泰森多边形的边均为对两个相邻给定散点连线的中点垂直分割。因此，距离一个泰森多边形内任意一点距离最近的给定散点一定为该泰森多边形所对应的那个唯一给定散点。

② 其中浦东站的气象数据观测开始时间为：1997 年 1 月 1 日。

关系，风雨越大则农业损失越高，但并不是所有风雨都会造成作物受灾，只有达到一定强度的降雨和风才能造成巨灾损失，而如果单将全年日降水量和风速等气象指标进行平均，容易受到“小雨”“微风”等情形对平均值的干扰。另外，根据农业气象和热带气旋等灾害作用机理，在东部沿海地区风和雨具有较大相关性，狂风往往伴随大雨，风雨同时发生比单一气象因子（风或雨）对农作物生产的危害更大。因此，我们认为上海市农业巨灾风险程度和气象因子之间的关系如下公式所示。

$$LR_t = a + b \times \sum_{d=1}^{365}\sum_{i}^{11}\omega_i \cdot w_{itd} \cdot I_{w_{itd}>w_0} \cdot I_{P_{itd}>P_0} + c \times \sum_{d=1}^{365}\sum_{i}^{11}\omega_i \cdot P_{itd} \cdot I_{w_{itd}>w_0} \cdot I_{P_{itd}>P_0} + d \times \sum_{d=1}^{365}\sum_{i}^{11}\omega_i \cdot w_{itd} \cdot P_{itd} \cdot I_{w_{itd}>w_0} \cdot I_{P_{itd}>P_0} + \varepsilon_t \tag{1}$$

其中，LR_t 为第 t 年上海市农业巨灾风险程度，本报告选择利用农作物因灾损失率而不是农业保险赔付率或出险率表征上海市农业巨灾风险程度①。w_{itd} 为 t 年站点 i 第 d 天的风速，用平均风速而不是最大风速进行表示，w_0 为风速阈值，用于调节只有在一定风速之上的大风才对作物损失产生影响，P_{itd} 为 t 年站点 i 第 d 天的日累计降水量。$I_{P_{itd}>P_0}$ 和 $I_{w_{itd}>w_0}$ 为示意函数，当风速和降水量大于阈值时取值为 1，否则取值为 0，ε_t 为 t 年残差。ω_i 为第 i 个气象站点的作用面积权重，计算方法为：

$$\omega_i = \frac{A_i}{\sum_{i=1}^{11} A_i \cdot I_{w_{itd}>w_0} \cdot I_{P_{itd}>P_0}} \tag{2}$$

需要说明的是，公式（1）中之所以选择使用日平均风速而不是最大风速，主要原因是气象部门统计的这两个指标均为 2 分钟平均风速和每日两分钟最大风速，而 11 个气象站地理间隔较大，日最大 2 分钟风速往往是某一时点的最大风速，空间分辨率低，从点推导上海市尺度误差较大。而且，巨灾灾害的气象过程一般持续时间足以影响到日平均 2 分钟平均风速水平，使用日平均 2 分钟平均风速可以体现强风影响。

3. 上海市农业巨灾风险指数构建

一个理想的巨灾风险指数是使式（1）计算得到的损失估计值 $\widehat{LR}$ 和实

① 主要原因是：第一，农业保险赔付率或出险率数据年限较短，总赔付率容易受到某一年份异常值影响，稳定性和可靠性不够，而且由于国内农业保险在经营中普遍存在的协议赔付问题导致赔付失真难以从数据中分离；第二，基于保险公司实际损失数据的巨灾债券设计缺乏透明性，不利于债券的发行。

际损失值偏差最小。但式（1）的求解既涉及气象数据的筛选，又涉及气象阈值的选择，任何一个环节数值的变化都会对两者（气象因素和灾害损失）的关系产生较大影响。为此，为使两者之间的拟合关系最好，我们采用多初始点非线性规划求解的方法对式（1）进行反复调校和求解。非线性规划求解表明，当日累计降雨阈值（P_0）等于 0.3 毫米，日平均风速阈值（w_0）等于 1.4 米/秒，并且 $a=-12.34$，$b=0.25$，$c=0.26$，$d=0.12$ 时，基于风雨气象因子计算出上海市农作物灾害损失估计值和实际灾害损失的偏差最小。即

$$\widehat{LR}_t=-12.34+0.25\times\sum_{d=1}^{365}\sum_{i}^{11}\omega_i\cdot w_{itd}\cdot I_{w_{itd}>0.3}\cdot I_{P_{itd}>1.4}+0.26\times\sum_{d=1}^{365}\sum_{i}^{11}\omega_i\cdot P_{itd}\cdot I_{w_{itd}>0.3}\cdot I_{P_{itd}>1.4}+0.12\times\sum_{d=1}^{365}\sum_{i}^{11}\omega_i\cdot w_{itd}\cdot P_{itd}\cdot I_{w_{itd}>0.3}\cdot I_{P_{itd}>1.4}$$

之后为了对上式进行标准化，使之取值范围位于 0～1，我们对上式求对数，得到上海市农业巨灾风险指数计算方法如下：

$$Index_t=\log_2[1+\exp(0.26P\cdot I_{w>1.4}\cdot I_{P>0.3}+0.25w\cdot I_{w>1.4}\cdot I_{P>0.3}+0.12pw\cdot I_{w>1.4}\cdot I_{P>0.3}-12.3)] \tag{3}$$

按照设计，年度上海农业巨灾债券触发气象指数（*Index*）能够较好地反映出年度上海农业巨灾债券触发气象指数的参考巨灾损失指数，即上海地区年度受灾损失率。从 1990 年至 2018 年这 29 个年度样本看，拟合效果较为优秀（图 3），两者散点图总体为线性关系（图 4）、Pearson 相关系数为 89%（表 5）。

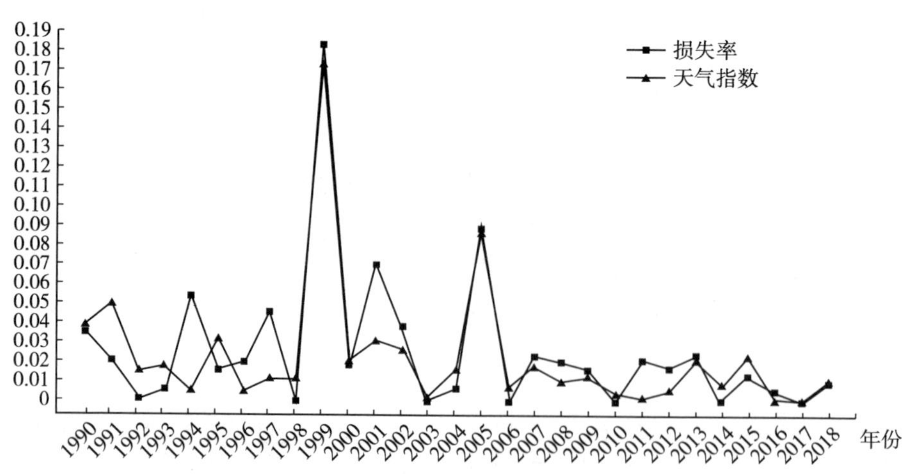

图 3　上海地区各年受灾损失率与触发气象指数时序

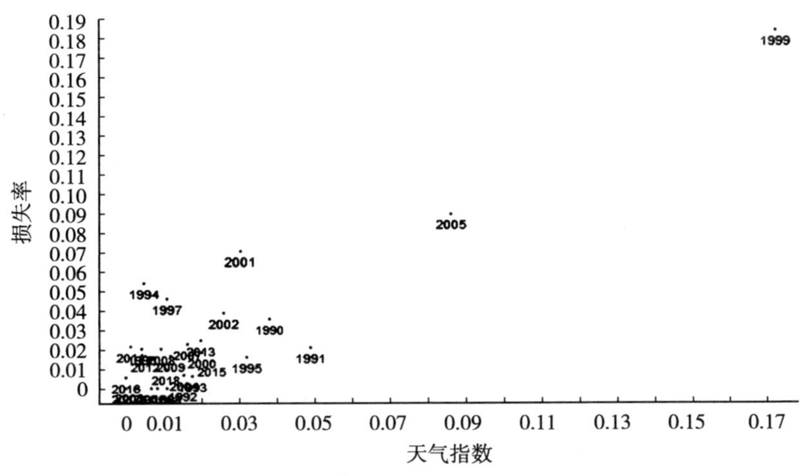

图 4　上海地区各年受灾损失率与触发气象指数散点图

表 5　各天气指标与上海市农业受灾损失率的 Pearson 相关系数

	降水量指数	风速指数	风雨叠加指数	上海农业巨灾风险指数	上海市农业受灾损失率
降水量指数	1	0.16	0.88	0.52	0.41
风速指数		1	0.52	0.31	0.31
风雨叠加指数			1	0.6	0.51
上海农业巨灾指数				1	0.89
上海市农业受灾损失率					1

三、上海农业巨灾保险债券机制设计

（一）运作模式

考虑到我国巨灾债券实践刚刚获得突破，仅有中再产险在境外市场发行过巨灾债券①，因此建议上海市农业巨灾保险债券也采用经典的“发起人＋特殊目的机构（SPV）＋资产托管人＋投资人”的核心交易结构，如图 5 所示。该交易结构最为成熟，涉及的参与者数量相对较少，有利于农业巨灾保险债券的试点落地。

① 2015 年 7 月中再集团所属全资子公司中再产险作为发起人发行了我国第一只巨灾债券基金，以再保险转分的方式，将其所承保的部分国内地震风险分保给设在百慕大的特殊目的机构（SPV）PandaRe，PandaRe 在境外资本市场发行巨灾债券进行融资，募集 5 000 万美元。

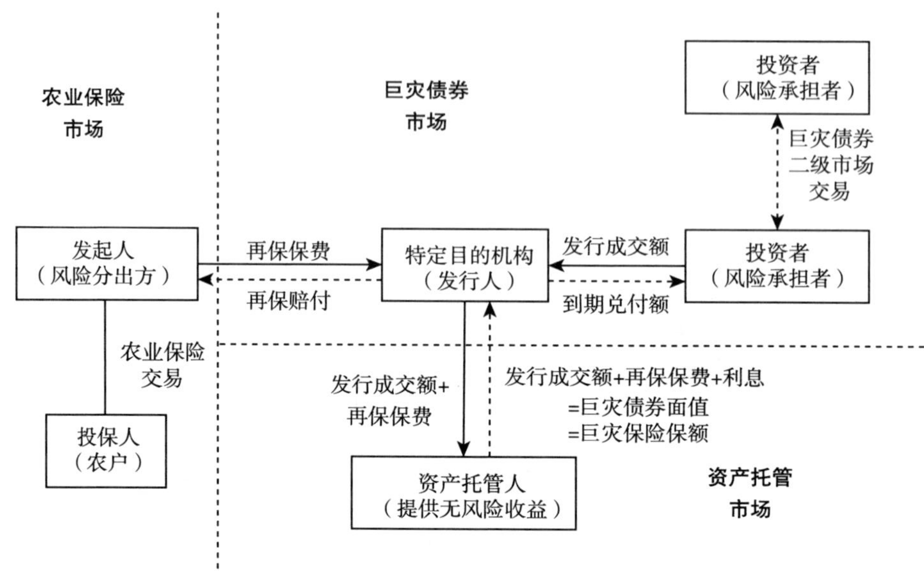

图5　上海农业巨灾债券运行模式及核心交易结构

在该交易结构中，巨灾债券的发起人是巨灾债券所转移巨灾风险的分出人，通常可为原保险人或再保险人，理论上也可以为地方或国家财政。考虑到上海市农业保险主要由安信农业保险公司经营，其种植业承保规模已经足够独立成为巨灾债券的发起人，建议上海市农业保险巨灾债券由上海安信农业保险公司作为发起人。特殊目的机构（SPV）为发起人提供巨灾风险的再保险保障，接受其分出的再保险费，通过负债融资在资本市场发行巨灾债券，同时出于安全性考虑，将发行巨灾债券所获得的资金放入信托机构中，实现SPV和发起人之间的破产隔离。

巨灾债券发行时，一方面，发起人向特殊目的机构（SPV）支付类似于再保险保费的资金（如图6“再保保费”箭头所示）；另一方面，投资者购买巨灾债券，向特殊目的机构（SPV）支付购买资金（总额等于巨灾债券发行总价值，如图6“发行成交额”箭头所示）。特殊目的机构（SPV）作为运作通道，将两方面的资金全部交给具有较高信用等级的资产托管人，实现资金的安全托管并为资金带来证券市场所需的无风险收益。巨灾债券发行后，直到巨灾债券到期前，投资者之间可以通过巨灾债券二级市场，交易巨灾债券，实现提前退出、资金变现、投机等交易目的。如有条件，巨灾债券的二级市场可以涉及相应的融券卖空机制，不仅可以进一步改善巨灾债券二级市场的价格发现能力和流动性，还可以为发起人以及发起人之外有巨灾风险转移需求的参与者提供巨灾债券发行后二次入场或调整风险转移配比的机会。巨灾债券到期时，特殊目的机构（SPV）从资产托管人处收回托管资金及其利息，并根据巨灾债券约定的触发条件是否触发，按照约定向发起人支付类似于保险摊回的赔付资金，向到期时仍持有巨灾债券的投资者兑付巨灾债券面值资金。

（二）特殊目的机构（SPV）

SPV是为实现特定目的，根据现行法律法规的规定，采取适合该特定目的的形式而设立的企业特殊目的机构，其在巨灾债券交易中地位十分重要，同时扮演分保人（Ceding Insurer）的再保险人和巨灾债券实际发行人两种角色。一方面从投资者那里获取资金作为自己的资本，另一方面为发起人需要的保障提供再保险保障。通常，该等特殊目的机构（SPV）需要在注册地获得保险业务牌照，或者根据注册地法律免于申请保险业务牌照。

根据《中华人民共和国保险法》，在境内设立有保险业务牌照的保险公司必须经过筹建和开业两个阶段，至少需要一年左右的时间。而且根据《保险公司股权管理办法》第五条，两个以上的保险公司存在控制关系的，不得经营存在利益冲突或者竞争关系的同类保险业务。因此，按照当前我国的保险法律监管框架，由发起人在境内设立拥有保险业务牌照的特殊目的机构并不可行。而根据《保险公司设立境外保险类机构管理办法》（2015年修订），中国保险公司在境外设立拥有保险业务牌照的保险公司需经中国保监会批准，并满足相应的条件，条件之一是拟设立境外保险类机构所在的国家或者地区金融监管制度完善，并与中国保险监管机构保持有效的监管合作关系，这对于中国保险公司在百慕大等离岸地设立特殊目标保险公司的前景蒙上阴影（梁涛，2014）。

如果不能在境内设立SPV，一个可行的办法就是向境外SPV机构进行分保。从国际实践来看，出于税务、资金成本和保险监管的考虑，特定目的机构（SPV）通常设立于百慕大、开曼群岛、维京群岛等离岸注册地（表6），这是因为这些地区监管环境相对宽松，可在较短时间内为旨在发行巨灾债券的特定目的公司颁发“特定目的”牌照。如在百慕大设立SPV公司最低只需1美元

表6　截至2020年7月27日SPV全球主要注册地

	百慕大	开曼群岛	中国香港	冰岛	新加坡	英国
巨灾债券数量（2013—2017年）	>150个	约28个	尚未运作	约12个	8个	4个
监管批准时间	1～2周	1～2周	NA	6～8周	2周内	6～8周
最低资本要求	1美元	500美元	NA	2欧元	2万新元	1英镑

资料来源：GC Security数据库。

资本，通常能在1～2周内获得牌照，而在一般的在岸司法管辖区域，例如美国加州或中国大陆，必须在获得相关保险牌照之后方可签署协议提供再保险服务，并且申请保险牌照的要求严苛、程序冗长。

根据GC Security的研究，近年来新加坡巨灾债券交易量上升势头较大，因此，上海农业巨灾保险债券可选择新加坡的再保险公司或SPV机构，同时，中国香港也有可能成为新的选择。这是因为根据2019年11月21日签署的《〈内地与香港关于建立更紧密经贸关系的安排〉服务贸易协议》的修订协议（以下简称《修订协议》），内地保险公司2020年在港可发行巨灾债券。2020年9月4日，香港保险业监管局就《保险业（特定目的业务）规则》，展开为期六周的公众咨询。这个规则主要是为了配合预计在2021年实施的新监管制度。根据新监管制度，保险连接证券可以在香港发行。当然，上海本土的上海保险交易所作为一个专业的保险风险交易场所，也为上海巨灾债券的发现和交易提供了可能，但现阶段尚不具备条件，需要待后期规划的四大交易平台（保险、再保险、保险资产以及保险衍生品）上线运营之后才具有可行性。

（三）触发机制

触发机制是判定巨灾债券约定的触发条件是否触发，决定SPV是否应该向发起人或投资人支付保险赔付或兑付巨灾债券投资的根本依据，是巨灾债券设计的关键环节之一。巨灾债券的触发机制分为三大类：一是实际损失触发机制，以发起人的企业账面损失为启赔依据，当发起人实际损失超过一定程度后触发巨灾债券的支付；二是指数触发机制，即把与损失相关的参数经过特定的技术手段处理后得到的以指数损失为基础的触发机制；三是混合触发机制，即触发机制同时涉及发起人的实际损失和某种事先约定的指数，如对同一巨灾风险引入多种触发机制、对一个债券保障的多个风险采取不同的触发机制。

瑞士再保险对巨灾债券不同触发机制的优缺点进行了归纳和总结，如表7所示。总体而言，以实际损失为触发机制对发行人而言具有基差风险小的优点，但缺点是透明度低、投资人通常会要求较高票息率作为补偿、评级机构评级不高、获赔时间长、容易产生纠纷等缺点。相比而言，指数触发机制具有实施简单、发行人不需要披露商业机密、赔付迅速、不存在道德风险等优点，近年来在巨灾债券市场获得了越来越多的应用。指数触发机制包括三小类：①行业损失指数，是指以整个保险行业的损失指数为触发条件，该机制的优点是比发起人实际损失触发机制透明，但基差风险加大；②灾害参数指数，是以灾害的物理参数（如地震的震级）为触发条件，该机制相比行业损失指数，对投资人而言更为透明，而且事后处理时间大幅缩短，但会使发起人（保险人）暴露在巨大的基层风险下；③模型损失指数，根据巨灾事件和发起人的历史样本数据建立巨灾模型，巨灾发生后，相关灾害的物理参数代入模型中，以模型结果为触发条件。这类触发机制已被广泛用于巨灾债券交易中，该触发机制既有指数触发公开透明的优点，又考虑到了发行人的实际损失，降低了基层风险，但是该触发机制中巨灾模型的公开透明性、科学性是否重要，需要得到投资人的认可。因此，建议上海农业保险巨灾债券采用指数触发机制，同时指数的计算要尽量简单透明，以增强投资者的信任。本报告利用上海市农业保险中的两种主要气象灾害因子——风和雨构建的上海市农业巨灾指数作为巨灾债券触发依据。

表 7　不同触发机制对发起人和投资人的优缺点

从发行人角度		
触发机制	优点	缺点
实际损失触发（损失补偿型）	基差风险小	需披露大量信息；成本高；评级复杂繁琐；获赔时间长；易发生理赔争议纠纷；有长尾风险
指数触发		
——行业损失指数	执行程序简单、较多投资人有兴趣、不许披露机密信息、赔付快速	有基差风险；获赔时间较长；需随业界资产组合变化而调整
——灾害参数指数		有基差风险
——模型损失指数		基差风险（比其他指标少）；投资者对模型科学性透明性要求高
从投资人角度		
实际损失触发（损失补偿型）	不具有优势	存在道德风险及逆选择；需较长时间进行理赔损失计算和核实；易发生理赔争议纠纷
指数触发		
——行业损失指数	没有道德风险、流通性较差、透明性好	需较长时间进行产业损失计算，影响次级市场交易效率
——灾害参数指数		没有特别的缺点
——模型损失指数		模型分析是一个“黑箱”作业

资料来源：Swiss Re，转引自（蔡军华，2018）。

（四）发行期限

巨灾债券发行期限和票面利率的关系反映了发起人、投资人的偏好选择。目前市场上已经发行的巨灾债券期限从 1 年到 10 年不等，3 年期债券最多，其次为1年期短期债券。在1997—2006年全球发行的91只巨灾债券中，3年期债券38个，占比近42%，1年期债券23个，占比25%（表8）。发行人不选择发行和投资长期巨灾债券的原因在于，巨灾风险具有较强的重尾性特征，发起人不倾向于在承担较高发行利率的条件下锁定未来多个期限的债券价格和风险，且期限较长的巨灾债券越不利于投资人风险预测、估值和投资组合管理，市场接受程度越差。当然，如果债券期限过短，则发起人需要频繁发行，每次发行需要承担相对较高的发行费用并面临市场波动引致的重新定价风险，从发行人角度来看也不是最优选择，但对投资人来讲最为有利。

表8　1997—2006年全球巨灾债券的发行期限

年份	1年期	2年期	3年期	4年期	5年期	10年期
1997	2	1	1	0	0	1
1998	7	0	0	0	1	0
1999	5	0	3	0	2	0
2000	3	1	4	0	1	0
2001	2	1	3	1	0	0
2002	0	1	4	2	0	0
2003	0	1	3	1	2	0
2004	1	2	1	1	2	0
2005	1	2	7	0	1	0
2006	2	4	12	1	1	0
总计	23	13	38	6	10	1

资料来源：Waves R（2007）。

但是巨灾债券发行期限的确定并不能仅根据债券所承担的风险来确定，还要考虑市场的接受程度、发行复杂度和发行成本。实际上，对于保险人来说尤其是对于投资人所不熟悉的来自新兴市场保险人来说，资本市场、评级机构对其新兴市场风险情况不够了解，必然会要求对其发行的巨灾债券索取更多的安全边际，尤其是对于发行期限更长的巨灾债券来说更是如此，最终造成保险人发行巨灾债券的成本高于传统再保险。综上，考虑到中国保险机构发行巨灾债券的实践太少，国际资本市场和相关机构对中国保险市场的风险情况不够了解，更缺乏对农业生产风险情况的了解和认识，发行期较长可能会加大国际资本市场的顾虑，因此，我们建议上海市农业巨灾保险债券的发行期间先设定为1年，这样一方面可以增加国际资本市场投资主体的信心，另一方面也有利于降低我国农业巨灾保险债券的试错成本，使我国可以快速积累农业巨灾债券发行的经验。

（五）发行规模

巨灾债券发行规模一般根据发起人的风险暴露程度进行确定。根据中国农业科学院和太安农业保险研究院发布的《中国农业保险保障研究报告2020》，上海市农业保险的保障水平已经达到了相当高的水平，农业保险（包括林业）、种植业保险和畜牧业保险提供的保额已占到上海农业总产值的81%、76%和68%，即上海市农业保险的风险敞口已经占到上海市农业总产值的七成以上。

由于上海市农业保险以种植业为主（根据安信农业保险公司提供的数据，2019年种植业保险保费占比在66%左右），且畜牧业受自然灾害影响相对较小，因此，本报告后续对上海市农业巨灾保险债券发行规模的测算以种植业为主进行匡算。近三年上海市种植业总产值为147亿元，2018年为150亿元，假定未来上海市种植业总产值保持在2018年水平，上海市种植业保险保费收入保持2019年水平，结合第一部分对上海农业生产风险的评估情况，可知在80%保障水平的情况下，上海市农业巨灾保险的发行规模在1.44亿～18.36亿元（表9），具体取决于发行人的风险厌恶程度。一般情况下95%VaR已经十分安全，即发起人有95%的概率认为农业保险赔付不会超过10.37亿元，因此，建议上海市农业巨灾债券的发行规模可以选择在5亿元左右。结合后文对上海市巨灾债券的设计及其对冲效率的分析，我们认为3.5亿～7亿元的发行规模均较为理想，具体发行规模可根据发行人的风险态度、成本选择等因素综合考虑确定。

表9　上海市农业巨灾保险债券发行规模测算

	VaR 99	VaR 97.5	VaR 95	VaR 90
总产值（亿元）	150	150	150	150
损失率	19.85%	12.53%	8.64%	5.75%
可能的赔付（亿元）				
80%保障水平	23.82	15.04	10.37	6.9
75%保障水平	19.06	12.03	8.29	5.52
已收保费（亿元）	5.46	5.46	5.46	5.46
剩余风险敞口（亿元）				
80%保障水平	18.36	9.58	4.91	1.44
75%保障水平	13.60	6.57	2.83	0.06

四、上海农业巨灾保险债券产品定价及效果分析

（一）上海市农业巨灾保险债券产品

考虑到国内外资本市场对我国巨灾债券尤其是农业巨灾债券了解不多，我们认为上海市农业巨灾保险债券产品不宜过于复杂。为此，参照 Vedenov 等（2006）、李永等（2012）、展凯和刘苏珊（2019）的研究，我们采用二分树法对上海市农业巨灾保险债券进行设计，即：当债券到期年份的上海市农业巨灾风险指数低于事先设定的阈值时，巨灾事件未触发，投资人可以得到债券面值（由于债券发行价格低于面值，投资人按面值兑付是有盈利的）；反之，当农业巨灾风险指数超过阈值时，巨灾事件触发，此时投资人只能获得债券面值的一部分，而其余部分将支付给发起人作为灾害补偿。具体来说，每份债券给投资人的回报为

$$V_T=\begin{cases}\Delta F\text{，若 } Index>Threshold \\ F\text{，若 } Index\leqslant Threshold\end{cases} \tag{4}$$

其中 F 表示每份债券的面值，Δ 表示投资人获得的收益占债券面值的比例，$0\leqslant\Delta<1$，$1-\Delta$ 就是投资人本金损失的程度，在本报告中该系数取值为 0.5。通常触发补偿的阈值 *Threshold* 可以取气象指数的 90%、95% 和 99% 分位值，这也意味着上海市农业巨灾债券相应的触发概率为 10%、5%和 1%。

需要说明的是，由于发行上海市农业巨灾保险债券的目的是为了对冲发生概率低、但损失程度大的巨灾风险，因此该债券设计中触发阈值不宜过低。上海市农业巨灾风险指数 90%、95%和 99%分位数对应的 *Index* 分别是 0.041、0.072 和 0.148，按照近三年上海市农作物保险实际费率 5%左右的水平粗略测算，三种情境下上海市农业保险公司的简单赔付率约在 80%、150%和 300%，这表明本报告设计的上海市农业巨灾债券触发阈值尤其是前两个阈值水平对发行人（保险公司来讲）也具有较好的保障作用。

按照这样的债券产品设计，则每份债券给发起人的补偿为

$$F-V_T \tag{5}$$

（二）上海市农业巨灾保险债券定价

目前国内外关于巨灾债券定价的方法主要分为精算定价和资产定价两大类。前者包括 Kresp 模型、LFC 模型、Wang 转换模型、Christofides 模型、Wang 双因素模型等，主要是基于传统再保险精算理论来测度再保险定价中的风险附加，考虑了巨灾分布的重尾特征，存在缺乏对参数不确定性因素的考虑及难以实现巨灾概率分布变换等问题；后者包括无套利定价模型和均衡定价模型，将整个定价分为在不考虑巨灾风险的情况下建立利率结构模型和评估巨灾

风险发生概率两个部分，在实证中被广泛使用。

本报告采用均衡定价模型，但由于报告设计的债券发行期限为 1 年，为方便直观起见，借鉴 Vedenov 等（2006）的方式将利率结构模型进行简化，每份债券的价格为，

$$V=e^{-rT}E(V_T) \tag{6}$$

为了更好地体现三个基础天气指数（降水量指数、风速指数和风雨叠加指数）的尾部相依关系，本文采用 Copula 方法来刻画三者的联合分布，然后从这个联合分布中模拟抽样来计算价格。Copula 方法是近年来农业巨灾风险研究中的常用方法，例如展凯和刘苏珊（2019）、Goodwin 等（2015）和 Bokusheva（2018）。

1. Copula 模型介绍

Copula 函数是 Sklar（1959）第一次提出来的，近年来已成为度量相依风险的重要方法，受到广泛关注。Copula 函数可以用来描述联合概率分布，与基于联合分布函数的建模方法相比，Copula 模型更为灵活，它的一个很重要的作用是将多元随机变量的相依结构和边缘分布分离，这样就可以将相依关系和风险分解到不同的层次，然后分别研究。此外由 Copula 函数导出的相关性测度可以捕捉变量间非线性相关关系，因此与线性相关系数相比其适用范围更广、实用性更强。详见 Nelsen（2006）等。

因为本报告涉及的主要是三维随机变量，所以这里只介绍三维的 Copula 函数。下面给出 Copula 函数的定义。

设随机变量（X，Y，Z）的联合分布函数为 $F(x, y, z)$，那么 $F_1(x)=F(x,+\infty,+\infty)$，$F_2(y)=F(+\infty,y,+\infty)$，$F_3(z)=F(+\infty,+\infty,z)$ 分别是 X，Y，Z 的边缘分布，即由联合分布函数容易得到变量的边缘分布函数，在联合分布中除去边缘分布的信息后，就剩下相关结构的信息了。

定义：如果存在函数 C，使

$$F(x,y,z)=C[F_1(x),F_2(y),F_3(z)]$$

则称 C 是分布函数 F 的 Copula，有时也称 C 为随机向量（X，Y，Z）的 Copula。

以下是本报告中用到的相关结构函数，记为 $C(u, v, w; \delta)$，其中 δ 表示模型的相关参数，它描述了变量间的相关性。

（1）三元正态 Copula 函数：

$$C(u,v,w;R)=\Phi_3[\Phi^{-1}(u),\Phi^{-1}(v),\Phi^{-1}(w);R] \tag{7}$$

其中 $\boldsymbol{R}=\begin{pmatrix}1 & \rho_{12} & \rho_{13}\\ \rho_{12} & 1 & \rho_{23}\\ \rho_{13} & \rho_{23} & 1\end{pmatrix}$ 为相关系数矩阵。Φ 为标准正态分布函数，Φ^{-1} 是 Φ 的反函数，$\Phi_3(\cdot\,;R)$ 为三维 $N(0, R)$ 正态分布函数。

（2）Clayton Copula 函数：

$$C(u,v,w;\delta)=(u^{-\delta}+v^{-\delta}+w^{-\delta}-1)^{-\frac{1}{\delta}},\quad 0\leqslant\delta<+\infty \tag{8}$$

（3）Gumbel Copula 函数：

$$C(u,v,w;\delta)=\exp\{-[(-\log u)^{\delta}+(-\log v)^{\delta}+(-\log w)^{\delta}]^{\frac{1}{\delta}}\}$$
$$1\leqslant\delta<+\infty \tag{9}$$

（4）Frank Copula 函数：

$$C(u,v,w;\delta)=-\delta^{-1}\log\frac{(1-e^{-\delta})-(1-e^{-\delta u})(1-e^{-\delta v})(1-e^{-\delta w})}{1-e^{-\delta}}$$
$$\delta\in(-\infty,+\infty)\backslash\{0\} \tag{10}$$

（5）三元 t Copula 函数：

$$C(u,v,w;R)=T_{3,r}(T_{1,r}^{-1}(u),T_{1,r}^{-1}(v),T_{1,r}^{-1}(w);R)$$
$$0\leqslant u,v,w\leqslant 1,r>0 \tag{11}$$

其中 $T_{1,r}(\cdot)$ 为自由度为 r 的一维 t 分布函数，$T_{1,r}^{-1}$ 是 $T_{1,r}$ 的反函数，$T_{3,r}(\cdot;R)$ 为自由度为 r、相关系数矩阵为 $\boldsymbol{R}$ 的三维 t 分布函数，详见 Joe（2014）。

2. 天气指标的联合分布估计

本节将给出三个基础天气指数（降水量指数、风速指数和风雨叠加指数）的边缘分布和联合分布。边缘分布的选择方法是基于 ks 检验（Kolmogorov-Smirnov test）在五种参数分布中选 P 值最大的分布，这五种分布包括正态分布、对数正态分布、Weibull 分布、Gamma 分布和 Logistic 分布。联合分布是通过 Copula 函数来刻画，Copula 函数的选择方法是基于 R 软件中的“Copula”程序包中的 fitCopula 函数做数据拟合，在前面提到的五种 Copula 函数中选对数似然值最大的 Copula 函数。

经过数据分布拟合，降水量指数的最优拟合为 Logistic 分布，风速指数的最优拟合为 Weibull 分布，风雨叠加指数的最优拟合为 Logistic 分布。三者联合结构的最优拟合为 t Copula 函数，其参数和拟合结果见表 10。

表 10　各 Copula 函数的拟合结果

函数	参数	对数似然值
三元正态 Copula	$(\rho_{12},\rho_{13},\rho_{23})=(0.079, 0.82, 0.55)$	35.20
Clayton Copula	$\delta=0.61$	10.92
Gumbel Copula	$\delta=1.47$	7.64
Frank Copula	$\delta=3.00$	6.65
三元 t Copula	$(\rho_{12},\rho_{13},\rho_{23})=(0.11, 0.83, 0.56)$，$r=10.88$	36.20

3. 上海市农业保险巨灾债券的价格

下面通过模拟抽样来计算价格。具体来说，从参数为（ρ_{12}，ρ_{13}，ρ_{23}）=（0.11，0.83，0.56），r =10.88 的 t Copula 函数中模拟抽样 10 万次，然后计算出相应的气象指数，再将其带入定价公式（5），用样本均值作为期望赔付的近似值，得出不同情境下上海市农业巨灾保险债券的价格，如表 11 所示。可以看出，上海市农业巨灾保险债券的价格受巨灾债券触发概率、无风险利率高低和投资人本金损失程度三个因素影响。总体而言，触发概率越小，巨灾保险债券价格越高；无风险利率越高，债券价格越便宜；本金损失程度为 100%时的债券价格要远低于同等情况下本金损失程度为 50%的债券价格。当触发概率偏大为 10%且本金损失程度为 100%时，其价格区间为 86～90 元/份；而当触发概率适中为 5%且本金损失程度为 50%时，其价格区间为 93～97 元/份；而当触发概率偏小为 1%且本金损失程度为 50%时，其价格区间为 95～99 元/份。

表 11　不同利率、投资人本金损失程度和触发概率下巨灾保险债券的价格

巨灾债券触发概率	无风险利率	投资人本金损失 100%时每份债券价格（元）	投资人本金损失 50%时每份债券价格（元）
10%	0.01	89.10	94.05
10%	0.02	88.22	93.12
10%	0.04	86.47	91.27
5%	0.01	94.05	96.53
5%	0.02	93.12	95.57
5%	0.04	91.27	93.68
1%	0.01	98.01	98.51
1%	0.02	97.04	97.53
1%	0.04	95.12	95.60

注：每份债券面值为 100 元。

图 6 和图 7 展示了巨灾债券触发概率、无风险利率、投资人本金损失程度和债券价格之间的形象关系，可以看出巨灾保险债券的价格随利率、投资人本金损失程度和触发概率递减。

根据 Bloomberg 数据，巨灾保险债券的发行利率一般要显著高于普通公司债券利率，和基准利率的平均利差在 600 个基点附近，高于同评级普通浮息债券利率 400 个基点左右。票面利率主要集中于 4%～8%，占市场份额的 40.42%；其次为票面利率 2%～4%的债券，份额占比为 27.88%；票面利率

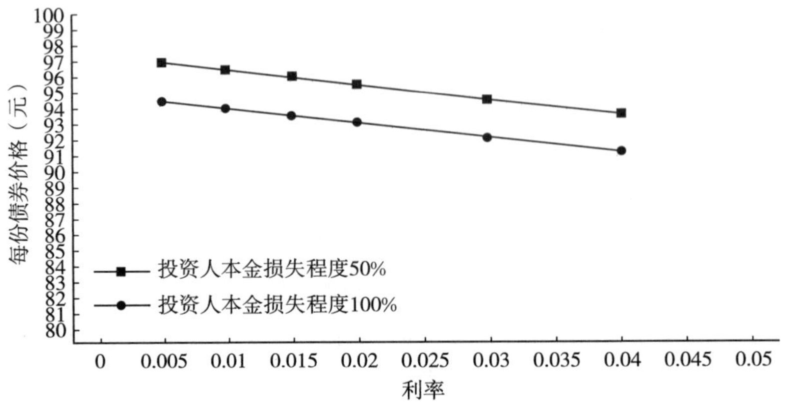

图 6　当触发概率为 5%时，巨灾保险债券价格随投资人本金损失程度的变化情况

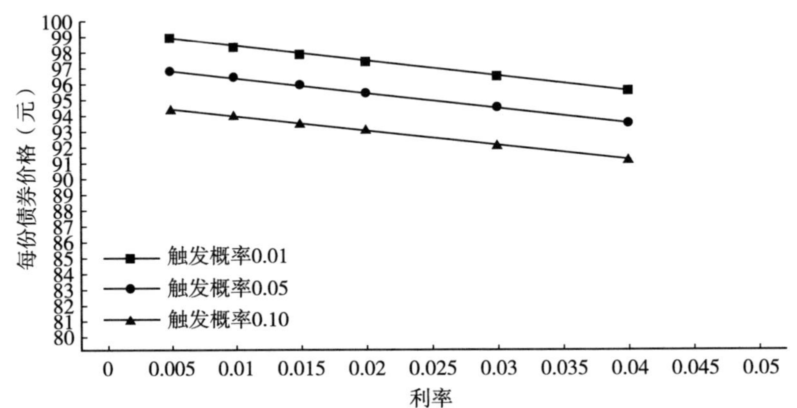

图 7　当投资人本金损失程度为 50%时，巨灾保险债券价格随触发概率的变化情况

高于 8%的债券份额占比为 21.09%（王凯，聂晓曦，2020）。GC Security 2020 年的报告也显示，2020 年 3 月 2 日—2020 年 7 月 23 日在全球市场交易的巨灾债券价格多数在 97～98.5 元。综上，我们认为，上海市农业巨灾再保险债券选择触发概率 5%、本金损失程度为 50%的设置时，其对应的价格区间为 93.68～96.53 元，这一价格水平可以为市场所接受。

（三）上海市农业巨灾保险债券的对冲效率

本部分将对巨灾保险债券进行基差风险和对冲效率分析，以检验和验证该巨灾保险债券产品的效果。

1. 基差风险分析

用指数作为巨灾保险债券的触发依据具有透明性高、客观方便的优点，但指数类触发机制有一个固有的缺陷是：存在基差风险，即：保险人发生了赔付，但指数没有触发，或者指数触发但保险人没有发生赔付。尽管本报告中设计的上海市农业巨灾风险指数和上海市农业损失高度相关（相关系数在0.86以上），但仍然可能会出现农业保险公司发生了巨大赔付，但巨灾保险债券却没有触发补偿的情况。

为此，我们采用文献中常用发生重大损失的情况下，气象指数却没有触发补偿的概率来作为基差风险的度量，该测度越大说明基差风险越大（Ross和Williams，2010；Blanchet等，2017）。该测度的具体定义是：假设X为农业保险公司产生的赔付，$VaR_p(X)$为赔付概率为p时对应的在险价值，即$P[X>VaR_p(X)]=p$。假设$Index$为气象指数，$VaR_p(Index)$为触发概率为p时对应的气象指数值，即$P[Index>VaR_p(Index)]=p$。基差风险可以表示为

$$BP=P[Index<VaR_p(Index)\mid X>VaR_p(X)] \qquad (12)$$

例如$p=0.05$时，这个基差风险测度可以解释为：保险公司发生了二十年一遇的灾害，而巨灾保险债券却没有发生补偿的概率。

利用29年的上海农业受灾损失数据和农业巨灾风险指数数据得到图8，由此可以看到当巨灾保险债券的触发概率小于0.07时，该巨灾债券的基差风险趋近于0，也就是说保险公司发生了14年一遇或更大的灾害时，本报告的巨灾保险债券一定会给保险公司补偿。这说明我们将上海市农业巨灾保险债券触发值设定为95%分位数具有合理性，在这一阈值水平下巨灾债券的基差风险很小，表明设计比较合理。

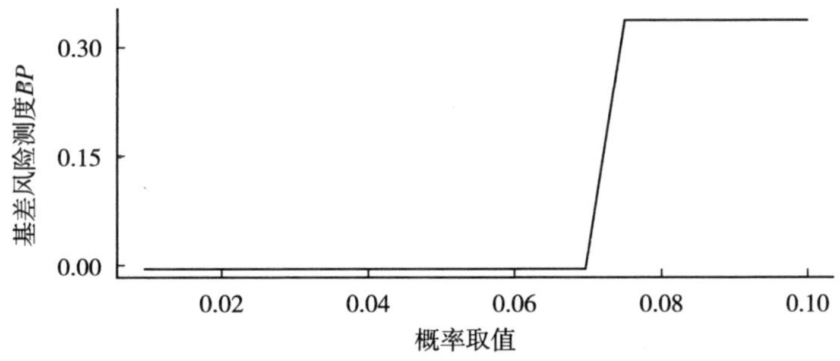

图8 巨灾保险债券的基差风险测度随触发概率的变化情况

2. 对冲效率分析

保险人发行巨灾债券的目的在于转移和分散其面对的巨灾风险，因此，发行巨灾债券后，保险人承保风险的降低程度是衡量巨灾债券效果的重要标准。金融界常用方差和在险价值（Value at Risk）来测度风险。为此，本节基于在险价值和方差测度对上海市农业巨灾保险债券的对冲效率进行分析。

（1）对冲效率的测度。Vendenov 等（2006）采用了基于方差的对冲效率分析，即考虑其损失率的波动减少程度。Gatzert 和 Ralf（2011）提出了基于在险价值的对冲效率测度，即保险公司尾部损失（在险价值）的压缩比例，也可解释为风险资本的压缩比例。本报告将分别采用这两种测度进行分析。

下面给出对冲效率测度的步骤和模型。

步骤一，假设 LR 表示农险公司的赔付率，即 $LR=\frac{X}{P}$，其中表示农险公司的赔付金额，P 表示农险公司的总保费。

步骤二，根据前面定价部分的分析，期末保险人从每份债券得到的净收益可以表示为 $Y=F(e^{rT}V-V_T)$。其中 F 为债券的面值。

步骤三，假设保险人发行的债券总金额 M 为总保费的一个比例，即 $M=\alpha P$，其中 α 为总保费的一个比例，称为规模系数（Scale factor），于是总共将发行面值为 F 的债券份数为 $N=\frac{M}{F}$。

步骤四，根据第二步和第三步，则期末保险人的总支出为 $B=X-NY+C$，其中 C 为发行债券的成本。

步骤五，发行债券之后保险人的赔付率 LR_{CAT} 为

$$\begin{aligned}LR_{CAT}&=\frac{B}{P}=\frac{X-NY+C}{P}=\frac{X}{P}-\frac{NY}{P}+\frac{C}{P}\\&=LR-\frac{\frac{M}{F}F\left[(1+\lambda)E(V_T)-V_T\right]}{P}+\frac{C}{P}\\&=LR-\frac{a\times P\times\left[(1+\lambda)E(V_T)-V_T\right]}{P}+\frac{C}{P}\\&=LR-a\times\left[(1+\lambda)E(V_T)-V_T\right]+\frac{C}{P}\end{aligned}\tag{13}$$

注意上式这个规模系数不影响巨灾保险债券的价格，但会影响对冲效率。

最后，根据 Gatzert 和 Ralf（2011）与 Vendenov 等（2006），可以定义基于在险价值和方差的对冲效率测度，即

$$\begin{aligned}HE_{VaR}&=1-\frac{VaR(LR_{CAT})}{VaR(LR)}\\HE_{Var}&=1-\frac{Var(LR_{CAT})}{Var(LR)}\end{aligned}\tag{14}$$

其中 VaR 表示在险价值（Value-at-risk），Var 表示方差。

为了方便阅读，将相关符号列于表 12。

表 12　巨灾债券对冲效率分析涉及的符合及其定义

农险公司的赔付率	LR	每份债券给投资者的回报	$V_r=F\ [1-\mathrm{Min}\ (Index,\ 100\%)]$
保费	P	每份债券的价格	$V=e^{-rT}E\ (V_T)$
赔付金额	$X=LR\times P$	期末保险人来自每份债券的净收益	$Y=F\ (e^{rT}V-V_T)$ $=F\ [\ (1+\lambda)\ E\ (V_T)\ -V_T]$
发行债券的总金额	$M=\alpha P$	期末保险人的总支出	$B=X-NY+C$
规模系数	α	发行债券的成本	C
发行债券的份数	$N=\frac{M}{F}$	基于方差的对冲效率	$HE_{Var}=1-\frac{Var\ (LR_{CAT})}{Var\ (LR)}$
发行债券的面值	F	基于 VaR 的对冲效率	$HE_{VaR}=1-\frac{VaR\ (LR_{CAT})}{VaR\ (LR)}$

（2）对冲效率的实证分析。基于以上理论模型，下面考虑对冲效率的实证分析。以上海市种植业产值为保额，以上海市作物受灾的损失率转换为农险公司的赔付金额，实证检验巨灾保险债券的对冲效果。具体的转换方式为：假设农险公司的保额等于上海市种植业产值，赔付金额为保额×损失率。根据《中国保险年鉴》可知 2008—2019 年上海市种植业保险的平均费率为 4.75%，统计数据显示上海市近三年的种植业产值在 150 亿左右，按此计算则上海市种植业保险的保费为 4.75%×150=7.13 亿（假定保障水平=100%）。基于以上假设和上海市的历史受灾损失率，进行如下的实证分析。

从图 9 可以看到，基于方差的对冲效率随发行债券的规模系数①递增，而基于在险价值的对冲效率不会一直增加。这是因为发行债券的规模达到一定程度，极端灾害带来的损失已经大幅减少，而债券对中等损失的补偿较少，继续增加发行规模，将不会再减少中等损失，因此对冲效率反而降低了。

从表 13 可以看到，如果无风险利率为 2%，则当巨灾债券的触发概率为 5%、投资人本金损失程度为 50%时，只要发行 3.56 亿元的巨灾保险债券，就可以将发行人（保险人）赔付率的方差减少 15.78%，且将风险资本的需求减少近 9%；进一步，发行 7.13 亿元的巨灾保险债券，可以将赔付率的方差减少 29.45%，且将风险资本的需求减少近 17%，而此时的债券价格为 95.57 元。

结合前面的价格和基于概率的基差分析可知，触发概率为 5%，投资人本

① 发现规模=7.13 亿元时，规模系数 α=1。

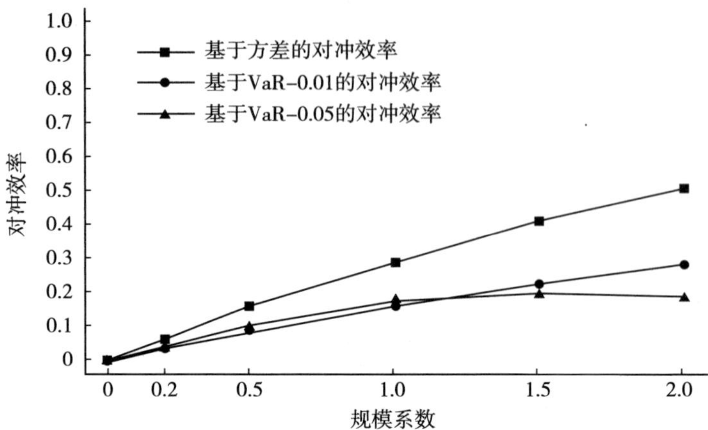

图 9　无风险利率为 0.02，触发概率为 0.05，投资人本金损失程度为 50%时，巨灾保险债券的对冲效率

金损失程度为 50%时，本报告设计的巨灾保险债券有一个能被市场接受的价格；巨灾基差风险较小，即如果保险公司发生了 14 年一遇或更为极端情况的灾害时，本报告的巨灾保险债券一定会给予保险公司补偿；对冲效率较高，即适度的发行规模下（3.56 亿～7.13 亿元），可以将赔付率的方差减少 15.78%～29.45%，且将风险资本的需求减少近 9%～17%。

表 13　无风险利率为 2%时，巨灾保险债券的价格和对冲效率

触发概率	投资人本金损失程度	规模系数	发行规模（亿元）	面值 100 元的债券价格	基于 VaR－0.05 的对冲效率	基于 VaR－0.01 的对冲效率	基于方差的对冲效率
0.05	100%	0	0.00	93.12	0.00%	0.00%	0.00%
0.05	100%	0.2	1.43	93.12	8.00%	7.18%	12.79%
0.05	100%	0.5	3.56	93.12	17.36%	16.01%	29.45%
0.05	100%	1	7.13	93.12	18.34%	28.67%	50.47%
0.05	100%	1.5	10.69	93.12	16.52%	41.33%	63.06%
0.05	100%	2	14.25	93.12	18.68%	52.47%	67.23%
0.05	50.00%	0	0.00	95.57	0.00%	0.00%	0.00%
0.05	50.00%	0.2	1.43	95.57	4.00%	3.59%	6.56%
0.05	50.00%	0.5	3.56	95.57	10.01%	8.97%	15.78%
0.05	50.00%	1	7.13	95.57	17.36%	16.01%	29.45%
0.05	50.00%	1.5	10.69	95.57	19.25%	22.34%	41.01%
0.05	50.00%	2	14.25	95.57	18.34%	28.67%	50.47%

（续）

触发概率	投资人本金损失程度	规模系数	发行规模（亿元）	面值100元的债券价格	基于VaR－0.05的对冲效率	基于VaR－0.01的对冲效率	基于方差的对冲效率
0.01	100%	0	0.00	97.04	0.00%	0.00%	0.00%
0.01	100%	0.2	1.43	97.04	－0.15%	5.36%	9.26%
0.01	100%	0.5	3.56	97.04	－0.36%	13.41%	21.85%
0.01	100%	1	7.13	97.04	－0.73%	26.82%	39.33%
0.01	100%	1.5	10.69	97.04	－1.09%	40.24%	52.43%
0.01	100%	2	14.25	97.04	15.06%	45.89%	61.17%
0.01	50.00%	0	0.00	97.53	0.00%	0.00%	0.00%
0.01	50.00%	0.2	1.43	97.53	－0.07%	2.68%	4.72%
0.01	50.00%	0.5	3.56	97.53	－0.18%	6.71%	11.47%
0.01	50.00%	1	7.13	97.53	－0.36%	13.41%	21.85%
0.01	50.00%	1.5	10.69	97.53	－0.55%	20.12%	31.13%
0.01	50.00%	2	14.25	97.53	－0.73%	26.82%	39.33%

五、结论及建议

针对农业生产风险巨大、极端风险高发，农业巨灾风险分散体系不健全，急需新型风险分散机制的现实需求，响应近年来党中央国务院强调完善应对风险的金融支持体系、鼓励各地探索巨灾风险应对有效模式的新要求，课题组研究探讨了利用巨灾债券来防范和化解上海市农业巨灾风险的可能性，不仅在理论上阐述了农业巨灾债券的优势以及上海市农业巨灾债券的运作机制、交易结构、触发机制、发行规模和发行期限等关键问题，而且还在上海市农业巨灾风险评估的基础上，研究开发了相应的巨灾债券产品，对该产品进行了定价，并对其运营效果和对冲效率进行了检验。课题组经过研究，得到如下主要结论：

（1）巨灾债券是目前全球应用最为广泛最为成熟的保险连接债券，具有基差风险小、无信用风险、可增强巨灾风险承保能力等优点。考虑到农业是一个典型的高风险行业，但传统巨灾保险供给不足的情况，在我国适时发行农业巨灾保险债券十分必要。

（2）上海市农业以种植业为主，种植业产值占到上海市农业总产值的50%以上，水稻和蔬菜是上海市最主要的种植业品种。上海市种植业生产主要受到气象灾害的影响，主要风险因子是大风和暴雨，其中暴雨影响更大一些。基于风和雨构建的气象指数可以对上海市农业灾害损失进行较好的拟合和估计，拟合优度在 0.86 以上。

（3）从平均值来看，上海市农业面临的风险并不大，近三十年农作物因灾损失率平均为 3%，损失期望仅为 1.4%。但是上海市农作物生产风险服从广义极值分布，具有明显的长尾特征，巨灾风险较大，20 年一遇和 40 年一遇灾害事件造成的作物灾害损失分别为 8.64%和 12.53%，百年一遇灾害事件造成的作物损失接近 20%。

（4）鉴于我国发行巨灾债券的经验太少，境内外投资人对我国农业生产风险或保险市场了解不够，建议上海市农业巨灾保险债券采用经典的"发起人＋特殊目的机构（SPV）＋资产托管人＋投资人"的核心交易结构，以气象指数（上海市农业巨灾风险指数）为债券触发依据，发行期暂定为 1 年。

（5）现阶段，建议上海市农业巨灾保险债券选择在境外发行，在 SPV 注册地的选择上，短期内仍建议百慕大和开曼群岛，中期内可考虑新加坡和中国香港，长期看，待上海市保险交易所保险衍生品交易平台上线后，可考虑在上海注册发行。

（6）上海市农业巨灾保险债券发行规模可在 3.5 亿～7 亿元进行选择，这一规模有 95%的概率可保证发行人（上海安信保险公司）的资金安全和偿付能力，可将赔付率的方差减少 15.78%～29.45%，将风险资本的需求减少近 9%～17%。对应的巨灾保险债券产品为超过气象指数一定水平（如 VaR95）才触发，巨灾事件触发后投资人会损失全部或一半本金。

（7）上海市农业巨灾保险债券的发行价格取决于巨灾债券触发点、无风险利率高低和投资人本金损失程度。触发概率越小，巨灾保险债券价格越高；无风险利率越高，债券价格越便宜；本金损失程度越大，债券价格越便宜。建议上海市农业巨灾风险债券设定为 5%的触发概率以及投资人本金损失 50%，在无风险利率为 2%的情况下，该债券的价格为 95.57 元（面值＝100 元），为一个市场可接受的价格。

综上，经过严谨的论证和测算，本研究从理论和技术层面论证了发行上海市农业巨灾保险债券的优势和可行性，设计合理的农业巨灾保险债券可以使投资者和发行人都获得满意的效果①。但是在实际工作中，将本研究成果落地还需要解决两方面的问题：一是上海市农业巨灾保险债券本身的发行、评级、宣传推广等工作方面的问题。相对来讲，比较容易解决。考虑到上海市农业保险

① 对发行人而言，有 95%的概率将上海市农业巨灾保险的赔付风险控制在可控范围，同时可使发行人的赔付率的方差减少 15.78%～29.45%，将风险资本的需求减少近 9%～17%；对投资人来讲，有较大的可能性（95%概率）可以获得 4.43%的投资回报，这一回报率尽管不算太高，但相比于目前债券市场 3%左右的收益率还是具有一定吸引力的。

以安信农业保险公司运作为主，建议将太平洋安信农业保险公司作为巨灾保险债券的发行人，利用其市场化操作的优势具体运作。二是在更为宏观的制度层面，解决好上海市农业巨灾保险债券和上海市目前已有的农业保险再保险、农业大灾风险基金等农业巨灾风险分散体系的相互关系和有效衔接问题。我们认为第二个问题更为重要，因为其在上海市农业大灾风险分散体系中的角色会直接关系上海市农业巨灾保险的承保风险以及巨灾保险债券的发行规模。建议上海市相关政府部门在更为广阔的视野上加强顶层设计，研究不同主体多种工具在上海市农业大灾风险分散机制和体系中的定位，鉴于巨灾保险债券化的优势，我们建议在未来上海市农业大灾风险分散体系的建设中要充分发挥和利用这一个金融工具。根据上海市农业保险再保险的操作实际，可以考虑将上海市政府承担的农业保险极端赔付对应的那部分风险作为上海市农业巨灾保险债券的作用重点。

区域产业风险篇

海南省海水养殖保险研究

王小平

（原中国保监会海南监管局局长）

摘要： 海洋是海南的主要特征和比较优势，但海洋资源大省和海洋经济小省很不相称一直以来是海南的痛点。保险是撬动海水养殖产业发展的关键点。本课题阐述保险的作用，介绍国内外海水养殖保险的成功经验，阐述海南海水养殖的重要意义，分析海南的自然环境和政策支持，海水养殖及保险现状、存在问题，进而就海南海水养殖保险进行研究，结合海南的实际情况提出建议和保险方案。

关键词： 海水养殖；保险

海南是陆地小省，也是海洋大省，面积约 200 万平方千米，占全国海洋面积的 2/3。海洋是海南的主要特征和比较优势，但海洋资源大省和海洋经济小省很不相称一直以来是海南的痛点。2020 年海南海洋生产总值 1 536 亿元，仅为广东 17 245 亿元的 8.9%。海南省单位海岸线海洋经济密度仅为 0.79 亿元/千米，相当于广东 4 亿元/千米的 19.8%。这是差距也是发展的潜力和机遇，靠海而生，向海而兴，后起直追应该是海南未来经济发展的主要抓手和有力支撑，也是海洋强省的重要举措。为此海南省委省政府在“十三五”海洋生产总值年均增长 8.85%的基础上，“十四五”规划到 2025 年全省海洋生产总值实现 3 000 亿元，年均增长 14.3%的目标。海洋渔业被列为百亿级产业集群，海南海洋渔业发展的重头是海水养殖，所占比例会逐年增大。保险是撬动海水养殖产业发展的关键点。

一、海水养殖保险的作用及国内外的成功经验

海水养殖保险是指以海水进行人工养殖水产品为承保标的物遭受自然灾害、意外事故等造成的损失，由保险机构按合同约定提供赔付的一种保险。海

水养殖保险具有农业保险属性，属于农业保险范畴，为养殖户提供风险保障，保护养殖户收益，在经济发展、风险管理、资金融通等方面发挥重要作用。

（一）助力海洋强国和乡村振兴等国家战略的实施

保险是金融的工具，是风险管理的重要手段。农业保险作为 WTO 规则允许和提倡的“绿箱”政策，是政府支持和保护农业的有力工具。海水养殖保险与传统的农业保险类似，同属准公共产品。保险公司给养殖户提供多样化的保险险种，有些险种还被列为国家和地方政策性险种，部分险种保费得到财政资金补贴。海水养殖保险能发挥商业保险和政策性保险的双重作用，引导绿色环保养殖，调整优化渔业产业结构，保障渔业安全，促进海洋渔业又好又快高质量发展。

（二）为海水养殖提供风险保障

海水养殖是世界公认的高风险行业，资金投入多，受自然灾害和环境影响大，管理和养殖技术要求高。保险是管理风险行之有效的手段。其一，保险机构研发多种保险险种，提供专业的风险分散方案，为养殖户筑起保护屏障。其二，出险后保险机构能根据合同约定，迅速给被保险人支付赔款，减少灾害损失，使之能尽快恢复生产。其三，政府利用保险这个市场手段，把政府救灾资金前置，将救灾资金和保险有机结合，使“灾后救助”“灾后救济”转化为“灾前防损”“灾前保险”。

（三）为养殖户融资创造有利条件

海水养殖需要大量资金集中投入，因抵押、担保等诸多原因，很多养殖户面临融资难、融资贵问题。在贷款方面，保险机构与银行小额信贷机构开展合作，把养殖户是否投保、保障程度大小作为贷款金额、期限、利率等审核的重要因素之一。结合保单抵押、贷款保证保险等方式，为养殖户获得贷款提供便捷通道。在设施租赁方面，保险机构和租赁公司、设备生产商合作，以租赁方式为养殖户提供养殖设施设备，使用后采用分期支付租赁费方式解决资金所需。

（四）日本、韩国及挪威经验

日本是世界上发展农业保险较早的国家，对水产养殖保险实行互助保险制度，在划分的区域内，超过 70%的养殖户有投保意愿时，所有养殖户都要参加投保。如果达不到这个比例，投不投保自行决定。政府制定财政支持政策，为养殖户提供平均 40%左右的保费补贴，对水产养殖保险经营机构提供运营经费补贴和再保险支持。这种做法调动了养殖户和保险机构的积极性，较好地促进了该国水产养殖业长期稳定发展。

韩国是水产养殖发展较快的国家，有着比较完备的渔业保险法律制度。养殖水产品灾害保险属于自愿保险，保险标的有养殖水产和养殖设施。保障范围主要有自然灾害和由自然灾害引发的养殖疾病、自然灾害对养殖设施的损失等。保险费率和保险额度由国家有关部门设定，由渔业灾害补偿保险审议机构审定。国家鼓励养殖户投保，财政给养殖户补贴一定比例保费，对保险经营机构提供费用补贴和税收优惠。

挪威是全球海洋经济发达的国家，海洋金融服务业十分完善。水产养殖保险发展历史悠久且运转高效，早在20世纪70年代初，以鲑鱼养殖为代表的水产养殖业刚刚兴起时，挪威保险公司就开始提供专业的水产养殖保险服务，包括条款的设置、费率的厘定到出险查勘、及时理赔等，并根据实际需要不断创新，提升服务水准，并与银行、证券公司、担保公司协同为养殖户提供相配套的一揽子金融支持。

（五）国内福建、广东及广西经验

福建自2012年开始陆续在沿海市县开展海水养殖保险试点，试点品种有牡蛎、紫菜、虾、网箱养鱼等。为了应对多发的台风影响，福建省各财险公司联合渔业互助协会，从2016年开始量身打造海水养殖台风指数保险。省级财政补贴20%，市、县级财政补贴10%～40%不等，养殖户自缴比例在40%～70%。2020年福建创新了海水养殖赤潮指数保险。

2019年广东省在全省进行政策性水产养殖保险试点，包括深水网箱、池塘（淡水鱼类）养殖和苗种等保险试点。省市县财政对参加政策性水产养殖保险的企业和个人实行保费财政补贴。省级财政补贴比例为50%，鼓励市、县两级财政根据自身财力，适当提高补贴比例，加大政策性水产养殖保险的补贴额度。试点要求承保机构把自得保费的3%，划入省专属账户建立大灾风险准备金，并按规定使用、管理，同时要求承保机构办理再保险，实现风险的分散、可控。

2015年7月，广西水产养殖政策性保险的第一单——大蚝（牡蛎）养殖保险正式落地，大蚝养殖风力指数保险是专门为大蚝养殖户量身定做的以风力指数作为承包理赔依据的创新型保险产品，保险费由财政补贴70%，养殖户自行承担30%，是当地水产养殖保险“破冰”之举。2021年广西对北海市、钦州市、防城港市开展金鲳鱼和对虾风力指数保险试点。保险保费由投保户负担40%，财政补贴60%。财政补贴中自治区财政承担30%，市财政承担30%，对县（县级市）自治区财政承担40%，县财政承担20%，鼓励有条件的财政部门、行业龙头为养殖户缴纳部分保险费，减轻养殖户负担。

二、海南海水养殖的重要意义和有利条件

（一）海南自由贸易港建设的需要

中共中央、国务院于2020年6月1日印发了《海南自由贸易港建设总体方案》（中发〔2020〕8号）。同年6月11日，中共海南省第七届委员会第八次全体会议审议通过《中共海南省委关于贯彻落实〈海南自由贸易港建设总体方案〉的决定》，决定明确指出，全面落实《海南自由贸易港建设总体方案》，贯彻新发展理念，推动高质量发展、建设现代化经济体系。海南自由贸易港建设是开放程度最高、最全面的国家战略，内容非常丰富，其中也包括海洋开发、热带特色农业服务等。

（二）海洋渔业供给侧结构性改革的主要抓手

当前海南省海洋渔业面临的主要问题是海洋过度捕捞、渔业资源严重衰退、海水养殖规模太小，与海洋大省不匹配；养殖方式粗放，装备智能化水平低，抗风浪能力差；产业结构不合理，供需矛盾突出；水产品品质不高，经济效益不佳等；资源综合利用程度低。《海南省人民政府关于促进现代渔业发展的意见》（琼府〔2016〕116号）（以下称116号文件）明确指出，海南积极深化渔业供给侧结构性改革，统筹协调推进养殖、增殖、捕捞、加工流通、休闲渔业三次产业融合发展，培育形成现代渔业发展新形式、新态势。发展海南海水养殖产业，是海洋渔业供给侧结构性改革的主要抓手。

（三）海洋生态环境保护的有力措施

116号文件中提出，海南渔业要坚持生态优先，绿色发展。强化生态环境的保护、治理和修复，提升渔业生态环境质量。有研究表明，畜牧养殖占全球二氧化碳总排放量的18%，专家呼吁为应付气候危机需减少肉类消费40%（美国世界资源研究报告，2019）。科学发展海水养殖产业是海洋生态环境保护的有力措施。利用养殖区域大的优势，建设现代海洋牧场，根据海洋实际情况合理规划布局海水养殖，在不同的海域养殖各类更适合生长的海产品，形成绿色主体养殖模式。

（四）人民日常生活不可或缺的“蓝色粮仓”

蓝色粮仓是以优良蛋白高效供给和拓展我国粮食安全的战略空间为目标，利用海洋和内陆水域环境与资源，通过创新驱动产业转型升级，培育农业发展

新动能，基于生态优先、陆海统筹、三产融合构建的具有国际竞争力的新型渔业生产体系。科学研究表明，海产品富含蛋白质和多种氨基酸、低脂肪、多种维生素和矿物质等，具有很多有益身心健康的功能作用。比如增强人体免疫力、有利于控制体重、调节血脂、降血压血糖、抑制肿瘤、健脑益智改善记忆、抗氧化抗衰老等。为满足人民群众日益增长的消费需求，海洋渔业产业需要大力发展。

（五）加快农业农村现代化，推进乡村振兴的需要

在海南省 19 个市县中，临海的市县有 12 个，从事与渔业有关的人员约 50 万人。他们是海南乡村振兴的重要组成部分，是乡村振兴的主力军。但当前渔民面临着控捕和环保的“双控”要求，处在发展转型的阵痛期。海南省“十四五”规划指出，要积极组织引导渔民“三走”。“往岸上走”，建立一批现代渔业产业园，渔民在产业园中参与“育繁推”产业链生产，提高养殖技术和技能；“往深海走”，推广抗风浪大型深海网箱养殖、移动养殖工船、深海养殖平台等高科技养殖装备模式；“往休闲渔业走”，国际旅游岛是海南的一张亮丽名片，也是海南经济的支柱产业之一，休闲渔业旅游是国际旅游岛的亮点。

（六）海南海洋自然环境为发展海水养殖产业提供有利条件

海南四面环海，陆地面积 3.54 万平方千米，海域面积约 200 万平方千米，海南是我国重要的海水产品养殖产区之一，具备海水养殖业发展的优良基础和巨大发展潜力，海域面积是陆地面积的近 60 倍，占全国海域总面积的 2/3。据检测统计，2019 年海南省所辖海域水质为优，一类水质海域面积占 99.9%。近海海域水质为优，优良水质海域面积比例为 98.4%。海南岛近海域海洋生物多样性情况向好。海南海洋渔场面积近 30 万平方千米，是养殖的天然绝好天地。海岸线长 1 944.15 千米，沿海有港湾 84 处，港口 18 处和渔港 43 处，多数是天然良港，比较均衡地遍布沿海各市县，为海水养殖提供良好的海上交通运输条件。

三、海南海水养殖现状、存在问题及建议

（一）海南海水养殖现状、存在问题

海洋产业是海南的支柱产业之一。2019 年全省海洋生产总值 1 717 亿元，占全省 GDP 的 32.34%，其中的三大主要优势产业滨海旅游业、海洋渔业、海洋交通运输业占主要海洋产业产值的比重分别是 47.65%、43.37%、

8.13%。海洋渔业是海洋产业的重要组成部分。

改革开放 40 多年来，海南渔业从小到大逐年发展壮大，其产值在农林牧渔的比例增长较快（表 1）。

表 1　1987—2019 年海南农林牧渔的产值结构

单位：%

产业＼年份	1978	1988	2000	2010	2016	2017	2018	2019
农业	35.5	39	46.5	41.5	47.2	47.5	47.5	48.5
林业	48.1	26.8	15.4	15.1	6.8	7.2	7.2	6.3
牧业	8.9	19.6	16.1	19.8	19.3	16.5	16.0	17.8
渔业	2.1	7.2	22	20.8	23.2	25.0	25.2	23.1

资料来源：海南统计年鉴。

在水产养殖面积方面，海水养殖面积逐年增加，但不及淡水养殖面积（图 1），而产量产值却远高于淡水养殖，经济效益明显。

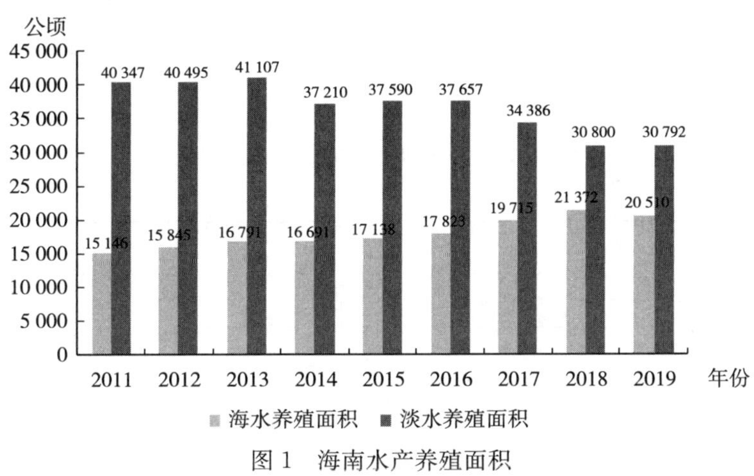

图 1　海南水产养殖面积

资料来源：海南统计年鉴。

2019 年，海南各类海水养殖的虾蟹类、鱼类、贝类、藻类等统计数据表明（图 2）。2019 年全国海产品产量 6 450 万吨，其中近海捕捞约 1 000 万吨，养殖 5 050 万吨，捕捞与养殖比例为 22∶78。海南省海产品产量 135.44 万吨，其中海洋捕捞产量 107.06 万吨，海水养殖产量 28.38 万吨，比例为 79∶21，与全国情况恰恰相反，如果海南也与全国的情况一样，也是二八比例的话，那海南的海水养殖潜力巨大。这也足以说明，海南的海洋渔业发展未来在养殖，养殖的未来在深远海。

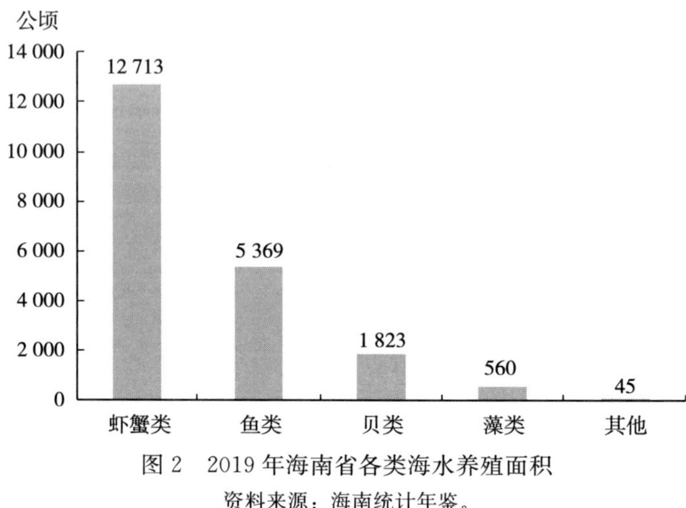

图2　2019年海南省各类海水养殖面积

资料来源：海南统计年鉴。

近年来，海南省水产品产量在175吨左右徘徊，从结构上看，以海水产品为主，占比均在75%以上，淡水产品呈弱势（表2）。在海水产品中又以海水捕捞为大，占80%左右，海水养殖显得弱小，而且产量波动较大、不稳定（表3）。

表2　2011—2019年海南省水产品产量

单位：吨、%

年份	水产品总产量	海水产品		淡水产品	
		产量	占比	产量	占比
2011	1 602 445	1 240 420	77	362 025	23
2012	1 684 641	1 353 555	80	331 086	20
2013	1 782 687	1 439 888	80	342 799	20
2014	1 771 457	1 445 941	81	325 515	19
2015	1 855 601	1 507 990	81	347 611	19
2016	1 921 289	1 560 284	81	361 005	19
2017	1 807 899	1 448 853	80	359 046	20
2018	1 758 188	1 378 071	78	380 117	22
2019	1 721 571	1 350 103	78	371 468	22

资料来源：海南统计年鉴。

表 3 2011—2019 年海南省海水产品产量

单位：吨、%

年份	海水产品	海水捕捞		海水养殖	
		产量	占比	产量	占比
2011	1 240 420	1 050 300	84	190 120	16
2012	1 353 555	1 123 028	82	230 527	18
2013	1 439 888	1 195 575	83	244 313	17
2014	1 445 941	1 212 134	83	233 808	17
2015	1 507 990	1 248 983	82	259 007	18
2016	1 560 284	1 280 582	82	279 702	18
2017	1 448 853	1 127 331	77	321 522	23
2018	1 378 071	1 083 880	78	294 191	22
2019	1 350 103	1 079 148	79	270 955	21

资料来源：海南统计年鉴。

（二）对海南海水养殖的建议

1. 统筹规划，合理布局

首先，依据已出台的《海南省海水养殖发展规划（2021—2035 年）》（以下称“规划”），明确发展目标，整体规划布局，确定主要任务，统筹科学实施，落实保障措施。其次，杜绝触碰破坏海洋资源生态和国家安全底线，避免各市县“画海为牢”、零打碎敲的现象发生。最后，由省有关部门归口组织实施和监督管理，其他部门协同配合，各市县政府组织实施，根据海洋渔业供给侧结构性改革要求和市场需求，有计划分步骤推进。

2. 政府重视，财政支持

海水养殖做大做强离不开政府的政策扶持，也离不开保险保障，保险可以助力海水养殖业高质量发展。我们在省内走访了临高县、三亚市、陵水县、文昌市等养殖企业和养殖户，他们坦言政府、保险支持与海水养殖发展呈正相关，有政府的支持、有保险保障他们才敢下本钱去“闯海”。建议省政府把海水养殖作为地方特色农业进行财政补贴，发挥“四两拨千斤”的作用，尽快实现“零的突破”。

3. 龙头企业带动，惠及千家万户

“农户＋合作社”“农户＋公司”是我国脱贫攻坚宝贵的成功经验。海南现在海水养殖绝大多数以渔民家庭为主，普遍存在经营规模小，集约化和专业化程度低，大多数养殖的产品单一，附加值不高，抵御风险的能力较差，转型升级难，基本处于低级发展阶段。要改变这种状况需要专业化水平高、资金实力雄厚、有创新和竞争力的企业来支持和带动千家万户的小养殖户，从种苗、饲料、技术、资金、储藏加工及运输销售等方面给予帮助扶持，通过合作社这种形式把微小分散、各自为营的养殖户组织起来，开展技术培训、技术交流和咨询服务，统一采购海产鱼苗，收购、加工、销售产品，解决融资难、养殖技术欠指导和销售难的问题。

4. 一二三产业融合发展

一产：优化海产品养殖品种结构。发挥海南管辖海域优势，提高海水养殖能力，突出具有海南特色的名牌优质产品，促进产业升级。二产：做强海产品加工产业。海产品加工朝着“高科技、高质量、高附加值、优品牌、广覆盖”的方向努力。三产：努力创立多个具有海南特色的各种海产品品牌，在线上线下拓宽销售渠道，提高海南海产品在国内外的竞争力。

5. 设立海南海水养殖发展基金

在海南自由贸易港建设投资基金项下，专门设立海水养殖发展子基金。制定具体的管理办法，按照“政府引导、市场运作、科学决策、防范风险”的要求进行管理和运作。把政府出资和募资有实力的企业资金、金融机构资金、其他投资基金等社会资本融合组成专项发展基金。基金以投资未上市企业股权的方式，重点支持国家发展战略中的海南海洋养殖企业，有较大发展潜力的企业，基础性带动性明显的中小企业，能成长为新的经济增长点的创新创业企业等。

四、海南海水养殖保险现状、存在问题及建议

（一）海水养殖保险发展历程

由于种种原因，我国 1958 年停办所有的保险业务，时隔 20 多年后，1979 年开始恢复。1982 年也开始恢复办理农业保险业务，随即开办了水产保险。根据联合国粮农组织的统计量显示，1982—1995 年，中国人民保险公司水产养殖保险全国共收取保费 112 万美元，赔付 220 万美元，赔付率 197%。由于对虾养殖大规模发病，1989—1995 年，养虾保险赔付率高达 1 440%，因此到 1996 年保险公司基本停止了水产养殖保险业务。海南情况与全国相似，20 世纪 90 年代海南人保公司也曾办理过海水高位池养虾保险业务，同样因为巨大赔付率而停办。

（二）海南海水养殖保险的现状

为了弥补海南省水产养殖险种的空白，2012 年 7 月，海南启动世界银行

技术援助项目——海南省水产养殖保险示范项目。示范产品包括池塘养殖罗非鱼保险、池塘养殖南美白对虾保险和深水网箱养殖金鲳鱼保险三个险种。项目由太保海南分公司与怡和立信保险经纪公司联合中标实施。任务是收集客观数据，积累实践经验，更加全面地验证项目最终成果的科学性和可操作性，给予全国和全省水产养殖保险的推行提供科学依据。

海南海水养殖保险业务中断近 20 年后，2015 年中国太平洋保险海南分公司在总结示范项目研究成果的基础上，对项目试点的产品和保险费率进行了完善。开始在临高县小范围试点，开办深水网箱养殖台风指数保险和池塘养殖南美白对虾保险。保费收入仅 2.04 万元和 3.36 万元，由于当年没出险，台风指数保险停办至今，南美白对虾保险除 2018 年未投保，已连续保了 5 年，共收保费 17.7 万元。2017 年在临高县开办了地方政策性深水网箱养殖金鲳鱼保险业务，承保临高海丰水产养殖发展有限公司，88 口周长 80 米网箱的深水网箱养殖金鲳鱼保险，总保费 110 万元，其中县财政补贴 80%，企业自缴 20%。自 2018 年起，连续承保 3 年，保费累计 613.08 万元（表 4）。

（三）海南海水养殖保险存在的问题

1. 海水养殖保险风险大

一是受自然条件、地理环境影响大。海南是台风多发省份，据统计，1951—1997 年，在海南省登录台风有 120 次，平均每年 2.6 次，影响本岛的台风有 349 次，平均每年 7.4 次。2014 年“威马逊”台风强度 18 级，是有记录以来我国最大的台风，台风造成海南直接损失 119.5 亿元，其中海洋与渔业直接损失超过 17 亿元，海水养殖受灾严重，一些养殖户一灾破产，一灾返贫。二是浅海水养殖的动植物病虫害多，且存在发现难、诊断难、治疗难等问题。2017 年临高县厚水湾海水出现小瓜虫病，对养殖户和保险公司造成严重损失，太保公司承保海丰水产养殖发展有限公司海水养殖保险，收取保费 110 万元，因灾害造成的损失 1 200 万元，获赔 906.15 万元。三是养殖人员的业务素质和技术水平整体偏低，缺乏管理经验，多数人凭原有的经验养殖作业，极少参加养殖业技术培训和有关知识教育。四是养殖户对保险普遍存在“逆选择”，道德风险较大。在投保阶段的一年中，养殖户上半年风平浪静不投保，下半年高温台风季节，虫害多，风灾多，争着投保。

2. 没有得到财政资金的支持，起步艰难

自 2014 年起，海南省政府每年出台的《农业保险实施方案》中，都提出给予水产养殖保险保费财政补贴，但是 7 年过去了，海水养殖保费的省级财政补贴一直没有落实到位，市县中也仅有临高县由于 2018 年深水网箱养殖金鲳鱼出险，得到太保海南分公司的保险赔付后，为了脱贫攻坚的需要，县政府每

表 4　2015—2020 年海南海水养殖保险一览表

单位：万元

险种	太保												人保			
	2015 年		2016 年		2017 年		2018 年		2019 年		2020 年		2017 年	2018 年	2019 年	2020 年
	承保	理赔	承保	理赔	承保	理赔	承保	理赔	承保	理赔	承保	理赔	承保			
风力指数保险	2.04	0	0	1.4	0	0	0	0	0	0	0	0				
虾养殖保险	3.36	12.63	7.08	8.7	3.44	6.51	0	0	2.18	0	1.64	0				
海水养殖保险	0	0	0	0	110	0	0	906.15	328.32	16.3	140	0				
网箱风灾指数保险													124.31	10.18		123.20
和乐蟹养殖保险															7.56	
合计	5.4	12.63	7.08	10.1	113.44	6.51	0	906.15	330.5	16.3	141.64	0	124.31	10.18	7.56	123.20

数据来源：太保海南分公司、人保海南分公司。

年拿出一定数量的财政资金给养殖企业80%的保费补贴，并附带扶贫任务，进行小规模的政策性保险试点至今。

3. 海水养殖是高成本、高风险、高赔付率、长周期、低风险抵御能力的行业

综合国际国内情况来看，和所有的农业保险一样，对于这样“三高一长一低”的行业进行保险，没有财政补贴这个“四两拨千斤”的作用，单纯靠商业保险根本扛不起风险压力。多年来，保险公司屡试屡败，屡保屡亏，难以开展，更难持续。因此保险公司和再保险公司缺乏积极性，这是制约海南海水养殖业发展的主要因素，这么多年海水养殖保险一直停滞在保险公司保不起赔不起，养殖户买不起不愿买的恶性循环中。

4. 海水养殖保险人才缺乏

海水养殖具有品种多、结构复杂、影响因素多、风险系数高、专业性强的特点。海水养殖保险对风险管理的保险人员要求高，既要掌握保险的专业知识和技能，又要熟知海水养殖有关的涉海知识技术，并能把两者相结合，运用在保险品种需求及研发、保险营销、风险管理、核保核赔等全方位的保险服务中。就当前而言，海南保险业这样的专业人才还是十分匮乏的。

5. 海水养殖保险规模小、覆盖率低，作用甚微

自2015年开办海水养殖保险业务以来，承保的公司只有人保和太保两家，保费收入共计863.31万元，业务量小到可以忽略不计。

（四）对海南海水养殖保险的思路

1. 开展海南海水养殖保险项目试点

保险分轻重缓急，先易后难。在承保对象方面，优先考虑国家发展战略支持产业和重点项目，如智能化设施养殖、深远海网箱养鱼、立体混养等；支持养殖基础较好，技术、设备、管理较成熟的企业；支持建档立卡贫困养殖户等。随着产业的不断发展壮大，保险对象也随之增加，覆盖面也会逐渐扩大。在保险险种方面，养殖保险责任范围主要集中在风力指数和天气指数、海产品病虫害、自然灾害等，财产保险责任范围主要集中在养殖设施、运输工具和遥控设备、海产品食品安全、从事养殖作业人员意外伤害、健康保险、人寿保险、年金保险等。

2. 政银证保通力合作

要做大做强一个产品，单靠保险业一己之力不行，对高投入、高风险、高风险、高成本、长周期的海水养殖业更需要政府、银行、证券、保险等机构的支持和帮助。在各级政府抓好渔业保险保费补贴政策落实的基础上，保险机构加大承保力度，在扩面、增品、提标上下工夫，提高保险保障程度和覆盖率。

金融机构对已投保的养殖企业和养殖户在资金融通手续上要更加便捷，利率更加优惠，期限适当放宽，使之可持续发展。证券机构对发展潜力大、管理规范、信誉良好的企业要积极培育上市。对好的海产品推行“保险＋期货”试点，规避市场价格风险。

3. 计提海水养殖保险大灾风险准备金

海南海水养殖保险的情况是有灾赔付，大灾大亏，保险公司难以承受，无灾不赔养殖户觉得买保险不值。为了应对这种“看天吃饭”的博弈情况，较好地控制风险，可按照海水养殖保险保费收入和超额承保利润的一定比例计提大灾准备金，专门用于弥补海水养殖大灾损失。准备金实行专户管理、独立核算、逐年滚存、长期使用。省银保监局、财政厅、农业农村厅等各有关部门，各司其职加强监管。

4. 办理再保险

保险公司承保的每一笔养殖保险都要认真核算，充分考虑风险因素，确定自留一定量的自保保费，其他保费在国内外再保险市场上积极寻求分保，以达到分散和控制风险的目的，使海水养殖业做强做大，使海水养殖保险又快又好发展。

（五）海南海水养殖保险方案

海南海水养殖的方式多样化，有网箱、池塘、工厂化、筏式、底插、工船等，传统和高科技并存。移动工船和防风浪网箱等新型智能养殖方式正朝着专业化、规模化、产业化方向发展。不同的养殖方式需要相应的保险保障，“应保尽保”是保险业努力的方向。

1. 网箱养殖（包括近岸海湾网箱、近海深水网箱和深远海网箱）

网箱养殖以鱼类为主，风险集中在自然灾害和病害等。对网箱养殖提供的保险主要有：气象指数保险（台风指数、赤潮指数等）、价格指数保险、区域产量保险、疾病疫病保险、环境污染责任保险等。此外还可对养殖设施设备、装置和运输工具等提供保险。

2. 池塘养殖（包括高位池和低位池）

池塘养殖主要品种有：鱼、虾、蟹、藻类等。风险主要是自然灾害和病害等。提供的保险包括因风灾、暴雨、雷击、洪灾、涝灾造成养殖设备无法运行导致养殖物死亡，溃塘或海水倒灌导致养殖物逃逸，盐度不达养殖要求，疾病、疫病保险，区域产量保险，气象指数保险，价格指数保险等。

3. 工厂化养殖（包括工厂化培育种苗）

工厂化养殖主要养殖鱼类和贝类，培育鱼、虾、贝类等种苗。影响的因素有风灾、暴雨、洪水、雷击、温度等自然灾害，病害、火灾、爆炸等突发事件等。保险险种有：气象指数保险（气温指数）、灾害和突发事件导致养殖物死亡、疾病、疫病保险、对养殖设施设备保险、区域产量保险、价格指数保险等。

4. 筏式养殖（包括吊笼养殖、延绳式养殖、棚架式养殖等）

筏式养殖主要养殖贝类和藻类。风险主要是风浪灾害。保险有气象指数保险（风灾指数、浪高指数）、养殖设施设备保险、区域产量保险、价格指数保险等。

5. 底插养殖（包括滩涂和浅海底底插养殖）

底插养殖的品种有鱼类、虾蟹类、贝类、藻类和其他类（如沙虫、海胆、海参等）。主要风险是自然灾害、环境污染、敌害生物等。提供的保险有：气象指数保险（台风指数、气象指数）、风暴潮保险、赤潮保险、疾病疫病保险、环保责任保险、区域产量保险、价格指数保险等。

6. 工船养殖

工船是深远海抗风浪智能化可移动现代海洋养殖装备。工船兼具船舶和网箱优点，可实现在深海中海上工厂化、智能化养殖。工船养殖以养殖经济型鱼类为主。面临的风险是自然灾害、油污、病害、设备设施老化等。提供的保险包括：气象指数保险（台风指数）、赤潮保险、环保责任保险、疾病疫病保险、区域产量保险、价格指数保险等。重点是养殖工船设施设备保险。

（六）创新保险险种

1. 区域产量保险

在20世纪区域产量保险在国外就广泛地应用在种植业领域。近几年我国在粮食和经济作物上也进行过小范围试点。这个保险的优点：一是防范道德风险，二是消除逆选择问题，三是减少养殖户保险费，四是降低保险机构管理费，五是提高在国内外再保险市场上的份额。海南可探讨把这个陆地种植业成功的保险引到海水养殖这个领域。根据所辖海域的风险特点、不同养殖品种的平均产量和损失率，划分不同等级的风险区域，设计出较为合理的保险条款和费率。

2. 收入保险

收入保险是美国最主要的农险产品，涵盖生产风险和价格风险，已成为美国联邦保险计划的主要作物保险产品类型，并有一套较为完整的农业保险体系和风险分散机制。收入保险可以有效降低产量风险、价格风险以及产量和价格复合风险。一般通过保障作物实际产量与市场价格波动，补偿产量与作物价格下降带来的损失。产量部分通常是基于当地有代表性的历史产量，多由近五到十年连续产量的平均值计算得到；价格部分通常是依赖于成熟的价格发现机制，如期货市场来确定。

3. 气象指数保险

2014 年，《国务院关于加快发展现代保险服务业的若干意见》要求探索气象指数保险等新型产品和服务。相比传统的农业保险，气象指数保险拥有抑制逆向选择、降低道德风险、保险成本低、保障范围广、透明度高、赔付简单等优势。在国际上，印度曾开展过干旱指数保险，保险标的最早为花生、蓖麻等经济作物，后来推广到小麦和其他粮食作物。国家为推行气象指数保险计划的地区提供保费补贴。印度中央财政最高补贴比例为 50％，农户自缴比例低于 10％。在国内，2021 年广西开展了深海网箱金鲳鱼风力指数保险和对虾风力指数保险试点。

4. 价格指数保险

这种产品创新模式最早起源于 21 世纪初美国推出生猪价格指数保险。这是对农业生产经营者因市场价格大幅波动、农产品价格低于目标价格造成的损失给予经济赔偿的一种保险产品。价格指数保险有助于促进农业生产、稳定农产品市场价格、保障农民和市民利益。该产品的创新点：一是将农产品生产的市场风险纳入农业保险保障范畴，拓宽了保险服务领域，促进了农业生产和农产品市场价格基本稳定，保障了农民利益，对农业生产自然风险保障形成了有益补充；二是通过探索推广农产品价格指数保险，可以逐步向收入保险过渡，有助于实现农业保险从保成本向保收入转变。近些年海南也相继开展了天然橡胶“保险＋期货”、生猪“农业保险＋信贷”项目。面对大市场、大流通的格局，养殖户增产不增收的矛盾日益突出，因此，开展相关水产品价格指数保险试点势在必行。

东北黑土地农田保护与可持续利用的经营保险机制研究

李保国

（中国农业大学土地科学与技术学院教授）

一、国内黑土地保护及农业保险政策

（一）黑土地保护政策

2018年1月，农业农村部印发《东北黑土地保护规划纲要（2017—2030年）》，明确要求开展保护性耕作技术创新与集成示范，推广少免耕、秸秆覆盖、深松等技术；2018年7月，《吉林省黑土地保护条例》正式施行，首次以立法的形式推进黑土地保护工作；2018年10月，吉林省农委、省财政厅印发《关于加快推广秸秆覆盖还田保护性耕作技术，推进耕地质量耕作生态耕作效益“绿色增长”的实施意见》，对秸秆覆盖还田予以补贴，加快了保护性耕作的推广；2020年3月，农业农村部、财政部联合印发《东北黑土地保护性耕作行动计划（2020—2025年）》，提出政府与市场两端发力，强化技术支撑、提升装备能力、壮大实施主体、组织整县推进，推动保护性耕作成为东北地区适宜区域主流耕作技术；2020年7月22日，习近平总书记在吉林考察时强调要“采取有效措施切实把黑土地这个‘耕地中的大熊猫’保护好、利用好，使之永远造福人民”；党的十九届五中全会通过的《中共中央关于制定国民经济和社会发展第十四个五年规划和二〇三五年远景目标的建议》中，明确提出要“加强黑土地保护，健全耕地休耕轮作制度。”2022年通过的《中华人民共和国黑土地保护法》，第二十五条规定，国家按照政策支持、社会参与、市场化运作的原则，鼓励社会资本投入黑土地保护活动，并保护投资者的合法权益。国家鼓励保险机构开展黑土地保护相关保险业务。党的二十大报告又再次指出，“牢牢守住十八亿亩耕地红线，逐步把永久基本农田全部建成高标准农田”。

（二）梨树模式

1. 梨树模式的推广

“梨树模式”是在玉米种植过程中秸秆全部还田并覆盖在地表，将耕作次数减少到最少，田间生产环节全部实现机械化。包括收获与秸秆覆盖、土壤疏松、免耕播种与施肥、病虫草害防治的全程机械化技术体系。

“梨树模式”主要包括4种形式。

（1）秸秆覆盖免耕种植模式。在秋季机械收获后，将秸秆直接覆盖在地表，春季播种前用归行机进行苗带秸秆归行处理，然后用免耕播种机直接播种。该模式适用于土壤疏松的地块，特别是风沙区和坡岗地，可减少农机作业次数，保护土壤，抗风蚀和水蚀，保水抗旱效果好。

（2）秸秆覆盖条带旋耕种植模式。在秸秆覆盖的前提下，首先根据苗带秸秆量选择是否进行秸秆归行处理，然后对苗带进行条带旋耕。该模式能促进土壤水分散失、提高苗带地温，解决土壤板结问题，但会扰动土壤，破坏土壤结构，增加作业成本。

（3）秸秆覆盖垄作种植模式。在起垄种植的地块，秋季机械收获后，将秸秆集中覆盖在垄沟，春季种地前进行垄上灭茬，然后适时用免耕机播种，6月末进行中耕培垄。该模式实现了垄上增温、垄下保墒，农民容易接受，适用于一家一户分散种植的地块。

（4）高留茬垄侧栽培种植模式。在秋季收获后，地上留有一定高度的秸秆，春耕时田间不进行翻地和机械灭茬，在原垄垄侧帮播种。该模式可减少失墒（即土壤失去了适合种子发芽或作物生长的湿度），适用于地势低洼的地区及山坡地，具有操作简单、省工省时、增产潜力大的特点。

“梨树模式”是由中国科学院、中国农业大学等科研单位从2007年开始，经过十余年的科研攻关，研发并创建了适合我国国情的玉米秸秆覆盖全程机械化栽培技术。“梨树模式”率先解决了东北黑土区玉米连作、秸秆焚烧导致的土壤退化以及衍生的环境问题，是对耕地质量保护最直接、最简单、最经济、最有效、最容易被农民接受的秸秆还田方式，对黑土地的保护与利用起到了积极的作用，为实现粮食持续稳产高产提供了保障。十多年来，在东北四省区（含内蒙古）的不同土壤类型区域建立了10个工作站、100个试验示范基地，“梨树模式”技术示范推广面积达1 500万亩。

“梨树模式”研究十年多来，取得了显著的科研成果。据中国科学院沈阳应用生态研究所跟踪测定，实施梨树模式保护性耕作技术，在以下几个方面表现显著：秸秆腐烂致使土壤有机质含量提高，秸秆全覆盖免耕5年后，土壤有机质可增加20%左右，减少化肥使用量20%左右；有益生物增多，土壤结构得到了改善，在连续实施秸秆全部还田地块测定，每平方米蚯蚓的数量60～100条，常规耕作只有7条，是常规耕作的10多倍；秸秆覆盖在地表，减少了风对土壤的侵蚀，平均可减少径流量60%、减少土壤流失80%左右，具有明显的防止水土流失效果；蓄水保水，全部秸秆覆盖地块，减少水分蒸发和升腾，相当于增加 40～50 毫米降水；秸秆覆盖的地块每年每公顷可减少风蚀量 800 多吨，抑制了“沙尘暴”的形成，同时对防止焚烧秸秆，减缓“雾霾”的形成起到重要作用；生产成本大大节约，劳动强度也明显降低，每公顷可节约成本 1 000～1 400 元；增加产量，在“梨树模式”研发基地十年多的定位试验中，一般平均产量比对照高出 5%～10%。经过十余年的探索实践，“梨树模式”已经形成了玉米秸秆全覆盖免耕栽培技术和玉米秸秆条带旋耕还田技术两种技术模式，示范推广面积由 2007 年梨树镇高家村 200 多亩“玉米秸秆覆盖”试验田，发展到 2020 年推广面积达 210 万亩左右。2020 年，按照梨树县地理位置和主要土壤类型，各地采取了不同的“梨树模式”：东南部的半山区包括孟家岭全镇和十家堡镇部分村，山地和坡地居多，主要推广玉米秸秆覆盖还田模式；中部的平原黑土区包括郭家店镇、蔡家镇等乡镇（街道），主要推广玉米秸秆覆盖还田，并辅以玉米秸秆条带旋耕还田模式；西北部的风沙盐碱土地包括林海镇、刘家馆子镇等乡镇，由于气候干旱，主要推广以保水为目的秸秆覆盖还田模式和条带旋耕还田模式。2020 年 5 月，梨树县农业农村局对全县 21 个乡镇、2 个街道实地深入调查，调查结果为：实施保护性耕作地块出苗面积约 14 万亩，平均出苗率在 90%，而由于 2019 年梨树县春旱，第一场透雨在 5 月 19 日至 20 日，全县大田玉米出苗情况略差，周边没有实施保护性耕作的地块出苗率平均在 89.3%，比保护性耕作地出苗率略低。

梨树县委、县政府对黑土地保护、“梨树模式”保护性耕作技术推广高度重视，成立了以县长为组长的梨树县“梨树模式”工作推进领导小组，并制定了一系列推广措施；印发了《2020 年梨树县“梨树模式”推广实施方案》；制定了严厉的秸秆禁烧政策，为各乡镇拨付工作经费；加大补贴力度，极大地激发广大农民开展“梨树模式”的积极性；组建技术服务团队，使工作开展起来更加切实有效；开设科技大讲堂，聘请中国农大、中国科学院等院校、科研单位的专家、教授网上授课，集中进行学习和交流；加大宣传力度，召开了现场会、培训会，印发宣传资料，引导全县农户了解、学习、掌握和运用“梨树模式”；建立核心示范区，在全县建立 100 个“梨树模式”示范推广核心基地，充分发挥带动作用，进一步推动“梨树模式”的推广；实行领导干部负责制，将“梨树模式”推广工作纳入了各乡镇、部门工作考核，夯实责任、督促落实。

2. 梨树模式补助政策

（1）中央政策。依据《东北黑土地保护性耕作行动计划实施指导意见》（农办机〔2020〕3 号），中央财政从现有渠道安排东北黑土地保护性耕作补助资金，以“大专项+任务清单”管理方式下达地方实施。省级农业农村、财政部门要根据农业农村部、财政部下达的任务清单，科学测算分配中央财政相关补助资金，支持开展秸秆覆盖免（少）耕播种作业及建设高标准保护性耕作应用基地。秸秆覆盖免（少）耕播种作业补助对象为实施保护性耕作的农业经营主体和作业服务主体；补助标准由各地综合考虑本辖区工作基础、技术模式、成本费用等因素确定，可对不同区域不同技术模式实行差异化补助；鼓励各地采取政府购买服务、“先作业后补助、先公示后兑现”等方式实施，支持有条件的农机合作社等农业社会化服务组织承担补助作业任务，提高补助实施效率和作业质量。各地要统筹用好相关资金，加大保护性耕作整体推进县和县乡级高标准应用基地建设的支持力度，鼓励先行先试、连续实施。

（2）黑龙江省政策。依据《黑龙江省 2021 年黑土地保护性耕作实施方案》(黑农厅联发〔2020〕274 号，黑龙江省补助标准如下：

一是作业环节补助。为了提高广大农民实施保护性耕作的积极性，2021 年春季，全省（不含农垦）对前茬是玉米和大豆（试点县）的秸秆覆盖还田免耕播种作业给予政策补助。

玉米茬保护性耕作免耕播种作业补助。对玉米秸秆覆盖还田免耕播种作业实行分档补助政策。一是对秸秆覆盖全量还田，采取免耕播种、少免耕播种、条带耕作免耕播种三种作业方式，给予作业补助（定为 A 级）；二是对秸秆覆盖少量还田，地表残留部分秸秆，春季在原垄上免耕播种，给予作业补助（定为 B 级）。对于旋耕、耙地等动土量大的地块，有秸秆焚烧的不享受作业补助。

大豆茬保护性耕作免耕播种作业补助。2021 年在齐齐哈尔市、黑河市、绥化市部分县（市）开展大豆茬保护性耕作试点。对前茬是大豆的秸秆覆盖全量还田免耕播种作业，给予作业补助。以上具体补助标准，待国家下达补助资金计划后再另行通知。

二是智能监测。进行免耕播种作业机车，必须全部安装免耕播种监测仪，进行作业数量和质量监控。免耕播种作业经省农机调度指挥平台判定合格后，方可以享受免耕播种作业补助。

（3）吉林省政策。依据《吉林省 2021 年黑土地保护性耕作实施方案》（吉农机发〔2021〕6 号），吉林省根据各地任务面积，按平均每亩 40 元标准下达补助资金，各地可根据不同技术模式实行差异化补助，对秸秆还田量大、动土少的提高补助标准。验收工作结束后，根据各地实际验收面积调整补助资金。各地结合保护性耕作补助面积、应用基地和监测点建设等情况，统筹安排使用补助资金。高标准应用基地建设补助，每亩补助不超过 80 元；监测点建设补助，县级农机主管部门与委托的第三方机构根据实际商定监测所需费用，双方签订合作协议，按合同金额据实补助。涉及政府采购和购买服务的，按相关规定办理。

二、“双保全统”理念下的黑土地经营模式

（一）梨树县农业土地规模化发展的早期探索

吉林梨树县是中等农户规模的典型代表，作为中国最早开展合作化运动的地区之一，80%以上土地都是直接或间接由合作社经营，在过去的十几年合作组织的发展进程中，尝试了多种土地集约方式来试图推动规模化进程，比较典型的如土地流转、土地托管、带地入社、保底+分红等，前期均取得了一定效果。但近年来，在面临粮食价格的大幅波动的现实情况下，农业收入在中等规模区域下占比逐渐提高，几种土地集约方式均呈现了不同程度的局限性，合作社、家庭农场等新型经营主体的土地规模化集约进程进一步放缓。第一种是土地流转，主要特点是承包户支付地租来获得土地的经营权，这种方式极大提高了生产效率，农业生产方式完全由承包户决定，收益较高，但与此同时，经营者面临着极大的经营风险，尤其是 2020 年玉米价格大幅提高的情况下，地租价格增长近一倍，加之同行之间的竞争，土地流转利润空间逐渐被压缩，一旦遭受恶劣气候以及粮食价格下跌则很容易面临破产的风险。此外，近几年异常严峻的就业形势，在人均耕地较多的东北地区，农业生产成为农民收入的最稳固的保障，农户对自家土地的依赖性更强，这也在一定程度上使土地流转变得更加困难。第二种是土地托管，主要特点是通过提供农资、机械服务、粮食售卖等一种或多种产前产中产后服务的方式来集约土地，这种方式合作社收益较低，风险同样较低。托管相较于土地流转可更大面积地集约土地，主要在于托管形式资金压力比较小，且农户收益也较高，是目前较为流行的土地集约方式。但由于需要满足不同农户的生产要求，需要面对多种生产技术需求，并未从根本意义上破解土地碎片化问题，农户地块之间的界限并未打通，生产效率仍然较为低下。第三种是带地入社，主要特点是以土地作为股份参与分红，核心理念是收益共享、风险共担。此种方式很好地统一了土地经营方式，推动了效率的提升，同时将合作社经营风险降到最低。此种方式由于需要农户承担较大的风险，因此要求合作社带头人在农户中的威信较高，同时拥有过硬的种植技术，使得此种方式扩张规模的程度有限，一旦面临经营风险，农户很可能退出自己的土地，导致地权不稳定，同样限制了土地规模化发展。此种方式符合合作社成立的原始经营理念，但从推动土地规模化来看不具有可复制性。第四种是“保底+分红”，即合作社在土地流转的基础上，超出产量或者粮食价格的部分按照比例与农户分红，此种方式极大提高了合作社的作业效率，同时增加了合作社的经营风险。此时农户的风险最低，并且收益要高于流转的形式，在一定程度上充分调动农户土地流转的积极性，但对于合作社资金要求极高，

并且一旦面临自然灾害或者价格下跌，导致合作社面临倒闭的风险，且集约的土地非常有限。

（二）“双保全统”理念的产生

土地规模化问题从本质上来讲不是生产力的问题，而是生产关系的问题，现代农业大都需要专业种植大户、家庭农场或专业合作社等各类主体从事农业生产经营活动，这就意味着过去传统的农业生产关系已经不能适应现代农业发展的实际需要。为加速变革生产关系、加快实现土地适度规模集约化发展，梨树县充分借鉴国内外规模化发展的成功经验，结合“梨树模式”大面积推广和“现代农业生产单元”建设的双重需要，在深刻总结已有四种模式的基础上，从农户效益最大化的角度出发，创新性提出了“双保全统”的土地集约方式破解可持续、可复制的规模化集约化难题。“双保”即保障成本投入不高于农户自己种植的成本，保障产量不低于邻近地块的产量，“全统”即统一农资、统一种植方式、统一播种、统一田间管理、统一收获，以提供契约保障的方式消除农户顾虑，核心是打破家庭承包经营背景下农户之间土地界限，推动土地连片经营、统一生产经营方式，最大化提高农业生产效率，从根本上破解土地规模化问题。此种形式对合作社资金要求较低，可进行较大规模的土地集约，并且相较于托管方式极大提高了作业效率，能够很好地推动土地规模化发展。

（三）“双保全统”工作机制

为保证“双保全统”方案的顺利推广，在具体实施过程中采用“五化”工作机制，促使合作社与村中种植能手、农资企业、保险公司等形成多方合作，共同商讨最优的种植技术、最低的成本投入、最保底的收益方案，既减轻合作社经营管理负担，又强化合作化与农户之间的信任感，解决农户的后顾之忧。一是种植能手选定民主化。为解决合作社与农户之间的信任问题，在双保基础上解决农户对合作社种植技术的担忧问题，在村长的号召下，农户自主投票选出认可度较高的种植能手2～3名，从而以种植能手的农业生产理念来进行农业生产。二是地块测量精准化。在托管面积的测量上，以多次实测面积为准，特殊地块（如涝灾地、沙碱地等明显制约产量的地块），要做特殊标记，产量另行约定。三是生产投入清单化。种子、化肥、农药等农业生产资料以及农机服务价格要制作清单，种肥药的价格要低于市场零售价的20%～30%。四是产量测算公平化。收获测量产量时，由农户、合作社以及第三方农业技术专家形成产量评估团队，对于产量低于邻近产量的地块进行实际测产，并按照邻近地块平均产量进行弥补。五是个性需求自主化。针对一些沙土地、旱涝地灌溉问题，不由合作社负责，由农户结合需求自行实施。集约户可以通过购买农业保险的方式避免减产风险。

（四）“双保全统”理念的初步应用

从“双保全统”理念一年来的推广来看，在土地集约方面形成了显著优势，逐渐得到了梨树县超过 5 个乡镇 10 余家合作社的认可，推广面积达 2 000 余公顷。以小宽镇文忱合作社为例，该合作社成立于 2014 年，入社社员 88 户，注册资金 510 万元，大型农机具 20 余台。成立的六年中不断探索土地集约形式，成功地摸索出一条新型托管方案集约土地的做法，2021 年通过为农户保证产量成功托管 150 余公顷，均得到了农户认可，玉米产量较好未发生赔付情况，成功实现了农业增产与农户增收。为继续扩大合作社的经营能力，文忱合作社与镇农业总站领导研究出了“双保全统”的土地托管方案，2022 年土地集约方式是在原有保障产量的基础上再为农户提供成本投入保障，使得农民种植成本降低，通过成本与产量的双重保障，农户已与合作社签订 200 余公顷的土地“双保全统”的托管合同，成功地抵御了粮价上涨导致地租上升而引起的土地集约困难、经营风险大的难题，为土地集约提供了基础保障。

（五）梨树县黑土地经营模式的创新

1. 黑土地保护梨树模式实现新突破

2021 年以来，梨树县与中国农业大学共同实施了梨树模式升级版——现代农业生产单元建设。现代农业生产单元建设是以农民专业合作社或家庭农场等新型经营主体为实施主体，以 300 公顷相对集中连片土地为一个单元，全部实施“梨树模式”，在此规模下合理配置农机具，将农资采购、农机效率、人员配置和资金使用效益发挥到最大化，实现标准化、机制化、信息化、契约化“四位一体”的建设目标，

现代农业生产单元是对“梨树模式”的生产经营方式的创新与扩延，通过实施“‘双保全统’＋农业服务公司＋N”模式，引入“外包”理念，采用合作社间强强联手，使零散的土地得到集中，解放了劳动力，解决了“谁来种地、如何种地”的难题。现代农业生产单元采取以政府为主导，合作社等新型经营主体实施，金融、保险、粮贸、涉农企业、社会服务组织等共同参与的一体化的生产经营方式。为了进一步助力现代农业生产单元建设，梨树县与中国农业大学联合吉林大学、中国农业银行吉林省分行、中化 MAP、北大荒、八达药业、中粮集团等 26 家单位共同发起了黑土地保护与利用协同发展联盟，并于 2022 年 7 月 21 日成功举办了第二届黑土地保护与利用协同发展论坛，并举办了联盟企业服务黑土地项目对接会，以农行吉林省分行为首的 12 家联盟成员单位、新型农业经营主体代表，就梨树模式发展过程中的重要需求现场进

行对接，并签署了《助力现代农业生产单元意向性合作协议》。

截至2022年8月，梨树县已建立22个生产示范单元，分布于全县12个乡镇，总面积10 000公顷以上。同时，现代农业生产单元建设作为四平市着力推广的土地保护利用新模式，作为吉林省3项典型经验之一于2021年被国务院通报表扬。

2. 科技创新实现新作为

一是研发条耕播种一体机。为全力破解推广保护性耕作过程中应用机械化难题，梨树县政府与中国农业大学联合研制出全国第一台条旋播种一体机，可实现整地和免耕播种一次性完成，填补了国内技术空白，并获得了国家知识产权局颁发的实用新型专利证书。该机器实现了在秸秆覆盖地表的条件下满足施肥、播种农艺的要求，解决了干旱半干旱区域播种前动土引起的失墒无法保全苗、播种前使用多种机器进地作业造成的作业成本高效益低和对土壤结构破坏严重的问题。二是创新黑土地保护技术。深入贯彻落实习近平总书记视察吉林重要讲话和重要指示精神，大力实施藏粮于地、藏粮于技战略，在中国农业大学的技术支撑下，在总结好"梨树模式"秸秆还田4种模式的基础上，探索实施秸秆科学离田和粪肥堆沤还田，打造"42""梨树模式"升级版。启动实施县乡村三级核心示范推广工程，每个村建设1个5公顷以上的堆区还田样板田，形成"3+1"示范推广体系。建设高标准农田26万亩，完成了2万亩高标准农田示范区建设任务，切实保护好黑土地这一"耕地中的大熊猫"，保障粮食稳产高产，有力维护国家粮食安全。三是助力合作社实现标准化建设。为了贯彻落实总书记视察梨树的重要指示精神，探索适宜地区的合作化道路，进一步规范合作社向标准化发展，依托中国农业大学的技术力量，制定了梨树县农民合作社规范化发展标准。截至2022年8月，已初步形成了《合作社玉米机械化种植生产规程》《合作社农机手管理规范》《合作社管理规范》三项技术标准，这样，更加有利于农民合作社向管理规范化、生产标准化、经营品牌化、服务全程化、效益社会化"五化"创建。

三、保险助力黑土地保护与利用

（一）黑土地保护与利用的国家行动

1. 黑土地保护的国家战略

中央、国务院高度重视东北黑土地保护，明确提出要采取有效措施，保护好这块珍贵的黑土地，2017年六部门印发《东北黑土地保护规划纲要（2017—2030）》，针对内蒙古东部、辽宁、吉林、黑龙江四省黑土地保护，从保护目标、重点任务、技术模式和保障措施等四大方面做出了顶层设计。在这一规划纲要中，提出到 2030 年，集中连片、整体推进，实施黑土地保护面积 2.5 亿亩，东北黑土区耕地质量平均提高 1 个等级以上。面向这一目标，纲要在重点任务上对黑土区保护和利用提出了四个可持续：农田系统的可持续、资源利用的可持续、生态环境的可持续和生产能力的可持续。为实现重点任务目标，同时提出“积造和利用有机肥”“控制土壤侵蚀”“耕作层深松耕”“科学节水节肥”“优化种植结构”的五种技术模式。技术模式施用与经营方式革新是实现黑土地保护与利用的法宝。为此，从国家政策层面上，也提出了农业农村、发展改革、财政、自然资源、环保、水利、金融等多部门联合加强东北黑土地保护工作，构建协同推进工作机制，强化政策扶持和创新服务机制。支持探索各类新型农业经营主体在黑土地保护和利用中的项目实施机制，创建多元投入机制、政府购买服务机制。

2. 保护性耕作技术是黑土地保护的法宝

保护性耕作技术是科学保护和利用黑土地，实现黑土地保护国家目标的技术保障。2020 年 2 月，农业农村部、财政部共同发布《东北黑土地保护性耕作行动计划（2020—2025)》。

保护性耕作是以农作物秸秆覆盖还田、免（少）耕播种为主要内容的现代耕作技术体系，能够有效减轻土壤风蚀水蚀、增加土壤肥力和保墒抗旱能力、提高农业生态效益和经济效益。我国东北地区保护性耕作技术模式总体定型，关键机具基本过关，已经具备在适宜区域全面推广应用的基础。中央财政通过现有渠道积极支持东北地区保护性耕作发展，力争到 2025 年，保护性耕作实施面积达到 1.4 亿亩，占东北地区适宜区域耕地总面积的 70%左右，形成较为完善的保护性耕作政策支持体系、技术装备体系和推广应用体系。

行动计划还提出坚持生态优先、用养结合，通过政府与市场两端发力、农机与农艺深度融合、科技支撑与主体培育并重、重点突破与整体推进并举、稳产丰产与节本增效兼顾，将东北地区玉米生产作为重点，逐步在适宜区域全面推广应用保护性耕作。经过持续努力，保护性耕作成为东北地区适宜区域主流耕作技术。

3. “技术、经营、服务”三位一体是实现黑土地保护与科学利用的未来之路

技术实施与现代经营需要对传统耕作的经营制度进行改革与之配套，因此，如何推动农业龙头企业、合作社、专业大户等新型农业经营成为黑土地保护与利用的核心主体，实施技术、经营与服务的三位一体保障，是实现黑土地保护与科学利用的关键。

制约黑土地农业发展和黑土地利用的结构性矛盾尚未得到根本解决。高效的黑土地利用农业经营体系发展的短板效应如何破解是一个难题，引导和培育农业企业、专业合作社、家庭农场等新型经营主体是关键一步。保护性耕作技术要求黑土地要走规模化路径，这就需要黑土地在生产经营重心上向原料供给领域前移，采取签订订单、土地入股、长期租赁等合作模式，加快培育建设一批与企业加工需求相适应的规模化黑土地生产基地，并不断探索利润返还、按股分红等利益联结机制，促进企业、新型农业经营主体与基地农户深度融合，真正形成“利益共享，风险共担”经济联合体。

（二）保险如何助力黑土地保护

黑土地是宝贵的耕地资源，黑土地要实现保护和科学利用的双重目标。然而，农业本身具有产业的弱质性，黑土地资源在长期的利用中又面临着一系列的生态、环境困境，农业生产的弱质性体现在经营主体、经营方式、农产品供需市场、农业金融等各个环节。那么，面对黑土区利用黑土地开展农业生产和经营并实现保护和利用的双重目标，我们需要抓住保险助力黑土地实现保护与发展两个目标的命门。

保险助力黑土地保护与利用的命门就在于：一是如何保障技术的合理使用；二是如何促进新型经营主体的发展；三是如何促进金融工具撬动要素组合。

1. 黑土地保险通过促进技术实施黑土地保护

黑土地保护与利用面临的两个现实的问题是：一是过度开发利用的黑土资源的破坏和耕作环境的恶化。过度开发利用破坏了黑土地的有机质本底，地表覆盖缺失、地表耕翻、单一种植等对黑土地的生产生态系统造成破坏。耕作环境恶化是黑土区面临的区域性环境问题，如黑土区的水蚀现象已经十分严重。二是高投入、高耗能、多角度开发的黑土区传统耕作制度需要技术革新。黑土地保护和合理利用的法宝是以保护性耕作技术为核心的一系列环境友好与复合自然生产法的技术施用，因此，这些技术带来的产量变化和经营风险需要保险的介入作为保障。从国家黑土地保护战略安排和路径选择上看，保护性耕作技术是黑土地保护与合理利用的法宝。因此，如何通过保险来助力新技术的施用，进一步推动经营方式的革新，应当是保险助力黑土地保护的第一切入点。

2. 黑土地保险通过促进新型经营主体成长壮大助力黑土地保护

培育新型农业经营主体，引入科学、现代的经营机制，科学组合和利用各项生产投入要素，是规模化利用和科学保护黑土地资源的有效途径。传统耕作主体下，不仅会限制新技术的传播和使用，还会形成黑土地资源的点状过度开发。因此，黑土地保险可以通过配合新型农业经营主体和经营方式的支持和创新，来促进黑土地的利用与保护协同发展。发挥保险的作用，能够让新型经营主体在保护性耕作技术施用上规避风险，同时通过保险产品的支持，让新型农业经营主体能够主动担负黑土地保护的职责，同时激励新型生产主体引入新的耕作模式和更加现代化的管理范式。保险产品，作为技术标准化、管理标准化的“大棒”，也作为保障新型经营主体健康发展的“胡萝卜”，在大棒和胡萝卜的双重作用下，实现黑土地保护与现代农业经营的结合。保险与新型农业经营主体、新型经营方式的结合，是保险作用于黑土地保护与科学利用重要路径。

3. 通过保险撬动金融力量助力黑土地保护

农业金融改革创新是撬动农村生产关系变革的重要力量，其能够带动农业全产业链发展，能够有效推动现代农业沿着质量效益轨道快速发展。黑土地保护与科学利用需要配套现代农业经营体系，这就离不开金融力量的参与。农村金融改革的最终目标是要建立起适应供给侧结构性改革的现代农业经营体系。

在央行、银监会发布的《关于加快推进农村金融产品和服务方式创新的意见》鼓励下，我国农村金融机构探索发展基于订单与保单的金融工具，提高农村信贷资源的配置效率，分散农业信贷风险，从而形成良性循环，推进优质高效特色农业的加快发展。可以为黑土地保护和开发形成信贷资源的配置，在黑土地经营的全产业链上，保险机制可以作为撬动黑土地金融发展的有效力量。

（三）保险助力黑土地保护与利用的梨树模式探索

1. 建立与梨树模式保护性耕作技术相互配合的保险机制

免耕农作制促进了东北黑土区作物可持续生产是梨树模式的主要特征。围绕国家黑土地保护纲要的可持续目标，该模式通过保护性耕作来实现保土、保水、培肥，促进黑土生态系统良性循环，同时实现增收。在保护性耕作的技术实施下，包产和增收为保险提供了切入口，同时，保险的切入也为下一步推广梨树模式的技术体系提供动力。

2. 现代农业生产单元的建设为保险切入提供了明确主体

在梨树模式下，我们推动现代农业生产单元建设，现代农业生产单元是融合农业技术、农业保险、农业金融、粮食贸易等要素形成的现代农业集成化解决方案，是一项系统性工程。现代农业生产单元作为标准化生产的最小单元，在 300 公顷的规模下，农机的使用效率最大，同时农机操作人员职业化，农业生产过程标准化，农业经营成本和风险最小化，实现全程绿色、高效、可复制。在现代农业生产单元复制的过程中，推进现代农业标准化和规模化的同步实现。

3. 科研技术机构为黑土地保险的发展保驾护航

依托黑土地研究院，以研究院黑土地联盟为基础推进生产单元建设。研究院发挥自身的技术和平台优势，为认可生产单元的合作社提供全方位支持。研究院为生产单元提供种质筛选、施肥、农机、植保等农业生产技术服务。研究院通过制定合作社的准入条件，筛选优质合作社具体实施生产单元的建设，通过建立合作社档案实现对其经营的指导和监督。档案包含合作社基本经营状况、管理架构与管理人员基本信息、资产情况、征信状态、资金现状与需求、土地流转情况、生产技术方案、生产过程监督等。研究院以自身的信息化平台为依托，借用卫星遥感技术、大数据终端与人工监督结合的方式，对播种、施肥、植保等过程进行全程监控，从而保证生产过程以低成本、高效率、保护黑土地的方式运行。

4. 扩展金融产品，将梨树模式下的产量保险绑定期货金融产品，推动保险与其他金融的融合

从 2021 年开始，梨树联社就以“梨树模式”为核心，创新推出“黑金贷”粮食规模种植贷款产品，打造了“银行＋黑土地研究院＋保险＋核心企业＋经营主体”的农业产业链闭环金融服务模式，重点支持新型农业经营主体。对以“保护性耕作—梨树模式”为耕种方式，从事粮食适度规模种植户发放信用贷款，单户额度最高 1 000 万元。2022 年宁浩家庭农场继续申请“黑金贷”400 万元，种地面积 1 200 公顷，辐射带动周边合作社、种植大户、普通农户等农业生产主体 200 余户，周围三个村 90％土地实现了集约化经营，做到了一户带动、百户尽享农业现代化的红利，有效推动了“黑土地”保护工程。截至 2022 年 8 月，梨树联社已累计向宁浩家庭农场、卢伟农民专业合作社等 8 户新型农业经营主体授信 3 580 万元，用信 2 468 万元，余额 905 万元。

5. 建立产业链闭环金融服务模式

针对农业在一定程度仍具有“靠天吃饭”的弱势属性，梨树有效整合农业科技、金融、保险、粮食收储企业等多方资源，形成了“1＋1＞2”的资源整合效应，打造了现代农业产业链闭环金融服务模式。即：黑土地研究院提供农业种植技术服务，解决种地技术问题；保险公司提供收益保险服务，为农业生产经营者兜底种植风险；粮食收购企业提供粮食银行服务，解决农民储粮难和卖粮难等问题；金融机构提供专属信贷融资服务，解决融资难、融资贵的问题。

海南省胡椒产业保险研究

太安农业保险研究院华南农业发展研究中心

摘要：本课题阐述保险的作用，介绍胡椒产业保险的成功经验，阐述海南胡椒产业的重要意义，分析海南的自然环境和政策支持，胡椒产业及保险现状、存在问题，进而就海南胡椒产业保险进行研究，结合海南的实际情况提出建议和保险方案。

关键词：胡椒；保险

胡椒是胡椒科胡椒属多年生常绿藤本植物，是世界重要的香辛料作物之一，在国际香料贸易中占有重要地位，原产印度。目前胡椒主要种植在亚非拉三大洲的40多个国家，主产国为印度尼西亚、印度、越南、斯里兰卡、巴西、中国和马来西亚等，印度尼西亚是世界上胡椒收获面积最大的国家，越南是世界上胡椒产量最大的国家。世界胡椒初级产品以黑胡椒为主，约占总产量的80%～85%，白胡椒约占总产量的15%～20%，但国际贸易中是未磨胡椒和已磨胡椒两种产品。黑胡椒主要出口国有印度、越南、印度尼西亚、马来西亚和巴西，白胡椒主要出口国有印度尼西亚、马来西亚、中国和巴西，而进口主要是美国、阿联酋、德国、英国、法国、荷兰、俄罗斯、日本等国家。

一、海南省胡椒产业的发展现状

（一）种植规模

海南省胡椒种植面积相对稳定，近年来维持在2.1万～2.3万公顷，收获面积维持在1.8万～2.0万公顷，产量维持在3.5万～4.5万吨，收获面积和产量均占全国的95%以上。目前海南省胡椒产业已经发展成一个累计投入100多亿元的生产规模、关系80万农村人口收入、年均产值超过30亿元的重要产业。

（二）品种

海南胡椒主要种植品种为印尼大叶胡椒，该品种综合性状较好，产量潜力大，产品品种优，主要种植在海南、云南、广东等地。该品种虽然高产，但易感染胡椒瘟病，且潜伏期长，致死率高，特别是在雨季，极易传播流行，造成胡椒大面积毁灭性死亡。此外“热引一号”“全心胡椒”“班尼约尔 1 号”“古晋种”“73－F－5”和“兴热 1 号”等品种，正在逐步推广。

（三）分布

海南省共有 16 个市县有胡椒规模化种植，近年来种植区域逐步向优势区域集中。但是 90％以上胡椒分布在以农垦东昌农场公司、东路农场公司、文昌橡胶研究所、红昇农场公司、南金农场公司、东升农场公司、东兴农场公司及中建农场公司等东北中部农场为枝干的周边市县。至 2020 年，海南省胡椒种植面积在 6 000 公顷以上的市县有文昌和琼海，2 000 公顷以上的有海口和万宁，1 000 公顷以上的有定安，这 5 个市县的种植面积占全省的 96.46％，产量占到全省的 96.76％。

（四）生产成本与效益

胡椒非生产期约为 3 年，共需投入约 33 460 元/亩，主要包括土地租金、土地清理平整挖沟铺路、灌溉系统、底肥、胡椒苗、胡椒桩、肥料农药、椒园管理费等，种植后 3～15 年为盛产期，年均投入约 1 800 元/亩，主要包括肥料农药、采摘人工费和椒园管理费等。

1. 建园亩均投入费用大约为 26 160 元，具体构成如下：

（1）土地租金：800 元/亩；

（2）种苗费用：240 株×7 元/株＝1 680 元；

（3）石柱费用：120 根×27 元/根＝3 240 元；

（4）底肥费用：120 根×12 元/根＝1 440 元；

（5）人工、机械费用：5 000 元/亩；

（6）水池以及喷滴灌：14 000 元。

2. 种植的第 1～3 年，每年仍需缴纳地租，投入人工、肥料等生产要素进行管护，大约为 7 300 元/亩，具体构成如下：

（1）土地租金 800/亩，每隔 3 年上涨一次；

（2）肥料费用：120 根×30 元/根＝3 600 元；

（3）遮阳网：600 元/亩；

（4）灌溉费用：300 元/亩；

（5）人工、机械费用：2 000 元/亩。

3. 从第 4 年开始采果，亩产量为 125～150 千克，按照管护水平最高 150 千克/亩的产量计算，当前价格为 42 元/千克，每亩收入为 6 300 元。在目前胡椒市场价格多年持续低迷的背景下，农户种植胡椒意愿不强。

（五）产业发展模式

海南胡椒产业发展模式有农垦农场和地方民营两种。农垦农场就是原来农场职工承包原来农场的胡椒园，或者承包农场的土地种植胡椒。根据 2021 年海南农垦统计年鉴显示，农垦胡椒种植面积约 9.4 万亩，总产量约 1.2 万吨，占全国胡椒产量 30％左右。已注册的品牌有“昌农”“贡布”“飘仙”等。垦区主要有海南海垦胡椒产业股份有限公司和海南农垦东昌有限公司 2 个经营主体。

地方民营就是农户自行种植、成立专业合作社或企业抱团发展等。目前海南胡椒产业发展上还是以小农户分散种植为主，经营规模小，组织化程度低，缺乏龙头企业带动，企业与农户尚未形成“风险共担、利益共享”的联结机制。

二、海南省胡椒产业生产过程中面临的主要风险

海南省胡椒产业面临的风险主要有三种，自然风险、病虫害风险和市场风险。

（一）自然灾害风险

低温寒害可以致使胡椒植株的嫩蔓、嫩枝受害，出现断顶，甚至落果，轻度寒害症状表现为：顶芽干枯，叶片脱落，蔓枝脱节；重度寒害表现为：枝条脱落，掉花掉果，主蔓光秃，甚至植株死亡。

台风可以将胡椒植株吹倒，枝蔓吹断，同时伴随的雨水极易诱发胡椒瘟病、细菌性叶斑病等；长时间的水涝极易诱发胡椒病害，引起整片胡椒园落叶落果；冰雹极易打断胡椒枝蔓，甚至打落果实，给胡椒园带来损失。

（二）病虫害风险

病害风险主要是胡椒瘟病、胡椒细菌性叶斑病、胡椒花叶病、胡椒枯萎病、胡椒根结线虫病等，次要病害风险有炭疽病、根腐病、菌核病、藻斑病、煤烟病等，主要虫害是粉蚧、盲蝽、蚜虫和刺蛾等。胡椒瘟病、胡椒花叶病、胡椒根结线虫病和胡椒枯萎病分布广且危害严重。胡椒瘟病主要分布在琼海、海口、文昌、万宁，特别是东红农场和东昌农场个别胡椒园重度发生；胡椒花叶病主要分布在琼海、海口、文昌、儋州、万宁，发生程度均为中度发生；胡椒根结线虫病、胡椒枯萎病也是中度发生；胡椒炭疽病在文昌、海口、琼海、万宁重度发生，其他市（县）中度发生；胡椒根腐病发病程度为零星发生；胡椒藻斑病发生程度为轻度或零星发生；胡椒细菌性叶斑病在万宁有零星发生；

胡椒煤烟病发生程度为零星发生。

（三）市场风险

市场风险主要是市场价格的波动。近年来海南省胡椒价格逐年走低，2003—2004 年出现过波动，2012 年短时间内出现波动。

从市场风险来看，2003 年、2004 年价格一度跌到 10 元/千克以下，跌破成本价，导致滞销积压，价贱伤农，农户苦不堪言，直接导致部分农户弃园改种其他作物。2012 年，因出口胡椒安全质量事件，导致当年胡椒滞销，价格一段时间内低位运行。自 2016 年以来，受国际市场特别是东南亚胡椒的冲击，国内胡椒市场价格持续下跌。

三、胡椒产业的保险情况及存在问题、胡椒产业及胡椒保险国内外成功经验

（一）胡椒产业的保险情况

1. 海口市胡椒产业保险

（1）保险区域。2017 年 9 月开始，海口市在琼山区大坡镇实施胡椒种植保险试点。符合条件的大坡镇（含东昌农场）胡椒种植企业或合作社、种植户均可参加。

（2）投保条件。投保人的胡椒树需同时符合以下 4 个条件方可投保：①经政府部门审定的合格品种，符合当地普遍采用的种植规范标准和技术管理要求；②种植场所在当地洪水水位线以上的非蓄洪、行洪区；③生长及管理正常、树龄满 4 年（含）以上；④整块连片种植，种植面积在 4 亩以上（含）。同时，投保人应将符合条件的胡椒树全部投保，不得选择投保。

（3）保险种类。胡椒种植保险分为主险（胡椒树）和附加险（支柱）。对于主险（胡椒树），在保险期间内，因产生风力 8 级及以上的热带气旋、龙卷风，或者由于上述灾害性天气引发的洪水、泥石流或滑坡直接造成保险胡椒树的损失，且损失率达到 10%（含）以上时，保险人按合同约定赔偿。对于附加险（支柱），在保险期间内，由于风力 8 级及以上的热带气旋、龙卷风造成支撑保险胡椒树内的支柱折断（以下统称“保险支柱”）损失，保险人按合同约定赔偿。

（4）保险期限与金额。保险期为一年，每年投保一次。在保险金额方面，保险胡椒树（主险）的每株保险金额参照保险胡椒树生长期内所发生直接物化成本的一定比例，每株保险金额分别设 90 元、110 元、130 元三档；保险支柱（附加险）每根保险金额参照当地常年支柱建造成本的七成，分别设 20 元、35

元两档。

（5）保费构成。胡椒种植保险保费采取参保者自缴 20%，政府补贴 80%（其中省级财政补贴 40%，海口市级财政补贴 40%）的保费分担比例方式。启动试点时，一株胡椒树保险金为 9.36 元，农户每株只需支付 1.872 元。

2. 文昌市胡椒产业保险

（1）保险区域。2017 年 9 月开始，文昌市在全市范围实施胡椒树风灾保险。符合条件的胡椒种植企业或合作社、种植户均可参加。

（2）保险标的。包括：①生长及管理正常、胡椒树覆盖胡椒支柱，且整块连片种植，其种植面积在 4 亩以上（含）的胡椒树。②用于支撑保险胡椒树内的支柱。

（3）保险责任。风力 8 级（含）以上的大风、龙卷风及其引发的洪水、泥石流或滑坡。

（4）单位保险金额。

①保险胡椒树。参照胡椒树生长期内所发生直接物化成本的一定比例，包括：种苗成本、化肥成本、农药成本、灌溉成本、机耕成本和地膜成本，由投保人与保险人协商确定，分别设 70 元/株、80 元/株、90 元/株等三档。

②保险胡椒支柱。参照当地常年支柱建造成本的七成，由投保人与保险人协商确定，分别设 20 元/根、35 元/根两档。

（5）保险费率。胡椒树保险费率为 8%，根据实际种植环境与上一年度赔付情况（第一年不考虑）进行调整。胡椒支柱保险费率为 4%。

（6）单位保险费。

①保险胡椒树：约 5.6 元/株、6.4 元/株、7.2 元/株。

②保险胡椒支柱：0.8 元/根、1.4 元/根。

（7）绝对免赔率。每次事故的绝对免赔率为 10%。

（8）保费补贴标准。保险期限为一年，保费由参保种植户自缴 20%，财政补贴其余 80%。其中，省级财政补贴 40%，市级财政补贴 40%。五保户、低保户及监测户保费全额纳入财政补贴范围，其中，省级财政补贴 40%，市级财政补贴 60%。

（二）海南胡椒产业保险发展现状

1. 农户胡椒种植参保比重较小

保险公司宣传是农户获取胡椒种植保险相关信息的主要渠道。据笔者在文昌、琼海以及海口等市县的实地调查，海口、文昌的调研户均听说过胡椒种植保险。笔者在文昌调研的 15 个胡椒种植户中，参加了胡椒种植保险的有 7 户，未参加胡椒种植保险的有 8 户。

2. 农户胡椒种植参保比重小，赔付率低

2017 年海口市大坡镇启动胡椒种植保险试点时，共有 138 户投保，共计投保面积 2 046.8 亩，投保株数 26 万余株。投保面积仅占大坡镇胡椒种植面积的 4%左右，参保比重相对较低，2018 年海口市大坡镇尚未发生大的台风灾害，基本未有理赔事件发生。

3. "买保险意义不大"是没有参加胡椒种植保险的主要原因

在文昌市未参加胡椒种植保险的 8 个种植户中，仅仅听说过、但对具体政策和参保流程不了解的有 5 户。在海口市、琼海市调研时，相当一部分种植户认为赔付标准太低，或者觉得种植面积小，买保险意义不大。在文昌调研时，曾经参加了胡椒种植保险的 7 户农户中选择愿意继续参加胡椒种植保险的只有 5 户。

4. 保险赔付金额远不能弥补损失

胡椒种植保险赔付金额较低，远不能弥补损失。前面分析中，胡椒种植生产成本相对较高，既有前期投入建园成本，也有生产期管护成本。文昌市参加过胡椒种植保险的 7 个调查户，有 5 户认为赔付金额较低，即使按照最高标准进行赔付，也远远不能弥补损失，大部分损失还要自己承担；有 2 户认为一般，差不多能弥补损失。

5. 参保户对保险公司基本满意

文昌市、海口市参加过胡椒种植保险的调查户中，大都对保险公司表示满意，极少数对保险公司表示不满意。胡椒种植农户对保险公司不满意的主要原因：一是保险赔付金额低，二是参保流程繁琐，三是赔付时间长、程序复杂。

（三）胡椒种植保险存在的问题

1. 胡椒种植户参保意识淡薄

多数胡椒种植户认为保险"意义不大""不值得"，索赔困难，而且很多时候保险公司的受灾界定和胡椒种植户诉求有出入，再加上有些保险营销人员刻意夸大产品的功能，掩饰保险条款中的免赔责任，严重影响了胡椒种植户对保险公司的信任。这些原因导致胡椒种植户投保率低。

2. 胡椒种植保险保费收缴困难

海南胡椒种植生产经营过于分散，种植户认识不足，收费困难，工作量大，缺乏相关政府人员支持，财政配套资金紧缺，也在客观上弱化了胡椒种植保险的经济保障功能。例如琼海市，也是胡椒种植的重要区域，但是省级财政未对胡椒种植保险试点进行扶持。

3. 缺乏从事胡椒种植保险的专业人才

农业保险种类多、情况复杂，使经营农业保险存在着特殊的技术障碍。海南省农业政策性保险试点项目、推广项目相对较多，一个保险公司的职工可能要面对多项政策性保险，推广胡椒种植保险的职员，可能同时也要推广粮食种植保险、生猪保险、橡胶风灾保险等工作，工作量大。

4. 产品的创新力度不够

胡椒种植户不相信、不购买保险的原因还涉及胡椒种植保险的产品单一，农民可选择的空间太过狭窄，而随着胡椒产业的发展、胡椒产业发展模式的改变，保险公司针对胡椒种植保险的产品不应该仅停留在风灾层面，应该涉及胡椒全产业链中，只有这样才能适应胡椒产业发展的需要。

5. 政府推行胡椒种植保险发展的力度不够

农业保险的高风险、高赔付率特点，使得单纯靠商业性的运作很难发展。基于胡椒种植投保人对保险认识的局限性和保险人对胡椒种植保险商业经营模式的习惯，政府应该加大对胡椒种植保险的宣传力度，使得投保人对保险有认识、了解和投入使用这样一个过程，也使保险人能切身从胡椒种植户的角度出发制定合理的赔付制度，进而推动胡椒种植保险发展。

四、提高海南省胡椒产业质量，提高产业抵抗自然风险及市场风险，促进产业发展，农民增收的建议及措施

（一）构建海南胡椒质量安全保障体系

1. 加大新品种的培育及推广

海南省联合中国热带农业科学院、海南大学、海南省农业科学院等科研机构大力开展胡椒优良品种的研究，培育出最适宜海南种植环境的优良品种，并及时推广到主要种植区域。

2. 推广海南胡椒标准化生产技术规范

以海南省胡椒协会、主产区市县胡椒协会以及胡椒种植、加工龙头企业为依托，根据海南省现有胡椒标准化生产技术规程，开展海南胡椒标准化生产技术示范，并不断根据生产结果对标准化生产技术规程进行改进。

3. 出台海南胡椒质量认证体系

对标国际市场准入标准，根据国际、国内胡椒质量等级划分标准建立海南胡椒质量认证体系，详细制定海南胡椒各个等级的质量要求，对胡椒的收购严格按照等级标准进行，避免出现鱼目混珠，以次充好，破坏市场，影响海南胡椒的整体水平。

4. 提升海南胡椒的国际市场认可度

海南种植的胡椒，其胡椒碱含量基本上与世界胡椒主产国的胡椒碱含量一致。同时新鲜胡椒采摘后采用活水分层级浸泡脱皮或干晒脱皮等方法，解决了

白胡椒存有杂味的问题，使白胡椒粒（粉）品质纯正优良、气味芳香、辣而不烈，因其质优、味辣，在国际市场享有较高的声誉，已经成为出口的主打产品。

（二）提升海南省胡椒产业化组织水平

1. 推行适度规模化

集中周边分散、凌乱的胡椒种植，使其适度规模化、现代化，便于统一按照标准进行生产和管理。推广胡椒标准化种植理念，避免出现经验种植、传统种植思想。从国际胡椒单产水平来看，海南省胡椒单产水平与世界各胡椒主产国的单产水平还有一定差距，应借鉴生产大国胡椒种植技术、管理技术，结合本地胡椒特点，不断完善海南胡椒生产技术规范。

2. 鼓励海南胡椒产业走出去

一是走出海南，鼓励胡椒加工企业走出海南，去学习沿海发达地区胡椒先进的加工经验、国际贸易经验，改进目前农户自行用传统的加工方式进行加工的乱象。二是鼓励有实力的胡椒种植企业走出去，开发境外资源，政府提供补贴种植，加工企业购买各种种植、加工机器设备，扩大胡椒种植规模，启动胡椒深加工项目，提高胡椒产品质量和档次，提升胡椒的附加值。

3. 搭建新型经营主体

按照“建立一个协会，培育几个龙头，带动一个产业，激活一方经济，致富当地农民”的发展思路，培育、扶持胡椒生产、加工龙头企业，提高胡椒产业组织化程度，改善胡椒产业单产低、加工难、销售难、出口难的现状。创建海南胡椒名优产品，使其具有强大的引领作用，带动胡椒产业全面发展。加强对胡椒出口企业的政策扶植，在信贷、通关、口岸、商检以及交通运输等方面简化程序，减少不必要的环节，提高参与胡椒国际市场竞争的能力。

4. 加强产业融合

依托现有资源条件，以胡椒产业为核心，内引外联，以科技为支撑、以产业化为主线、以市场需求为导向，加强产业技术研发，延长产业链，推动胡椒种植与加工、旅游、互联网、科技服务等产业融合发展，打造“农业＋科技＋文化＋旅游”“农业＋互联网”等新业态，着力建设集种植、加工、仓储物流、贸易、科研、文化、乡村旅游于一体的胡椒产业特色小镇、产业集群、产业园、共享农庄、田园综合体等，实现胡椒一二三产业融合发展。同时利用洋浦港的优势，从东南亚国家进口胡椒原料，加工出胡椒油树脂、胡椒碱、胡椒油、胡椒粉等产品，利用海南自贸港或者区域全面经济伙伴关系协定（RCEP）的优惠政策出口销售。

（三）强化胡椒市场体系建设

一是健全和完善胡椒及其生产资料的现货市场和期货市场，使胡椒生产经营者能及时发现问题，规避风险，调节生产经营各项活动。二是在海南省建立一批设施先进、功能配套齐全的胡椒产地批发市场以及岛外主要区域专业性批发市场，形成规范的、统一的国内胡椒市场格局，从而提高市场交易、检测检验和信息服务的效率和功能，降低胡椒流通费用。三是加强胡椒市场信息系统建设，及时收集国内外胡椒相关产业政策、生产产量、市场需求等方面的信息，建立权威、专业、及时准确的信息发布平台，促使胡椒种植户和加工企业根据市场供求趋势和竞争情况不断调整生产经营决策，减缓因市场波动带来的不利影响。

（四）加强政府宏观调控力度

1. 推动海南胡椒种植向优势区域布局

根据海南省内各市县胡椒种植的比较优势，加大对优势市县胡椒种植投入，促使胡椒产业向集约化、规范化、标准化方向发展。出台对胡椒种植农户、加工企业等各项优惠政策措施，如综合农资补贴、农作物良种补贴、出口运输补贴，降低胡椒生产成本，提高农民种植信心和热情。

2. 提升胡椒从业人员技术水平

提升胡椒从业人员技术水平，把培育高素质的胡椒种植者视为胡椒产业发展的基础。海南省现有农村劳动力素质相对国内总体水平来说处于较低的水平，而高素质的农民往往是提升农业产业发展水平的关键。应该加大对胡椒从业者的生产技术、加工技术培训，把现代化胡椒生产经营技术理念快速传递给胡椒种植户、生产加工企业，促使其能够及时掌握和运用先进的科学技术进行胡椒生产和加工。

3. 加大科技投入

依托省内外农业科研机构，进一步加大对胡椒科研、推广的财政投入，采取多种形式支持重点科技项目和计划的实施，建立胡椒产品科技推广机制并不断完善。

4. 搭建稳定的胡椒产业保险机制和金融体系

海南省属于热带季风气候，台风、暴雨、干旱等自然灾害较多，为了规避因自然灾害和各种突发情况对胡椒生产的损失，可以建立胡椒产业保险机制，及时解决突发事件对胡椒生产造成的不利影响，维持其稳定健康的发展状态。

五、开展胡椒自然灾害保险和价格保险的意义

一是增强抵御自然灾害和价格剧跌的能力；二是稳定胡椒产量，提高胡椒种植户收入；三是推动农村金融健康有序发展。

六、胡椒产业发展的思考与展望

（一）搭建海南胡椒交易中心、定价中心

一是进一步完善海南胡椒现货价格指数体系。《中共中央、国务院关于支持海南全面深化改革开放的指导意见》提出“支持创设海南特色农产品期货品种”。海南国际热带农产品价格指数发布中心要在当前的价格指数体系上将胡椒纳入采集范围，编制科学的“国际胡椒现货价格指数体系”，打造系统性、权威性、常规性的指数发布机制，将指数开发、推广作为长期重点工作实施。

二是探索胡椒期货交易品种，建立全球胡椒期货交易中心，积极为海南胡椒在国际贸易中争取话语权。海南作为胡椒的优势产区，有条件去探索胡椒期货品种，加快我国期货市场与国际接轨的步伐，可借鉴东京工业品交易所、新加坡商品交易所等发展模式和成功经验，完善期货市场的运行机制、收储制度等，培育跨国先锋企业运作胡椒的国际贸易，争取胡椒的国际贸易话语权。

三是以现货指数为依托，促进海南胡椒市场建设。海南要进一步完善胡椒现货商品指数，以胡椒市场交易业务为主线，采用国际平台、保税交割、人民币计价等模式，通过双向对外开放，引入境内外投资者、国际大型供应商、生产加工商、贸易金融服务商参与，逐步提高我国在国际胡椒市场上的话语权，将海南逐步打造成为具有国际影响力的胡椒流通贸易与定价中心、结算中心、供应链金融中心、信息数据发布中心。

四是拓展市场合作空间，提供更为丰富的价格参考工具。海南国际热带农产品价格指数发布中心应与上海期货交易所建立深入合作机制，促进现货价格和期货价格的有机互动，共同打造胡椒市场的定价标准，成为国际胡椒市场定价的“风向标”，形成促进我国胡椒产业供给侧结构性改革的“推进器”。

（二）开展胡椒“保险＋期货”

1. 胡椒“保险＋期货”的意义

一是稳定当地胡椒种植户的收益预期；二是丰富胡椒产业兴旺的开展形式，彰显保险期货行业的独特价值；三是通过保费补贴的形式对胡椒种植户直接进行补贴，降低投保成本，推动胡椒种植户投保的积极性。

2. 胡椒“保险+期货”实施办法

太平洋产险根据胡椒的期货价格走势建立胡椒目标价格保险，胡椒种植户通过购入太平洋产险的方式为胡椒价格投保，继而转嫁了价格风险。太平洋产险买入期货公司的场外看跌期权，针对在自身公司投保的胡椒价格作出“再保险”，预防胡椒价格下降可能引发的赔偿风险。期货公司利用在交易所卖空胡椒期货合约的方式对冲保险公司售卖看跌期权的风险，最后建立了一个减弱各种主体的风险以及创造各种主体共同盈利的闭环。

3. 价值分析及推广建议

一是加快推动期货市场完善胡椒期货期权品种；二是补贴款项专款专用，确保使用过程透明；三是加强对相关业务人员培训；四是加大监管力度，完善监管体系。

（三）充分发挥金融保险对胡椒产业发展的助力作用

一是搭建胡椒产业经营主体信用体系；二是加大信贷支持力度；三是拓宽抵质押范围；四是设立助农服务点。

（四）利用自由贸易港免税政策发展胡椒深加工产业

胡椒深加工属于海南自由贸易港鼓励类产业目录，适用加工增值政策，除企业所得税、个人所得税等政策外，加工增值政策将与零关税等海南自由贸易港其他政策协同，带来巨大竞争优势。但是在海南设厂，产品的销售主要依靠国内市场，也面临着物流成本、投资成本等相对较高的劣势，要充分挖掘自由贸易港免税政策开展胡椒深加工。

（五）未雨绸缪，积极应对自贸港、RCEP 等经贸规则对海南胡椒产业的冲击

2018 年 4 月，海南开启自贸港建设；2022 年 1 月 1 日，RCEP 生效，海南胡椒产业必将受到国外低成本原料的冲击，产业发展将面临更严峻挑战。从全球格局来看，海南胡椒产业仍处于较为弱势的地位，海南胡椒价格易受到国际市场冲击，应进一步强化胡椒产业的科技支撑，提升我国胡椒产业的话语权。一是加快胡椒产业机械化进程；二是推广复合栽培技术；三是完善加工技术及工艺；四是完善胡椒产业链条。

（六）胡椒种业未来发展方向

1. 着力培育壮大本土胡椒种业龙头企业

按照“扶大、扶强、扶优”的原则，把培育壮大本土胡椒种业龙头企业作

为推进乡村产业振兴的关键环节，建立本土胡椒种业企业培育库，每年列支本土胡椒种业企业科技创新专项资金，对入库企业给予研发资助，重点扶持一批成长性好、潜力大的胡椒种业龙头企业，加大对胡椒种业科技创新的资金支持。

2. 支持本土胡椒种业企业建立科技创新综合服务机构

支持有条件有实力的本土胡椒种业企业，加大研发投入，在胡椒主产区建立集机制创新、业态创新、管理创新、服务创新等全产业链服务为一体的综合服务机构，开展种苗检验检测、土壤肥料检验检测、农药检验检测、技术评价（知识产权评估）、人才培训、生物安全与评价、对外合作与交流等服务。

3. 支持胡椒种业科技成果就地转化

加大胡椒产业科技成果就地转化奖励力度，设立本土胡椒种业龙头企业新品种引进、科技成果转化补助资金，以财政补贴的方式，鼓励种业企业吸纳并转化高校科研院所科技成果，引进国际国内先进的胡椒新品种、新技术等，实现产学研结合，培育一批创新能力强、科技含量高的胡椒种业企业。

4. 增强本土胡椒种业企业带动能力

鼓励本土胡椒种业企业并购国内外胡椒种业企业，做大海南本土胡椒种业企业。引导胡椒种业龙头企业向优势产区集中，推动企业集群集聚，培育壮大区域主导产业，带动一大批关联度大的“专精特新”胡椒加工中小企业发展，增强区域经济发展实力。

5. 出台相关政策，扩大开放，将胡椒种业融入“一带一路”倡议布局

充分发挥海南区域优势、种质资源优势，制定和出台相关政策，扩大开放，将胡椒种业融入“一带一路”倡议布局，搭建好海南面向“一带一路”热带国家的胡椒产业科技成果转化桥梁，帮助胡椒种业企业利用好国际国内两个市场两种资源，鼓励胡椒种业企业“走出去”、资源“走出去”。

6. 金融保险助力胡椒种业

一是创新金融服务模式。创新融资模式，聚焦胡椒育种业基地、育繁推一体化、种业全产业链设计政策性金融产品和服务模式，探索开发“种业贷”等系列信贷产品。二是设计胡椒种业投融资体系，研发以胡椒种业为主体的保险产品和再保险产品。三是支持育繁推一体化。发挥政策性金融示范先导作用，因势利导统筹多类要素，配置金融资源，因地制宜支持胡椒育种产业融合发展和育繁推一体化。四是建立胡椒种业风险分散机制。探索建立政府、农业政策性保险公司、胡椒种业企业等主体之间的分险协同机制，丰富胡椒种业保险的品种。

棉花种植“保险＋信贷”模式研究

太安农业保险研究院西北农业风险管理研究中心

一、研究现状及研究意义

近年来，国内外学者专家对“保险＋信贷”做了大量系统研究，从定性或模型分析入手，成果丰富，结论见仁见智，同样也适用于棉花种植及生产经营。现归纳如下：

一是农险保险和农业信贷的共同特性表现在体制变迁的同步性、曲折性和客户群共有性方面。二者均以农村金融体制变迁为大背景，直接作用对象为分布广泛且分散的农业生产经营者，主要包括农民和新型农业经营主体，这些共性使二者具备相互促进的可行条件。

二是多方共赢是二者相互促进的前提。农业信贷机构需要农业保险分担贷款风险，实现“帕累托”改进，以解决农业生产中不可规避的自然风险；信贷机构自然风险无法通过贷前调查、贷后跟踪防范，加之农户信用担保、资产抵押能力不足，增加了农业信贷风险，农业保险的参与将改善其面临的风险；农户是双重消费者也是双重受益者，通过“保险＋信贷”降低农业生产的不确定性，稳定农户收入预期，提高抗风险能力，以保险为依托增强信贷，从而放心开展种植生产，实现稳定增收。

三是“保险＋信贷”具有稳定农业投资收益预期功能。农业保险具有平滑农户收入的作用，从而为新型农业经营主体、家庭农场主、种植大户提供比较稳定的收益预期。当亩均产量减少、收入低于保障水平时，保险赔付可以有效补偿农民的收入。

四是增强提供信贷支持的服务作用。农业保险保单作为农业信贷的抵押品，有效解决农村信用体系不完整、抵押物价值评估不高或难以评估、信贷发展水平低等问题。保险保单可有力佐证经营者当期的生产规模、生产资料、预期收益，起到抵押担保、增信提额的作用，有利于提高农户的信用等级、授信额度。农业保险和抵押物一样，把潜在的借款人转化为实际借款人或提高现有借款人的贷款规模，从而扩大农业信贷市场。

五是降低金融机构农业信贷风险。“保险＋信贷”模式针对农户各阶段、不同季节的生产经营需求，对帮助农户快速恢复生产、实现收入保障，助推生产更具持续性、收入更具稳定性，激发金融机构扶持产业的积极性等均起到了积极作用。“保险+信贷”加强了保险和信贷主体之间的协作，有效防范道德风险，降低农业信贷经营风险及保险公司赔付率。将信贷发放与保险投保相挂钩等措施，可有效引导“保险+信贷”的正向互动，实现多方共赢。

六是实现信息资源共享，增强支农积极性。农业保险的保单信息查验、资料收集审核等业务特点，使保险机构的信息具有准确性和完整性，且保险机构的农业保险服务网络体系深入各村，银行对棉农的信用状况和风险等级评定时可以使用保险机构的信息资源，同时保险机构也可以从银行获取棉农的相关信息，既提高了准确性，又提高了业务效率，促进二者的协作发展。

“保险+信贷”模式充分发挥了金融保险的杠杆作用，运用在新疆棉花种植中，进一步加强了棉花种植的风险控制，助力解决生产及经营中信息不对称的问题，发挥保险和银行二者的聚合效应，通过良性互动机制，推动棉花产业可持续健康发展。

二、新疆棉花产业情况

（一）新疆棉花产业现状

1. 种植面积持续增长

新疆棉花占全国棉花播种总面积比例逐年提升。新疆作为我国最重要的棉花生产区，棉花播种面积连续 26 年全国排名第一，2021 年新疆棉花播种面积达 2 506.07 千公顷，较 2020 年增加了 4.17 千公顷，同比增长 0.17%。新疆棉花播种面积占全国棉花播种总面积比例逐年攀升，2021 年已占全国棉花播种总面积的 82.8%，较 2014 年的 52.0%增长了 30.8 个百分点。

2. 总产量超 500 万吨

新疆棉花产业经过多年发展，占全国总产量比例逐年增长。其棉花种植生产、收购加工、公证检验、仓储物流、纺织服装等已经形成完整的产业链，在我国棉花产业中的地位至关重要。2020 年新疆棉花产量达 516.1 万吨，较 2019 年增加了 15.90 万吨，同比增长 3.18%；2021 年较上年小幅下滑，2021 年新疆棉花产量 512.85 万吨，较 2020 年减少了 3.25 万吨，同比减少 0.63%。

新疆棉花产量占全国棉花总产量比例保持逐年增长趋势，2021 年新疆棉花产量占全国棉花总产量的 89.5%，较 2014 年的 65.9%增长了 23.6 个百分点。

3. 单位面积产量高于全国水平

新疆作为我国优质棉生产基地，近年来新疆棉花单位面积产量均高于全国平均水平，2020 年新疆棉花单位面积产量达 2 062.8 千克/公顷（即皮棉单位面积产量 137.52 千克/亩，按照 2020 年新疆棉花衣分率 39.42%，折合籽棉单位面积产量 348.9 千克/亩），较 2019 年增加了 93.93 千克/公顷（即皮棉 6.26 千克/亩，按照 2020 年新疆棉花衣分率 39.42%，折合籽棉 15.88 千克/亩），同比增长 4.77%；2021 年较上年小幅减少，2021 年新疆棉花单位面积产量为 2 046.4 千克/公顷（即皮棉单位面积产量 136.43 千克/亩，按照 2021 年新疆棉花衣分率 39%，折合籽棉单位面积产量 349.82 千克/亩），较 2020 年减少了 16.40 千克/公顷（即皮棉 6.26 千克/亩，按照 2021 年新疆棉花衣分率 39%，折合籽棉 16.05 千克/亩），同比减少 0.80%，但仍然高于全国平均水平。

4. 棉花生产基本实现了规模化、机械化生产

近年来、新疆以机械化采收为主线，集成种子处理、种（苗）床整备、精量播种、脱叶催熟、机械收获和储运加工等关键技术，建立棉花生产全程机械化技术体系，实现规模化推广应用。新疆棉花生产以规模经营为主，在棉花生产各个环节中实施以“精耕整地、精准播种、精准施肥、精准灌溉、精准田间生态监测、精细收获”为主要技术内容的精准作业，提高了自动化与智能化作业水平，提升了作业质量和劳动生产率，实现棉花生产的提质增效。

据新疆农业部门发布的 2020 年数据显示，新疆棉花机械采摘率已达 69.83%，其中北疆 95%的棉花是通过机械采摘的，且机采棉农田基本上是规模化经营的土地。兵团统计局数据显示，兵团拥有采棉机 2 760 台，机采棉面积 1 180 万亩，棉花机采率达 90.9%，新疆棉花生产已经实现高度机械化。

（二）影响新疆棉花发展的风险因素

1. 生产过程风险加大，生产成本刚性上升，植棉比较效益下降

由于新疆棉花生产的快速扩张，棉区水资源匮乏，水费提高，租地成本大幅上升，常年连作，土壤有机质含量降低，以及棉田过度使用地膜造成的残膜污染等因素，使棉花生产风险加大。棉花种植成本由 2010 年的 638 元/亩增加到 2021 年的 2 267.6 元/亩。自治区农业农村厅基层调研数据表明：以早中熟陆地棉（机采）为例，每亩地种子 50 元，化肥 251 元，水费 200 元，机力 360 元，地膜 60 元，农药 100 元，滴灌 100 元，人工 355 元，小计 1 476 元。土地流转费 600～1 000 元，取均值约为 800 元/亩。亩均收益：2021 年棉花平均收购价 10.4 元/千克×315 千克/亩（籽棉）=3 276 元；每亩成本：直接成本 1 476 元+土地流转费 800 元=2 276 元；每亩纯收益：3 276 元−2 276 元=1 000 元。而北疆高产棉区租地成本由两年前的 700 元上升到近 2 200 元。

2. 灾害风险上升

一是自然灾害风险上升，气候变化，灾害频发，每年因旱、涝、冰雹、风灾等受灾面积占播种面积20%以上。二是病虫害风险上升，在苗期和收获期是病虫害发展高峰期，蚜虫、棉蓟马、棉铃虫危害逐年加重，药物处理不当就会引发大规模虫害，造成棉花严重减产或大面积死亡；棉花枯萎病、黄萎病被称为棉花的癌症，目前在新疆棉区普遍发生。枯萎病的发生面积占种植面积的20%～30%，黄萎病在新疆棉区的70%～80%棉田中已有出现，过度化学防控降低土壤肥力，灾害风险上升引发植棉成本提高，效益下降。

3. 市场波动频繁，生产经营风险增加

棉花生产、流通、加工、纺织等环节组成完整的产业链，具有较强的系统性和辐射效应。随着棉花市场逐步放开，棉花价格由市场决定的机制基本确立，收购加工呈现多元化态势。新疆棉花近些年来价格波动较大，从2010年至2021价格在15 000～24 000元/吨间波动，给棉花生产、收购、加工、运输等环节带来很大压力。目前，国内棉花供需缺口仍需进口解决，而进口棉花价格普遍低于国内棉价，与新疆棉形成了竞争关系，增强了市场的不稳定性，也导致新疆棉花生产经营的不稳定。

4. 棉花产业链上各主体发展不均衡带来风险

首先，棉农处于弱势地位，收益不稳定。新疆棉花生产规模经营者和分散小农户，各占一半，在棉花收购中只能被动接受购买者确定的价格。农民植棉积极性随市场变化而变化，但跟不上市场变化，总是出现价格暴涨、种植面积减少，价格暴跌、种植面积大幅增加的滞后现象。其次，棉花购销企业尚未形成规模效应，竞争能力偏弱，棉花购销、加工行业单体规模较小、数量较多、竞争力较弱、抗风险能力较差，在开放的市场格局下，难以与国际大棉商相抗衡。再次，纺织企业面临不利的外部环境，产业结构升级迫在眉睫。

5. 西方国家霸凌制裁人为制造风险

早在2020年，美国政府就开始炒作新疆问题，9月要求海关与边境保护局禁止从新疆进口棉花，并且将这个禁令推向了整个供应链，要求棉纺上下游产业都不能含有新疆棉制品。从商业角度来说，这是西方资本企业企图将中国棉纺业长期赶出国际供应链，借机搞乱中国，引发动乱。

新疆的棉花无论从数量还是质量来说，都在全世界遥遥领先。近年中国纺织品行业也集体暴发，彻底突破了西方垄断的局面，中国纺织品的出口额占据全球纺织品出口额的50%左右，这些都让外国企业如鲠在喉。西方国家霸凌制裁人为加大了新疆棉花的风险因素，新疆棉花产业发展可能会因此产生波动。

（三）加强棉花种植“保险＋信贷”金融保险服务

在国家棉花目标价格直补政策的背景下，新疆棉花借贷主要呈现以下特征：一是棉花贷款需求进一步扩大。随着土地流转价格高涨、土地标准化建设等因素影响，植棉成本增加，导致植棉收益减少，植棉收益的减少使棉农生产资金缺口进一步扩大，加大了对借贷资金的需求。对棉农的调查结果显示，受访者中有近90％的棉农需要通过借贷筹集生产所需资金。二是贷款风险上升。在棉花目标价格实施前，国家实行棉花收储政策，使棉花价格有保证，棉花收入可以预期，贷款基本都能按时归还，贷款违约风险极小。试点目标价格后，一方面，棉花价格由市场决定，棉农植棉收入的不确定性增加；另一方面，目标价格补贴款到农户账户延后至次年二季度，造成了植棉农户阶段性生产资金不足，阶段性贷款需求增加。两项叠加，再加上前述各种风险因素影响，造成贷款需求上升。

近年来，多种形式“保险＋信贷”的金融创新实践，一定程度上缓解了金融支持农村经济发展过程中风险负担过重和农民生产过程中资金短缺的问题，实现了涉农信贷、农业保险和农村经济三方协同发展的良好局面。

三、实地调研

课题的实地调研充分考虑南疆、北疆以及地方、兵团的差异，在昌吉玛纳斯、沙湾乌兰乌苏、五家渠新湖及芳草湖、南疆喀什巴楚走访新型经营主体、家庭农场、种植大户以及部分轧花厂，听取调研对象对棉花种植“保险＋信贷”的需求及建议。

（一）北疆实地调研情况

2021年12月22—24日，为实地了解新疆棉花种植“保险＋信贷”情况，上海太安农险研究院专家聂新、新疆分公司副总经理朱明成带调研组前往北疆产棉大县开展课题调研。调研的对象为新型农业经营主体、家庭农场、种植大户。

在昌吉坞纳斯县广东地乡鑫福祥合作社，课题组从多角度与3位合作社负责人、2名种植大户沟通交流棉花种植的经营风险、资金需求等问题；在北五岔镇中棉集团玛纳斯棉业有限公司，课题组与中棉集团下属企业负责人进行沟通交流，从轧花厂、合作社的不同角度探究棉花种植“保险＋信贷”；在沙湾市乌兰乌苏镇三宫店村，调研组与当地家庭农场经营者刘洪全等5人，了解棉花生产成本及收益情况，调研棉花保险需求，就棉花“保险＋信贷”产品方案征求意见和建议。

2022 年 1—5 月，调研组再次回访玛纳斯县棉农，并将调研扩大至兵团区域五家渠。

玛纳斯县棉花种植面积 70 余万亩，占全县总面积的 77%，棉花产业是玛纳斯县主要支柱产业之一。在与棉农交流过程中，农户普遍反映在每年春耕的时候资金需求量较大，借贷资金大致占总投入的 30%～40%，资金来源一般为银行贷款，贷款利率在 7%左右，并且表示 2021 年 10 月后农户在银行贷款方面享受到政策红利，贷款利率相对较低，申办资料较为简易，“贷款需求”得到有效舒缓。贷款期限虽为期一年，但是棉农在秋收后会主动提前还款，一般用款时间为 9 个月。在调研过程中棉花“保险＋期货”、气象指数保险、产量保险等创新险种也引起新型农业经营主体的关注，这说明新型农业经营主体、家庭农场、种植大户更关注保险保障，对于保险保障收入、提升收益、支持信贷表示认可。

在五家渠芳草湖，新型经营主体、合作社、植棉大户对“保险＋信贷”的协同作用较为关注。通过发挥金融杠杆效应，保险介入“信贷”可对棉农进行一定的经济补偿，提高棉农抵御灾害的能力，使得棉农在遭遇灾害后，减少经济损失、快速恢复生产，助力农业生产更具持续性。这说明新型农业经营主体规模化种植后不断产生“提升保障水平”“稳定生产经营”“增加生产收益”等多种需求，这为在棉花政策性基础上增加商业性保险有了延展条件，有助于推进棉花种植“保险＋信贷”广泛应用。

在五家渠新湖农场，95%以上的农户以种植棉花为主，棉花生产为提高职工收入发挥了重要作用。近两年，各项生产资料的价格不断上涨，棉花种植成本不断提高，部分农户必须依靠农业信贷获得生产所必需的资金支持。为了提高农户的信用等级和抵御风险的能力，降低金融机构的农业信贷业务风险，当地积极探索棉花种植“保险＋信贷”模式，通过保险公司和银行相互合作，为农户提供有保障、无担保、流程简便的贷款渠道，通过资源共享促进涉农信贷、农业保险和棉农收益三方协同发展。基层连队干部认为，棉花种植“保险＋信贷”分散了涉农贷款风险，缓解金融机构风险压力，解决了农户贷款难的问题，棉花种植“保险＋信贷”协同作用促进了植棉效益提高。同时提出，保险公司和农村信贷机构推出的“保险＋信贷”新产品要安全可靠、简便。

北疆区域政策性农业保险覆盖率较高，全疆棉花政策性保险覆盖率达 92%，北疆比例 95%以上。随着管理水平提高、棉花品种更新、棉花单产不断提升，大面积的高产田不断涌现，北疆亩产在 400～450 千克的棉田已经很普遍。北疆地区现阶段的棉农主要矛盾由“缺少生产资金”转变为棉花集约化、规模化后新型农业经营主体、家庭农场主、种植大户“扩大规模、减少成本、降低风险、提升效益”方面，这一发展趋势恰为棉花种植“保险+信贷”进一步推广创造了良好环境。

（二）南疆实地调研情况

2021年以前南疆属于特困地区，农户普遍资金积累薄弱，生产经营长期依赖银行贷款，还款风险较大。随着摆脱绝对贫困，棉花种植逐步走向规模化经营。南疆棉花生产经营在土地流转、承包经营等政策引导下出现上升趋势。

南疆调研在喀什巴楚开展。巴楚夏马勒乡下辖9个村，棉花种植面积近6万亩，2021年亩产400千克。调研组就棉花种植“保险+信贷”、商业性保险产品等向经营大户宣传，普遍得到棉农关注。但部分种植大户，就信贷方面意愿不高，其重要原因是当地棉花产量较稳定、近三年内无大灾、收益预期波动较小，认为贷款买商业性保险虽增加了保障，但减损了个人利益，特别是商业险如未触达赔付则将稀释利润。这些真实反映了当地金融、保险发展尚停留在基础保障层面，多样的商业险保障作用、信贷的积极作用及应用仍需试点实践或加大宣传去培育和引导。

在南疆开展棉花经营的有外来大户，他们的特点是自有资金充足，为获取高收益通常为规模化生产。这些专业种植大户，因为缺少资质，信用评级低，难以顺利获取银行贷款，解决棉花生产资金的方式通常使用民间借贷完成；而南疆本地农户中小规模经营者多，自有资金积累不足，其经营中信贷需求强烈。而这也是“保险+信贷”在南疆的主力人群。

从南疆社会经济发展整体来看，南疆在完成脱贫攻坚任务后，农村土地流转规模快速扩大，经营权流转优化了南疆农村土地资源配置，赋予了南疆农业和农村经济巨大的活力，同时给“保险+信贷”的推广带来契机。其一棉农资金的需求加大，生产风险加大，土地流转规模的扩大，必然促进土地交易市场的繁荣，这就会在一定程度上刺激棉农对于生产经营资金的需求。其二，规模化的棉花生产，不断提高棉花生产效率，必然使得南疆地区的农业向资金密集型和技术密集型发展，种棉大户、新型农业经营主体为了提高生产效率、扩大种植规模，对于生产资金的需求不断上升。其三，土地流转，承包经营权的获得，使得棉农可抵押财产范围扩大，从而将大幅降低农村融资成本，极大增加了信贷业务的办理可能性。

生产规模的进一步扩大和生产经营投入的进一步增加，都会让信贷的需求进一步扩大，但同时也会催生出更多经营的风险。棉花“保险+信贷”能够更好地规范棉农相关信息的统计，使农户信贷业务审核容易通过，进一步激励需求增加，增进业务达成，为南疆棉花产业发展创造良好氛围。

（三）“四新”结合“保险＋信贷”案例

实地调研发现，政府引导的棉花“保险＋信贷”，公信力高，推广简易，费用较低，保障充足，有利于新技术、新产品、新服务、新农资的推广普及。

以五家渠为例，所在地第六师农业农村局牵头，农资公司联合科技局、金融机构、保险公司等多家单位，结合新农资推广制定详细的优惠政策，具体为：

“菌淋田下”微生物菌剂每千克零售价 225 元，棉花每亩使用 800 克。对使用生物菌剂的棉农，农资公司每亩补贴 20 元农业种植保险；在职工群众购买种植保险的同时，每亩赠送 10 元产量保险，合计每亩补贴 30 元（以每亩地使用 800 克“菌淋田下”微生物菌剂的面积作为保险的投保面积）。

产量保险：由第六师师内各家保险公司提供，即种植户在哪个保险公司购买政策性农业保险，即可在该保险公司里享受产量保险。承保基本标准为此农户 2018 年、2019 年、2021 年三年平均产量，“一户一议”，每亩最高赔付 350 元。

产量保险具体流程如下：一是各团连队两委公示 2018 年、2019 年、2021 年三年平均产量，种植棉花并购买菌剂的农户签字确认；二是连队两委会把相关数据报送至对接的保险公司；三是农资公司统计购买菌剂的农户信息，姓名、使用亩数、身份证号、电话号码报送保险公司；四是在棉花收获后，如种植户确实出现损失，连队两委会提供实际产量后，保险公司根据实际损失产量进行赔付，最高赔付至 350 元。

（四）商业性棉花目标产量保险

保险责任：为保险期间内，因自然灾害及病虫害原因（非投保人或被保险人故意行为和责任免除原因的）导致被保险人实际平均亩产低于目标亩产的，视为保险事故发生，保险人按照本保险合同的约定负责赔偿。

每亩保险金额及免赔率：每亩保额 350 元，保费 10 元/亩，免赔率 4%。赔偿处理：棉花赔偿金额＝当年棉花价格×损失产量×投保面积。

赔付举例说明：假如目标亩产商定为 400 千克/亩，最终实际亩产为 350 千克/亩，假如当年棉花价格为 8 元/千克，损失产量＝400－350－16（绝对免赔额 4%，即 400 千克的 4%为 16 千克）＝34 千克，则每亩赔偿的金额：当年棉花价格 8 元×34 千克＝272 元/亩。

信贷方面：使用“菌淋田下”微生物菌剂的农户在五家渠兵团农行办理农户贷款，实行免抵押、免担保、不计息、纯信用政策（20 万元以下），年化利率 3.8%～4.25%。购买菌剂农户：直接享受 3.8%最优惠年利率，不限制购买菌剂亩数，所有种植亩数都可以享受最低利率。

贷款方式及所需材料：贷款按天计息，不提前扣利息，按需实时放款；利随本清，额度不使用，不计息。可提前偿还贷款，随借随用，额度循环使用，全流程线上操作，方便快捷。准备材料：身份证（夫妻双方）、户口本、结婚证、房产证、土地承包或流转合同证明、农机用具等资产类证明，农行工作人员上门办理登记手续。

在五家渠政府牵头下，本项目试点开展较为顺利，至 7 月 15 日已承保 7.64 万亩，保费规模 76 万元，涉及 9 个团场 109 个连队。该试点显现的保险费率低、赔付高等特点与保险保障风险、保本微利的商业原则、可持续发展要求有一定差异，后期课题组将密切关注，及时总结试点结果。

从调研中来，到实践中去。由棉花“保险＋信贷＋新农资”引申出新技术、新产品、新服务、新农资结合的“保险＋信贷”符合现阶段棉花产业发展实际，有力推进了棉花产业稳健发展。

四、新疆棉花保险＋信贷融资模式

（一）新疆棉花保险＋信贷融资模式

针对新疆棉花产业特点、棉花生产种植不同环节贷款需求情况及政府政策的不同，调研组总结“保险＋信贷”的四种融资模式，这四种模式对象均为新型农业经营主体、家庭农场主及种植大户。

1. “保单贷”融资模式

“保单贷”融资模式是农户在购买政策性保险后，以保单为质押物，向银行申请提高贷款额度或直接贷款的一种担保贷款方式。目前农业保费分为政策保险保费、商业保险保费。相较棉花的完全成本 2 200 元，政策性保费仅占棉花完全成本的 3.18%，农户自缴 20 元，仅占棉花完全成本的 0.9%，对农户资金需求压力不大，信贷需求不强；但商业性补充保险保费（每亩折合保费 35 元）约占棉花成本的 1.59%，棉花收入保险保费（每亩折合保费 180 元）约占棉花成本的 8.18%，对于规模经营者和大户，有较强信贷需求。“保单贷”可有效解决商业险成本高这一难题，农户购买政策性保险，再向银行进行贷款购买商业性保险，能适度提升风险保障水平。

2. “经营贷”融资模式

“经营贷”融资模式是指棉农棉花种植过程中，针对新型农业经营主体、家庭农场、种植大户各项生产资金（包括种子、农药、化肥、机械费、水费等）的需求所形成的“保险＋信贷”的金融协同行为。种植棉花过程中生产成本较大，一亩地成本 2 200 元左右，春耕需要投入种子、人力、地膜、滴灌带等费用，种植中期需要投入水费、农药、化肥等，收获期需要投入采收、运输费用，特别是高产优质棉花投入成本高，资金需求较大。“经营贷”融资模式能保障新型农业经营主体、家庭农场、种植大户在棉花种植生长周期中的资金需要，降低信贷资金的风险，是保险机构介入农业信贷风险管控和发挥金融稳定器的主要途径。

从费率和效率两方面看：

“经营贷”融资模式合计费率＝保险费率＋银行信贷费率＋其他（农担费率等）≤市场民间借贷平均费率。

在费率接近或相等的情况下，“经营贷”融资模式简易性、时效性要强于“直接信贷”或民间借贷，才具备介入的可能和优势。

3. “直补贷”融资模式

棉农在享受政策性保险的基础上，同时享受国家棉花目标价格直接补贴，直补资金到翌年二季度才能到达农户账户，此期间农户备耕春耕有大量生产资金需求，运用“保险＋信贷”可满足棉花第二年备耕春耕资金缺口，形成“直补贷”融资模式。棉农购买政策性保险后，遇到备耕资金短缺有贷款需求时，可凭借保单及棉花“直补”情况作为授信资料，向银行申请贷款，待国家棉花直补款发放后优先用于偿还贷款，在借款人不能正常履行贷款偿还义务时，保险公司按照合同约定，向债权人承担贷款的损失赔偿责任，向投保人追偿权利。

4. “组合贷”融资模式

“保单贷”融资模式、“经营贷”融资模式、“直补贷”融资模式三种模式

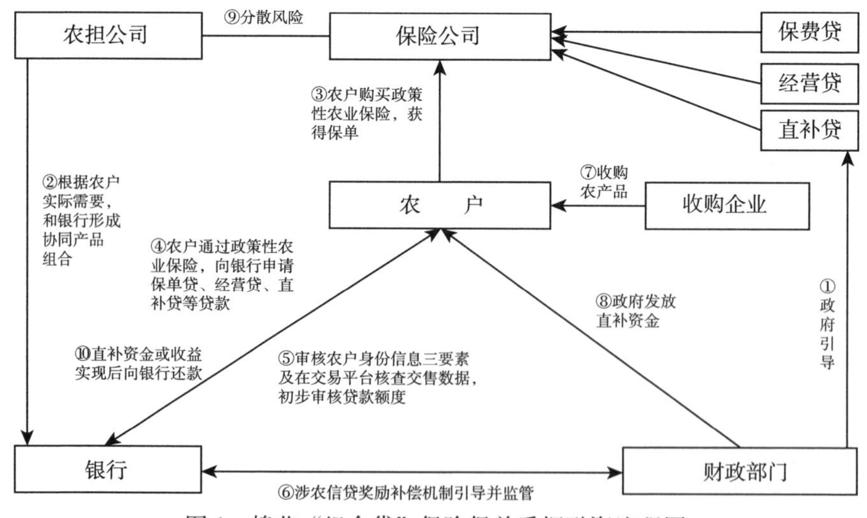

图1　棉花“组合贷”保险保单质押融资流程图

在实际中可组合使用，在棉花生产的不同时期结合生产、经营需求提出解决方案，对提高棉农的参保积极性、主动性，降低银行资金风险有积极作用。组合贷融资模式通过保险保单质押增信功能，加保“商业险”完善保障体系，解决信贷问题。考虑到涉及资金需求额度较大，可以考虑在此模式中引入农业担保公司，将银行贷款的一部分风险分散到农担公司。以前由一家金融主体承担的风险现在分散到三家金融主体，使银行有信心投入贷款资金，实现农户、银行、农担、保险公司四方盈利（图 1）。

（二）新疆棉花直补融资模式

在上述几种“保险＋信贷”模式中，由于新疆棉花享受国家直补政策，“直补贷”融资模式更具现实意义，值得进行重点研究。

1. 新疆棉花直补政策

新疆棉花直接补贴遵照国家发展改革委、财政部印发的《关于完善棉花目标价格政策的通知》（发改价格〔2020〕474 号）执行。政策框架总体稳定、保持支持力度总体不减、保障国内棉花自给率的同时符合世贸规则。从 2020 年起，新疆棉花目标价格水平为每吨 18 600 元，同步建立定期评估机制，每三年评估一次，根据评估结果视情况调整目标价格水平。如遇棉花市场发生重大变化，报请国务院同意后可及时调整目标价格水平。如棉农的棉花平均售价低于目标价格，棉农将会领到与 18 600 元/吨差额部分的财政补贴，这一举措为棉农吃了“定心丸”。

但本政策也有其劣势，如农产品价格由市场供求形成，价格与政府补贴脱钩，直接补贴资金下拨周期较长，最长可达 10 个月。

2. 新疆落实棉花直补政策的情况

新疆是中国重要的产棉区，南北疆产棉区跨度大、产量不一、品质不一、收购价格不一，为确保棉花直补资金精准发放到位，新疆建立了“棉花目标价格信息平台”。

棉农交售棉花前，登录棉花目标价格信息平台，查询信息平台是否已录入准确的个人信息和种植信息；交售棉花时，将棉花交售到加工企业（加工企业必须是经自治区/兵团棉花目标价格改革公示的企业）；如棉花交售给棉花二道贩子信息系统无法核实，则无法享受补贴；兵团棉农在交售棉花如果跨师市、团场种植棉花，需向棉花加工企业明确所交棉花的土地种植信息并领取发票，核对发票信息和信息平台上的籽棉交售信息。棉花加工厂及时录入籽棉交售信息并上传至价格信息平台。

棉花交售日期一般截止于次年 1 月 31 日。直补资金经审核后发放，直补到农户手中，一般为次年二季度逐步分阶段发放，最晚至翌年 9 月。

3. 探索保险＋信贷“直补融资模式”

当市场价格远低于国家直补棉花目标价格时，农户在10月收获后至翌年春耕时备耕资金就成为其刚性需求。对于规模生产者而言，棉农的大额信贷审批较难获得预期额度。“保险＋信贷”的风险保障、增信增额则为农户需求提供了解决路径，为探索棉花保险＋信贷“直补融资模式”提供了契机。

棉花保险＋信贷“直补融资模式”主要解决棉花直补资金发放较晚带来棉农春耕资金短缺的问题。具体为当农户存在风险分散需求和贷款意愿时，可首先购买农业保险（提供已交售棉花凭证及发票、村或团场两委证明），再将农业保险保单质押给合作银行申请贷款。当农户农业生产遭受保险责任范围内的损失时，政府直补资金、保险赔偿金首先支付给银行偿还贷款本息，若有剩余再归还给农户。

如农户需求金额较大，保险公司还可和农户签订《农业保险履约保险》，就信贷以外额度进行风险保障，通过多元服务巩固现有区域，扩大保险公司在当地的影响力，为商业性保险营销建立良好的客户基础。

在该模式中，前期保险公司负责宣传直补融资模式和农业保险业务，调动农户参加农业保险的积极性；确定客户有需求后验明直补资料、实际耕种情况、权属证明等资料，完成保单签署；后期做好保险承保、理赔工作，切实保障生产风险。合作银行根据直补资料、保险保单以及保险公司给予的本笔业务已报告赔付率、预期赔付率等资料，给予农户授信增额支持。

通过此模式，农户享受到提前使用直补资金的便利、保险的风险保障以及授信增信支持，补充了因市场波动、政策执行时滞造成的资金不足，可放心投入春耕生产中。

（三）新疆棉花“直补＋”融资模式

规模化经营的棉农更关注提升产量、质量、保障预期收益、稳定整年收入。因此，在了解棉农需求上，课题组尝试探索棉花保险＋信贷“直补＋”融资模式，即引入农担公司或提供新技术、新服务的公司等主体参与其中。

本模式参与主体共五方，主要为：①新型经营主体、家庭农场主：本模式的需求方，也是主要服务对象，同时是被保险人、贷款人；②保险公司：提供风险保障及合适的保险产品，为农户提供全方位种植保障，当低于保障收入时，公司按试点方案进行及时赔付，保障棉农预期收益；③合作银行：根据保险公司的保单以及农户直补资料提供贷款支持；④技术公司：提供物联网技术，科学指导农户种植，在不同产区提供增产、稳产、提质的因地制宜的全生命周期技术支持；⑤农担公司：提供贷款担保，增强风险保障。

该模式具体流程为：当农户存在风险分散需求和贷款意愿时，可在购买政策性保险基础上叠加购买棉花收入保险，参与收入保险试点项目；合作银行按保单及直补资料证明，审核贷款额度并发放贷款，委派所属分支机构配合保险公司为棉农办理开卡业务，当直补资金和理赔赔款到账后优先偿还银行贷款；科技公司为参与试点方案的农户提供服务，是将数据作为新的生产资料，用算力代替新的生产工具，用算法模型来调整生产方法，对棉花生长过程中所需水分、水分蒸发量、水分吸收量、施肥施药剂量等一系列棉花在不同生长周期被“模糊”处理的问题通过实时定量精确把控，将科技与棉花各个环节实现有效融合，提前制定防灾减损方案供棉农实施，将灾害损失降到最低，有效提高棉花产量和品质；农担公司为信贷担保，保障信贷风险。

具体实施中，信贷银行仍作为资金纽带，保险公司则作为风险保障纽带。一是银行依据保险公司与农户签订政策性及商业保险合同，按照直补金额及年度保障目标合理预估农户融资总需求；二是引入“数字科技＋收入保险”，为农户年度收入锁定目标价格，稳定农户种植预期收益；三是保险承担了农户商业险部分利息，通过贴息的方式，减轻农户的负担，实现全方位的资金需求和风险保障作用。

五、思考与建议

在新疆棉花农业信贷市场中引入农业保险后，农业保险不仅可以发挥控制风险的职能，加强农户风险保障，更是为农户提供信贷支持，服务新型经营主体及合作社、种植大户生产经营的信贷需求。

课题组就棉花种植“保险＋信贷”下一阶段工作方向建议如下：

（一）把握机遇，做好市场研判和准备

从中储棉信息中心发布的信息来看，2022 年新疆棉花供大于需的格局已呈现。国家棉花市场监测系统数据显示，全国累计销售皮棉同比减少。

在 2021 年棉花库存大量结余的情况下，2022 年新花产量预计增加，棉市压力加大。棉花销售缓慢，下游采购的积极性降低，特别是在棉价大幅波动的情况下，很多企业望棉生畏，担忧刚采购完棉花，价格再下跌，从而造成企业亏损。在这种行情下，开展棉花种植“保险＋信贷”模式、提升棉农种植积极性意义深远。

（二）稳定预期，持续提升棉农收益

2021 年收购期间，籽棉价格高开高走，机采棉价格一度涨至 11.5 元/千克以上，棉农收益丰厚。2022 年植棉成本提高，而价格令人担忧，在 2021 年

10—11 月籽棉收购高峰期间，期货价格达到了 21 000 元/吨，最高价格一度达到了 22 000 元/吨以上。2022 年 7 月底，期货价格已经跌至 15 000 元/吨，同时现货价格也出现了大幅下跌，成本支撑荡然无存。以期货价格 15 000 元/吨为标准，预计 2022 年的植棉收益下降幅度较大。部分轧花企业 2021 年以高于期货价格收购加工皮棉，导致无法按期套保，亏损持续加大，2022 年仍有收购加工能力的企业会以低于期货的价格收购，为套保留出空间。另外，轧花企业的积极性也出现了下降，在可供加工资源量增加、收购加工能力下降的情形下，籽棉价格较 2021 年下降在所难免。

运用新疆棉花“保险＋信贷”模式将棉花的市场波动影响降到最低，对稳定新疆棉农预期、持续提升棉农收益发挥积极作用。

（三）加强宣传，培育良好的推广环境

在课题研究的基础上，要不断结合实际加强沟通联络，积极争取政府相关部门的支持，充分协商，合理分配利益，调动参与方的积极性，使各类产品有效落地。充分发挥政策优势，充分发挥信贷机构、保险公司优势，充分发挥基层金融机构的金融产品创新能力，充分利用基层金融机构业务范围与棉农需求更加接近，及其工作人员更加了解棉农金融产品需求的优势，让基层保险机构和金融机构更多参与棉花种植“保险＋信贷”融资模式协同产品的设计开发、试点应用与落地推广。

肉牛养殖业保险
纳入中央财政补贴可行性研究

太安农业保险研究院北疆生态保护研究中心

一、内蒙古肉牛养殖业发展特征

（一）肉牛养殖业发展具备优良的自然条件

内蒙古位于北纬37°24′—53°23′东经97°12′—126°04′，是横跨经度最广的省区，区域面积广阔，土地总面积118.3万平方千米，占全国总面积的12.3%，位列全国第三。其中耕地面积较少，仅有0.92万平方千米。由于地区所跨纬度为中温带且地处内陆，每年的降水量大约在380毫米左右，一年内的平均光照时间在3 000小时左右，每年的平均气温都在0℃以上。因为其良好的气候环境，非常适合畜牧业的发展。气温与湿度十分适宜牧草的生长和大牲畜养殖。草地面积十分可观，有86.7万平方千米，其中可利用草场面积68万平方千米，占全国的31%，提供了内蒙古地区肉牛产业发展最根本的基础条件。因其特殊的地理环境和气候条件，内蒙古成为国家重要畜牧业基地，位居全国五大牧区之首，对于肉牛产业的发展来说具有独特的资源优势。

（二）肉牛饲养方式特征逐步转变为舍饲养殖

放牧和舍饲是我国肉牛的两种主要饲养方式，在日粮、饮水、环境、饲养管理与动物福利等方面存在着很大差异。内蒙古作为我国肉牛的主产区之一，饲养方式一直以放牧饲养为主。但随着农区粮食资源的逐年丰富和人们膳食结构的改变，牛肉的需求量较之前大幅增加，为提高产量，除了通过引进外来高产种质资源杂交改良本地品种外，饲养方式也由放牧转向舍饲，散养育肥转变为“架子牛”育肥。舍饲养殖可根据肉牛不同生长发育阶段的需求，为其提供合理的日粮配比，能够有效提高肉牛生产性能，缩短育肥时长，增加养殖效益。近年来内蒙古舍饲肉牛养殖得到迅速发展，逐步在肉牛产业中占据主导地位。

（三）肉牛品种改良效果良好

内蒙古肉牛饲养品种主要为蒙古牛、三河牛、科尔沁牛、西门塔尔牛和草原红牛等，具体如表1所示。其中以蒙古牛分布最广，而三河牛是我国自主培育的第一个乳肉兼用型新品种，也是内蒙古重点推广的优良品种。近年来，为推进肉牛品种改良，扩大优质肉牛养殖规模，内蒙古引进并推广了西门塔尔牛，主要分布在通辽高林屯种牛场和嘎达苏种牛场，其改良效果良好，科尔沁牛就是用西门塔尔牛改良的传统蒙古牛。除此之外，内蒙古还陆续引进了安格斯牛、利木赞牛、夏洛来牛等优质肉牛品种。

表1 内蒙古现存主要肉牛品种

品种	分布地区	用途	生产性能	繁殖性能（平均妊娠期）
蒙古牛	锡林郭勒盟、通辽市、赤峰市、兴安盟	乳肉兼用	年平均产奶量700千克 净肉率35.6%	285天
三河牛	阿拉善盟	乳肉兼用	年平均产奶量3 600千克 净肉率40.2%	285天
科尔沁牛	通辽市	乳肉兼用	年平均产奶量3 200千克 净肉率51.9%	283天
西门塔尔牛	通辽市	乳肉兼用	年平均产奶量4 700千克 净肉率48%	283天
草原红牛	赤峰市、锡林郭勒盟	乳肉兼用	年平均产奶量2 000千克 净肉率44.2%	283天
利木赞牛	通辽市、赤峰市、锡林郭勒盟	肉用	净肉率60%	283天
夏洛来牛	通辽市、赤峰市、锡林郭勒盟	肉用	净肉率65%	283天
安格斯牛	通辽市、赤峰市、锡林郭勒盟	肉用	净肉率53.8%	280天

数据来源：中国畜牧业信息网。

（四）肉牛生产能力不断提升

内蒙古自治区肉牛产业供给能力不断提升，肉牛的存栏量、出栏量及牛肉产量基本保持稳速增长，详见表2。

表 2　2010—2019 年内蒙古自治区肉牛存出栏量及牛肉产量

单位：万头；万吨；%

年份	存栏量			出栏量			牛肉产量		
	内蒙古	全国	占比	内蒙古	全国	占比	内蒙古	全国	占比
2009	290.0	5 918.8	4.90%	294	4 602.2	6.39%	47.4	626.2	7.57%
2010	363.7	6 738.9	5.40%	306.8	4 716.8	6.50%	49.7	653.1	7.61%
2011	342.1	6 646.4	5.15%	306.8	4 670.7	6.57%	49.7	610.7	8.14%
2012	346.4	6 698.1	5.17%	316.3	4 760.9	6.64%	51.2	614.7	8.33%
2013	369.9	6 838.6	5.41%	320.2	4 828.2	6.63%	51.8	613.1	8.45%
2014	388.3	7 040.9	5.51%	336.8	4 929.2	6.83%	54.5	689.2	7.91%
2015	423.2	7 372.9	5.74%	326.4	5 003.4	6.52%	52.9	616.9	8.58%
2016	444.8	7 441	5.98%	339.7	5 000.0	6.79%	56.0	716.8	7.81%
2017	526.5	6 617.9	7.96%	363.2	4 340.3	8.37%	59.0	634.6	9.30%
2018	489.8	6 618.4	7.40%	375.1	4 397.5	8.53%	61.4	644.1	9.53%
2019	626.1	9 138.3	6.85%	383.31	4 534.0	8.45%	63.8	667.3	9.56%

数据来源：《中国畜牧兽医年鉴》《内蒙古统计年鉴》。

由表 2 可以看出：2010—2019 年的 10 年里，内蒙古肉牛生产发展态势良好，牛出栏量增速虽缓，但保持着增长状态；牛存栏量波动较大，但增长速度也较快，经计算 2019 年（626.1 万头）牛存栏量较 2010 年（363.7 万头）增长了 72.1%。牛年末存栏量大多保持着出栏量 1 倍以上的水平，体现着肉牛生产充满活力，肉牛产业未来生产供给很有保障。与增速较缓的出栏量不同，10 年来内蒙古牛肉产量增速较快，尤其是在 2017 年和 2019 年这两年呈跳跃式增长。从内蒙古肉牛生产占全国的比重来看，牛存栏量占比低于出栏量占比，而牛肉产量占比均高于存栏量、出栏量占比，说明内蒙古肉牛生产为全国做出较大贡献，体现了内蒙古较高的肉牛生产水平和肉牛产肉能力。

二、肉牛养殖业经营风险微观分析——以通辽市为例

（一）调研养殖户基本情况

通过 2022 年 1 月在通辽市科尔沁区、扎鲁特旗、奈曼旗所辖村、嘎查进行实地入户调研，共获得 97 份有效调研问卷。被调查养殖户中大部分都是男性，占样本总量的 87.63%；45 岁以上的中老年人数占到了样本总量的一半以上，达到了 52.58%；高中以上学历的被调查养殖户只有 4 人，大部分养殖户

只有初中或小学学历，占样本总量的71.13%；被调查养殖户家庭人口规模为1～6人，其中3～5人的人口规模所占比例最高，达到了74.23%；家庭劳动力人口规模为1～4人，其中规模为2人的所占比例最高，达到了60.82%。

（二）养殖户肉牛养殖规模分析

1. 养殖户肉牛养殖规模总量

通过分析养殖户肉牛养殖规模总量可以发现，在饲养选择方面，2019—2021年大部分养殖户均饲养了能繁母牛和犊牛，占比分别达到了93.81%和88.66%；而很少有养殖户饲养育肥牛，占比只有7.22%。在养殖规模结构方面，能繁母牛的饲养规模最大，2021年饲养总量达到了2 140头；犊牛饲养规模其次，总量为1 021头；而育肥牛饲养规模最小，仅达到了191头，具体情况见图1。在养殖规模增长率方面，2019—2021年犊牛、能繁母牛、育肥牛的养殖总规模基本上均呈现逐年递增的态势，但是2021年肉牛养殖规模增长速度明显低于2020年的增长速度。2020年，犊牛、能繁母牛、育肥牛的饲养规模增长率均达到了30%以上。2021年，仅有能繁母牛养殖规模增长率较高，达到了26.85%；犊牛养殖规模增长率从2020年的30.08%下降到2.20%，育肥牛增长率出现了负增长，同比降低了0.52%。

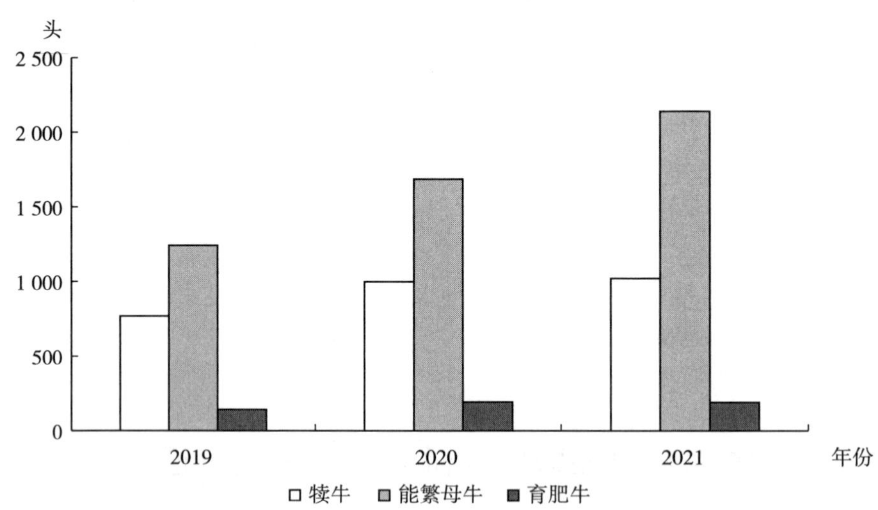

图1　被调查养殖户2019—2021年肉牛养殖规模总量

由此可见：一是肉牛养殖户比较倾向饲养能繁母牛，而不愿意饲养育肥牛；二是2020年肉牛产业养殖规模迅速扩大，而2021年规模扩大的速度明显减缓。其中，犊牛养殖规模增长率下降幅度较大，说明大部分养殖户在2021年没有选择继续扩大犊牛的饲养规模，而是保持了扩大能繁母牛的饲养规模；

三是育肥牛的饲养规模一直保持着较低水平。

2. 养殖户肉牛养殖规模个体差异

通过分析被调研养殖户的个体养殖规模可以发现，在犊牛养殖规模方面，被调查的97户肉牛养殖户中在2021年有84户饲养了犊牛。其中，养殖规模在100头以上的仅有1户；养殖规模在31～100头的养殖户有5户，占比为5.15%。此外，大部分养殖规模均在30头以下，1～5头的养殖户有39户，占比达到了40.21%；6～10头的养殖户有17户，占比为17.53%；11～30头的养殖户有22户，占比为22.68%。在能繁母牛饲养规模方面，2021年有91户饲养了能繁母牛。其中，大部分养殖户的饲养规模在6～10头或者11～30头，占样本的比例分别为31.96%和27.84%；1～5头的散户占样本比例为15.46%；31～100头的小规模养殖户占样本比例为14.43%；100头以上的较大规模养殖户占样本的比例为4.12%（图2）。在育肥牛饲养规模方面，2021年仅有6户养殖户饲养了育肥牛，其中3户饲养规模在30头以下，3户饲养规模在31～70头。

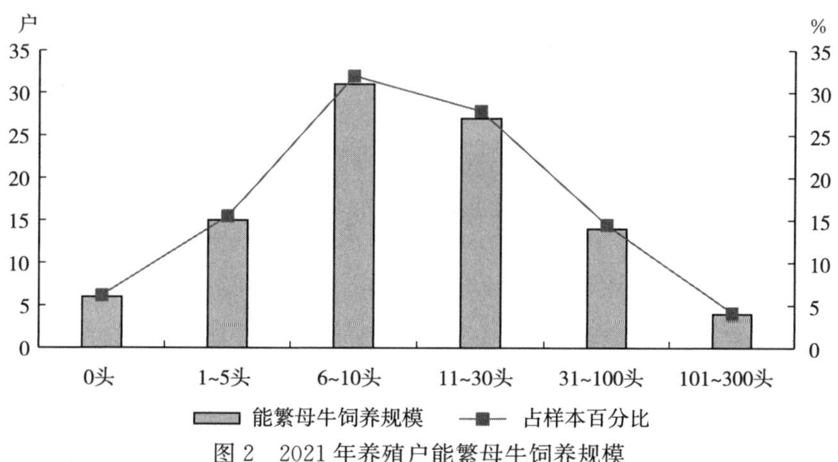

图2　2021年养殖户能繁母牛饲养规模

由此可见：一是通辽市肉牛养殖户犊牛养殖仍以零散户为主，养殖规模普遍偏小，养殖规模在30头以上的占比不到7%；二是能繁母牛的饲养规模相对较高，养殖规模在30头以上的养殖户占比可以达到20%左右；三是很少有养殖户选择饲养育肥牛，说明通辽市肉牛产业链中的深度育肥环节存在问题。

（三）通辽市肉牛养殖户养殖成本、收益及风险分析

1. 养殖户肉牛养殖成本分析

（1）肉牛购入成本。通过分析养殖户肉牛的购买成本可以发现，在被调查

的 97 户养殖户中，2021 年有 56 户没有购买肉牛，所饲养肉牛均为原有规模进行的转群饲养。有 41 户养殖户扩大了养殖规模，新购入了部分肉牛，其支付成本的平均水平为 27.72 万元，购牛成本最高的达到 159.9 万元，最低的 1.2 万元；其中，购牛成本在 1 万～10 万元与 10 万～50 万元的养殖户所占比例一样高，均为 41.46%。另外，有 7 户购牛成本达到了 50 万元以上，占比为 17.07%。

（2）肉牛饲料成本。通过分析样本养殖户饲料成本可以发现，除了为了扩大养殖规模大量购买牲畜的情况，饲料成本是肉牛养殖户最大的支出成本。2021 年，被调查的 97 户养殖户平均饲料成本为 110 689.9 元/年，饲料成本最高的养殖户花费为 143.07 万元/年，最低的仅花费了 3 000 元/年。其中，大部分养殖户在饲料成本上的支出为 2 万～10 万元/年，占样本总量的比重为 58.76%；饲料支出成本在 2 万元/年以下和 20 万元/年以上的养殖户占比分别为 12.37% 和 13.4%。另外，饲料支出在 10 万～20 万元/年的比重为 15.46%。

（3）其他成本。除牲畜购买成本、饲料成本之外，肉牛养殖过程中需要较高的医疗成本，2021 年被调查的 97 户养殖户均支付了金额不等的医疗成本，平均水平为 9 619.38 元。另外，有 25 户在 2021 年新购买了养殖设备，平均支付水平为 48 585.42 元；有 16 户进行了养殖设备维修，维修费用平均花费为 3 602 元。有 10 户在生产养殖过程中产生了雇工费用，平均花费为 62 750 元。此外，肉牛养殖户在消毒清洁用品和电费方面的支出平均水平分别为 572.47 元和 2 370.33 元。

（4）成本分析。综上所述可以发现：一是扩大生产规模需要大量资金支持。通过分析 2021 年扩大了生产规模的养殖户可以发现，增加肉牛的养殖规模需要支付高昂的生产资料成本，这也是肉牛产业区别于其他牲畜养殖业与种植业的重要特征之一，即产业规模扩大需要金融的大力支撑；二是肉牛养殖过程中需要支付的日常成本中，饲料成本是最高的成本；三是肉牛养殖机械化程度低。分析结果表明，只有较少的养殖户拥有养牛机械设备，养殖户对于机械化养殖资金投入较低。

2. 养殖户肉牛养殖收益分析

通过调查养殖户肉牛养殖收益情况可知，被调查的 97 户养殖户 2021 年出售肉牛总收入的平均水平为 15.54 万元，收入水平最高的为 143.5 万元。除 4 户以销售育肥牛为主的养殖户外，其余 93 户养殖户其收入结构主要以销售犊牛为主。通过计算养殖户肉牛养殖纯利润可以发现，在被调查的 97 户中，养殖利润在 10 万元以上的有 7 户，占比 7.22%；养殖利润在 5 万～10 万元的有 4 户，占比 4.12%；养殖利润在 0～5 万元的有 15 户，占比 15.46%；有

71 户养殖户的利润水平为负，占比达到了 73.2%。

通过进一步分析，养殖利润为负数的养殖户所占比例较高，原因是部分养殖户当年并未出售肉牛或者出售数量较少。由此可见，肉牛产业区别于其他畜牧产业的主要特征之一就是肉牛资金回收周期相对更长。

（四）养殖户肉牛养殖风险分析

在疾病风险方面，在 2019—2021 年饲养过犊牛的 86 户养殖户中，有 37.21%的养殖户认为养殖疾病风险程度非常高，有 22.09%的养殖户认为比较高，有 13.95%的养殖户认为风险程度一般。在饲养过能繁母牛的 91 户养殖户中，有 36.26%的养殖户认为疾病风险程度非常高，有 14.29%的养殖户认为比较高，有 18.68%的养殖户认为风险程度一般。在饲养过育肥牛的 7 户养殖户中，有 4 户认为疾病风险程度一般。

在自然灾害风险方面，在饲养犊牛和能繁母牛的养殖户中，分别有 37.21%和 31.87%的养殖户认为犊牛和能繁母牛的自然灾害风险程度非常低；有 11.63%的养殖户认为犊牛的自然灾害风险程度非常高，17.44%的养殖户认为比较高，16.28%的养殖户认为一般；有 25.27%的养殖户认为能繁母牛的自然灾害风险程度非常高，10.99%的养殖户认为比较高，8.79%的养殖户认为一般。

在意外事故风险方面，大部分认为饲养肉牛的意外事故风险较低，无论是饲养犊牛、能繁母牛还是育肥牛的养殖户，对于意外事故风险评估的结果非常接近，有 70%左右的养殖户均认为肉牛养殖的意外事故风险较低或非常低。

在饲料采购市场风险方面，在饲养犊牛的养殖户中，有 60.47%的养殖户认为犊牛饲料的市场价格风险非常大或者比较大。在饲养能繁母牛的养殖户中，有 73.63%的养殖户认为能繁母牛饲料的市场价格风险非常大或者比较大。

在肉牛销售市场风险方面，在出售犊牛的 82 户养殖户中，有 30.49%的养殖户认为犊牛销售市场价格风险非常大，有 26.83%的养殖户认为风险比较大，即认为风险比较大以上的养殖户达到了 50%以上；在出售能繁母牛的 67 户养殖户中，有 25.37%的养殖户认为能繁母牛销售市场风险非常大，有 20.9%的养殖户认为风险比较大，另外同样有 25.37%的养殖户认为风险非常小。

综上所述，养殖户关于肉牛养殖风险描述的分析结果表明：一是犊牛养殖的疾病风险高于能繁母牛与育肥牛；二是养殖户认为肉牛养殖的自然灾害风险程度不太高；三是养殖户普遍认为肉牛养殖的意外事故风险较低；四是大部分养殖户认为饲料采购市场价格风险偏高；五是有一半左右的养殖户认为肉牛出售的市场价格风险比较高或者非常高。

（五）养殖户信贷行为分析

通过分析肉牛养殖户信贷行为可以发现，在97户被调查养殖户中有41户在现阶段具有金融贷款的需求，占比为42.27%。在2019—2021年，有29户向亲戚朋友进行了借款，有59户在金融机构进行了贷款，占比分别为29.9%和60.82%。在59户有贷款的养殖户中，有47户认为所贷资金能满足需要，占比为79.66%，只有12户养殖户认为所贷资金不能满足需要。2021年共有22户养殖户向金融机构进行了贷款，占被调查养殖户的比重为22.68%。在这22户养殖户中，贷款金额在10万元及以下的养殖户为13户，占比为59.09%，在这13户中有4户认为所贷资金不能满足需要；贷款金额在20万元及以下的养殖户为6户，占比为27.27%，其中有1户认为所贷金额不能满足需要；贷款金额为30万元的养殖户有3户，占比为13.64%，其中有1户认为所贷金额不能满足需要。

通过分析样本数据可以发现，较多的养殖户目前有贷款需求，超半数以上的养殖户在2019—2021年产生了贷款，在产生贷款的养殖户中绝大部分养殖户认为所贷资金能够满足需要。此外，在2021年贷款的养殖户中大部分养殖户所贷资金的金额较小，但是存在部分养殖户所贷资金不能满足需求的情况。

三、肉牛养殖保险纳入中央财政补贴的必要性

（一）肉牛养殖保险对养殖业发展的重要性

财政补贴农业保险理论根源于农业生产对于整个国家和社会的重要性（张跃华、庹国柱和符厚胜，2016）。保障和提高本土粮食作物的供应和生产能力，对于维护国家粮食安全意义重大。关于政策性农业保险的探讨通常以此为出发点。因此，在分析将肉牛养殖保险纳入中央财政补贴的重要性与必要性时，首先要分析的是肉牛养殖保险对养殖产业的重要性。

内蒙古作为我国重要畜牧业基地，肉牛产业在其经济发展中占有十分重要的地位。肉牛产业是内蒙古千亿级特色产业重要建设任务之一，是支撑自治区乡村振兴的优势产业，是带动牧民增收的主导产业。但是肉牛产业存在生产上的弱质性和滞后性，肉牛养殖规模普遍偏小，抵抗自然灾害能力偏弱。肉牛产业具有较高的生产风险，并且疫情发生一般是区域性的，疫病风险一旦出现会影响畜牧业经济乃至整个农业经济的健康发展，养殖户将很难迅速恢复再生产能力。肉牛养殖保险是养殖户分散肉牛养殖风险的有效手段，养殖户可以通过

保险补偿自然灾害、意外事故、疫病疾病等给肉牛生产带来的经济损失。因此肉牛养殖保险在保障肉牛产业生产安全，促进肉牛产业规模发展壮大等方面发挥了重要作用。

（二）中央财政补贴肉牛养殖保险的必要性

中央财政补贴农业保险政策具有重要的理论基础与现实依据，农业保险财政补贴不仅是一个经济学问题，还具有明显的“政治性”特征。对农业保险进行补贴，目的是调动农民的参保积极性，平抑农业生产风险，保障农产品供应和社会稳定；长期内，激励农民采取更积极的生产方式，推动农业生产力的提高。政策性农业保险补贴本质上是政府的一种支农工具，是被世界贸易组织允许且无需进行削减承诺的“绿箱”政策。因此，与其他支农补贴政策相比，保险补贴能够发挥作用的空间更大。但采取这种支农方式的必要性，在于其相对于其他政策的效率优势。财政补贴农业保险也是工业反哺农业的重要手段。随着经济的发展，工业和农业部门之间的支持关系发生变化，一般会经历农业支持工业、工农自我发展、工业反哺农业几个阶段。目前中国已总体由“以农补工”进入了“工业反哺农业”“城市反哺农村”的阶段。承担农业生产风险和成本也是反哺手段之一。从宏观上看，农业保险是保障粮食安全和农村社会稳定的重要工具，对农业保险进行财政补贴无疑是反哺农村的有效途径。

对肉牛养殖保险进行财政补贴的理论必要性在于，肉牛养殖保险具备准公共物品属性、正外部性特征以及市场失灵属性，因此肉牛养殖保险体系需要政府介入，并给予适当额度的财政补贴。此外，对于肉牛养殖保险进行财政补贴的现实依据在于，政府进行财政支持的直接政策目标是通过分散肉牛养殖面临的生产风险，使养殖户获得较为稳定的收入，保障再生产能力，从而扩大肉牛产业养殖规模。除自然风险外，肉牛养殖面临的市场风险更为严峻，对肉牛养殖保险给予适当财政补贴是政府对牛肉供给的一种保障性安排。另外，由于肉牛本身具有较高的市场价值，为了有效补偿肉牛养殖户的生产损失，肉牛养殖保险产品的保险金额较大，因而其保险产品具有相对较高的保费，在现实操作中要求财政资金对保费进行一定的补贴。综上所述，对肉牛养殖保险进行中央财政补贴十分必要。

在十三届全国人大四次会议上，张继新等 9 名代表提出了关于将肉牛养殖保险纳入国家政策性保险的建议（第 6598 号建议）。2021 年，农业农村部对此进行了回复，指出各地可按照自主自愿的原则开展地方优势特色农产品保险，并申请中央财政补贴支持。对于肉牛养殖保险，按照事权与支出责任相适应的原则，中央财政鼓励保险机构和地方探索开展，有条件的地方可给予一定的保费补贴等支持。下一步，农业农村部将积极配合财政部按照党中央、国务院有关文件精神，结合农业保险工作实际、地方试点经验、各级财力状况等，继续研究针对地方特色优势农产品保险的中央财政以奖代补政策，进一步完善农业保险保费补贴制度，更好地发挥其强农惠农作用。

四、养殖户对肉牛养殖保险的需求

（一）内蒙古肉牛养殖保险实施基本情况

通辽市肉牛养殖保险政策从 2019 年开始实施至今，已覆盖了全市 9 个旗县市区。符合该政策的保险对象包括从事肉牛养殖的农户、养殖大户、家庭农场、企业和专业合作经济组织。肉牛养殖保险产品包括了能繁母牛、育肥牛和犊牛 3 个保险品种，三类保险品种的保额分别为 12 000 元/头、12 000 元/头和 10 000 元/头，一年期的保险费率均为 3.5%。保险对象自缴保费占保费总额的比例为 20%，其余 80%的保费由地方各级政府财政给予补贴。

截至 2021 年 11 月末，通辽市肉牛存栏头数达到 330.29 万头，自开展肉牛保险试点以来，通辽市总承保牛只数量为 97.15 万头，签单总保费合计为 3.83 亿元。2019 年、2020 年、2021 年 1—11 月承保牛只数量分别为 21.05 万头、12.62 万头、63.48 万头；总保费金额分别为 7 451.23 万元、4 680.53 万元、26 174.32 万元。2019 年、2020 年以及 2021 年前三季度全年理赔金额分别为 1 318.56 万元、6 615.36 万元以及 9 997.93 万元。

（二）养殖户对肉牛养殖保险的需求分析

通过实地调研肉牛养殖户的保险需求可以发现，在被调查的 97 户养殖户中，有 88 户在未来愿意购买肉牛养殖保险，占比为 90.72%。通过进一步针对不同特征养殖户的肉牛养殖保险需求进行交叉分析，可以得出以下结论。

1. 受教育年限与保险需求交叉分析

通过交叉养殖户家庭成员受教育年限特征与需求进行统计分析可以发现，养殖户家庭中受教育年限最长的成员其受教育程度在高中水平的养殖户需求程度最高，占比达到了 96%，只有 4%的养殖户不愿意购买肉牛养殖保险；不愿意购买肉牛养殖保险的养殖户主要分布在最高受教育家庭成员受教育程度在初中水平以下以及在大学以上的养殖户中，占比分别为 8.82%和 13.16%。具体数据见表 3。

表 3　受教育年限与保险需求交叉分析

受教育年限	养殖户数量及占比	是	否	总计
9 年及以下	养殖户数量	31	3	34
	占比	91.18%	8.82%	100.00%
10～12 年	养殖户数量	24	1	25
	占比	96.00%	4.00%	100.00%
12 年以上	养殖户数量	33	5	38
	占比	86.84%	13.16%	100.00%
总计	养殖户数量	88	9	97
	占比	90.72%	9.28%	100.00%

数据来源：2022 年 1 月通辽市实地调研问卷数据。

2. 养殖规模与保险需求交叉分析

通过交叉养殖规模特征与需求进行分析可以发现，养殖规模在 100 头以上的养殖户对肉牛养殖保险的需求程度最高，比例达到了 100%，即养殖规模 100 头以上的养殖户全部需要肉牛养殖保险；其次是养殖规模在 10 头及以下的养殖户，需要肉牛养殖保险的养殖户占比达到了 93.10%；养殖规模在 31～100 头的养殖户对肉牛养殖保险的需求程度相对最低，其不需要肉牛养殖保险的比例占到了 17.39%。具体数据见表 4。

表 4　养殖规模与保险需求交叉分析

养殖规模	养殖户数量及占比	是	否	总计
10 头及以下	养殖户数量	27	2	29
	占比	93.10%	6.90%	100.00%
10～30 头	养殖户数量	35	3	38
	占比	92.11%	7.89%	100.00%
31～100 头	养殖户数量	19	4	23
	占比	82.61%	17.39%	100.00%
100 头以上	养殖户数量	7	0	7
	占比	100.00%	0.00%	100.00%
总计	养殖户数量	88	9	97
	占比	90.72%	9.28%	100.00%

数据来源：2022 年 1 月通辽市实地调研问卷数据。

3. 医疗成本投入与保险需求交叉分析

通过交叉医疗成本投入特征与需求分析可以发现，在养殖肉牛过程中年支付医疗总成本在 5 000～10 000 元/年以及 10 000 元/年以上的养殖户对肉牛养殖保险的需求程度相对更高，占比均达到了 90%以上；肉牛养殖医疗成本总投入在 5 000 元以下的养殖户对肉牛养殖保险的需求程度相对较低，不需要的养殖户占比达到了 10.53%。具体数据见表 5。

表 5　医疗成本投入与保险需求交叉分析

医疗成本投入（元/年）	养殖户数量及占比	是	否	总计
≤5 000	养殖户数量	51	6	57
	占比	89.47%	10.53%	100.00%
5 000～10 000	养殖户数量	15	1	16
	占比	93.75%	6.25%	100.00%
≥10 000	养殖户数量	22	2	24
	占比	91.67%	8.33%	100.00%
总计	养殖户数量	88	9	97
	占比	90.72%	9.28%	100.00%

数据来源：2022 年 1 月通辽市实地调研问卷数据。

4. 信贷行为与保险需求交叉分析

通过交叉养殖户信贷行为特征与需求分析可以发现，在 2019—2021 年三年期间，产生过信贷行为的养殖户比没有产生过信贷行为的养殖户有更高的肉牛养殖保险需求，有信贷行为的养殖户需要肉牛养殖保险的比例达到 91.38%。具体数据见表 6。

表 6　信贷行为与保险需求交叉分析

信贷行为	养殖户数量及占比	是	否	总计
2019—2021 年您家中有贷款	养殖户数量	53	5	58
	占比	91.38%	8.62%	100.00%
2019—2021 年您家中无贷款	养殖户数量	35	4	39
	占比	89.74%	10.26%	100.00%
总计	养殖户数量	88	9	97
	占比	90.72%	9.28%	100.00%

数据来源：2022 年 1 月通辽市实地调研问卷数据。

5. 保险购买行为与需求交叉分析

通过交叉肉牛养殖保险历史购买行为特征与需求分析可以发现，在2019—2021年三年期间，购买过肉牛养殖保险的养殖户未来对该保险的需求程度要远高于未购买过的养殖户，其需求保险的养殖户占比分别为97.47%和61.11%。由此可见，肉牛养殖保险政策在实践中确实为养殖户分担了养殖风险，因此购买过保险的养殖户会对该保险具有持续的购买需求。具体数据见表7。

表7 保险购买行为与保险需求交叉分析

保险购买行为	养殖户数量及占比	是	否	总计
2019—2021年购买过肉牛养殖保险	养殖户数量	77	2	79
	占比	97.47%	2.53%	100.00%
2019—2021年未购买过肉牛养殖保险	养殖户数量	11	7	18
	占比	61.11%	38.89%	100.00%
总计	养殖户数量	88	9	97
	占比	90.72%	9.28%	100.00%

数据来源：2022年1月通辽市实地调研问卷数据。

五、中央财政补贴肉牛养殖保险实施建议

（一）现有的肉牛养殖保险制度存在的问题

1. 市、县财政补贴压力大，财政补贴资金不能及时到位

在《2022—2024年政策性肉牛养殖保险实施方案》的征求意见稿中，规定旗县级财政补贴比例为20%，其中贫困旗县科左中旗、科左后旗、奈曼旗、库伦旗旗县级财政补贴5%，市级财政补贴15%。而2021年通辽市本级财政收入为87.94亿元，大部分旗县财政资金短缺。因此，肉牛保险市县财政补贴资金不能及时到位。据统计，截至2022年底，各主要农险经营机构的肉牛保险一年期以上应收款都在1 000万元以上，经营规模大的公司，肉牛保险应收账款高达3 560万元。由于补贴资金规模约束，各旗县肉牛实际投保数量只能规定投保额度，而不能完全满足老百姓的投保需求。2021年通辽市肉牛养殖保险额度只有60万头，仅占全市330.29万头肉牛养殖头数的18%左右。

2. 承保机构对犊牛保险产品承保意愿低

部分保险公司承保犊牛时设定了不同的门槛。例如犊牛月龄必须满1～6个月不等。保险公司对犊牛产品承保意愿低的原因主要包括两个方面：一方

面是犊牛相比能繁母牛和育肥牛具有更高的疾病风险，新生犊牛体质较弱，加上冬季气温低等原因，犊牛患腹泻和呼吸系统疾病几率较高，因死亡率较高，保险公司投保意愿差；另一方面，犊牛死亡后采取按月龄计算赔付金额，由于牛只个体存在差异性，在月龄确定方面养殖户和承保机构难以达成一致意见，易发生争议与纠纷。此外，肉牛养殖保险实施方案规定凡是上保险的牛必须佩戴耳标，部分养殖户因担心犊牛打耳标造成破伤风感染导致死亡而拒绝为犊牛打耳标，因而承保机构无法承保。

3. 能繁母牛保险产品与奶牛保险产品的保额与自缴保费标准不同

由于通辽市养殖户饲养的能繁母牛是乳肉兼用牛，既可以选择参加肉牛养殖保险，也可以选择参加奶牛保险，能繁母牛参加肉牛养殖保险金额为1.2万元，自缴保费为84元；参加奶牛保险的保险金额为1万元，自缴保费为100元。两个保险产品的保额与自缴保费的不同促使养殖户会进行选择性投保。

4. 逆向选择问题

养殖户存在选择性投保情况。有的养殖户投保时选择膘情不好或者老、弱、病牛进行投保，导致整体肉牛死亡率偏高，承保机构普遍亏损。因此，《2022—2024年政策性肉牛养殖保险实施方案》征求意见稿中针对这种情况将条款加入了投保时应按当前实际存栏的50％以上进行投保。

5. 道德风险问题

通过在通辽市扎鲁特旗调研中发现，由于有部分养殖户饲养的肉牛品种为本地黄牛，该品种肉牛市场价值为1.5万元左右，与能繁母牛、育肥牛的保险金额1.2万元较为接近，因此具有非常高的道德风险，对承保机构造成较大损失。此外，扎鲁特旗北部地区肉牛养殖以放牧方式为主，舍饲方式为辅，由于饲养方式较为传统粗放，因此疾病风险相对较高，存在部分养殖户不愿意为价值较低的本地黄牛增加额外的兽医、兽药成本等道德风险问题。

6. 尚未建立无害化处理体系

通辽市除科左后旗、库伦旗两个旗建成了肉牛无害化处理厂，其余旗县均没有建设无害化处理厂。具有无害化处理厂的旗县可以对病死牛进行集中焚烧，对病死牛可以真正做到无害化处理。但是，其他旗县由于不具备无害化处理硬件条件，对病死牛无害化处理过程中存在许多问题与安全隐患。例如，对病死牛进行焚烧和深埋会出现无害化处理不彻底的现象，为动物疫病的传播埋下隐患。而且，由于冬季天气寒冷导致土壤较硬，不易挖深坑掩埋病死牛。

7. 肉牛养殖“保险＋信贷”制度问题

通过调研发现，2021年通辽市各旗县均未按照《通辽市2020年肉牛养殖保险试点工作实施方案（试行）》中的相关规定实施“肉牛养殖保险＋信贷”制度，而且各旗县生物活体抵押贷款也未取得实质性进展。主要原因包括以下五个方面：一是肉牛生物资产确权问题。银行等金融机构在对养殖户发放贷款时，一般通过养殖户提供的牛的保险单、防疫站每半年进行防疫盖章的防疫本、养殖户所在村的村委会出具的资产证明确定养殖头数。但是由于存在部分地区管理不规范、养殖户交易记录不完善、肉牛销售通过私下交易等因素的制约，难以对肉牛进行确权。二是肉牛生物资产监管问题。通过质押方式进行贷款，银行等金融机构需要引入第三方监管公司，信贷综合成本较高。而且，银行等金融机构面临较高监管难度，抵押贷款需要在人民银行动产融资平台办理抵押登记手续；银行等金融机构在村镇的物理网点及工作人员有限，不能保证监管时效；引用电子耳标和电子项圈等科技手段进行监管，存在信号不稳定、造价成本较高等问题。三是养殖户 30 万元以下信用贷款供应充足。通过调查通辽市基层金融机构发现，多家银行机构都已对小规模肉牛养殖散户推出了 30 万元以下的纯信用贷款，因此目前政策性肉牛保险对于散户的融资仅起到一个增信作用，而不是通过肉牛活体抵押或保单质押进行融资，通过肉牛活体抵押贷款的机构仍然较少。此外，在被调查的养殖户中，2021 年有 22 户养殖户向金融机构进行了贷款，其中只有 3 户的贷款金额为 30 万元，其余养殖户的贷款金额均在 20 万元及以下，其中大部分养殖户的贷款金额仅在 10 万元及以下。另外，2019—2021 年共有 59 户养殖户向金融机构申请过贷款，其中只有 12 户认为所贷资金不能满足需要。四是养殖大户融资需求无法满足。根据通辽市相关金融机构提供资料显示，小规模散户可以通过银行机构推出的信用贷款满足融资需求，大型企业可以通过实体资产质押等方式进行融资。而对于养殖大户来说，无法通过肉牛活体质押进行贷款，一般单户贷款不超过 100 万元，100 万元以上资金无法满足，由于风险高导致银行贷款更倾向于实体资产抵押贷款，而养殖大户一般缺乏有效抵押物，因此融资困难。五是养殖户参与肉牛养殖“保险＋信贷”意愿有待进一步提高。部分农户投保政策性肉牛保险仅是为了防风险，提高自身抗风险能力，但并无贷款意愿。通过实地调查发现，在被调查的 97 户养殖户中，有 41 户在现阶段具有金融贷款的需求，占比为 42.27%；有 88 户养殖户在未来愿意购买肉牛养殖保险，占比为 90.72%；有 35 户养殖户在未来愿意申请肉牛养殖“保险＋信贷”政策贷款，占比为 36.08%。通过对比数据分析结果，愿意参与肉牛养殖保险的养殖户比重高于参与肉牛“保险＋信贷”政策贷款的比重。

（二）促进中央财政补贴肉牛养殖保险有序实施的对策建议

1. 确保肉牛养殖保险制度稳定性与连续性

应该在充分调研的基础上，根据肉牛养殖的具体现实情况进一步完善政策性肉牛养殖保险制度，使该制度在执行过程中更加具备客观性、严谨性与可操作性。并且，要确保该制度的稳定性与连续性。制度的稳定与连续不仅可以在分散肉牛养殖主体风险方面持续发挥作用，而且可以保障肉牛养殖保险经营机构持续投入的积极性。

2. 优化各级财政资金补贴比例

要充分考虑到旗县配套补贴资金的困难性，合理配置各级财政资金补贴比例，并通过积极争取中央财政补贴资金，提高财政补贴资金的到账效率，从而为保险经营主体开展理赔工作提供资金保障。

3. 完善肉牛养殖保险产品

犊牛保险产品中存在月龄难以确认的漏洞，在实施过程中极易引起纠纷，且犊牛刚出生时存在较大疾病风险，不符合保险产品设置的相关准则，因此建议聘请相关畜牧、金融专家根据养殖实际情况对该产品进行修改完善。

4. 严格规定保险产品对应的投保标的种类

例如，应规定能繁母牛仅可以参保肉牛养殖保险，不可以参保奶牛保险。能繁母牛虽然是乳肉兼用牛，但是其养殖价值主要是为了生育犊牛，而不是为了生产牛奶，因此应该根据其养殖用途进行明文规定。

5. 在条款设计上尽量避免养殖户选择性投保问题

在保险方案中保险观察期的天数进一步延长，尽量避免养殖户带病投保问题。并且，可以考虑在理赔环节观察肉牛肌体指标列入考察标准。

6. 提高保障水平的同时避免道德风险发生

由于本地黄牛生物资产价值较低，其价值与肉牛养殖保险的保额基本持平，因此存在较高的道德风险。而西门塔尔牛、安格斯牛的生物资产价值较高，保额对该品种肉牛的风险保障程度不足。因此，应该参考畜牧业专家建议，针对不同品种的肉牛设置不同的保障水平，使肉牛养殖保险既可以提高部分养殖户的风险保障水平，促进养殖规模扩大，又可以解决部分养殖户的道德风险问题。

国际经验篇

中美两国期货市场在农业保险中的运用：比较与借鉴

何小伟

（对外经济贸易大学保险学院副教授）

摘要：“保险＋期货”模式作为一种有着鲜明“本土化”色彩的新型农业市场风险管理工具，近年受到各方关注，并实现了快速发展。从国际视野来看，美国的农业收入保险也利用了期货市场的价格发现功能，是近年来我国学习和借鉴的对象。那么，如何看待“保险＋期货”模式的优势？“保险＋期货”模式与农业收入保险又有哪些差异？本文回顾了我国“保险＋期货”模式兴起的历史背景，总结了“保险＋期货”模式在业务分工、风险管理功能、财政补贴与金融联动等方面的运作特征，从期货市场的功能运用、定价机制、风险分散机制、政府财政支持、监督与管理等方面比较了“保险＋期货”模式与美国农业收入保险的运作机制，对“保险＋期货”模式的发展定位、“保险＋期货”模式与农业收入保险的协同发展、“保险＋期货”模式的保费补贴、“保险＋期货”模式的监管等问题进行了讨论。

关键词：保险＋期货；农业收入保险；价格风险管理；运作机制；监管

一、引言

“保险＋期货”是近年来我国探索的服务于农业风险管理的创新模式。自2016年中央1号文件首次提出“稳步扩大‘保险＋期货’试点”以来，此后每年中央1号文件都明确提及，2020—2022年的中央1号文件还先后提出了“继续推进农产品期货期权品种上市”“发挥‘保险＋期货’在服务乡村产业发展中的作用”“优化完善‘保险＋期货’模式”等，反映出党和国家对“保险＋期货”模式的认可及进一步发挥农业风险管理功能的期待。

与传统农业保险产品相比，“保险＋期货”模式的优势在于能够提供价格风险保障，进一步稳定农户收入和农业生产。统计表明，2016—2020年，我国大连商品交易所（以下简称“大商所”）、郑州商品交易所（以下简称“郑商所”）、上海期货交易所（以下简称“上期所”）三大交易所在26个省份开展了584个“保险＋期货”试点项目，涉及天然橡胶、棉花、白糖、苹果、红枣、大豆、玉米、鸡蛋、豆粕等多个品种，累计保障现货规模约1 200万吨，承保土地面积约3 000万亩，惠及贫困户近70万户。不仅如此，为满足各类农业主体多样的风险管理需求，一些地方还探索出“保险＋期货＋订单收购”“保险＋期货＋银行”等新型模式，进一步丰富了“保险＋期货”的内容与形式，成为新时期我国农业风险管理的创新形态。

从国际视野来看，将保险和期货这两种金融工具结合起来管理农业风险并非我国的独创。事实上，美国很早就将期货市场的价格发现功能融入其农业保险产品中，并逐步建立起完善的农业收入保险产品体系。那么，我们该如何看待“保险＋期货”模式在我国的快速发展呢？我国的“保险＋期货”模式与美国的农业收入保险又有哪些差异呢？

从国内已有的文献来看，虽然研究者们已经对中美两国农业保险与期货市场的融合发展问题给予了一定的关注，然而，现有文献却很少对“保险＋期货”模式与农业收入保险进行系统的比较研究。从“金融功能观”[①] 的角度来看，我国的“保险＋期货”模式与美国的主流农业收入保险产品都利用了期货市场的价格发现功能，二者均可用于农产品价格风险管理，进而多少具有一定的替代性。考虑到农业收入保险在美国农业保险市场上“大行其道”的主流地位，以及近年来国内决策层对农业收入保险长期关注的态度和观念上的认同[②]，对我国“保险＋期货”模式与美国农业收入保险开展系统的比较研究，有助于我们进一步明确“保险＋期货”模式的定位与发展方向，有助于在未来进一步优化我国的农业风险管理体系。

需要指出的是，从近年来我国各地的试点情况来看，“保险＋期货”模式在实践中也引发了一些争议，各方对“保险＋期货”模式在农业风险管理体系

① 默顿（Merton）和博迪（Bodie）认为，金融系统的基本功能就是在不确定环境中进行资源的时间和空间配置，它包括清算与支付、资源配置、风险分散等六种功能。金融功能理论有两个假定：第一，金融功能比金融机构更稳定，即随着时间的推移和区域的变化，金融功能的变化要小于金融机构的变化；第二，金融功能优于金融组织，即金融机构的功能比金融机构的组织方式更重要，只有机构不断创新和竞争才能最终导致金融体系功能更强、效率更高。

② 比如，2019年中央深改委通过的《关于加快农业保险高质量发展的指导意见》曾提出要在2022年实现“收入保险成为我国农业保险的重要险种”的目标。2021年6月财政部联合农业农村部、银保监会印发的《关于扩大三大粮食作物完全成本保险和种植收入保险实施范围的通知》，也明确提出要发展农业收入保险、增强农业保险产品吸引力的规划。

中的功能也存在着认识上的分歧。比如，“保险＋期货”模式的角色定位到底是什么？“保险＋期货”模式与农业收入保险之间可以并存发展吗？中央财政是否应该对“保险＋期货”模式提供保费补贴？“保险＋期货”模式应该如何监管？这些问题已经给相关决策机构和经营企业带来了困扰，回答这些问题需要我们跳出“保险＋期货”模式本身，从历史的、国际的视角进行探讨。

二、我国“保险＋期货”模式兴起的历史背景

（一）农产品价格形成机制改革加大了农户的市场风险

2004 年，我国取消了农产品保护价收购政策，开始推行最低收购价和临时收储政策，在一段时期内起到了积极作用。然而，此后政策性收储价格出现了刚性上升，不仅造成了市场信号扭曲、农产品结构性过剩，而且导致库存压力增高、进口压力增加、政府补贴压力增大，最终让政策性收储制度难以为继（卢凌宵等，2015；徐田华，2018）。在这种背景下，我国开始了新一轮的农产品价格形成机制改革。2014 年中央 1 号文件明确提出“探索推进农产品价格形成机制与政府补贴脱钩的改革，逐步建立农产品目标价格制度”，并于当年启动了东北和内蒙古大豆、新疆棉花目标价格补贴试点。

新一轮农产品价格形成机制改革的思路是实现农产品的“价补分离”，也即把过去隐含在价格中的“保收入”功能分离出来，由补贴制度去分担，让农产品价格由供求来决定并发挥对供求的调节作用，从而消除政策性收储制度对市场价格形成的扭曲（杜鹰，2016）。然而，随着这一改革的深入，价格波动成为市场运行的常态，这也加大了农户所面临的市场风险。

（二）传统农业保险产品不能提供农产品市场风险保障

自 2007 年中央财政实施农业保险保费补贴政策之后，我国的农业保险产品主要以“保成本”为主要目标，也即补偿农户在农业生产中因自然风险所造成的物化生产成本损失，比如种子、农药、化肥、机耕、农膜等。但是，农户因农产品市场波动所出现的价格或收入损失，不属于成本类农业保险产品的保障范围。在这种情形下，农户对扩大农业保险产品保障责任的呼声越来越高。

（三）期货行业开展农产品“保险＋期货”试点的成功

随着我国农产品价格形成机制改革的推进，市场机制在农产品价格形成中发挥着越来越重要的作用，这为我国期货市场服务于农业市场风险管理创造了良好的外部环境。大商所、郑商所、上期所三大商品交易所以及各期货公司也

积极利用自身优势，加快探索步伐，创新服务模式，努力发挥期货市场的价格发现和风险规避功能。比如，2013 年，在大商所的支持下，上海新湖瑞丰金融服务有限公司联合辽宁省锦州市义县的当地收储企业与合作社、种粮大户共同开展了玉米的“二次点价＋复制期权”的试点①。这一场外期权试点为金融机构提供个性化的风险管理服务创造了有利条件。2015 年，大商所对“场外期权”项目进一步升级，与国内长期开展农业保险业务的中国人保财险股份有限公司合作，探索出“保险＋期货”模式，并针对玉米、鸡蛋等品种开展了试点②。值得一提的是，在试点的当年，恰逢国家调低了当年的玉米临时收储价格，但参与试点的农户却在玉米销售价格大跌的情况下获得了充足赔付，“保险＋期货”模式也因此取得了良好的社会效果和行业示范效应（李华，2022）。此后，各地的“保险＋期货”项目如雨后春笋般不断涌现，成为我国农业风险管理的创新模式。

三、“保险＋期货”模式的运作特征

（一）保险公司和期货公司形成了“保险业务汇集＋价格再保险”的业务分工

在“保险＋期货”模式中，保险公司凭借从地方政府那里获得的经营许可权、广泛的网络渠道、大规模的服务人员、多年积累的社会认同等优势开展农业保险的营销与推广，而农户在完成投保之后可以将市场风险转移给保险公司，实现农业风险的“第一次转移”。之后，保险公司进一步向期货公司购买场外期权，将其所承担的市场风险转移给期货公司，而期货公司在期货市场复制相应的场外期权进行对冲操作，实现农业风险的“第二次转移”（图 1）。通过上述两次风险转移，保险公司克服了市场风险难以化解和转移的问题，拓展了业务边界，而期货公司获得了与大量小规模农业生产者的对接机会，进而扩大了业务空间。

“第二次风险转移”的过程类似于保险公司向期货公司购买“价格再保险”，从而进一步分散市场风险。然而，与传统以自然风险为标的的农业再保险相比，在“保险＋期货”（特别是“价格保险＋期货”）模式中，保险公司所

① “二次点价”就是农民在玉米上市初期，将粮食销售给新湖瑞丰，后者先按保底价核算的货款支付给农民。同时在未来一段时期，如果粮食价格出现上涨，农民有权利在某一天要求二次点价，新湖瑞丰将此阶段粮食价格上涨的一部分市场收益再返给农民，如果粮食价格下跌，则农民仍然享有保底价。而利用玉米期货复制的场外期权，期货公司风险管理子公司将粮食价格涨跌风险进行了对冲。

② 玉米价格保险由大商所组织新湖期货和人保财险在辽宁省义县开展，鸡蛋价格保险由大商所组织美尔雅期货和人保财险在辽宁省大连普兰店和湖北省浠水县开展。

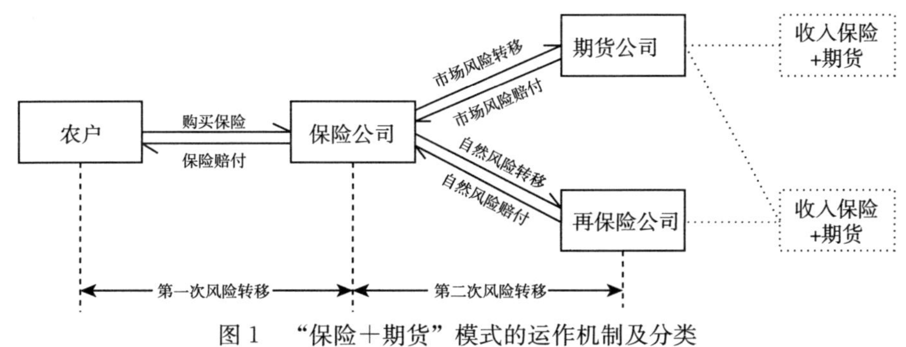

图 1 “保险＋期货”模式的运作机制及分类

分出的是市场风险，并且没有任何自留，分出对象是期货公司而非再保险公司，这是二者之间的重要差异。

在“收入保险＋期货”中，保险公司同时承保了市场风险和自然风险，同样，对于市场风险部分，保险公司全部分出给期货公司，但是对于自然风险部分，保险公司则可能会自留部分业务，然后将剩余部分分出给再保险公司。从这个意义上说，在“价格保险＋期货”模式中，保险公司虽然扮演着“市场风险承保人”，但却更像是“承保通道”，而在“收入保险＋期货”中，保险公司除了扮演“市场风险保险人＋市场风险承保通道”，还扮演着“自然风险保险人”的角色，保险公司需要进一步通过再保险来分散风险。

（二）可以提供自然风险和市场风险的“双重保障”

在我国“保险＋期货”模式发展之初，各地主要围绕“价格保险＋期货”或者说“期货价格保险”开展试点，保险责任主要为农户所面临的市场风险，也即，保险公司承保农户所面临的价格损失，但不包括农产品的成本或产量损失。这也是“保险＋期货”最为基础的功能。随着试点的深入，一些地方推出了“收入保险＋期货”的项目，同时为农户提供自然风险和价格风险保障。“价格保险＋期货”和“收入保险＋期货”均以农产品的期货价格作为目标价格和赔付依据，能够稳定农户的收益预期，这是二者的相似之处，但不同的是，后者的保险责任还包括自然风险（表 1）。

表 1 “价格保险＋期货”与“收入保险＋期货”部分试点项目的保险责任

类别	标的	承保条件	保险责任
价格保险＋期货	某县玉米	承保数量：24 万吨；目标价格 1 878 元/吨（4 月份C1901 合约的日均结算价），费率为 3.37%。理赔价格为 11 月份 C1901 合约的日均结算价	当理赔结算价格低于目标价格，按（价格差额×承保数量）进行赔付

（续）

类别	标的	承保条件	保险责任
价格保险＋期货	某县鸡蛋	承保数量：1 500 吨；目标价格为 3 880 元/半吨；保险期限：1 个月；保险费率：1.955%；理赔结算价格：根据鸡蛋 C1901 合约在理赔统计期间各交易日收盘价格的算术平均值确定	当理赔结算价格低于目标价格，按（价格差额×承保数量）进行赔付
	某县生猪	育肥猪数量 25 200 头；养殖户向保险公司购买生猪收益指数保险，保险公司购买场外期权。保险期限：一个月。生猪收益指数根据生猪平均重量、料肉比、饲料消耗量合成编制	若生猪收益指数执行价格低于目标价格时，参保养殖户获得（价格差额×承保数量）的赔付
收入保险＋期货	某县玉米	目标收入为 910 元/亩、保障水平为 95%，保险公司根据 0.5 吨/亩的单产测算产量保险成本，承保自然风险，同时将价格风险转移至期货公司，期权目标价格 1 820 元/吨（C1901 合约 5 月的月均价），以玉米 C1901 合约的 10 月均价为结算依据	在场外期权到期日，如果（实际单产×结算价格×95%）低于 910 元，则按（每亩收入差额×亩数）进行赔偿

（三）地方政府的保费补贴发挥了财政撬动金融的联动支农效应

由于三农工作具有关乎全局的基础性地位，各级政府一直对完善农业风险管理体系给予了高度关注。在“保险＋期货”模式诞生之后，由于它有着突出的价格风险管理功能，同时又充分整合了农业保险现有的渠道、客户等资源，一些地方政府选择将本地特色农产品作为标的开展“保险＋期货”试点，并将这一模式作为农产品价格风险管理的政策“抓手”。具体而言，一方面，地方政府向本地生产特色农产品的农户提供保费补贴，鼓励更多的农户参保；另一方面，它们与三大商品交易所以及各期货公司保持积极的合作态度，并为保险公司与期货市场的连接提供多方面的支持。比如积极开展项目的宣传，普及期货市场知识，增强农户的价格风险意识，充当农户与金融保险机构之间的桥梁，调动金融机构的参与积极性。一些地方还引入银行信贷、订单农业、基差交易等环节，增强“保险＋期货”项目的协同保障效果。在这种背景下，我国出现了一些富有地方特色的“保险＋期货”模式，比如甘肃省的“静宁模式（苹果）”、黑龙江省的“桦川模式（玉米）”、海南省的“白沙模式（天然橡胶）”等，“保险＋期货”的支农工具属性日渐突出。

四、我国“保险＋期货”模式与美国农业收入保险的运作机制比较

（一）对期货市场的功能运用比较

美国的农业保险产品通常被分为产量保险、收入保险、区域保险、牲畜保险、附加保险等[①]，各类产品又可进一步细分。如果从保障水平的设定依据来划分，美国的产品也可大致分为产量类保险、收入类保险、价格类保险三大类[②]，其中，收入类保险占据主导，在保费规模上占比八成左右，其次是产量类保险和价格类保险。

虽然美国在产品名称上并没有类似于我国“保险＋期货”模式的农业保险产品，然而，美国的很多农业保险产品却都运用了期货市场的价格发现功能，农业保险产品与期货市场形成了事实上的融合。早在1996年美国推出农作物收入保险时，就引入期货价格作为确定保障价格和实际价格的基础。如今，美国占比最高的产量类保险产品——产量保障计划（Yield Protection，YP），占比最高的收入类保险产品——收入保障计划（Revenue Protection，RP），以及牲畜类保险产品等均采用相应农产品的期货价格作为预测价格（也即保障价格），这种做法有助于充分利用期货市场的定价机制，增强定价的透明度和公信力，进而稳定农户的收益预期。不仅如此，收入保障计划（RP）还赋予了农户在预测价格与收获价格[③]二者中选择较大者的权利（表2），这种做法也进一步提高了农户的保障水平。

表2　美国典型产量保险和收入保险的赔付条件

产品类别	产量保障计划	收入保障计划	剔除收获价格的收入保障计划
赔付触发产量	实际历史产量×保障水平（如75%）	—	—
赔付触发收入	—	实际历史产量×（预测价格与收获价格的较高者）×保障水平	实际历史产量×预测价格×保障水平

① 详见 https：//www.rma.usda.gov/Policy-and-Procedure/Insurance-Plans。这也是美国官方的分类方法。

② 牲畜风险保障计划（LRP）和牲畜毛利润保障计划（LGM）是典型的价格保险产品。

③ 收获价格也可能是根据期货价格确定的。比如美国某收入保险保单约定，玉米的预测价格由芝加哥商业交易所（CME）12月份玉米期货合同在2月份的平均期货结算价格决定，而收获价格由12月份玉米期货合同在10月份的平均期货结算价格决定。

（续）

产品类别	产量保障计划	收入保障计划	剔除收获价格的收入保障计划
实际收入	—	实际单产×收获价格	实际单产×收获价格
赔付额	（赔付触发产量－实际产量）×预测价格×投保面积	（赔付触发收入－实际收入）×投保面积	（赔付触发收入－实际收入）×投保面积

然而，在我国农业保险市场上，“保险＋期货”模式是区别于传统成本类农业保险的创新型产品。其中，期货市场不仅发挥了价格发现功能（确定保险合同赔付条件时参考了期货市场价格），还发挥了风险规避功能（期货公司通过期货复制场外期权进行了风险对冲），这与美国的农业收入保险有着很大的差异。

（二）定价机制比较

从具体定价机制来看，美国的农业收入保险产品是由获得农业保险经营许可的保险公司提供的，期货公司自始至终不直接参与其中。至于农业保险产品的费率厘定工作，都是由美国农业部风险管理局（RMA）完成的。为此，风险管理局（RMA）制定了《商品交易所价格条款》（CEPP）。CEPP 主要适用于提供收入保障（包括区域收入保障）和产量保障（包括区域产量保障）的农作物保险计划，其目的是为收入保障计划确定预测价格和收获价格提供依据，以及为产量保障计划确定预测价格提供依据。值得注意的是，CEPP 规定农作物的收获价格不得超过预测价格的 2 倍。

从定价方式来看，CEPP 根据产品类别的不同分为直接定价和间接定价两种方式。其中，直接定价的方式主要适用于期货产品交易活跃的农作物，如谷物、玉米、大豆、长粒米、棉花和小麦，而间接定价的方式则适用于无对应期货、期货交易不活跃或期货的计量单位和货币不统一的农作物，如油菜籽、硬质小麦、有机农作物等。

与美国不同的是，在我国的“保险＋期货”模式中，定价工作主要是由期货公司完成的，在保险公司完成承保之后，通过购买场外期权产品获得了期货公司对市场风险的“再保险”，二者存在紧密的合作关系，缺一不可。

（三）风险分散机制比较

美国农业保险的分散机制包括农业再保险、大灾基金和紧急预案等层级。其中，农业再保险居于核心地位。联邦农作物保险公司（FCIC）是美国农业再保险的主要提供者，此外，保险公司还可以寻求商业再保险等其他途径。大灾基金由美国财政部委托联邦农作物保险公司（FCIC）管理，主要用于补偿大灾发生时超过再保险体系赔付能力部分的损失。当专项基金发生赔付能力不足时，启动紧急预案募集资金，具体方式包括申请贷款或财政部发行债券等。为了形成稳定的经营预期和方便再保险业务的开展，风险管理局（RMA）分别制定了《标准再保险协议》和《牲畜价格再保险协议》，以明确联邦农作物保险公司（FCIC）和各保险公司的权利义务关系，并于每个年度对保障内容进行微调。

从我国来看，自2020年中国农业再保险公司（以下简称“中国农再”）成立之后，中国农再承担了我国农业再保险的主体供给责任，成为我国财政支持的农业大灾风险分散机制的基础和核心。然而，目前中国农再的业务范围排除了“保险+期货”业务，各家保险公司需要自己寻求风险分散途径。

（四）政府财政支持比较

美国联邦政府对农业保险的财政支持主要体现在三方面①：一是为农户购买农业保险提供保费补贴，以鼓励农户积极投保；二是为保险公司提供管理与运营费用补贴，从而调动保险公司经营农险的积极性；三是为保险公司提供再保险补贴，也即政府与保险公司之间建立起“分担损失、共享收益”的机制。

目前我国对农业保险的财政支持主要体现在保费补贴政策上。其中，中央财政重点对大宗农产品提供保费补贴，地方财政在响应中央财政进行配套补贴的同时，对本地特色农产品自主提供保费补贴。然而，从“保险+期货”的开展情况来看，由于其业务风险较高，并且保险标的多为地方特色农产品，中央政府目前并没有提供保费补贴，一些地方政府虽然提供了部分保费补贴，但是支持力度有限。值得一提的是，在很多“保险+期货”项目的试点初期，三大商品交易所以及期货公司提供了不少保费补贴，但是这种补贴难以持续。

（五）监督与管理比较

美国的农业收入保险主要是由美国农业部的风险管理局（RMA）来实施监督与管理的。风险管理局成立于1996年，其宗旨是提高美国农业保险的可获得性和有效性，从而增强美国农业部门的稳定性。风险管理局（RMA）的职责主要包括以下三方面②：一是为农户及相关利益者提供有效而稳健的保险服务；二是产品管理监督，包括对新产品的开发和对现有产品的维护；三是合

① 美国各州政府并不提供农业保险保费补贴。

② 详见RMA官网介绍.https：//www.rma.usda.gov/Fact-Sheets/National-Fact-Sheets/About-the-Risk-Management-Agency.

规管理，包括对联邦农作物保险项目的脆弱性、欺诈、浪费、滥用等进行评估及优化。联邦农作物保险公司（FCIC）作为一家完全由政府出资的机构，承担着对联邦农作物保险项目的运营管理职责，与风险管理局（RMA）有着不同的职责定位。

2007年以来，我国农业保险业务的监督与管理职责一直是由财政部和银保监会共同承担的。其中，前者侧重于对农业保险补贴资金的拨付与使用等环节进行监管，而后者侧重于对农业保险公司的竞争和运作环节进行监管。然而，对于“保险+期货”模式，虽然其监管规则尚在建立和完善之中，但可以预见将有别于对传统保险产品的监管。这不仅是因为目前中央财政尚未对“保险+期货”模式提供保费补贴，还因为商品交易所和期货公司等市场主体属于证监会的监管范畴。值得一提的是，在“保险+期货”模式产生之后，中国证监会及中国期货业协会对其发展给予了大力支持和积极引导，鼓励其做大做强。从这个意义上看，我国的“保险+期货”模式在一定程度上可被视作保险与期货这两种金融工具及各自主管部委之间竞争与合作的产物。

五、对我国“保险+期货”模式发展问题的进一步讨论

（一）如何看待“保险+期货”在农业风险管理体系中的角色？

“保险+期货”模式兴起于我国农产品价格形成机制改革，由于其在价格风险管理方面具有独特的优势，受到了地方政府、期货业和保险业的共同青睐，并成为我国农产品价格风险管理的新型工具。从这个意义上说，“保险+期货”模式的成绩经受了实践的检验，有其必然性与合理性。

但与此同时，我们也应该看到，“保险+期货”模式的作用发挥是有边界的，同时也会受到一些因素的制约。具体而言，由于期货公司不擅长管理自然风险，“保险+期货”模式用于管理农产品价格风险更为合适（也即“价格保险+期货”），而对于价格风险管理之外的领域，比如农产品自然风险管理、农产品收入风险管理等，“保险+期货”模式并不是最佳的管理手段。另外，“保险+期货”模式的作用发挥也会受到多种因素的影响，比如农产品是否为期货交易品种、现货价格与期货价格的基差风险、政府是否提供保费补贴等。总之，“保险+期货”模式发展的“能力边界”是农产品价格风险管理，这也是它区别于其他农业风险管理工具的比较优势。

（二）“保险+期货”与农业收入保险可以并存发展吗？

成本类保险产品是当前我国的主流农业保险产品。这类产品以农户在农业生产中所发生的各类成本作为保险金额的参考依据，无需考虑农产品的价格变

动情况，具有容易理解、操作简单等优势，但是其保障水平却相对较低，不能为农户提供更加充分的保障。然而，借助期货市场的价格发现功能，产量保险①和收入保险可用于帮助农户提前锁定农业产量和农业收入，进而稳定农业生产。

其中，农业收入保险不仅可以提供自然风险保障，而且可以提供市场风险保障，因此被视作农业保险产品的高级形式和发展方向②。在各地探索“收入保险＋期货”模式的同时，我国有必要继续开展农业收入保险的试点，也即利用期货市场的价格发现功能，由各保险公司依据农产品的期货价格来确定农户的目标收入（不限于主粮作物），在此基础上，通过中国农再所确立的再保险体系来实现农业收入保险产品的风险分散。

（三）中央财政是否应该对“保险＋期货”模式提供保费补贴？

从近年来各地“保险＋期货”的试点总结来看，保费补贴情况直接关系着“保险＋期货”的推广力度。特别是，随着三大商品交易所和期货公司补贴意愿和补贴能力的趋弱，一些“保险＋期货”项目已经难以为继，因此，不少地方政府以及商品交易所、期货机构对中央财政补贴提出了呼声。

我们认为，由于不同农产品的外部性存在差异，现阶段中央财政应该聚焦于大宗农产品的“提标、扩面、增品”工作。对于以特色农产品为标的的“保险＋期货”模式，地方政府应该承担主体补贴责任。另外，对于有着较强外部性的地方特色农产品的“保险＋期货”项目，中央财政可以考虑通过奖补激励的方式对地方政府予以支持。

（四）如何加强对“保险＋期货”模式的监管？

金融创新与金融风险相伴而生。“保险＋期货”模式将市场风险从保险公司转移至期货市场，然而，由于期货市场存在着价格波动风险、杠杆放大风险、操作失误风险等，“保险＋期货”的潜在风险是显而易见的。一旦出现严重风险，不仅不会为农业生产起到保驾护航的作用，相反会破坏农业生产的稳定，得不偿失。目前“保险＋期货”模式处于试点和探索阶段，各方为其发展创造了比较宽松的环境，监管机构对其创新试错的容忍度也比较高。但随着试点的进一步推广和深入，相关风险势必日渐积累和加大，因此，监管机构有必要增强风险防范意识，持续完善监管规则，防范和化解风险。

在当前我国的金融监管体系下，证监会对期货市场实行集中统一的监督管

① 产量保险不仅需要确定农作物的亩均产量，还需要确定这些产量所对应的价格。

② 除了美国，日本也于 2019 年推出了大范围的农业收入保险。

理。这也意味着，随着“保险＋期货”模式发展的不断深入，未来我国对“保险＋期货”模式的监管需要统筹和整合财政部、银保监会、证监会等不同部委的监管力量和监管资源。在这种背景下，如何克服多头监管所产生的规则不一、监管套利、监管真空等问题，进而实现监管效能集约化，将是未来我国农业保险监管面临的重要挑战。

海外现代农业保险保障分析
——以美国农业企业一揽子保险为例

何兴龙

（瑞士再保险公司农业再保险亚太区负责人）

一、美国农业企业保险和农场保险

美国农业是美国的主要产业之一，美国也是全球最大粮食出口国。根据2017年农业普查，美国有204万个农场①，占地面积364万平方千米，平均每个农场占地169公顷，农民与其他农业从业人口约340万。美国同时拥有全球领先的农业产业市场和保险市场，美国农业产业保险无疑是我国发展的重要参考和学习对象。

（一）美国农业企业保险（agribusiness insurance）和农场保险（farm insurance）概念

根据美国相关税收规则，美国的农业从业主体通常区分为两类：一种称为农业企业（Agribusiness），指饲养或寄养五匹或更多匹马，或在本州生产农产品，包括但不限于田间或果园作物、牲畜、奶制品、家禽或其产品、养殖、休闲或生产至少为运营商提供2 500美元的年总销售额。另一种则为普通的农场或牧场，包括种植业农场、养殖业牧场、休闲农场等。普通农场以家庭农场②为主。根据美国农业部2018年统计，家庭农场仍然是美国农业的重要组成部分，占所有农场的98%，占产量的88%。大多数农场是小型家庭农场③，

---

① 美国农业部将农场定义为在特定年度生产和销售至少1 000美元农产品的任何地方。通常用农场的作物耕作面积和养殖牲畜头数确定一个农场或牧场的年销售额是否低于1 000美元。

② 美国农业部通常进一步根据农场年收入将家庭农场分为小型家庭农场（small size family farms），中型家庭农场（Midsize family farms），大型农场（large family farms）。

③ 小型家庭农场指年收入低于35万美元的农场，包括退休农场（retirement farms），兼职农场（off-farm occupation farms）、专门农场（Farming-occupation farm）。专门农场以年收入15万美元为界进一步分为低收入农场（low-sales farms）和中等收入农场（moderate-sales farms）。

它们经营着几乎一半的美国农场土地，同时产生了21%的产量。

农业企业保险（Agribusiness insurance）专门提供给从事农业生产经营服务的企业，这些企业从事的活动包括但不限于农业生产，还可以包括农产品运输，农业服务承包商等，比如从事食品加工和奶酪制造企业，牛奶或牲畜运输企业，粮食存储和加工企业等。传统的农场保险（Farm/Ranch insurance）则主要服务于个人及其所从事的农业活动，该类保险提供农场主住宅和农业经营的基础保障，更类似个人保险和农业保险的组合。农场保险可用于涵盖许多传统类型的农业，但通常仅限于农业经营。例如，奶牛牧场保险通常承保养殖生产经营活动，牛奶一旦生产成冰激凌，则通常需要农业企业保险提供保障。在实际业务中，很多美国保险企业通常将上述两种都列入农业产业保险（agriculture industry）或农业保险（Agribusiness），业务实行归口统一管理。

（二）美国农业企业保险和农场保险产品

美国市场的农业企业保险和农场保险不同于中国市场的农业种植险、养殖险和森林险，该险种更像是一个混合的一揽子保障方案，承保农业生产经营主体所面临的常见风险，其中既包括种植的作物、养殖的畜禽，也包括个人和企业的责任、农产品的产品责任、农场的财产等。所以农业企业保险和农场保险并不存在一个标准的通用保险条款或格式，这些类型的保险通常由投保人进行个性化投保选择，每一种保险标的的承保范围、除外责任、承保限额、保费计算方式等有所不同。

1. 农业企业保险和农场保险的投保人和被保险人

如前所述，农业企业保险和农场保险的投保人通常是农业企业和农场主。投保人和被保险人通常为一个主体，但若农业企业的保险标的涉及银行贷款，贷款银行或其他信贷金融服务机构将成为共同被保险人，一旦有损失发生，其将优先获得赔偿。

2. 农业企业保险和农场保险的承保标的

农业企业保险和农场保险的承保标的涵盖住宅（包括四旁树①）、谷仓/附属建筑和结构（如谷仓、马厩/棚等）、设备和机械（如联合收割机、脱粒机、拖拉机等）、其他农业生产用具和用品（如收获的作物②、种子、化肥、农药、草料、饲料、杀虫剂等）、个人财产、牲畜、作物、车辆、企业和农户对他人依法应承担的民事赔偿责任（如雇主责任等）。同时，企业和农户可以根据自

① 在美国农业企业保险和农场保险中，四旁树通常列为农场房屋财产的一部分。

② 在美国，农作物收获前由种植保险承保、收获后由农业企业保险或农场保险中的财产险项目承保。

己的生产经营特点拓展承保标的到农场围栏、风车、筒仓、蜂场、船只等。

农业企业保险相比农场保险，更强调对于企业营业收入损失、企业雇主责任、企业商用车辆（如运输卡车、拖车等）、员工忠诚度、员工健康和福利等保障，所以通常将企业营业中断损失、商用车辆、雇员健康等纳入承保标的。

3. 农业企业保险和农场保险的承保风险

美国农业企业保险和农场保险根据不同的承保标的提供不同的风险保障，通常涵盖以下方面（表1）。

表1 美国农业企业保险和农场保险的承保风险

承保标的	承保风险
住宅（含四旁树）和财产 谷仓/附属建筑和结构 农业设施和机械 农业生产用具和用品 个人财产	火灾、闪电、风暴、冰雹、爆炸、暴乱、飞行器事故、第三者蓄意破坏、盗窃等 和其他财产险一样，洪水通常由企业或农户向国家洪水保险计划单独购买
种植作物	冰雹、多灾害（如干旱、降雨过多、火灾、暴风、病虫害等）、价格、收入
养殖牲畜	疾病①、自然灾害（如火山喷发、龙卷风等）、列明意外事故（如触电、火灾、野生动物袭击、溺水、车祸、意外射击、洪水、地震②等）
民事责任	公众责任、产品责任、环境污染责任、雇主责任、商用车第三者责任等
收入	通常接近财产险承保风险

4. 农业企业保险和农场保险的承保

农业企业保险和农场保险的费率由多个因素决定，通常主要包括：①农业耕种面积或养殖规模等；②农业生产的类型、特点、规模等；③农舍的大小、类型、功能、数量和质量等；④农场谷仓及其附属建筑物的类型、数量和质量等；⑤农业生产设备和机械的类型、价格和数量等；⑥工人数量、类型等。

对于每一项承保范围，具体承保的规则和要求并不相同，甚至相差甚远。很多美国保险公司提供菜单式保险方案，即将住宅和财产保险、农场责任保险作为基本险，其他保险保障项目由投保人灵活选择。

① 在美国市场，农业企业保险和农场保险并不默认承保疾病，很多时候疾病和自然死亡同时被除外，需要投保人单独向保险公司询价，获得具体保障方案。

② 和上述其他风险一样，地震和洪水保障需要由投保人向保险公司投保。

（三）农业企业保险和农场保险的理赔

农业企业保险和农场保险的赔案因保险标的繁多，保障范围琐碎，保额和限额随标的变化，所以赔偿定损查勘更接近普通商业保险而非种植业保险。常见索赔案件包括：①农业财产保险项目：重型机械设备损坏和盗窃，如脱粒机、拖拉机等；②农业责任保险项目：牲畜动物致害责任，如摔伤、绊倒等；③农业雇员相关保险项目：拖拉机碾压，被物体击伤、被牲畜袭击等，常见伤害症状包括脑震荡、挫伤、割伤、撕裂伤、截肢和死亡；④种植或养殖保险项目：天气灾害导致的粮食减产或收入损失；⑤其他保险项目：营业中断损失。

实践中，农业企业保险和农场保险的理赔流程、人员和系统更接近于传统商业保险。由于联邦政府补贴的养殖保险和种植保险需单独出单，补贴部分的养殖保险和种植保险依据美国农业部风险管理局规定的特定流程开展理赔工作。

（四）农业企业保险和农场保险的风险管理

美国农业企业保险和农场保险的风险管理分为基础风险管理和特定风险管理。基础风险管理即适用于所有保障范围，如农场日常生产经营的储水防火、农场进出道砂石路平整和坚硬。特定风险管理则根据标的不同有所不同，以农业责任保险项目为例，包括举办安全培训、指定安全管理人员、不开放经营场所给第三方人员等。

和其他商业保险一致，农业企业保险和农场保险的风险管理评估和保费挂钩，这其中既有基础的标的风险评估带来的折扣，如安装报警系统、排水设备及其传感器、使用砖石建筑材料等可以享受一定折扣，也有良好信用折扣、信贷折扣等。

二、中国农业产业风险保障创新前瞻和建议

（一）中国农业产业风险保障发展方向前瞻

今天中国农业农村现代化发展日新月异，在政策体系方面，通过农村土地改革和保持土地承包关系稳定并实施长期不变的政策，在土地资源利用上为农业产业发展提供了长效机制。在经营主体方面，农业产业发展正在由传统的小农经济向新型农业经营主体转变，农业生产的产业链通过公司一体化发展模式或经营主体间合作不断延伸。在产业发展方面，农业供给侧结构性改革不断深入，使农产品供给开始由生产导向转向提质导向，农产品的供给结构趋向优化，“质量兴农”的效益显现。农业现代物质条件装备和现代科学技术水平持

续提升，已成为农业产业发展的主要推动力。这些无不要求农业保险方案不能局限于传统的种植险、养殖险和森林保险，需要拓展至更广泛的农业产业保险。

1. 农业产业保险深入融合农业产业链，推出定制化方案

首先，根据美国市场经验，农业产业保险应当根据地方农业产业特点和投保主体的经营活动，提供定制化的保险方案，涵盖企业常见风险的保障；其次，农业产业保险应当根据中国农业产业现代化发展进程，强化风险管理，突出保险保障；再次，农业产业保险利用政府补贴的同时，应当利用现有传统农业保险服务网络，降低保险获得成本，提升保险服务质量；最后，农业产业保险应当与普通商业保险互相借鉴，资源共享，提升农业产业保险的经营管理水平。

2. 农业产业保险要不断吸收新科技，提升风险管理水平

农业产业保险的创新离不开新技术的引进，这些新技术应当不仅仅包括卫星遥感、大数据、人工智能等技术，还应当包括更先进科学可持续的管理技术，如农田农场牧场管理、农业产业化节能低碳管理等。美国农业企业保险和农场保险依托美国农业产业的发展，尤其是依托农业规模化、专业化和科技化，这其中最为人称道的是农业生产的机械化、生物化和信息化贯穿农业育种、施肥、灌溉、植保、收割、交易等全链条。我国的农业产业保险同样应当协同行业，推动和促进农业产业化发展，对于农业风险管理有关的关键技术，支持行业试点和规模化应用，实现农业产业保险和行业试点在技术层面的良性互动。

3. 农业产业保险要联系产业发展规划，丰富应用场景，强化自身价值

农业产业保险的发展首先应当紧密围绕中国农业现代化发展规划，根据产业发展规划和产业资金情况，推出重点发展方向，实现与农业产业发展的经济效益的互动。比如农产品品质提升成为农业产业供需两端共同的诉求，将保险风险保障和服务功能与农产品品质提升相结合，提升农业经济效益，实现合作共赢。再比如结合保险和农业保险发展经验，将农业产业保险与信贷结合，将贷款机构列为共同被保险人，发挥保险增信功能。

（二）中国农业产业风险保障方案建议

1. 回顾农业产业相关保险方案，总结现有经验和教训

严格意义上说，中国已经具有一定规模的农业产业保险，比如针对农业产业集团的保险、国有农场保险、食用中草药、菌菇、预制菜工厂的保险等。但遗憾的是，农业产业保险在实践中简单归为涉农保险或普通财产险和责任险，这无意中让保险行业错失了研究分析现有农业产业保险案例的机会。农业产业保险应当建立在保险行业现有经验基础上，分析过往案例的成败得失，比如保险保障是否合理、费率定价是否充足、保障方案是否到位、保险服务是否可信等。这种回顾还可以结合农业产业从业者的调研和访谈，了解需求方对于保险方案的评价、需求甚至投诉，这同样有助于帮助保险行业梳理思路、明确优劣、统一认识，进而推出更有竞争力和吸引力的保险方案。

2. 围绕特定区域农业产业，小规模试点推出农业产业保险方案

美国农业产业保险和农场保险经历近百年的发展才有今天的规模，我们需要认识到，我国的农业产业保险的发展不可能一蹴而就，尤其在农业产业现代化和商业保险发展尚在发展中的情况下，农业产业保险发展困难重重。基于这样的现实，不妨围绕特定区域中小型农业产业科目，小规模推进农业产业保险方案试点。这种试点既可以是现有农业产业保险方案的升级和拓展，也可以是新保险需求所开发的保险方案。结合美国市场经营，这种试点应当不拘泥于现有种植保险、养殖保险和森林保险的经验和认知；同时充分运用商业保险经验，最大程度实现方案在不同补贴场景下的可持续运营。

3. 保险公司不断积累自身实力，吸收产业资源，储备农业产业保险动能

农业产业保险发展当然也需要保险主体积极参与市场调研、风险测算、产品研发、产品试点和规模化应用等。相比传统的农业保险，农业产业保险对于保险主体提出了更高的要求。根据海外市场经验，有三个方面尤为重要：其一，风险定价和业务管理能力。农业产业保险根植于农业保险，也兼顾商业保险，需要保险主体利用自身对于风险和保险的量化分析能力，准确测算风险定价和判断风险趋势，提供可靠有效的保险保障方案，并能够有效管理现有业务组合，实现农业产业保险业务的可持续发展。其二，区域性农业产业发展的洞察和分析能力。农业产业发展无论在美国还是中国从来离不开地域化这一特点，农业产业保险需要保险公司发挥现有对于地方特色品种和产业的认知和洞察积累，将其分析转化为特定产业保险的保障方案。其三，人才和资源投入。相比传统农业保险，农业产业保险在美国市场通常实施单独的条线管理，甚至由专业公司提供产品和服务，这从侧面说明农业产业保险对于人才和技术的需求，需要具有跨产业、跨险种、跨区域的知识和经验的专业人才，辅之以有效持续的资源投入，才能支持农业产业保险稳步推进。

三、结束语

农业农村现代化是“十四五”期间的重要目标之一，与农业农村现代化相适应的保险发展如箭在弦。通过分析美国农业产业保险和农场保险，我们学习其发展的商业思路和实践经验，中国农业产业保险发展应当融入农业产业链，提出定制化方案；吸收新技术，提升管理水平；联系产业规划，丰富应用场景，凸显保险价值。

当前，中国保险行业已经积累了一定的农业产业保险发展经验，且随着整个中国保险行业发展，更多保险主体开始从商业保险和政府补贴型农业保险两个角度发展农业产业相关保险。我们相信在短中期内，中国保险主体能够从现有经验中快速成长并有所突破。从长期看，我们能够建立适用中国特色社会主义现代化国家发展需要的农业产业保险。

海外农业相互保险经营模式比较分析

——以法国和日本的农业相互保险为例

何兴龙

（瑞士再保险公司农业再保险亚太区负责人）

摘要： 农业相互保险是农业风险管理的重要手段之一。本文介绍了法国和日本这两个先进农业相互保险市场，分析其组织治理、经营模式和农户参与方式，提出中国农业相互保险值得借鉴之处，对农业相互保险的发展提出前瞻和建议。

关键词： 相互保险；农业保险；组织治理；经营模式

一、海外农业相互保险发展经营模式介绍

（一）法国的农业互助保险模式

法国为欧洲国土面积第三大、西欧面积最大的国家，可耕地面积广阔，农产品品种多样，是世界主要农业大国，是欧盟最大的农产品生产国和仅次于美国的世界第二大农产品出口国。法国的农业互助保险最早可以追溯到1840年在法国Isere省几家农户自发成立的农业互助保险社。现在的农业互助保险体系源自1900年，该体系经过了不断变革。以最近二十年为例，2003年中央保险公司（Central Mutual）解散，全国保险联盟（The Fédération Nationale Groupama）成立，安盟保险集团中枢部门（Groupama SA）作为地区相互保险公司的再保险人。2016年关于透明度、打击腐败和实现经济生活现代化的“莎宾第二法案”（Sapin II law）获得通过，要求安盟保险集团中枢部门——安盟有限责任公司（Groupama SA）在18个月内改制为一个相互保险公司。2018年7月，安盟相互保险公司（Groupama Assurances Mutuelles）投入运营。

法国农业互助保险体系内部结构共分为3个层次，其中，安盟相互保险公司处于核心位置，具体负责制定整个互助农业保险集团的年度经营方针。同时，安盟相互保险公司还为13家[①]地区农业相互保险公司（Regional mutu-

① 包括9个法国大区相互保险公司，2个海外相互保险公司和2个特色相互保险公司。

als）提供再保险服务，是农业保险业务最终的保险人。法国共有 2 700 多家基层农业互助保险合作公司（Local mutuals），由 13 家地区农业相互保险公司提供再保险，机构包括约 3 万名农民代表，遍布法国每个村庄，直接承接互助农业保险业务。法国三级农业保险架构见图 1。

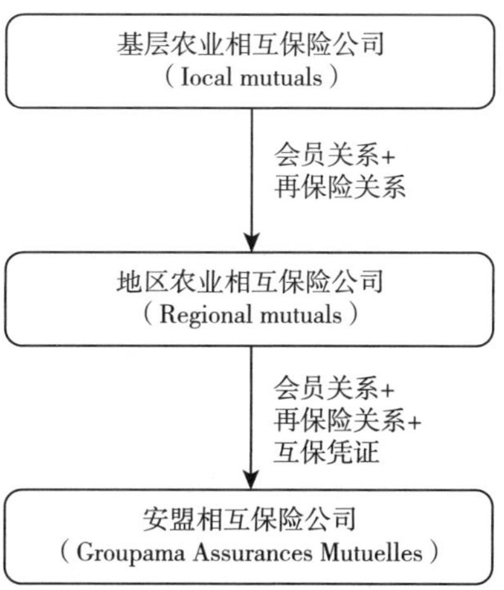

图 1　法国农业相互保险体系结构

从法国农业互助保险体系，我们看到如下特点：

1. 基于互助价值理念的组织架构

虽然法国农业相互保险组织治理结构经过不断调整，但组织目的在历次变革中不断被强化，即“我们在这里帮助尽可能多的人充满信心地生活。为此，我们依靠人道、密切和负责任的互助社区。”公司的相互保险组织架构处处体现了这样的价值理念。比如公司体系由基层农业相互保险公司、地区相互保险公司和安盟相互保险公司的三级组织架构构成。再比如公司董事会的 15 名董事中包括董事长在内的 9 名董事代表不同的地区相互保险公司①；公司董事会下设相互保险咨询委员会，负责制定相互保险的战略和监督执行，委员会成员来自 9 个大区相互保险公司的 49 名委员。

2. 以内部再保险协议、安全和团结协议为基础的相互保险体系

安盟相互保险公司和地区相互保险通过两个协议建立契约关系。

其一为内部再保险协议（Internal reinsurance agreement）。在农业相互保险体系运作初期，并没有这样的再保险协议，但随着时间发展，业务的复杂性和风险的增加促成了地区和中央相互保险公司建立再保险关系。目前该协议为比例再保险协议，全国所有地区相互保险公司作为分出公司，安盟相互保险公司作为独家再保险人，分入业务涵盖地区公司运营的所有业务（包括但不限于农险业务）。

该再保险合同确定了联合核保和理赔（joint underwriting and claims）的流程和管理办法。以埋赔举例，超过一定阈值的赔案将由地区相互保险公司和安盟相互保险公司总部（理赔部和农险部）联合管理，该措施意在控制赔案管理成本，加强风险管控，满足外部再保险人的要求。

其二为安全和团结协议（Security and Solidarity agreement），通过该协议

① 安盟相互保险公司有 9 名董事代表地区相互保险公司，4 名为独立董事，2 名为职工代表。

确保安盟相互保险公司对于地区相互保险公司具有技术、事务和财务的全面掌控和管理权。协议包括三个主要部分，即位居中央的安盟相互保险公司的权力范围和执行机制，针对地区相互保险公司的审计制度，意在确保偿付能力达标的财务协作计划。该协议为期十年，较长的协议时间能够保证协议双方有效执行。

3. 以互保权证（mutual certificate）**为载体的持股形式**

相互保险本身没有股本。根据法国保险法，互保权证由相互保险公司签发给其会员，会员持证可以享受年度分红，会员对证书价值以外的事项不承担责任。互保权证本身只具有经济价值，并不具有投票权。

2018 年安盟股份有限责任公司改制为安盟相互保险公司，改制要求原有地区相互保险公司持有的安盟股份有限责任公司的股份转为互保凭证形式。凭证由安盟相互保险公司签发给全部 13 个地区相互保险公司持有，凭证总计数量为 411 824 587 张，按每张凭证 8.785 欧元计总价值 36.18 亿欧元，占安盟相互保险公司股本的 92.15%。互保权证制度保证了地区相互保险公司与位居中央的安盟相互保险公司建立了稳固的利益共享机制。

（二）日本政府支持的农险互助保险模式

日本农业互助保险（在日本称“农业共济”）开始于 1947 年，渔业保险开始于 1937 年，经过不断发展完善，已经形成较为完善的体系和运行机制。日本的农业共济属于互助保险范畴。根据日本《农业保险法》，农业互助制度旨在利用保险机制，通过补偿受灾害影响的农民的损失，为农作物、牲畜、果树、田间作物和园艺设施提供补偿，从而稳定农业生产。

日本农业保险自成体系，包括三级机构（图 2）。基层机构是设在市、町、村一级或地区性的由农民组成的农业共济组合，部分没有设立农业共济组合的地区由市（町、村）基层政府负责，在都（道、府、县）一级设有农业共济联合会，农林水产省经营局负责农业保险业务。农民向农业共济组合

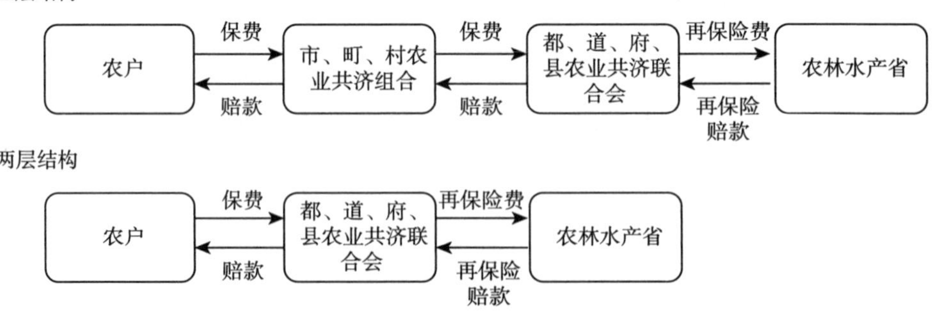

图 2　日本农业共济制度

或地方政府的专门机构上交保费，形成共济关系；共济组合收取了农民的保费以一定的比例上交到农业共济联合会，形成保险关系；农业共济联合会再向农林水产省下设的农业保险专门账户上交一定比例的再保险金，形成再保险关系。

在日本的农业相互保险制度中，我们看到如下特点：

1. 以日本农业互助协会和农业互助联合会为载体的互助保险运营机制

日本农业互助协会（NOSAI）是以农业互助协会联合会和特定农业互助协会为成员的全国性中央组织。其组织机构分为权力机构（日本称之为“总代会”，类似中国相互保险的会员大会），经营决策机构（日本称为“理事会”，类似中国相互保险的董事会）、调查机构（损害评估员和损害评审委员会），执行机构（日本称之为“参事”，类似中国相互保险的经理机构或管理机构）等，具体如图 3。

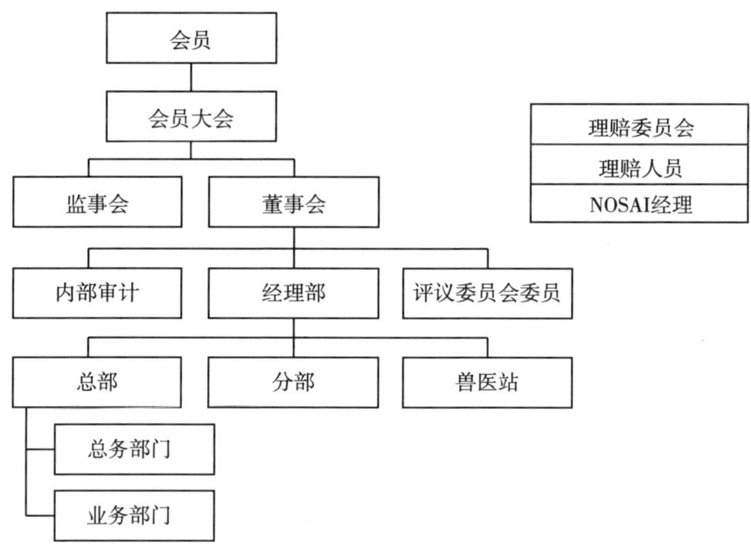

图 3　日本农业相互保险组织结构

2. 以农业共济协会作为保险人和政府作为再保险人的风险分散机制

在日本的农业相互保险体系中，农业共济协会承担了保险人的角色，其职责包括执行国家各项相互保险项目，发放具体保费补贴，支付保险赔款，启动再保险摊赔等工作。而日本政府则承担了政策制定、补贴发放、再保险人等职能。具体而言，政府需要拟定各种相互保险项目（作物互助、家禽互助、果树互助、田间作物互助、园艺设施互助等），厘定费率，确定承保方案和理赔规则；同时，日本政府需要负责发放保费补贴，监督补贴使用质量和效率。此外，政府还需要承担农业共济协会日程的行政办公经费。一旦发生重大灾害，政府需要及时启动再保险摊赔，支持行业救灾减损。

3. 兼顾防损减灾和互助保险的农业互助服务

根据日本《农业灾害赔偿法》，农业互助制度旨在“弥补农民因意外事故而遭受的损失，稳定农业管理，促进农业生产力的发展。”由于与管理技术（如病虫害防治）相关的事故也作为赔偿对象，为了有效发挥这种补偿功能，日本农业互助协会重视预防损害的活动，并积极支持农民的风险管理，包括支持病虫害防治和牲畜饲养咨询。例如，在水稻种植中，日本农业互助协会与县相关部门合作，进行病虫害预测调查，就是否需要控制提供建议，并开展航空控制和地面控制等联合控制工作。此外，日本各地还收集了稻田、旱地和园艺设施的土壤样本，进行土壤成分分析，以支持改善农业。

二、海外农业相互保险经营模式对中国的借鉴

在全球范围内，相互保险被认为具有一些普遍的价值观，比如“利益共享”“长期性”“可持续性”“非营利性”等。其中全球不同市场普遍认为“利益共享、风险共担”为首要价值体现，其次为会员所有和参与。在农业相互保险方面，利益共享应当有三个层次：其一，盈余分配；其二，风险分散；其三，防损减灾。前两者对应资产管理和负债管理，后者对应互助服务。

（一）互助价值理念

相互保险首要目标为保障个体和社会利益，而非逐利；通过会员制度进行民主管理；融合成员、客户以及公众的利益等。在农业相互保险领域，这些价值理念和特点依然成立，我们其实已经从法国和日本的相互保险上看到这样的表现。举例而言，法国和日本的相互保险都强调会员通过代表间接参与日常管理，保险的日常经营应当反映农业经营主体的利益诉求，兼顾风险和公平。

这里特别值得一提的是相互保险的非营利性，相互制的商业结构与以利润为导向的管理原则是不冲突的。所有相互保险机构都应追求积极的财务表现，创造年度盈余以维持公司的财务能力或支持公司发展。相互保险机构与股份制公司之间的区别是基本运营目标不同：对于相互保险机构而言，盈利不是其唯一或主要的目标。这实际上意味着相互保险公司不会像股份制保险公司一样追求利益最大化。

（二）组织治理结构

高效完备的机构治理是相互保险成功的关键。从海外经验看，过去百年的

相互保险历史某种程度上是机构治理不断演变和发展的历史。从最初的农民自己参与业务管理，到后来的选举或授权代表参与管理，再到今天的聘请专业经理人管理公司或参与业务管理。

从农业相互保险的发展历史和现状看，农民作为会员，本身的专业性更多是农业生产和经营，并不具备现代保险企业经营的技术、经验和能力，无法有效管理相互保险企业。需要通过代表直接或间接参与相互机构的管理，如成立会员大会，由会员大会作为相互保险机构的最高决策机构，会员大会选举产生董事会，再由董事会聘请专业管理公司参与日常业务的管理。为了确保会员利益得到有效保护，董事会除监管要求的独立董事外，其他应当由会员代表产生。这在法国的实践中已经有直观的体现。

（三）服务会员制度

相互保险以服务会员为首要任务。服务既包括保险的风险分散服务，也包括风险管理服务。在农业领域，典型的例子即为防损减灾服务。日本的农业互助保险提供的常见日常防损减灾服务包括：①种植虫害防治服务；②养殖动物损害防治服务；③果树病虫害防治服务；④奶牛血液监测和疾病防治服务；⑤牛去角和削蹄服务；⑥生猪抗体监测服务；⑦养殖场生物安全服务；⑧园艺维修、加固和安装服务；⑨土壤品质分析服务。

同样的例子在法国农业相互保险也体现得淋漓尽致，如从成立伊始就积极开展农业防损减灾活动。最典型的例子是 1972 年法国农业相互保险公司联合警察、克拉斯农用机械公司、道达尔能源公司开展针对农用机械的驾驶培训，提升农业技校就读学生对于农用机械的驾驶水平。再比如在 2018 年，安盟相互保险公司完成了超过 6 200 个专业防损减灾任务。

除日常防损减灾服务外，因为可以密切联系到区域所在会员，相互保险会成为会员团体表达行业意见、提升行业发展水平、凸显行业价值的一个重要渠道。无论是日本还是法国，地区相互保险公司和组织均会搜集和了解会员对于保险和服务的意见和反馈，将会员意见整理总结，反馈给相关部门，以促进行业可持续发展。

（四）盈余分配和风险分散机制

从法国和日本的案例中，我们可以清晰地看到相互保险基于非营利性的初衷，并没有强调资本回报率的最大化，相反，不断强调有效和可持续的盈余分配机制和风险分散机制。

其中盈余分配机制是相互保险组织运营过程中十分重要的方面，它关系到投保人作为相互保险组织的会员如何实现剩余索取权。由于会员权益不像股份制公司一样可均分并自由转让，投保人无法通过转让会员权益来实现资本利得，只能从相互保险组织获得盈余分配或剩余资产的分配。当然相互保险组织通常强调不以营利为目的，但为保险业务均衡发展，保险机构必须审慎经营，实现会员权益的最大化。盈余分配机制在法国农业相互保险机制中通过互保权证来实现，遵循当年分配金额不超过过去三年盈余的10%。

同样重要的是负债端的风险分散机制。无论是日本还是法国，都通过地方—地区—中央三级保险机构的内部再保险安排分散风险，同时中央再行安排外部的再保险将风险进一步转移出去。这种风险分散机制植根于相互保险既有架构，充分发挥中央相互保险组织的管理职能，有效回应地区风险过度集中的问题，最大程度将风险在时间、空间、品种、会员群体和行为等维度上进行分散。

三、乡村振兴背景下农业相互保险发展前瞻

当前实施乡村振兴战略下的农业保险正处在发展的新时期，相互保险在农业风险管理中的重要作用已经有广泛的思想共识和相当的实践基础。如何进一步发挥相互保险在农业保险高质量发展的价值已成为重要命题。在吸收海外经验的基础上，至少可以从以下四个方面发挥相互保险的价值。

（一）中国农业相互保险的会员服务

会员服务是相互保险体现其互助属性、彰显利益共享的一个重要方面。总结下来可以从三个方面加强农业相互保险组织的会员服务。

其一，设立专门的防损部门。部门应当实行总分多级垂直管理，订立合理的防损减灾内部绩效考核机制，拨付专门的防损减灾经费，聘请专业人员参与防损减灾服务，引入第三方服务公司赋能防损减灾工作。考虑到我国现有农业防损减灾的国情，尤其应当联合主管部门和机构，充分利用现有资源和成果，最大限度发挥社会主义制度的优越性。

其二，会员服务应当密切联系生产经营现状。无论是农业互助保险还是其他互助保险，在提供会员服务时几乎都会强调和会员日常生产经营活动的相关性，兼顾成本和效果。服务本身也分为日常的防灾减损服务和大灾防灾减损服务。前者更多是面对高频低损，典型的例子是种植业病虫害防治和养殖业疫病防治；后者则面对农业大灾，典型的例子是防汛抗旱和动物流行疫病防治。

其三，会员服务要发挥既有互助组织网络的优势。会员服务区别于日常的商业保险服务的要点之一在于服务的传递效率，相互保险的会员服务通过互助

组织网络传递，在较低的成本实现较高的效果。与之相比，商业保险的服务通常由其分公司或子公司实现，需要动用大量的内部和外部资源，成本和效果上明显逊于相互保险。

（二）中国农业相互保险的风险管理

农业互助保险本身具有农业生产经营风险高、波动性强、影响范围广、影响时间长的特点，而通过多主体多层次多维度的再保险分散就显得尤为重要。这种分散机制应当建立在时间、空间和品种三个维度上，通过基层、地区和中央的三级架构实现第一层再保险安排，通过外部的商业保险实现第二层再保险安排，再通过农业大灾分散机制实现第三层再保险安排。再保险形式和条件以农业相互保险所面对的风险数据做精算测算，并由多方协商拟定，实行年度调整。

明确盈余分配机制是农业相互保险经营的一项重要工作。根据海外市场的现状，盈余分配机制具体需要解决以下问题：从创始会员所筹集的初始运营资金的退还机制、新加入会员的会费管理机制、在农业大灾发生后的亏损分配机制以及在农业丰年的盈余分配机制。这些问题需要结合中国农业农村发展的现状，考虑农民的经济情况，回答诸如是否允许在重大灾害后业务亏损时追加会费，业务有盈余时存留多少用于分配，分配具体形式等问题。

最后，相互保险组织作为保险组织的一种形态，必然要接受保险监管机构偿付能力的监管。随着《保险公司偿付能力监管规则（Ⅱ）》的实施，我国的相互保险公司面临了更加艰难的偿付能力的挑战。其不仅面临着自身固有的融资难题，还面临着初创期融资渠道窄的困境，在规则（Ⅱ）实施后，还需要像商业保险公司一样满足偿付能力要求。比如改善资本募集的制度，利用资本市场的工具解决问题。可以考虑引入再保险结构性交易工具提升相互保险机构承保能力，间接解决相互保险组织偿付能力不足的窘境。

（三）中国农业相互保险的组织运营

当前，国内农业互助保险组织治理和运营是农业相互保险健康可持续发展的基础。建立会员大会—董事会—管理机构多元现代相互保险组织架构是发达市场的普遍做法。从外表看，这种治理结构遵循与股份制公司几乎相同的治理准则，但实质上因为相互保险组织与股份制公司不同的所有权结构，无论是针对重大经营战略和方针的会员代表制度和议事规则，还是日常经营行为，相互保险组织均体现了“我为人人，人人为我”的互助理念。因此，现代化的相互保险组织并不意味着互助性质的丢失，相反可以通过制度设计和执行强化相互保险的理念，这是法国农业相互保险过去百年实践的结论。

会员大会是相互保险组织的最高权力机关，在农业互助保险领域，应当充分发挥农民对于相互保险发展的热情和能量，让其体会自身作为相互保险组织一员的利益共享、损失共担的理念。举例而言，日常经营承保和理赔中，发挥农民会员代表熟悉区域农业生产经营，具备一定的灾害风险认知的特点，将其纳入农业相互保险监督方，降低道德风险和逆选择。

农业相互保险的日常经营管理机构是核心，可以引入专业第三方机构参与业务管理。比如在此前上海的农业相互保险试点中，安信农险公司深度参与日常管理，发挥自身技术、人才、专业优势，与农业相互保险的市场资源结合，衍生出新形态的农业相互保险。这种形态与海外特色相互保险机构不谋而合。在海外相互保险实践中，相互保险组织的会员大会聘请专业第三方保险机构参与日常管理，对其董事会和会员大会负责，相互保险组织通过支付管理费用，考核管理机构实现业务的最终控制。

（四）中国农业相互保险服务地方特色农业

无论是日本还是法国，在农业相互保险的日常经营中，都选择了对于地方特色农业产业的精细化服务模式。以日本为例，1947 年最初实施的小麦、水稻和家畜互助，1951 年拓展至农机设备互助，1971 年拓展至果树互助，目前提供七大类（主粮作物、禽畜、果树、田间作物、农业设施、建筑物、农机具）涵盖农业主要风险标的的互助保险产品。在具体运营中，各地方相互保险机构均针对性地支持地方特色农产品，比如日本最北端的北海道农业相互保险机构提供涵盖豆类、蔬菜、啤酒花、洋葱、甜玉米、南瓜等十种地方特色作物的互助保险，而日本南端的冲绳农业相互保险机构则主要提供甘蔗的互助保险。

事实上，地方特色品种种植范围集中，单位范围内风险累积高，波动性强，农户的风险分散需求高，这些正式相互保险发挥优势的地方，通过“保前防损服务，保中减灾服务和风险分散，保后农户损失补偿和消费者反馈”的方式助力地方特色农业的可持续发展。

四、结束语

相互保险组织具有经营农业保险的独特优势，比如降低道德风险和逆选择，控制赔付率，降低经营费用，实现防灾减损等方面。但是，我国的农业相互保险依然存在法律法规尚不完备，经营主体缺乏组织基础，业务运营风险较高，专业化人才缺乏等挑战和困难。2015 年的《相互保险组织监管试行办法》是中国相互保险发展的里程碑事件，相互保险发展有了一定的监管依据和发展基础。但农业相互保险的发展依然任重道远，如何学习发达市场农业相互保险的经验是中国农业发展道路中必须回答的问题。我们通过法国和日本农业相互保险的发展经验，结合国内农业相互保险的历史和现状，总结归纳了未来农业相互保险发展的问题和意见。相信短期内中国农业相互保险将继续乘风破浪，有所突破；中期内可为乡村振兴保驾护航，更好助力农业农村现代化发展。

高质量发展转型篇

我国农业收入保险的发展模式与实践

宋建国[1]　刘　莉[2]

（1. 中国太平洋财产保险股份有限公司党委委员、副总经理，
三农保险工作办公室主任，太平洋安信农业保险股份有限公司董事长，
上海太安农业保险研究院院长；2. 中国太平洋保险（集团）股份有限公司博士后）

2018年，财政部、农业农村部和银保监会共同印发《关于开展三大粮食作物完全成本保险和收入保险试点工作的通知》（财金〔2018〕93号），在6个省份推动农业保险保障水平覆盖全部农业生产成本或开展收入保险。其中，收入保险选择期货市场比较成熟的玉米作为试点品种，在内蒙古自治区和辽宁省各选择两个县开展试点，由中央财政为试点地区提供保费补贴。除中央政策推动的收入保险试点外，近年来，多地也积极试水探索发展收入保险。

一、我国农业收入保险的发展实践

（一）趋势特征

2018年前，收入保险已有零星实践，为正式推出收入保险做了准备。2018年试点政策出台后，收入保险业务呈现跃迁式增长，特别是2019年《关于加快农业保险高质量发展的指导意见》出台后，农业收入保险业务放量增长，2019年农业收入保险业务规模较2018年增长了1.09倍。近三年来（2019—2021年），农业收入保险业务量基本持平，2021年略有增长（图1）。从2017—2021年的发展特征来看，农业收入保险作为创新型险种，具有内在发展动力，政策出台前各地已有发展收入保险的内生需求，但收入保险的推进呈现出明显的政策驱动特征。

（二）品种结构

从农业收入保险业务的品种支撑来看，大宗农产品是收入保险业务的主要

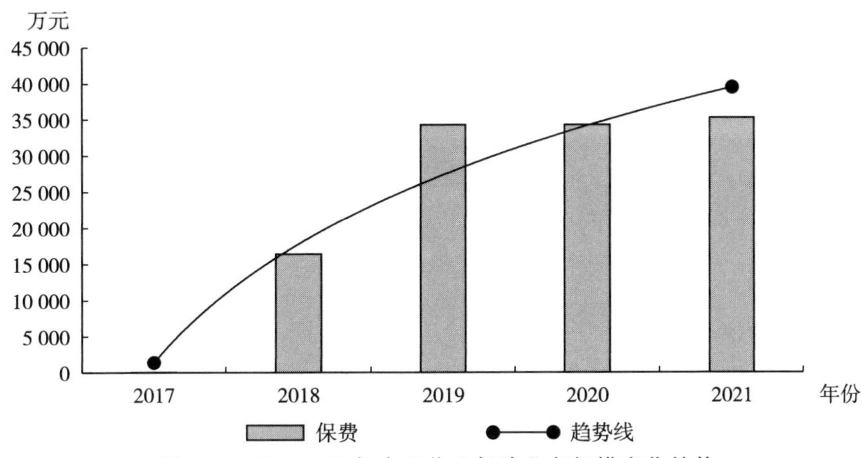

图 1　2017—2021 年农业收入保险业务规模变化趋势

发力点，2018—2020 年，大宗农产品收入保险占收入保险总业务规模的九成以上，随着收入保险业务覆盖品种的扩展，到 2021 年大宗农产品收入保险业务比重有所下降，但依然近八成。2019 年以来，收入保险在更多的农产品上尝试实施，蔬菜、水果以及地方特色农作物收入保险均呈扩容态势，另外，收入保险在养殖险中也有小规模试水（图 2）。

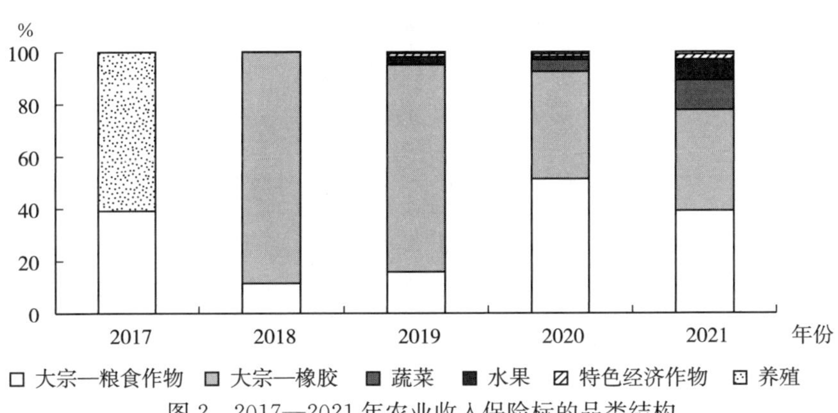

图 2　2017—2021 年农业收入保险标的品类结构

从具体品种来看，2021 年农业收入保险覆盖的农产品超过 20 种，其中，橡胶、玉米、苹果、大豆等四类农产品收入保险业务体量占比达 95%，表明大宗农产品，特别是已在期货市场上市的大宗农产品是发展收入保险的重点领域（图 3）。

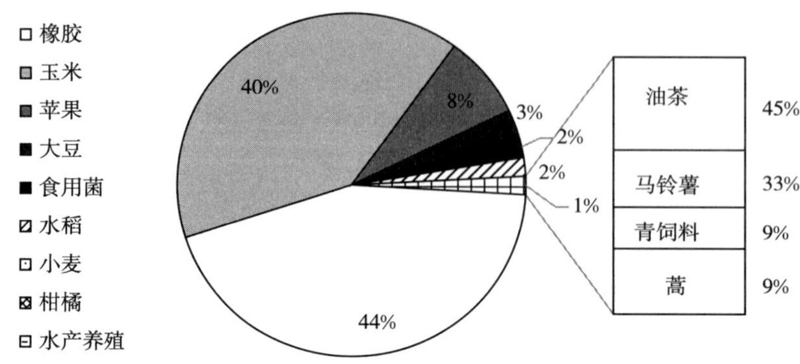

图 3　2021 年农业收入保险业务量排名前十大标的

（三）险种属性

从险种属性看，政策性农业收入保险业务占比超八成，商业性农业收入保险业务占比不足两成（图 4）。据调研了解，中央财政和省级财政资金是农业收入保险保费资金的主要来源，此外，还有部分临时性的项目资金，如期货交易所项目资金。总体来看，农业收入保险的农户自缴比例在 25%～30%。目前，农业收入保险业务仍主要依赖各级政府推动，纯商业性业务规模较小。

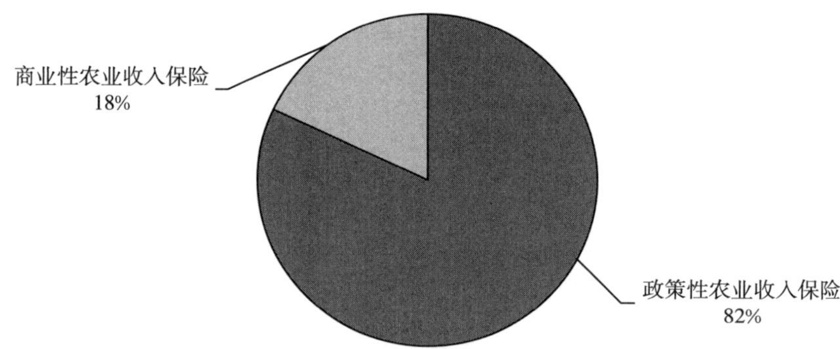

图 4　2021 年农业收入保险业务属性分类

（四）险种对比

2018 年四部委文件推进的完全成本保险和收入保险试点主要针对三大粮食作物，到 2021 年，三大粮食作物并行的险种主要有传统种植险（物化成本保险）、大灾保险、完全成本保险和种植收入保险，是各类农作物中并行险种最全的，因此，可以三大粮食作物为例比较分析不同险种的表现。对比来看，收入保险的费率最高，水稻四类险种的费率呈现梯次渐增的特征，但在小麦上，相比传统物化成本保险，大灾保险和完全成本保险的费率下降，玉米完全成本保险也呈现了降费特征（图 5）。

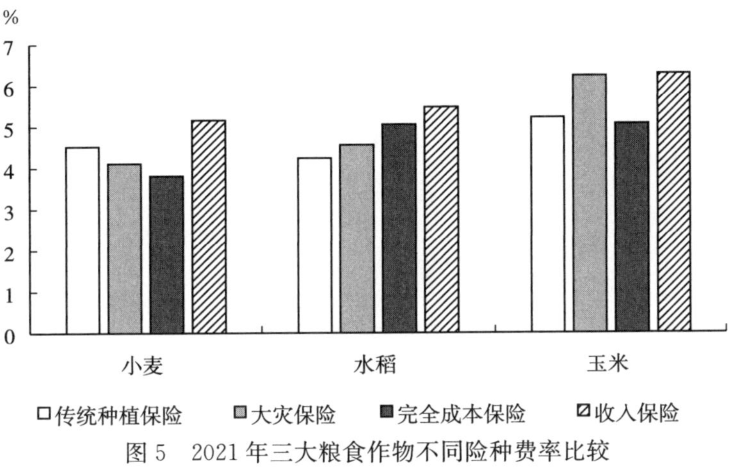

图 5　2021 年三大粮食作物不同险种费率比较

对比四类险种单位保额，传统种植保险到收入保险呈现明显的提标特征，尤其是完全成本保险与收入保险提标幅度较大，结合费率水平，收入保险呈现“提标提费”的特征，而大灾保险与完全成本保险存在“提标降费”的情况（图 6）。

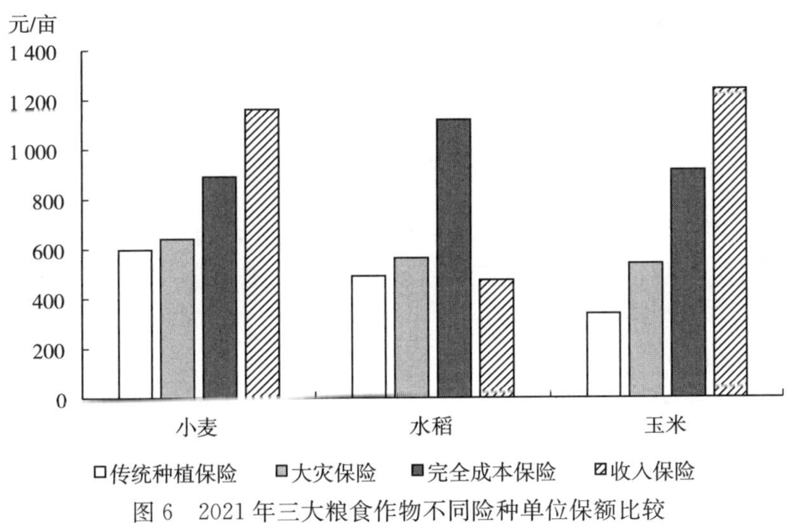

图 6　2021 年三大粮食作物不同险种单位保额比较

对比四类险种的赔付率，总体来看，收入保险赔付率较高，结合各类险种覆盖面与业务规模，可知传统种植险业务覆盖面及业务规模最大，相对风险分散性较好，赔付率较低；完全成本保险与收入保险试点实施区域与业务规模均较小，风险集中，赔付率较高。2021 年小麦完全成本保险与收入保险试点的部分区域受到暴雨洪涝灾害影响，赔付率破百，相比而言，收入保险的赔付率高于完全成本保险（图 7）。

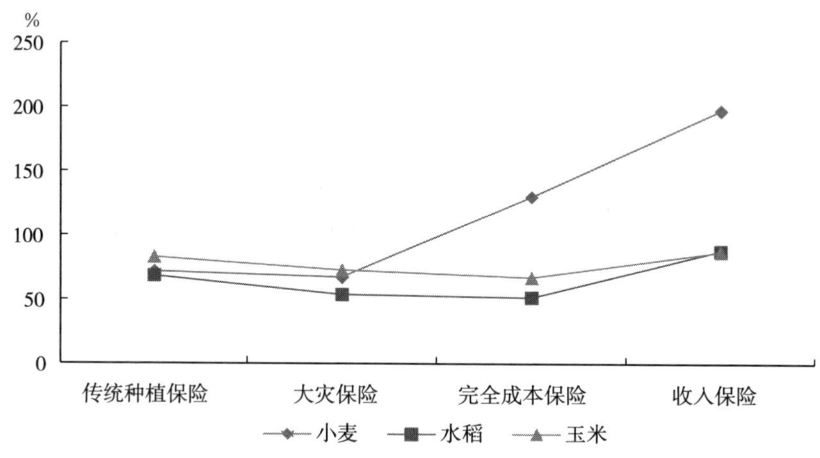

图 7　2021 年三大粮食作物不同险种简单赔付率比较

二、我国农业收入保险的主要模式

从各地的试点情况来看，我国农业收入保险的发展模式主要包括中央政策性收入保险模式、保险机构与期货交易所协同推动的“收入保险＋期货”模式，以及部分地区尝试的商业性收入保险模式。

（一）目标产值——辽宁义县玉米中央政策性收入保险试点模式

辽宁义县是首批中央政策性收入保险试点地区，由于 2018 年试点文件下发时已错过投保期，因此义县玉米收入保险试点工作于 2019 年度正式实施，截至目前试点仍在持续。

1. 运作机制

辽宁义县玉米收入保险按照中央政策性农业收入保险试点要求开展。按照“政府引导、市场运作、自主自愿、协同推进”的原则，义县玉米收入保险面向本县域所有玉米种植户。按照中央政策性农业收入保险试点方案规定，义县玉米收入保险保费农户承担的比例为 30％，各级财政补贴 70％，其中，中央财政补贴 40％，省级财政补贴 20％，市级财政补贴 10％，取消县级配套（图 8）。

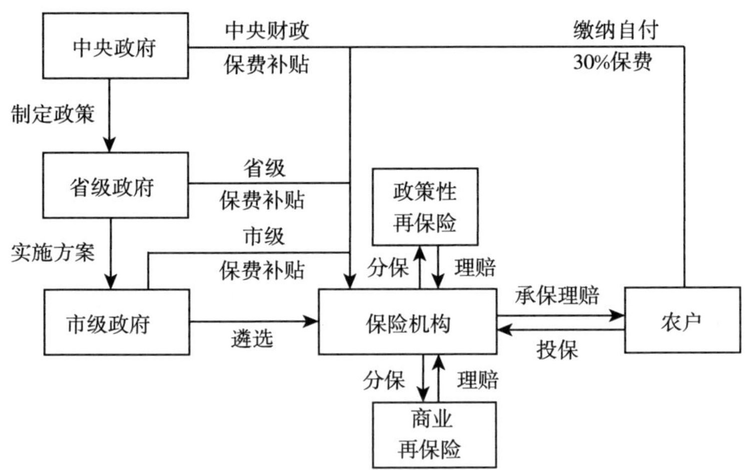

图 8 辽宁义县玉米收入保险运行机制

2. 产品方案

（1）保险责任。保险期间内，因自然灾害导致玉米产量降低或因玉米市场价格下降或两者同时发生造成被保险人所在区域保险玉米的实际收入低于其所在区域保险收入的，视为保险事故发生，保险人按照合同约定负责赔偿。

保险责任自保险玉米齐苗时起，至成熟收获后止。

（2）指标设计。试点政策规定中央政策性玉米收入保险保额不得高于产值的 85%，而玉米产值的确定参考国家发改委公布的最新一期《全国农产品成本收益资料汇编》，以 2019 年为例，可查询到的最新一期《全国农产品成本收益资料汇编（2018）》中统计的辽宁省玉米产值为 827 元/亩，按照不高于产值的 85%原则，设置玉米收入保险保额（保险收入）为 700 元/亩。实际收入由实际产量与约定采价期内的玉米期货合约收盘价的算术平均值确定，其中，实际每亩产量由义县农业主管部门、保险人或其委托的专业机构进行测定。

赔付处理，在保险金额内按照保险收入与实际收入的差额予以赔偿。即赔偿金额＝目标收入－实际收入。

按照与中央政策性农业大灾保险费率保持一致的设计原则，义县玉米收入保险费率设置为 11%。

3. 效果评价

义县开展的玉米保险有三种：玉米物化成本保险、大灾保险和收入保险。对比三种险种，进一步考察义县收入保险的实施效果。

（1）保额方面，玉米收入保险提标幅度显著。玉米收入保险试点实施前，义县玉米物化成本保险的保额为 280 元/亩，大灾保险保额为 370 元/亩，收入保险将保险金额提高到了 700 元/亩，比物化成本保险保额提高了 420 元/亩，比大灾保险保额提高了330元/亩。

（2）费率与保费水平，玉米收入保险费率与大灾保险相同，高于物化成本保险。义县玉米物化成本保险费率为6%，保费为16.8元/亩；大灾保险费率为11%，保费为40.7元/亩；收入保险费率水平高于物化成本保险，与大灾保险费率相同，保费为77元/亩，每亩保费比物化成本保险高60.2元；比大灾保险高36.3元。

（3）赔付水平，收入保险赔付率低于成本保险。2019年，义县玉米亩均实际收入为656元，低于700元/亩的目标收入，亩均获赔44元，赔付率58%；2020年义县遭遇极端旱灾，亩均产量下降幅度较大，虽然价格上涨，但亩均收入仅562元，按照每亩700元的目标收入，亩均获赔138元，赔付率179%。根据目标收入对应的亩均目标产量①，2019年义县玉米产量亩均损失率为29%，2020年义县玉米产量亩均损失率为56%，按照产量损失率估算，2019年物化成本保险亩均赔付额为33～82元②，赔付率为194%～485%，2020年物化成本保险亩均赔付额为63～158元，赔付率为375%～939%；2019年大灾保险亩均赔付额为43～108元，赔付率为106%～265%，2020年大灾保险亩均赔付额为83～208元，赔付率为200%～512%（表1）。

表1　2019—2020年义县玉米收入保险实施情况及不同险种赔付对比

单位：千克/亩，元/千克，元/亩

年份	险种	目标亩产	目标价格	保额	费率	保费	实际亩产	产量损失率	实际价格	实际收入	实际赔付	赔付率
2019	收入保险	500	1.65	700	11%	77	354		1.85	656	44	58%
	种植保险			280	6%	16.8		29%			33～82	194%～485%
	大灾保险			370	11%	40.7		29%			43～108	106%～265%
2020	收入保险	500	1.65	700	11%	77	218		2.57	562	138	179%
	种植保险			280	6%	16.8		56%			63～158	375%～939%
	大灾保险			370	11%	40.7		56%			83～208	200%～512%

（二）预期收入——黑龙江嫩江县商业性玉米收入保险试点模式

嫩江县是黑龙江省黑河市重要的农业生产基地和商品粮基地县，素有“北

① 玉米收入保险保额设置为700元/亩，是根据辽宁省的玉米成本收益平均数据制定的，其对应的玉米平均产量为500千克/亩，这一产量水平对于地处辽西的义县地区而言较高。

② 成本保险的赔付处理为按照不同生长阶段设置赔偿比例，如玉米生长期划分为苗期、拔节期、开花期、成熟期，对应的最高赔偿比例分别为40%、50%、80%、100%，赔偿金额＝每亩保险金额×不同生长期最高赔偿比例×损失率。此处，按照不同赔偿比例估算物化成本保险赔偿范围。下同。

国粮仓”之誉。2013 年以来，由于玉米种植收益较好，当地玉米种植面积呈扩大趋势，涌现出玉米种植专业户、合作社等新型农业经营主体。2016 年玉米收储制度改革以来，市场基本面已经发生重大变化，玉米价格波动加大，新型农业经营主体避险需求大幅增加。2019 年，嫩江县试点了商业性玉米收入保险，试点期为一年。

1. 运行机制

嫩江县商业性玉米收入保险是保险公司面向新型农业经营主体开发的险种。2019 年，太平洋产险公司在嫩江县试点开办了商业性玉米收入保险，为普阳玉米合作社种植的 3 万亩玉米提供收入保障保险。合作社作为投保人，缴纳 100%保费；保险公司按照合同约定，承担保险责任内的风险（图 9）。

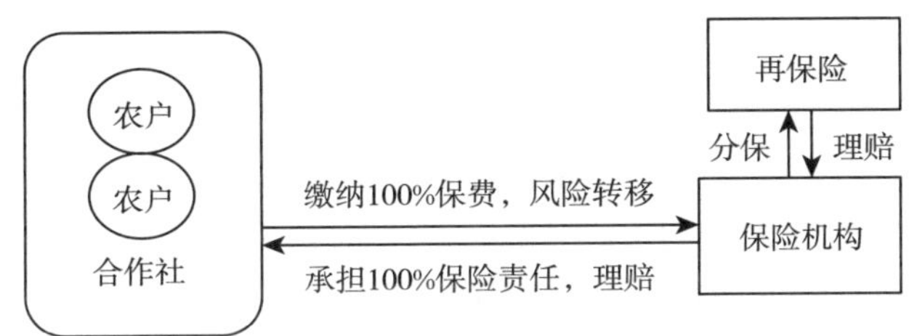

图 9　黑龙江嫩江县商业性玉米收入保险运行机制

2. 产品方案

（1）保险责任。在保险期间内，因自然灾害导致玉米产量降低或因玉米市场价格下降或两者同时发生造成被保险人保险玉米的实际收入低于预期收入，视为保险事故发生，保险人按照合同约定负责赔偿。

保险责任自保险玉米齐苗时起，至成熟收获后止。

（2）指标设计。保险收入由保险玉米的预计价格和预期产量并结合保障水平确定，保险收入＝预计价格×预期产量×保障水平。预计价格为投保月大连商品交易所次年 1 月份玉米期货合约的日均结算价；预期产量为当地玉米近 3 年正常年景平均产量，保障水平设置为 85%。

实际收入根据玉米收获月的实际价格与实际产量计算确定。实际价格为保险到期月大连商品交易所次年 1 月份玉米期货合约的日均结算价。实际产量则在玉米进入收割期后，由双方认可的第三方机构利用卫星遥感图像测算并结合人工测产进行确定。

赔付处理，在保险金额内按照预期收入与实际收入的差额予以赔偿。即，赔偿金额＝保险收入－实际收入。

根据当地保险玉米的纯风险损失率，结合投保人支付能力与意愿，费率水平设定为 7%。

3. 效果评价

嫩江县实施的玉米保险主要有两种，分别为玉米物化成本保险和完全成本保险。与玉米物化成本保险、完全成本保险对比，考察商业性玉米收入保险实施效果（表2）。

表2　2019年嫩江县玉米收入保险实施情况及不同险种赔付对比

单位：千克/亩，元/千克，元/亩

险种	预期亩产	预计价格	保额	费率	保费	实际亩产	产量损失率	实际价格	实际收入	实际赔付	赔付率
收入保险	500	1.98	842	7%	59	413		1.85	765	77	131%
物化成本保险			155	9.68%	20		17%			0	0
完全成本保险			911	7.68%	69.96		17%			0	0

（1）保额方面，收入保险高于物化成本保险，低于完全成本保险。嫩江县玉米完全成本保险保额为911元/亩，玉米物化成本保险保额为155元/亩，而根据预计价格与预期产量计算的商业性玉米收入保险实施当年的保额是842元/亩，比物化成本保险每亩高687元，比完全成本保险每亩低69元。

（2）费率与保费水平，收入保险费率低于物化成本保险与完全成本保险的费率。嫩江县玉米物化成本保险费率是9.68%，保费为15元/亩；玉米完全成本保险费率为7.68%，保费为70元/亩；而试点的商业性玉米收入保险的费率为7%，保费为59元/亩；收入保险的费率低于两类成本保险。从保费来看，收入保险保费高于物化成本保险，低于完全成本保险，考虑无论是物化成本保险还是完全成本保险，农户只需自担20%的保费，而商业性玉米收入保险需要投保农户承担100%的保费，因此，从投保农户自缴保费来看，商业性玉米收入保险每亩保费比物化成本保险高56元，比完全成本保险高45元。

（3）赔付水平，收入保险赔付额与赔付率均高于成本保险。2019年，嫩江县玉米产量与价格双降，实际亩均产量为413千克/亩，比预期产量低87千克/亩，产量损失率17.4%；实际价格为1.85元/千克，比预计价格低0.13元/千克，实际收入为765元/亩，低于预期收入，每亩获赔77元，赔付率131%。成本保险设置有30%的损失率起赔点，17.4%的产量损失率未达到起赔点，若投保的是物化成本保险与完全成本保险，在该损失率下，不发生赔付。

（三）“收入保险＋期货”——山东武城玉米“保险＋期货”项目模式

玉米临时收储政策的取消增强了国内外玉米价格间的联动性，玉米种植户面临的风险日益增大，农户对稳定玉米价格的需求强烈。收入保险可以同时防范产量风险和价格风险，在稳定农户收入、防范和化解农业生产经营风险等方面更具优势。2021 年，山东武城县政府、大商所与太保财险联合开展了玉米“收入保险＋期货”项目试点。

1. 运作模式

山东武城县玉米收入保险采用“收入保险＋期货”模式，运作机理是投保人向保险公司购入收入保险产品，保险公司为投保人提供产量下降、价格下跌或二者同时变化导致的收入损失保障，其中，对于价格下跌风险，保险公司通过向期货公司买入看跌期权进行转移。发生保险责任内的实际收入受损情形时，保险公司按合同约定理赔，其中由价格下跌引起的损失部分，保险公司通过看跌期权行权，可从期货公司获得理赔冲回（图 10）。

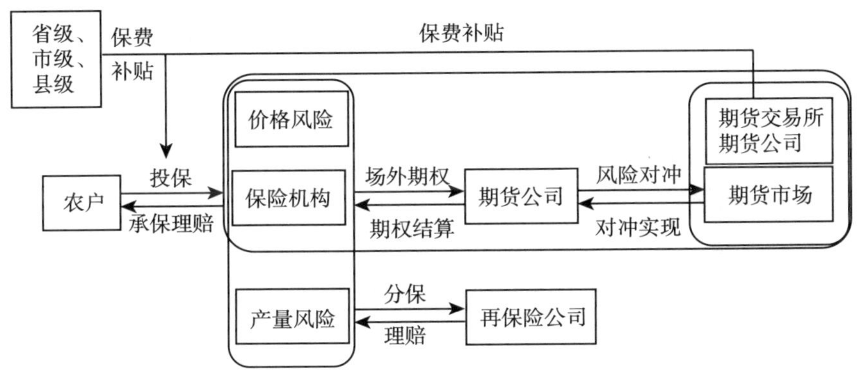

图 10　山东武城玉米“收入保险＋期货”项目运行机制

山东武城县玉米收入保险实行整县推进，参保主体为本县域内玉米种植户。地方政府、保险公司、大商所共同推动玉米“收入保险＋期货”项目落地实施。武城县玉米收入保险保费由各级财政补贴 45%（其中，省级财政补贴 31.4%，市级财政补贴 4.5%，县级财政补贴 9.1%），大商所提供 25%的补贴，期货公司提供 5%的补贴，农户自担 25%的保费。

2. 产品方案

（1）保险责任。保险期间内，因自然灾害、意外事故、病虫害等原因导致玉米产量降低或因玉米市场价格下降或两者同时发生造成被保险人所在区域保险玉米的实际收入低于其所在区域保险收入的，视为保险事故发生，保险人按照保险合同的约定予以赔偿。

保险期间自保险玉米齐苗时起至成熟收获时止，具体由保险合同双方协商确定，并在保险单中载明。实际价格理赔采价期间为保险期间终止前的一段时间，且结束时间与保险期间终止时间一致，具体期间以保险合同载明的日期为准。

（2）指标设计。保险收入由保险玉米的预期价格和目标产量并结合保障水平确定，保险收入＝预期价格×预期产量×保障水平。预期价格根据投保前3个月大连商品交易所玉米期货合约的日均收盘价；预期产量为当地玉米近3年正常年景平均产量，并按照产出水平差异，划分为高产区、中产区、低产区三个等级。为防止道德风险，设置85％的保险责任水平。

实际收入根据玉米收获期的实际价格与实际产量计算确定。实际价格为保险到期月①大连商品交易所玉米期货合约的日均收盘价。实际产量在玉米进入收割期后，由武城县政府牵头，保险公司、农户代表共同组成专家测产团队，制定测产方法，全县实行统一的操作标准，以村为单位进行测产，并将各村最终测得的产量数据上报至乡镇，各乡镇再集中汇总到县，最终确定整个县的产量，以全县的产量作为实际理赔依据。

赔付处理，在保险金额内按照保险收入与实际收入的差额予以赔偿。即，赔偿金额＝保险收入－实际收入。

费率水平根据产量等级分区划定，高产区费率5.17％、中产区费率5.25％、低产区费率5.67％，加权平均费率为5.34％。

为规避价格风险，保险公司向期货公司买入远期亚式看跌期权产品，参考历史波动率、基本面，考虑手续费、利息、隐含波动率，权利金率设置为2.38％。根据现货量与入场价格，2021年购买看跌期权共支付期权费1 171.89万元，占总保费的52.5％。

3. 效果评价

除开展玉米“收入保险＋期货”项目试点外，武城县也在推进玉米完全成本保险。对比两类险种，考察玉米“收入保险＋期货”项目实施效果。

（1）保额方面，收入保险高于完全成本保险。按照高产区、中产区、低产区，武城县玉米收入保险保额分别为1 392.3元/亩，1 370.2元/亩，1 270.8元/亩；而玉米完全成本保险保额为950元/亩，即使低产区的收入保险保额也比完全成本保险提高了320.8元/亩，增幅33.77％。

（2）费率与保费水平，收入保险费率高于完全成本保险。武城县完全成本执行4.63％费率，保费为44元/亩；收入保险按照产量等级进行了费率区划，高产区、中产区、低产区费率依次比完全成本保险高0.54，0.62，1.04个百分点，折算后收入保险保费为72元/亩，比完全成本保险高28元/亩。

（3）赔付水平方面，收入保险赔付率低于成本保险。2021年，武城县玉米高产区、中产区、低产区实际产量为529千克/亩、521千克/亩、482千克/亩，

① 例如，2021年为玉米期货合约C2201的10月收盘价算术平均数。

均低于预期亩产；实际价格为2.58元/千克，低于预估价格；高产区、中产区、低产区每亩实际收入均低于保险收入，亩均获赔约为26元，赔付率在36%左右；其中，由看跌期权行权冲回理赔额9.78元/亩，考虑权利金占比，调整后的赔付率为42.83%。按照16%的产量损失率①计算，完全成本保险赔付额约为61～152元/亩②，赔付率约为138%～346%（表3）。

表3　2021年武城县玉米收入保险实施情况及不同险种赔付对比

单位：千克/亩，元/千克，元/亩

险种	产区	预期亩产	预期价格	保额	费率	保费	实际亩产	产量损失率	实际价格	实际收入	赔付	赔付率	看跌期权冲回	调整赔付率
收入保险	高产区	630	2.6	1 392	5.17%	72	529		2.58	1 365	26	37%	9.78	43%
	中产区	620	2.6	1 370	5.25%	72	521		2.58	1 344	26	35%		
	低产区	575	2.6	1 271	5.67%	72	482		2.58	1 244	26	36%		
完全成本保险	不区分			950	4.63%	43.99		16%			61～152	138%～346%		

三、我国农业收入保险面临的主要问题

（一）收入保险“保收入”的优势不明显

相比传统成本保险，收入保险的保额与费率均较大幅度提高，保险责任也从自然风险扩展为兼顾自然风险与市场风险，但基于被保险人视角，其所需承担的保费大幅增加，而“保收入”的获得感差强人意。原因：一是收入指标未能精准刻画收入。义县玉米收入保险采用历史产值确定保险收入，存在低估问题，特别是出现产值小于成本的情形时，按照产值确定的保险收入无法覆盖生产成本，更难以满足农户“保收入”的需求。对于实际收入，试点案例中采用理赔采价期的期货合约价格与实际产量核定，由于期货价格与现货价格存在基差，导致按照期货价格核定的理赔金额与实际损失存在偏差，低于农户预期，也导致不能满足农户“保收入”的需求。二是与同时推出的完全成本保险相比，收入保险的保额与完全成本保险的保额接近，甚至低于完全成本保险，按照收入保险试点案例中的产量损失率估算，完全成本保险的赔付水平要高于收入保险，对比保额、保费、赔付水平，收入保险的优势不及完全成本保险。

① 武城县完全成本保险损失率起赔点为10%。

② 按照不同生长期赔偿比例计算，玉米生长期划分为四个阶段，对应的最高赔偿比例分别为40%、50%、80%、100%。

（二）经营收入保险业务面临较大的操作风险与超赔风险

基于保险人视角，经营收入保险面临较高的操作风险与赔付风险。收入保险试点实施不足五年，监管机构尚未明确适用于收入保险的承保、理赔规范，尚未发布具有指导性的收入保险条款，经营收入保险业务面临较大操作风险。无论是区域水平，还是个体水平，收入保险业务均面临较大的超赔风险。从收入保险的试点案例来看，商业性玉米收入保险试点模式下，收入保险的赔付率高于成本保险，成本保险设置了10%～30%的损失率起赔点，而且区分不同生长期设置有最高赔偿比例，收入保险未设置起赔点，同时去掉了分阶段赔偿比例的限制，虽然设置了80%～85%的保障水平，但相较费率水平，收入损失率超过10%就将发生超赔。在义县和武城县玉米收入保险模式中，相同损失率情形下，收入保险赔付率低于成本保险，但进一步分析可以发现，这两种收入保险模式均属于区域收入保险，虽然每亩赔付率较低，但区域内所有农户均获得赔付，区域总体赔付率较高，成本保险在理赔时区分受损面积与未受损面积，只对受损面积予以赔偿，赔付风险可在区域内得到一定程度分散，从总体赔付率来看，收入保险的超赔风险远高于成本保险。通过期货市场转移风险也面临较大风险，农产品期货市场尚不成熟，入市农产品多数无场内期权，只能进行场外交易，交易的规范性、透明度较低，交易成本高企。试点案例中通过期货市场冲回的价格损失赔偿比例低于购买看跌期权支付的权利金占保费的比例，导致实际赔付率升高。

（三）主要利益相关者尚未对收入保险形成统一认识

从试点情况来看，政府、保险公司、农户是实施农业收入保险的主要利益相关者，但对收入保险的理解尚未形成清晰且一致的认识。一方面是对收入保险的内涵理解不一致，收入保险的试点模式中保险收入的瞄准对象不同，义县模式瞄准的是历史产值，而嫩江模式与武城模式瞄准的是预测产值，保险收入是由期货合约价格与预期产量计算得到的预测收入。另外，对实际收入的理解也存在差异，依据期货合约价格计量的实际收入与依据现货价格计算的现实收入并不完全等同，存在一定的基差，但政府与农户偏向于认为实际收入就应该是现货收入。另一方面，当前成本保险是主流险种，经过多年推广实施，已形成较好的群众基础，其理赔规则是因灾受损，满足保险责任即可得到赔偿。但收入保险的理赔涉及产量与价格两个因子，特别是当两个因子形成对冲作用时，收入保险相较单因子损失率测算的赔款降低或不赔偿，对于理赔规则的变化，农户尚不能完全接受与理解。

四、我国农业收入保险的发展策略

基于我国农业收入保险发展的现实基础和目标定位，针对我国农业收入保险试点实践中存在的突出问题，推进我国农业收入保险发展，现阶段需要聚焦问题，探寻具有“保收入”优势又能实现可持续经营的农业收入保险发展策略。

（一）明晰我国农业收入保险内涵

基于我国国情、农情实际以及发展需要，我国农业收入保险的内涵具有以下特征：一是农业收入保险是具有多重政策目标的支农政策工具，尤为体现在农产品价格机制改革过程中，发挥利益调节作用，承担对农业生产经营主体的补贴扶持功能。二是农业收入保险是农业生产经营者管理和应对市场风险的重要工具。由于我国农林牧渔产品的市场化程度不同，对市场风险的保障需求呈现差异化特征，因此我国农业收入保险应具有更为丰富的层次性。三是农业收入保险是我国农业以及农业保险实现转型升级的重要途径。农业收入保险可以为优质优价农产品提供更好的风险保障，激励和引导农业生产经营者积极采用优质高效新品种、新技术，实施精细化生产管理，提高经营管理水平，进而提升我国农产品品质和竞争力；农业收入保险在保险责任、保障水平、风险管理、正向激励、融资增信等方面进行了延展与增强，是农业保险突破“低水平保障”向高质量发展的重要举措。

（二）促进各利益相关方对收入保险达成共识

政府、保险机构、农户需要统一认识，对农业收入保险的关键问题达成共识：一是收入保险保什么收入？收入保险保障的收入具有两方面特点，一方面保险提供的收入保障是标的的预期收入。这个预期收入不是该标的过往的高收入，也不是过往的平均收入，而是基于生产水平、生产投入以及市场行情等因素对未来收入做出的预测，到收获期或者出栏期，当实际收入低于保险保障收入，可以得到保障收入与实际收入差额的赔偿；另一方面保险收入是计量的收入，根据合同约定的计量方式测算得到的收入。可见，收入保险所承保的收入是一种短期的收入保障。二是区域收入保险与个体收入保险的差异在哪里？区域收入保险是一种指数保险，当投保区域实际平均收入低于合同约定的收入时触发理赔，以区域定损，对区域内所有投保人实行统一的赔偿标准，不区分投保个体的损失差异，这是区域收入保险与个体收入保险最为显著的差异。区域收入保险理赔过程简明快捷，但难以避免基差风险。三是收入保险的作用是什么？收入保险在帮助农户应对自然风险和市场风险方面具有独特优势，是稳定农户收入、保障农户收益的重要手段，但并不能完全解决农户的长期收入风险问题，解决农产品生产长期收入风险还需要其他的政策工具，例如反周期计划的配合。

（三）循序渐进推动农业收入保险发展

农业收入保险的发展应与我国农业发展实际、政策导向相匹配。根据我国农产品价格形成机制改革的步伐、农业风险管理技术的迭代、农产品市场的发展程度等，农业收入保险应分类逐步推进。一是品种方面，优先发展大宗农作物收入保险，重点推进已在期货市场上市的农产品开办收入保险。对于正在逐步放开价格管控的大宗农产品，可在主产区开展收入保险试点，加强市场化风险管理工具的运用，完善农业补贴政策，丰富支农政策工具。其次，发展地方优势特色农作物收入保险。地方优势特色农产品作为区域性的大宗农产品，是当地农民增收致富的重要来源，应积极推动收入保险的试点与应用。二是主体方面，针对小农户在相当长时间内仍是我国农业主力军的现实，区域收入保险应是我国农业收入保险重点发展的产品形态。伴随新型农业经营主体的发展壮大，逐步开发匹配新型农业经营主体风险保障需求的个体收入保险产品。三是险种形式方面，优先开发简洁明了、理赔方式易于农户理解的收入保险基础产品，逐步探索开发基本险、附加险和商业险等多样化的收入保险产品供农户选择，驱动农业收入保险有效需求释放。另外，逐步探索对不同类型的收入保险产品实行差异化的补贴，以提升补贴效率，发挥收入保险的正向激励作用。

（四）着力推进收入保险业务的基础条件建设

我国发展收入保险虽然具备了一定的基础，但也面临产量有效数据积累不足、价格发现机制不健全等问题。现阶段应加快收入保险业务的基础条件建设。一是发展良好运作的产量保险。着力完善农业生产统计制度，提高统计数据的颗粒度与精细度，构建农业生产经营数据共享机制，推动成本保险、产量保险规范经营，积累农业保险承保理赔经验数据，为发展收入保险夯实业务基础。二是建立具有公允性的价格发现机制。一方面随着我国农产品期货市场容量增加、流动性增强，充分运用农产品期货市场价格发现功能，开发收入保险产品；另一方面，对于无期货品种的农产品，探索由地方政府主管部门、第三方机构等建立市场行情预测机制，解决农产品的定价问题。三是加强精算模型研发，优化农业收入保险费率定价。充分调动中国农业再保险公司以及科研院所保险精算研究力量，研究适用于我国农业收入保险的精算模型，为农业收入保险实现精确费率定价提供模型方法。

（五）加快构建保障收入保险可持续发展的配套机制

一是完善大灾风险分散机制，保障收入保险稳健可持续经营。相比成本保险，收入保险在保险责任、保险额度、理赔程序等方面有明显拓展与改进，但面临较大的超赔风险，对健全大灾风险分散机制的需求更为迫切。应强化大灾风险准备金管理，优化再保险体系，落实巨灾风险责任安排，加快形成直保公司、再保公司、大灾风险基金协同运作的多层次风险分散体系，为农业收入保险可持续经营提供支撑。二是出台操作指引与标准化条款，引导农业收入保险合规运行。需要监管部门尽快出台适用于收入保险业务的承保理赔操作规范，明确收入保险监管底线，同时，由农业保险主管部门组织业内专家研究制定适用于收入保险的标准化条款，降低收入保险业务的操作风险，为直保公司合规开展收入保险业务提供指引。三是深化农业生产风险评估与区划研究，提高农业生产风险区划的精准性，为农业收入保险费率厘定、保额制定提供科学依据。

（六）强化技术创新破解收入保险发展难点

精确测产定价、精准承保理赔、精细风险管控是发展农业收入保险面临的难点，科技进步为解决这些问题提供了可能。移动互联、卫星定位、遥感测绘、物联网、人工智能、区块链、大数据、云计算等新技术涌现，且在农业保险领域的应用已初见成效，但科技应用的广度与深度仍有待提高。农业收入保险的发展有赖于科技在农业保险业务场景中的深化运用。一方面要加强“3S”技术、气象监测、物联网、人工智能等技术的协同运用，精准辨别作物类型，实时监测作物长势，实现标的作物生长期全周期跟踪监测，为精确测产估损提供科学依据。另一方面基于互联网、云计算、大数据、机器学习等技术构建农险大数据分析应用平台，为农业经营过程中风险的“实时感知”“智能分析”“防灾减灾响应”等提供全程智能风险管理方案。另外，新技术的有效运用还有赖于政、产、研共同推动，特别是需要政府部门积极引导，推动技术运用标准化，提高技术应用结果的公允性与权威性。

农业保险基层协保员队伍建设研究

庹国柱

（首都经济贸易大学保险系教授）

摘要： 协保员是我国农业保险经营体系中的特殊角色和重要人力资源。报告在某保险公司在河南省四级机构协保员队伍建设充分调研的基础上，对协保员队伍在农业保险经营体系中的地位、队伍建设的必要性、队伍建设的两种模式及建设过程中存在的问题进行系统分析，提出了加强协保员队伍建设的对策建议。

关键词： 政策性农业保险；协保员；保险代理人

协保员是我国农业保险经营中的特殊角色和重要人力资源，在过去 10 多年中，协保员从无到有，从少到多，已经成为一支有 47 万多人的庞大队伍，成为农业保险经营不可缺少的代理人和助手，对农业保险的快速发展发挥了重要作用，做出重要贡献，至少在未来一个时期内，他们还将发挥重要的作用。但是，由于协保员队伍尚未引起相关方面的重视，缺乏规范和建设，专业素质和思想素质都参差不齐，不仅影响农业保险的承保、定损和理赔质量，甚至助长了农业保险的某些逆选择、道德风险和犯罪现象。在我们强调高质量发展农业保险的背景下，加强协保员队伍建设，提高其思想素质和专业素质，是我国农业保险基本建设不可忽略的一个组成部分。对于这支重要队伍的发展和建设，很有必要加以调查研究。

本报告对农业保险基层协保员队伍建设的必要性、建设模式、建设现状和存在问题进行分析，并提出了加强协保员队伍建设的一些具体建议。

一、协保员队伍的出现及现状

（一）协保员实际就是农业保险代理人

农业保险协保员，是指保险公司面向社会招聘的协助保险机构办理本乡镇或本村农业保险业务的编外工作人员。他们的主要职责是宣传农业保险政策，接受农民对保险产品的咨询，普及保险知识；积极协助农户办理承保和索赔事宜，收缴保费、开具收据、制作承保理赔清单及公示等工作；发生保险事故时，还要替农户报案，协助保险机构进行查勘、定损和理赔等。他们是当地政府与公司、农民沟通联系的桥梁和纽带。

协保员，实际上就是农业保险机构在本地的代理人。当然，他们不同于商业保险的代理人。商业保险的代理人，根据《保险法》第一百一十九条规定，有比较严格的要求，该条规定："保险代理机构、保险经纪人应当具备国务院保险监督管理机构规定的条件，取得保险监督管理机构颁发的经营保险代理业务许可证、保险经纪业务许可证。"但是对于政策性农业保险的这种代理人即协保员，没有这样严格的规定。

（二）协保员队伍的出现

协保员诞生在2007年中央财政补贴农业保险保费，进行政策性农业保险试点之后。

2007年前，由于农业保险规模小，业务零星，都是保险经营机构直接展业承保。2007年，中央财政设立"农业保险保费补贴"预算科目，同时做出22亿元补贴资金预算，并实行地方财政补贴、中央财政配套补贴的政策，在6个省开始政策性农业保险试点。各地积极性空前高涨，参加农业保险的农户增多，最早参与农业保险试验的安华农险、中华财险、安信农保等公司，由于展业需要，开始在乡镇找政府行政干部或者农技农经干部，在村里找村委会主任或者村会计，临时委托他们协助宣传农业保险政策，组织动员农户投保，并将投保农户的详细耕地、个人信息等数据资料缮制清册，以村为单位统一投保，并给予这些临时人员一定报酬。这为农业保险的试验和推广提供了方便。当时的吉林保监局最早给这些协办人员取名"协保员"，这个称谓逐渐被各地各公司采纳。

（三）协保员地位有了法律依据

后来，参与农业保险经营的保险公司从最早的6家（所谓"4＋2"）逐步增多，发展到目前的29家，政策性农业保险业务规模得到长足发展。在发展过程中，几乎所有公司都采取了这种农业保险代理模式，聘用乡、镇、村在职人员做协保员，让他们在乡镇"三农服务站"和村里从事农业保险代理工作。公司一般视业务多寡，拿出3%~5%的保险费作为他们服务的工作经费。这支队伍就这样逐步建立起来。2012年颁布的《农业保险条例》中，肯定了这种自然生长的非正规代理人"协保员"的存在，承认了协保员制度的合规性。《农业保险条例》第二十一条规定："保险机构可以委托基层农业技术推广等机构协助办理农业保险业务。保险机构应当与被委托协助办理农业保险业务的机构签订书面合同，明确双方权利义务，约定费用支付，并对协助办理农业保险业务的机构进行业务指导。”这样，农业保险这个特殊的代理角色就有了法律依据。

（四）协保员队伍的新变化及发展规模

随着农业保险业务的拓展，当前协保员队伍组成发生了一些值得关注的积极变化：第一，协保员队伍中也开始聘任非在职人员。有的公司在参与保险扶贫过程中，优先在贫困户中选择有能力的农民聘为协保员，既补充了协保员队伍的力量，也增加贫困户的收入，帮助他们脱贫。第二，协保员出现了职业化苗头。有的地方聘用了一些学历较高、有职业经验的年轻人进入协保员队伍，充实三农服务的力量，大大提高了协保员队伍的水平和职业素质。第三，协保员的优势开始被综合开发利用。一些保险公司开始充分利用协保员的优势，实行“政保＋商保”联合开发，即将政策性保险与商业性保险进行融合开发，在办理农业保险业务的同时，拓展其他农村财产保险、意外险和短期健康险等业务。

目前，这支协保员队伍的发展规模比较可观。截至2020年10月，各家公司在重点乡镇设立三农保险服务办公室和服务站5.3万个，在村级设立服务点35.3万个，组建起47万人的农村协保员队伍，形成“县级全覆盖、乡镇有网点、村村有人员”的农业保险服务网络。

二、协保员及其队伍建设的必要性

（一）协保员是政策性农业保险的产物

1. 我国农业保险发展面临的三农环境

协保员及其制度产生的必要性和必然性，面临与欧美大农场不一样的环境。我国的基本国情是“大国小农”。据第三次农业普查数据显示，我国小农户数量占到农业经营主体的98％以上，小农户从业人员占农业从业人员的90％，小农户经营耕地面积占总耕地面积的70％。我国农户有2.3亿户，户均经营规模7.8亩，经营耕地10亩以下的农户有2.1亿户。不仅如此，大部分小农户对农业保险缺乏自主需求。对于这些小农户而言，特别是东部地区的农户，其家庭80％的收入来自非农产业，经营三五亩农作物的收成，对家庭收入影响不大，他们的食物供给也不依赖自己耕地上的产出，有的甚至放弃耕作或撂荒，从自身经济利益的角度来衡量，农业保险对他们来说可有可无，参加农业保险的兴趣不高。中西部很多小农户户主和主要劳动力文化水平不高，家庭收入较低，对保险认知有限，对农业保险几乎没有自主需求。

2. 保险机构开展农业保险业务的难点

我国是一个人口大国，也是一个农业大国，农业在保证国民食物安全和经济体系稳定中具有极其重要的战略地位。2004 年，中共中央以 1 号文件的形式提出并强调了三农问题在中国特色社会主义现代化时期“重中之重”的地位，对农村改革和农业发展做出全面、系统和具体的部署。在此背景下，也提出应当建立具有中国特色的农业保险制度，即“保费补贴、市场运作”模式，由中央和各级财政对农民投保农业保险进行保费补贴，保险公司按照市场经济原则开展农业保险业务。

三年之后的 2007 年，中央财政设立新的“农业保险保费补贴”预算科目，安排 20 亿元农业保险专项保费补贴资金，实行地方财政自主选择并给予财政支持、中央财政提供相应配套补贴的政策，对六省区五大类粮食作物予以保费补贴。财政保费补贴政策，从根本上解决了农业保险“付费能力”问题，调动了农民投保的积极性，同时，也为农业保险发展提供了基本规模保证。农业保险制度创新改变了经营环境，推动农业保险走上发展的“快车道”，当年农业保险保费收入就突破了 50 亿元。

在政策性农业保险发展初期，面临一个突出问题就是业务操作不规范，存在套取中央财政保费补贴的现象。对此，保监会发布的《关于进一步做好农业保险发展工作的通知》（保监发〔2009〕93 号）提出农业保险合规经营“五公开、三到户”规定，即惠农政策公开、承保情况公开、理赔结果公开、服务标准公开、监管要求公开和承保到户、定损到户、理赔到户。

在“大国小农”的现实国情下，保险公司要想凭借自己的网点和人员力量达到“五公开、三到户”的规范要求几乎不可能。有公司测算过，维持一个基层网点的运营，每年平均需要固定投入 8 万元左右，但收到的保费不足以弥补运营成本；河南保监局也调查和测算过，在河南向分散的小农户收取小麦保险 3.5 元的自缴保费，保险公司付出的成本则是 5.3 元。因此，一些保险公司为了达到监管要求，控制承保理赔费用，就聘请熟悉当地情况的乡镇村人员协助办理承保理赔手续，承担诸如收集农户信息、收取农户自缴保费、缮制投保清单、配合承保验标公示、受损情况初勘、统计受灾情况、记录受损清单、配合查勘定损、与农户沟通联络和特殊情况协调沟通等具体任务。

3. 相关政策文件的要求

近年来，为了更好地落实国家的农业保险惠农政策，很多政府文件中都出现了保险公司加强农村基层服务体系的要求。例如，2019 年财政部等四部委《关于农业保险高质量发展的指导意见》中就提到，支持保险机构建立健全基层服务体系，切实改善保险服务。同时，一些地方也都出台相关文件，要求完善农业保险基层组织建设。例如，甘肃省人民政府办公厅印发的《关于加强农业保险基层服务体系建设的通知》（甘政办发〔2016〕54 号），为全省农业保险基层服务体系建设工作做出了顶层制度安排和方向性指导；再如，浙江省舟山市相继发布《关于进一步完善农业保险政策的通知》和《关于开展政策性农业保险共保体协同推进机制试点的通知》等文件，提出进一步完善农业保险基层服务体系，在全市范围内开展政策性农业保险基层服务体系建设工作，包括进一步完善基层三农保险服务站（点），进一步发展农村保险协保员队伍，推进组建各县（区）农业保险专家库等三方面内容。

（二）加强协保员队伍建设是农业保险高质量发展的需要

1. 某些农业保险乱象与协保员队伍质量不高有关

一段时间里，有些地方的农业保险经营主体承保不规范，原始数据不齐全、缺乏真实性，这些问题有很大一部分是协保员的工作不细致、不认真造成的。有的地方甚至出现了所谓“三个没关系”（承保与农户没关系、定损与灾害没关系、赔款与损失没关系）和保险机构“三虚”（虚假承保、虚假理赔、虚假费用）等乱象，这些问题和乱象的产生有许多原因，其中也与协保员队伍质量不高有很大关系。有的乱象甚至就是协保员参与的结果。例如，有的协保人员与农户或者养殖户合谋，让村委会垫付或由种植、养殖户缴纳 20%的自缴保费后，等保险公司拿到各级政府补贴款，再按事先约定的比例分钱，使保险合同变成一纸空文。

2. 农业保险高质量发展需要高质量的协保员队伍

农业保险协保员队伍相当于保险公司在广大农村的“嘴”和“腿”。好的农业保险惠农政策，需要靠协保员在广大农户中进行宣传；规范的农业保险承保理赔流程，需要靠协保员具体去落实；协保员的合规意识，决定了农业保险业务的合规程度；协保员的工作效率，决定了农业保险的承保理赔效率，等等。因此，农业保险高质量发展，需要高质量的协保员队伍。

（三）协保员队伍建设有利于助推乡村振兴战略实施

党的十九大报告中提出，农村未来要达到“生态宜居、乡风文明、治理有效”的要求。建设和发展高质量的协保员队伍，一方面可以解决农村部分人口就业问题，如前文所述，目前农业保险协保员正在成为一种职业，已为全国农村解决 47 万个就业岗位；另一方面，素质较高的年轻人以协保员身份返回乡村，为农村注入新鲜血液，带回新的知识和新的理念，将保险理念纳入农村社会治理体系，充分发挥保险的社会治理功能，实现治理能力现代化，有助于实现“乡风文明、治理有效”的目的。

三、协保员队伍建设的两种模式

（一）政府组建模式

对于协保员队伍建设，甘肃、广东、贵州等省份采用“政府组建、多方出资、共享使用”模式，即由农业农村、林业等部门统一制定协保机构和协保员名录，对各家保险公司开放。

以甘肃省为例，针对农村金融服务分散、保险公司等金融机构最末端组织机构与农户存在“断线”等问题，2019 年 2 月，省政府办公厅出台相关文件推进全省农村金融综合服务室建设运行。服务室优先依托现有银行机构村级便民服务点和农村保险服务站点，对现有资源进行优化整合，原则上实行“一村一室、集中统一、综合服务”。对于居住分散、人口较少、地理毗邻的行政村，可以采取“多村一室”的建设模式，避免重复建设。银行保险机构均可以利用农村金融综合服务室这个平台，开展相关业务，为农户提供差异化、特色化服务。同时，按照准公益性、政府适当补贴、市场化补充等原则，建立财政扶持、业务合作，银行保险机构按劳付酬的经费保障机制。

截至 2020 年底，甘肃省建立起 1 049 个乡镇农村金融综合服务站、15 788 个农村金融综合服务室，配置工作人员 4.75 万人，同时建立执行乡村干部、银行保险机构业务员、公益性岗位农金员共同参与的运营机制，为农业保险“投保到户、定损到户、理赔到户”提供了“最后一公里”的服务支撑。村支书或村委会主任就是农村金融服务室的主任，真正把农村金融的责任和任务落到有组织的人手里，来保障种养产业综合保险的顺利实施。

（二）保险公司自建模式

除甘肃、广东、贵州等省采用组建模式外，大多数地区倾向于遵从市场化原则，由各家保险公司自主开展协保员队伍组建、管理和考核，财政、银保监等部门只负责引导和对其市场行为进行监管。下文提到的某保险公司河南省四级机构协保员队伍建设的调研内容，都属于保险公司自建模式。

四、河南省四级机构协保员队伍建设调研

（一）河南省分公司协保员队伍建设情况

据某保险公司河南省分公司负责人介绍，该公司协保员队伍由乡、镇级三农服务站站长、乡镇级协保员和村级协保员三部分组成。截至 2020 年 9 月底，河南省分公司共有协保员 1 321 人，其中乡、镇级协保人员 235 人（含三农服

务站站长），村级协保人员 1 086 人。从服务业务来看，综合业务类型 640 人、种植险业务 313 人、养殖险业务 104 人、涉农险业务 74 人。

三农服务站站长和乡镇级协保员主要由乡镇农业服务中心、畜牧站等三农管理与服务部门工作人员及了解农业、熟悉电脑操作、在所在地区具有良好群众基础、身体健康、愿意从事农业保险服务工作的相关人员构成。

村级协保员主要由村支书、村主任、村会计等在当地有较大影响力、群众支持率高的人员组成。自 2018 年起，为支持扶贫工作，部分地区聘任贫困农户人员为协保员。

（二）开封市支公司协保员队伍建设情况

开封市辖四县两区，其中四县一区均为国家级产粮大县（区）。截至 2019 年底，开封市农业保险市场共有六家主体，某保险公司开封中心支公司业务规模达到 3.31 亿元，较上年同期增长 28.90%，占开封保险市场份额的 18.06%。

开封中心支公司在开展农业保险业务的乡镇建立了 6 个三农服务站，为每个三农服务站配有管理协保员的站长，共有 22 个站长，每个行政村都配有协保员，共有 261 位协保员。

调研课题组发现，太保开封中支协保员队伍建设的做法具有可复制、可推广的价值。他们建立了一支知农时、懂农事、有情怀、高学历的年轻站长队伍，要求站长年富力强，至少具有大专以上学历，熟悉电脑操作和手机 APP 操作，能对协保员进行日常管理和培训。例如，在每个承保季开始之前，由站长宣导政策和激励方案，把各种表格和清单发放给协保员，要求协保员一周之内把自缴保费和清单、表格都收回来交给站长，由站长集中统一录入电脑系统，减少了差错，提高了效率。站长的薪酬水平也比较高，每月 4 000～5 000 元，在开封市的乡镇地区算是比较高的收入。表现好的站长还有转为公司正式员工的可能性，因此，站长队伍非常精干高效，也很稳定。

开封中支的协保员和公司建立的是短期劳务关系。一个承保季结束以后，保险公司视承保区域有无变化再确定是否与协保员继续合作。协保员按照业务规模获取劳动报酬，各地标准不同，一般标准为 1 元/亩。因此，在业务不稳定或者业务较少的地区，协保员队伍不稳定，随承保区域变动而变动，而且变动还比较大。

但由于站长薪酬较高，具有“准员工”身份，还有转为正式员工的可能性，所以站长队伍比较稳定，在一定程度上缓解了协保员队伍经常变化带来的不利冲击。

（三）中牟县支公司协保员队伍建设情况

中牟县是河南省省会郑州市的下辖县，全县有 11 个乡镇。从 2018 年开始，为了避免农业保险市场的恶性竞争，政府对农业种植保险的承保区域开始划片，中牟县支公司分到了狼城岗镇、雁鸣湖镇、郑庵镇和大孟镇四个种植面积较大的乡镇。截至 2020 年 10 月底，中牟县支公司农业保险保费收入为 1 942 万元，到年底全年农业保险保费规模可能突破 2 000 万元。

2016 年，中牟支公司开展农业保险业务时，建立了协保员队伍。在狼城岗镇、雁鸣湖镇、郑庵镇和大孟镇四个乡镇设立三农服务站。协保员队伍由三农服务站站长、乡镇级协保员和村级协保员组成，目前共有 14 人。人员来源主要是各村的村支书、村长和妇女干部，也就是村里的“三干”。选中的这些协保员在村里都较有影响力，每个协保员一般负责几个村。

协保员队伍建成后，支公司农险条线经理担任协保员团队负责人，每年在小麦、花生、特色农险启动的时候，召开 2～3 次协保员会议，安排承保等相关事宜和政策宣导。

课题组在调研中发现，中牟县支公司协保员对工作很有激情，对公司忠诚度较高，队伍比较稳定。主要原因有二：一是协保员有底薪，即保费达到一定规模后，协保员可以获得每月大约 1 000 元左右的底薪（具体金额根据实际情况调整），然后按照业务规模还可获得相应奖金；二是协保员有归属感。农险条线经理定期组织协保员聚餐，交流工作中遇到的问题，分享工作经验；协保员代表还参加太保中牟县支公司年终文艺汇演；每逢重要节日，他们也会获得和正式员工一样的劳保福利等。这些措施都增强了协保员对公司的归属感、认同度和忠诚度。

（四）冯堂办事处协保员队伍建设情况

冯堂办事处位于郑州航空港经济综合实验区东部，距试验区中心 25 千米，2014 年由中牟县划转航空港区。下辖 22 个行政村，29 个自然村，91 个村民小组，辖区面积 44 平方千米，耕地面积 3.6 万余亩，常住居民人口 2.8 万余人。

该保险公司在冯堂办事处设有三农服务站，服务站配有站长 1 名，协保员 21 名。服务站装修共花费 5 万多元，每年租金 1 万元。协保员只有在小麦、花生承保季工作两三天，按照承保面积获取劳务报酬。由于没有固定底薪，协保员工作积极性似乎不高，承保季以外的时间和三农服务站联系比较松散，队伍不稳定，三农服务站利用率也不高。

五、协保员队伍建设存在的问题

（一）缺乏长期规划，投入不足

近年来，随着农业保险经营主体增多，市场竞争加剧，基层政府经常通过招投标遴选保险公司或对保险公司划定承保区域以限制恶性竞争，但同时也导致保险公司承保区域经常变动，从而影响协保员队伍建设的稳定性和长期规划。例如，有些保险公司去年刚建好三农服务站和协保员队伍后，今年没有该区域承保资格或没有中标，就不能在该区域承保了。保险公司在建设基层服务体系和协保员队伍时总有顾虑，缺乏长期规划，害怕在某区域大量投入后因后期招投标没有中标形成大量沉没成本。因此，很多保险公司在建设协保员队伍时，都有“当一天和尚撞一天钟”的短期心态，只有在承保季到来时临时聘请协保员，从而造成协保员队伍不稳定、专业性不强的局面。另外，协保员队伍建设的责任和成本仅由保险公司的农险条线来承担，投入相对不足。

（二）大部分协保员待遇缺乏吸引力

目前，协保员队伍的薪酬水平有三种情况：①没有任何报酬。例如，青岛市印发的《关于明确政策性农业保险工作经费等有关事项的通知》（青财农〔2017〕32号）规定，“根据《青岛市政策性农业保险保险费补贴管理办法》第三十七条规定，‘财政补贴的农业保险保费，不得用于提取工作经费’，协助保险机构办理农业保险承保、理赔工作的区市农业、畜牧、林业等行政事业单位，不得从政策性农业保险保费补贴资金中提取工作经费，上述部门及其工作人员不得以任何理由和方式向承保公司索要或提取其他任何费用。违反规定的，按照《预算法》《公务员法》《行政监察法》《财政违法行为处罚处分条例》等国家有关规定追究相应责任。”很多地区都有类似青岛这样成文或不成文的规定。这些政府部门及其工作人员在本职工作之外承担了大量的农业保险工作，但不能获得相应的报酬，从而影响其积极性。②按照业务规模提取一定比例的短期劳务报酬。例如，有些地区是按照1元/亩的标准，有些地区则按照所收取保费的一定比例。③底薪＋业务提成。例如，中牟县中支的协保员每个月有1 000元左右的底薪，外加业务提成。

在课题组调研的地区中，除开封市三农服务站站长的薪酬能达到四五千元以外，大多数协保员的薪酬都较低，只在承保季有大约2 000元左右的收入。协保员做了大量的琐碎工作，承担了很多责任，但没有薪酬待遇或者薪酬待遇太低，最终都会影响协保员的工作积极性。

（三）协保员队伍缺乏稳定性

协保员队伍缺乏稳定性的原因有三：一是基层政府招投标期限较短，有的地区甚至一年一招标，导致保险公司的承保区域总是不断变化，公司聘请的协保员也随经营区域的变化不断变化；二是保险公司担心经营区域变化，对协保员队伍建设缺乏长期规划，不舍得加大投入，只在承保季临时聘请协保员；三是协保员薪酬水平普遍较低，没有底薪，仅有业务提成，缺乏最低保障，感觉和公司之间只是“一把一清”的交易关系，对公司没有归属感，忠诚度较低，工作也没有积极性。

（四）协保员队伍专业素质有待提高

协保员队伍专业素质不高的原因有三方面：一是协保员多为兼职人员，主要由基层农业技术推广站等机构的工作人员、乡镇干部和村干部等组成，文化水平普遍不高，没有受过系统的保险知识培训，对国家的农业保险政策、农业保险合同和相关法律法规等方面的知识掌握不全面、不准确；二是协保员大多年龄偏大，接受新事物的能力较差，对新技术运用及手机软件操作不熟练；三是保险公司担心协保员队伍不稳定，对协保员专业培训不够，没有专门开发针对协保员队伍的课程体系并定期进行培训，只是在当年新的承保开始时，才对协保员“临时抱佛脚”培训一下，讲讲业务要点，缺乏系统、定期的专业培训，协保员队伍的专业素养难以得到提升。

（五）协保员的作用尚未充分发挥

目前，大多数协保员主要在农业保险业务承保季和理赔季发挥代理人作用，在农业保险业务的空档期，协保员与公司的联系比较松散，没有充分发挥其应有的作用。由于三农服务站和协保员队伍由农险条线组建和管理，协保员拓展的非农险业务不能计入农险条线的业绩，所以，基层保险公司农险条线工作人员也没有充分发挥三农服务站和协保员作用的积极性。

六、加强协保员队伍建设的几点建议

（一）采用公司组建协保员队伍更有优势

前文介绍，协保员队伍建设有政府组建和公司组建两种模式，两种模式各有优势和劣势。

在政府组建模式下，金融服务站点和协保员队伍由政府组建，相对正规，也比较稳定。各家保险公司的固定投入较少，成本支出低且灵活，只需在这个区域有农险承保业务时按照业务规模给协保员支付相应酬劳。但政府组建模式对保险公司而言也有弊端，比如保险公司自主性较小。当这个区域的金融机构较多时，可能会出现多个金融机构争抢同一个农村金融服务站，导致工作经费标准不断水涨船高的现象。同时，保险公司在政府农村金融服务站也无法深度宣传自己的品牌和其他产品。

相对于政府组建模式，保险公司自建模式固定投入较大，比如三农服务站的房租、站长劳务报酬等。如果该公司在招标中没有拿到某一区域政策性农业保险业务经营资格时，容易出现三农服务站到底是留还是撤的两难境地。但是在自建模式中，保险公司自主性较大，不存在受制于人的被动情况，可以充分利用三农服务站宣传、销售公司的农业保险和其他财产保险、意外险和短期健康险等产品，只要把三农服务站利用充分，获取可观的效益，固定投入部分也就不是问题。

两者相比，我们建议采用公司组建模式可能更好。一是《关于加快农业保险高质量发展的指导意见》提出，“明晰政府与市场边界”“地方各级政府不参与农业保险的具体经营”，农业保险协保员队伍建设的实质是保险公司农业保险代理人队伍建设的问题，政府参与的程度应该越低越好；二是保险公司组建模式虽然存在前期成本较高、在农业保险投标失败后协保员面临无事可做的问题，但公司的自主性比较大，不存在受制于人的问题，只要能协同发展三农保险而不仅仅是农业保险，协保员队伍在投标失败后可以做其他三农保险业务，就不存在协保员队伍和三农服务站闲置的问题。

（二）做好协保员队伍建设的长期规划

一是基层政府应将招投标周期定为 3～5 年，尽量保持各保险公司农业保险承保区域的稳定性，给予保险公司可以长期经营、做好协保员队伍建设长期规划的稳定预期；二是保险公司自身也应做好协保员队伍建设的长期规划，以三农服务站建设和选聘年轻能干的站长为核心，加大建设资金投入，完善各种规章制度，优化硬件设施，强化人员配备，提升工作效率，充分发挥协保员队伍的重要作用。

（三）出台有关协保员工作经费的文件

针对协保员往往是公职人员，收取农业保险工作经费，涉嫌违规违纪兼职取酬的问题，财政部门要尽快出台相应的政策文件，明确规定从农业保险保费收入中提取多大比例作为工作经费，以及工作经费可以支付给哪些人，使协保员工作经费待遇合法化，才能激发这些人员在本职工作之外利用业余时间长期为农业保险提供承保理赔服务的积极性。

（四）采用“底薪＋业务提成”方式支付工作经费

我们建议，保险公司应改变目前对协保员仅依据业务规模支付业务提成的付酬办法，每月按照“底薪＋业务提成”的方式对协保员付酬。这种做法使保险公司总体的支出可能并没有太多变化，但每月给协保员支付一定底薪能让其对公司建立长期的归属感，有利于提高协保员队伍的稳定性和忠诚度，业务提成则有利于激发协保员的工作积极性。调研中我们发现，中牟县协保员普遍对公司具有归属感，忠诚度较高，很有工作激情，主要是因为薪酬结构比较合理，每个月有 1 000 元左右的底薪再加业务提成。另外，应逐步提高协保员薪酬水平。对协保员支付的薪酬水平越高，聘请的人员素质相对越高，队伍也越稳定。例如，开封中支对三农服务站站长支付的薪酬每月有四五千元，聘请的人员都是大专以上学历的年轻人，文化水平高，电脑手机操作熟练，业务处理效率较高，对公司忠诚度也高。

（五）完善协保员队伍的专业培训体系

针对协保员队伍大多年纪较大、文化水平较低、保险知识匮乏、对新生事物接受较慢的现状，保险公司应量身定制专门的、通俗易懂的课程体系，对协保员队伍进行定期培训，以提高其专业素养和业务水平。课程体系包括公司简介与公司文化、主要农作物的种植技术与风险点、主要畜禽的养殖知识与风险点、农业保险承保理赔流程及手机 APP 业务操作、农业保险法律法规及合规要求等。

（六）充分发挥协保员的多维作用

党的十九大报告中，提出要坚持农业农村优先发展，按照产业兴旺、生态宜居、乡风文明、治理有效、生活富裕的总要求，建立健全城乡融合发展体制机制和政策体系，加快推进农业农村现代化。从“农业现代化”到“农业农村现代化”，既不是农业现代化的简单延伸，也不是农业现代化和农村现代化的简单相加，是包括农村产业、生态、文化、治理和生活现代化的有机整体。保险业面临如何更好地服务和助力农业农村现代化的课题。从发展趋势上看，未来农业保险将从一种“小农险”向“大农险”过渡，即在传统农业保险的基础上，发展面向农业、农民和农村的“大农险”。财政部等四部委《关于加快农业保险高质量发展的指导意见》（财金〔2019〕102 号）也明确提出“拓宽农业保险服务领域”的意见和要求。

随着乡村振兴战略的实施、农业农村现代化的推进，农业生产将呈现一二三产业融合发展及生产、加工、物流、仓储、营销链式发展的态势，特别是农业与文化、科技、生态、旅游、教育、康养等深度融合形成的休闲农业和乡村旅游等农村新产业新业态，呈现出主体多元化、业态多样化、设施现代化、服务规范化和发展集聚化的态势。

因此，保险公司应前瞻性地看到农业保险内涵和外延将随着农业新产业新业态发生很大变化的趋势，有必要改变协保员队伍建设的任务和成本仅由农险条线承担、协保员仅负责农险承保理赔工作的惯性思维，由公司承担协保员队伍建设的任务和成本，加大投入力度，将三农服务站扩展成拓展农村保险市场的根据地，将协保员队伍变成不仅是农险的代理人，也是拓展农村保险市场的代理人。通过这支协保员队伍，保险机构积极拓展农村车险、非车险、人身意外险和短期健康险等业务，提高三农服务站的利用效率，提高协保员队伍的业务贡献值和自身收入，使农业保险基层服务体系朝着专业、稳定、规范的方向良性循环发展，为农业保险高质量发展夯实基础。

（七）监管层面对协保员队伍建设应给予必要关注和支持

虽然协保员只是保险机构的非正规代理人，目前主要是由保险机构来聘用、培训和管理，保险监管机构并不直接进行管理和监督。但是，这支队伍是现阶段农业保险不可缺少的人力资源，他们的素质关系到农业保险的业务质量和发展质量，也关系到乡村振兴，包括脱贫和脱贫成果的巩固，监管部门应当给予必要的关注，把农业保险市场建设（例如稳定经营区域）和协保员队伍建设统筹考虑，为协保员队伍的健康发展创造环境条件，帮助解决协保员队伍建设的实际问题，对于久拖不决的费用支付问题应该尽早解决。

协保员及其队伍建设问题，只是一个微观问题，但是这支队伍的建设对于农业保险高质量发展有着重要意义，只要公司和监管部门共同努力，把这支队伍建设好，是完全可以期待的。

推进我国农业收入保险发展研究

江生忠

（南开大学风险管理与保险学系教授）

摘要： 本课题分析了推进我国农业收入保险发展的可行性，探讨出了我国已初步具备开展农业收入保险的基本条件；接着介绍了我国农业收入保险的实践情况和取得的效果，并从政府制度设计、保险公司经营管理和投保农户认知等方面指出了我国农业收入保险在实践中存在的问题；最后从推进机制的优化、推进政策的调整、推进条件的建设和推进路径的选择等方面提出了进一步推进我国农业收入保险发展的思路，以期对我国继续扩大农业收入保险试点范围提供一定的理论支撑，对完善农业收入保险政策具有一定的参考价值和借鉴意义。

关键词： 农业保险；农业收入保险；高质量发展；推进思路

一、推进我国农业收入保险发展的可行性

（一）产量数据丰富和科学的统计方法

农业收入保险的定价需要准确确定产量和价格的风险，而风险的确定需要有大量的历史产量和价格数据。可以说，数据质量的好坏直接影响保险费率的厘定是否客观精确，也会间接影响收入保险是否能持续地开展下去。世界上对于搜集地区内的产量普遍选择实地的实割实测调查法，中国的农作物抽样调查也不例外地采用这一方法，这是目前确定产量较为精准有效的方法之一。我国从 1962 年开始创立产量抽样调查法，其后虽经历了几次较大的组织变革，但是并没有摒弃最基本的抽样调查法，这种国家主导下的数据统计是通过严格的统计调查程序而产生的，一定程度上保证了数据的客观性和准确性。

近年来，随着科技的迅速发展，遥感技术广泛应用于农产品产量统计，对大面积露天农业生产的调查、评价、监测和管理方面都发挥了独特的作用。遥感技术不仅帮助统计工作提升了效率，更使得统计数据变得更加客观。目前，已利用遥感技术确定新疆棉花的种植面积，同时也利用遥感进行大豆种植面积的测量。国家统计局在辽宁、吉林、河南、江苏、湖北、安徽 6 个粮食生产省的生产大县推广了农作物对地调查，目前已取得阶段性成功，计划在所有

13个粮食主产省推广应用。在未来可以考虑将新技术应用于产量估算中，来协助解决农产品产量统计的难题。同时，我国农业保险已经开展了一段时间，保险公司在计算保费时所勘查、记录的农作物产量数据，也为开展收入保险提供了产量信息的积累。

（二）期货市场的价格发现功能日渐完善

1990年郑州商品期货交易所成立，自此中国的期货市场开始了农产品期货合约的交易，期货市场的基本功能包括价格发现功能，同时，农产品现货的价格在短时间内也会受到期货价格的影响。由于期货市场是公开透明的市场竞争，大量的农产品生产者、加工商以及交易者等参加到期货的买卖当中，他们代表了农产品的供求双方，形成的价格更能够达到均衡，也更接近市场价格的变化趋势，从而避免了信息不对称造成的损失。因此，农产品期货价格一般也会作为农产品现货交易的参考价格。截至2017年玉米，黄大豆、豆油、豆粕等23种农产品期货在中国的三大期货交易所上市交易。现有的研究表明，我国农产品期货合约已经具有了较高的市场化程度，部分农产品，如大豆、玉米期货在短期内已具备较强的价格发现功能。同时国家颁布了各种规章制度来规范和完善期货市场的发展，使其逐渐由无序走向成熟，价格发现功能也日益完备，所以期货市场具备为中国开展收入保险提供价格设计的基础。

（三）政府的大力支持

由于农业保险作为一种准公共物品，其顺利开展离不开国家的大力支持，而农业收入保险既保障传统的产量风险，也保障日益严峻的价格风险，风险环境更为复杂，因此需要国家财政和法律的全方位支持。我国政府一直以来都十分重视农业的稳定发展，对农业不遗余力地投入技术支持和财政支持。2016年和2017年的中央1号文件连续强调了探索开展农业收入保险试点和制度的政策性意见。2018年中央1号文件再次提出“探索开展稻谷、小麦、玉米三大粮食作物完全成本保险和收入保险试点，加快建立多层次农业保险体系”的指导意见。2019年10月，四部门联合印发了《关于加快农业保险高质量发展的指导意见》明确指出，未来在我国农业保险保障体系中，收入保险将成为我国农业保险的重要险种。2021年6月24日，财政部、农业农村部和银保监会联合印发《关于扩大三大粮食作物完全成本保险和种植收入保险实施范围的通知》，政策性玉米种植收入保险在全国13个粮食主产省正式开始全面实施，进一步为农业收入保险在我国的顺利开展建立了强大的政策支持后盾。

综上所述，从开展农业收入保险的条件上来说，我国虽然尚有一些缺点和不足，但整体上已经初步具备了开展农业收入保险的基本条件。

二、我国农业收入保险的实践情况

我国水稻收入保险从 2014 年开始陆续在江苏省、河南省、四川省、浙江省进行试点。2016 年郑州商品交易所支持期货公司试点推出“保险＋期货”项目，新疆开始试点棉花收入保险。从 2018 年开始，用 3 年时间，在 6 个省份，每个省份选择 4 个产粮大县，实施玉米收入保险试点。2019 年下半年，在山东省嘉祥县开展了全国首个以育种大豆为标的的收入保险项目。

（一）我国农业收入保险的实践效果

我国农业收入保险试点取得了一定的成效。第一，保险保障水平有所提升。例如，在义县玉米收入保险实施以前，玉米种植保险的保险金额为 280 元/亩，而义县全县玉米每亩收入平均达到 800 元/亩左右。收入保险将每亩地的保险金额提高到了 700 元，保障了玉米收入的 87%，玉米保险的保障程度提高了 150%。第二，提高农户种植积极性。以武进区为例，武进区是传统的水稻种植区，但近十年来，受国际粮价波动、生产成本上升等因素影响，水稻种植户的收入难以得到保障，农户的种粮积极性受到影响，导致种植面积连年下降。水稻收入保险试点实施以来，水稻种植户的信心得到提升，试点地区的水稻种植面积保持稳定，有效保障了全区基本粮食生产。第三，促进新型经营主体的培育。以新疆棉花收入保险为例，试点前期，新疆棉花收入保险仅为 10 户 1 500 亩棉花提供风险保障。2018 年，3 年累计为 724 户棉农的 48.25 万亩棉花提供风险保障。新型农业经营主体的生产规模更大，投入较多，收入来源单一，对风险保障的需求更高，收入保险既能保障自然风险、又能保障市场风险的特点，更能适应和满足新型农业经营主体的风险保障要求。参保的农业经营主体中新型农业经营主体所占比重逐渐扩大，发挥了农业保险促进培育新型农业经营主体的作用。

（二）我国农业收入保险在实践中存在的问题

尽管当前我国农业收入保险试点取得了一定成效，但收入保险尚处于发展的初期阶段，在全国大规模推广农业收入保险仍然面临很多制约因素。

1. 政府制度设计方面

（1）鼓励农业收入保险发展的财政补贴政策不健全。一方面，财政补贴资金不足。除 2018—2021 年持续推进的“三大粮食作物完全成本保险和收入保险试点”由中央财政对试点地区的收入保险给予财政补贴外，其他试点开展的收入保险大多由省级财政或地市级财政对保险保费实施补贴，这无疑会增加地方财政的压力，导致收入保险难以大规模推广。如果开发商业性收入保险，高额的保费将会严重降低农户和企业的投保积极性，也降低了保险公司开发和推广产品的动力。所以，收入保险要发展必然需要中央财政的大范围支持，不仅要补贴成本保险，更要将收入保险纳入保费补贴范围，进一步提高补贴额度，进而提升农户的投保积极性，提高农业保险的保障水平。另一方面，没有形成长效补贴机制。收入保险的保障程度比传统的成本保险更高，保险公司的风险分散难度大，保费也相应更高，农户无力承担纯商业性的收入保险。目前的资金支持主要来自地方财政和商品交易所，但商品交易所的力量非常局限，如果没有中央和地方财政的大力支持，收入保险难以进一步扩大区域。地方政府尤其是县级政府的财政压力增大，这使得收入保险在发展中可能受到阻碍。财政政策支持是收入保险复制和大规模推广的重要保障，建立一个长效补贴机制将是收入保险可持续发展的基础。

（2）保障农业收入保险发展的基础设施建设不完善。首先，目前我国农业统计数据的最小单位是县级数据，已经积累了大量的区域产量数据资源，可以对区域的产量进行分析与模拟。但是，收入保险的建模测算相对于传统保险来说更加复杂，需要更小层面、更大量级的数据作支撑。从农户的角度来说，单个农户或经营主体的生产数据相对缺乏，农作物受灾数据还比较粗糙，无论是在相关数据的时序长度还是数据完整度方面都与发展农业收入保险的需要存在差距，这会影响到收入保险费率厘定的准确性。

其次，我国的期货市场发展尚不成熟。我国农产品期货市场起步较晚且容量较小，发展不够充分，价格发现功能也不完善。“保险＋期货”的模式需要将保险与期货市场相结合，这增加了我国收入保险的发展难度，类似项目的试点规模可能会受到制约。此外，大宗粮食已经形成了全国性的大市场，所以价格风险具有系统性，期货公司在系统性风险之下有可能违约，所以将价格风险分散至期货公司并不意味着高枕无忧。

最后，保险服务支撑体系不够完善。相较于传统农业保险，农业收入保险对数据信息的要求更高。2021 年 6 月财政部、农业农村部、银保监会等部门联合印发《关于扩大三大粮食作物完全成本保险和种植收入保险实施范围的通知》，明确指出“承保到户、定损到户、理赔到户”，即在参保农户同意的前提下，保险公司以乡镇或者村为单位，对其进行抽样以确定农作物的损失率。但在实际操作过程中，难以实现精准理赔，以 2020 年辽宁义县玉米收入保险为例，因实际收入低于目标收入触发理赔，最后义县玉米参保农户均获得 138 元/亩的保险理赔。我国各地区尚未构建完整的农业保险数据信息系统，在农业保险运行初期，利用县（市）历史产量进行产量风险分析是可行的，且在一定程度上可以减少农业保险成本费用，降低道德风险和逆向选择，但未来，随着收入保险大面积推广落地，需实现定损理赔精细化，这需要完善产量和价格数据信息。

2. 保险公司经营管理方面

（1）保险公司应对经营风险的能力不足。目前，保险公司开发农业收入保险面临着较大的经营风险，零星分散的试点规模较小，保险公司县支公司的技术资源和创新型农业保险不相匹配，缺乏专业技术人才和相应的风险管理技术，无法满足农业收入保险需要的经营管理水平。与成本保险相比，收入保险所承担的风险更高，尤其是收入与产量和价格直接相关，一旦发生价格大幅度波动，将会引发严重的系统性风险，小规模业务不足以支撑系统性风险带来的损失。另外，农业收入保险市场缺乏完善有效的风险分散机制，对收入保险再保险制度的建设尚需探索和完善。

（2）保险公司的产品设计存在缺陷。农业收入保险产品运行需要丰富的数据积累、精确的费率计算和科学合理的目标价格测算，当前我国缺乏科学的产量和价格测算体系。例如，新疆棉花收入保险在试点的前两年处于亏损状态，很大程度上是因为目标价格是由投保人与保险公司协商拟定的，目标价格的确定没有科学依据导致保险公司连年亏损。粗放的经营模式让保险公司面临着巨大的理赔压力，无法可持续经营。

3. 投保农户的认识方面

传统的成本保险经过多年的宣传，农户从中有所受益，接受程度较高，而农业收入保险与传统成本保险不同，“保险＋期货”的运营模式更加复杂，农户对相关政策了解不够，不清楚具体实施目的、产品优势、详细的运作流程、理赔节点与程序，很难了解收入保险与传统的成本保险的区别，所以，有一部分农户参与性不高，持观望态度。此外，收入保险的保障水平高，与之对应农户需要承担的保费更高，想让农户接受新的高保费的农业保险需要一定的时间。农户对收入保险的积极性不高导致产品推广难度大，不能达到预期的成效。农户积极参与收入保险，充分了解收入保险的优势，是收入保险进一步推广与发展的基础。

三、我国农业收入保险的推进思路

（一）农业收入保险推进机制优化

2019 年 5 月 29 日，中央全面深化改革委员会第八次会议审议通过的《关于加快农业保险高质量发展的指导意见》中，明确农业保险工作由财政部牵头统筹推进，从国家层面确立了财政部的主导地位，也提高了财政部参与农业保险发展的积极性。同时在各省级政府层面也确立了财政部门的主导地位，该指导意见明确指出，各省级党委和政府要组织制定工作方案，成立由财政部门牵头，农业农村、保险监管和林业草原等部门参与的农业保险工作小组，确定本地区农业保险财政支持政策和重点，统筹推进农业保险工作。

该指导意见明确了我国农业保险高质量发展的原则，即“政府引导、市场运作、自主自愿、协同推进”，其中政府引导的重点是“加大政策扶持力度，强化业务监管，规范市场秩序”。从我国农业保险发展的以往经验来看，在险种推进中，政策扶持力度至关重要，这和目前我国农业保险高补贴比例息息相关。基于以上判断，农业收入保险在持续推进过程中，财政部门自然处于主导地位（因为收入保险普遍提升了保额，保费补贴的规模自然更大）。

市场运作原则下，必须充分发挥市场在资源配置中的决定性作用，发挥好保险机构在农业保险经营中的自主性和创造性。指导意见也强调了要明晰政府与市场边界。地方各级政府不参与农业保险的具体经营，在充分尊重保险机构产品开发、精算定价、承保理赔等经营自主权的基础上，通过给予必要的保费补贴、大灾赔付、信息数据等支持，调动市场主体的积极性。但是通过调研发现，在收入保险的推动过程中，政府部门还是存在过度干预的情况。以辽宁义县为例，2020 年玉米收入保险的赔付率为 179%（这可能和 2020 年的大旱灾有关，但是义县的玉米种植中，水浇田很少，大多是旱地，靠天吃饭，而且当地“十年九旱”），所以其在试点玉米收入保险时，将费率定为 11%，但是在 2018—2020 年三年试点工作总结后，由于辽宁的玉米收入保险费率明显高于内蒙古和其他完全成本保险试点的费率水平，所以 2021 年义县玉米收入保险的费率下调为 6%，这是在 2020 年超赔试点期间赔付率接近 100%的情况下调整的费率。这是和市场运作原则相悖的。

财政的职能主要包括资源配置、收入分配、经济稳定、经济发展，政策性农业保险应属于资源配置范畴，通过财政政策改变市场失灵，引导市场主体进入，但是并不意味着财政部门必须在市场配置中起决定作用，其过多地参与农业保险实际运行，是不符合财政理论的，“谁出钱，谁决定”的逻辑不应成立，但这些逻辑恰恰是部分财政或者政府官员所坚持的。庹国柱（2020）在文章中指出，农业保险有较强的专业性和技术性，不少官员和干部缺乏这样的知识，处理农业保险问题有些想当然，或者有种“我说了算”的架势，有的以为政府出了这么多的钱，理当我说了算。而且政府对于收入保险的准确认知和把握也是按照行政级别逐级递减的，产生了市县一级的“应收保费”问题。同时，课题组在调研过程中也发现，相较于农业农村局和保险公司而言，基层财政部门对于农业保险实际情况的了解并不很充分。

综合以上分析，收入保险进一步深化推进的机制是：财政部门的主导地位是不变的，其主要工作应该是根据国家战略决定财政资金的使用方向，从财政的角度评估财政资金的使用效率；省级农业保险工作小组中，依然是财政部门主导，应考虑充分发挥农业农村厅和银行保险监督管理局的作用；市县一级的收入保险推进应该以收入保险实际运营方和风险承担的保险机构（直保机构＋再保机构）以及农业农村局作为推进的主导力量，充分发挥市场机制对于效率的贡献，财政部门以执行上级政策和监督为主。另外，在试点全面推开的过程中，可以考虑借鉴“精准扶贫”的成功经验，由符合资质的第三方对试点效果进行评估。

（二）农业收入保险推进政策调整——保费补贴政策优化

无论是我国农业保险整体发展历程，还是完全成本保险和收入保险的试点发展历程，其主要的推动力就是保费补贴政策，所以推进政策的调整，实际上就是保费补贴政策的调整。保费补贴对于农业保险发展的理论必要性在此不再阐述。

1. 保费补贴比例优化

2018—2020 年三年试点方案中，原则上保费补贴比例为 70%，农户自担 30%，其中中央财政补贴比例为 40%，省（市）财政补贴 30%。但是在调研中也发现，部分试点地区的县乡财政部门或者全部承担了农户自缴的 30%，当然这对于试点地区覆盖率的提升是有好处的，但是未来大面积推广下的县乡财政可持续性需要注意（其他农业直补方式若可以向收入保险保费补贴转移或者倾斜的话，这个问题会有所缓解），同时这对于农户保险意识提升和保险产品认知程度提升是不利的。2021 年财政部等部门《关于扩大三大主粮作物完全成本保险和种植收入保险实施范围的通知》中规定，补贴比例为在省级财政补贴不低于 25%（原来省级财政大多试点地区在 20%）的基础上，中央财政对中西部及东北地区补贴 45%（原来是 40%），对东部地区补贴 35%（原来也是 35%）。对比原有的补贴方案，中央财政加大了对中西部和东北地区的补贴比例，同时提高了省级财政的补贴比例，若保持原有农户自担 30%的比例，则大大降低了市县财政压力；若保持现在市县财政的补贴比例，则可以降低名义农户自担比例到 20%，实际自担比例会更低，有利于扩大实施范围后的地区险种覆盖率的提升。课题组的建议是，市县财政的压力降低，灵活性增强，可以根据不同地区的实际财政状况和覆盖率水平确定市县财政补贴比例和农户的实际自担比例。美国的收入保险的保费补贴比例在 38%～80%，当然还存在大概 30%左右的经营管理费补贴，而且大多随着农户购买保险保额（分档）的提升，保费补贴比例是下降的。课题组在调研中也发现，规模化经营主体在购买完全成本保险或者收入保险的基础上，还会选择购买商业性的农业保险附加险，进一步提升保额，保障自己的收益。收入保险属于高度市场化的农业保险产品，对应的也应该是现代化的农业生产主体。所以基于以上判断，收入保险的保费补贴比例不应越高越好，而应该在补贴总额稳定的情况下，以提升合理的保额水平为主，维持或者提升农户的自担比例，保额实施分档，保额越高，农户自担比例越高。

2. 保费补贴覆盖品种优化

扩大三大主粮作物完全成本保险和种植收入保险实施范围主要是为了提升种粮积极性，解决我国粮食安全问题，即未来主粮作物肯定是保费补贴覆盖的主要品种。但是也需要从全国农业发展的情况出发来分析问题。在三大主粮作物开展完全成本保险和收入保险之前，收入保险主要的试点都是先在地方政府的支持下开展的，如棉花、大豆等，然后逐步争取中央财政的支持，大多采用以奖代补的方式进行。应继续加强对地方特色农业收入保险以奖代补力度（2021 年中央 1 号文件提出将地方优势特色农产品保险以奖代补做法逐步扩大到全国），随着主粮作物收入保险运作成熟，在中央财政有余力的情况下，可以考虑将部分重要区域特色农产品也纳入中央财政保费补贴。

收入保险中，对于保险机构而言，经验少、可控性差的风险是价格风险。从国际经验来看，解决价格风险的主要工具是期货。但是在调研中发现，部分地区收入保险中价格风险没有转移出去，留在了保险公司（若规模比较大，保险机构承担的风险也大），需要通过购买期货转移价格风险。现有大连商品交易所和郑州商品交易所开展的“保险＋期货”模式主要解决价格风险，同时和其他成本保险联合的话，其实际功能也可以在一定程度上替代收入保险。2021 年中央 1 号文件指出，要发挥“保险＋期货”在服务乡村产业发展中的作用。所以，可以考虑将“保险＋期货”的品种列入中央财政保费补贴或以奖代补品种，同时交易所按一定比例补助保费，以形成稳定的保费供给，有利于提高保障水平和推进收入保险发展。

3. 提高补贴到位效率

提高补贴资金到位效率即降低补贴资金的应收保费的比例。调研发现，个别地区存在县级财政不按时划拨保险补贴资金的问题。虽然目前试点以产粮大县为基本单位，但是为解决县级财政部门管理能力和话语权的问题，可以考虑提高保费补贴划拨层级，由市级财政或者省级财政进行对应级别的保险机构直接划拨。

（三）农业收入保险推进条件建设

1. 适度竞争的市场环境建设

农业风险具有明显的巨灾特征，2021 年河南的暴雨便是一个例证。2018—2020 年完全成本保险和收入保险试点区域经营中，超赔现象普遍。

2007 年中央财政补贴后农业保险的发展历程也证明了农业保险的高成本，所以，从理论上来讲，农业保险具有自然垄断属性。从收入保险经营条件来看，需要精确承保和精准理赔，二者的实现需要大量的资源投入，激烈竞争带来的承保的不稳定性在一定程度上会抑制保险机构在这方面的资源投入。所以，收入保险在推广的过程中，更需要一个适度竞争的市场环境。

2. 细化费率定价基础，改善定价“一刀切”问题

财政部等部门印发的《关于加快农业保险高质量发展的指导意见》指出，要加强农业保险风险区划研究，构建农业生产风险地图，发布农业保险纯风险损失费率，研究制定主要农作物、主要牲畜、重要“菜篮子”品种和森林草原保险示范性条款，为保险机构产品开发、费率调整提供技术支持。要建立科学的保险费率拟订和动态调整机制，实现基于地区风险的差异化定价，真实反映农业生产风险状况。

（1）实施费率县级区划。调研发现，各省试点地区，相同农产品品种、相同险种（完全成本保险和收入保险）的费率是基本一样的，并没有考虑试点地区风险的差异性。农业保险风险区划问题一直存在，并不仅仅是收入保险，虽然费率区划面临着很多困难，但未来推行的收入保险，产量风险的细化是必须要做的。如美国的收入保险中，在确定保额时，依据单个农场主的历史产量数据。

另外，虽然从政府推动的角度看，费率“一刀切”有利于老百姓理解，不容易产生攀比行为，易于推广，但是对于像辽宁义县这样“十年九旱，靠天吃饭”的地区，费率“一刀切”是不符合实际的。至少要先做到县级风险区划，条件成熟后，部分地区可以考虑对规模化生产主体进行单独风险判定。政府更不应该干预费率厘定。2021 年，义县的玉米收入保险的费率由 11%降到 6%，这完全是政府从更大的范围来判定小区域的风险，而且是全国试点费率比较后作出的片面的政策层面的费率调整。综上，在本轮扩大实施范围的试点地区，实施县级费率区划，至少达到一县一费率，鼓励有条件的县对规模化经营主体进行费率区划。

（2）实施“分档”保额。不同类型、不同区域的农户其收入状况千差万别，保险需求也存在差异，对于保额的需求也就不一样。调研发现，目前在同一保额的基础上，规模化主体选择购买高费率的商业保险。所以不同规模化主体需要根据其实际产量和区域价格确定保额，即收入保险的保额可以考虑分档，实施差异化的费率，基础保额根据该地区土地收入状况以及不同农户收入状况来确定，差异化保额由农户自由选择。在目标收入测算的过程中，国际通行做法是采用期货价格，由于我国期货市场不太发达，可以综合考虑期货价格和现货价格来测定目标收入。

3. 生产数据、产量监测与灾害评估的微观数据平台构建

承保中存在多报投保亩数和不足额投保问题。其中多报数据属于骗取国家财政补贴，因此需要对农业生产数据摸底，逐步整合财政、农业农村、保险监督管理、林业草原等部门以及保险机构的涉农数据和信息，动态掌握参保农户和农业生产经营组织相关情况，从源头上防止弄虚作假和骗取财政补贴资金等行为，一经发现，加大监管处罚力度。更为常见的是不足额投保的问题，可以借鉴美国、加拿大的一些做法，根据投保标的的覆盖率、保障程度的不同，赔付时要区别对待，收入保险可以从价格方面做文章，比如降低赔付时价格的参考基准。

收入保险理赔需要精确测产，而精确测产如果采取人工的方式，成本较大，而采取遥感、大数据等技术测产，农户对于测产结果的认可程度不高，因此需要人工和技术相结合，再加上村民委员会介入协商确定。随着时间的推移和高科技测产的推广，农户对其的认知和认可程度就会提升。

要实现微观机制和平台的构建，各个保险机构各自为战是行不通的，保险机构需要考虑机制和平台建设的成本与承保持续性的关系，而且保险机构在国土资源数据获取方面存在制度或者政策障碍，在灾害评估方面又存在角色利益冲突。所以在收入保险推进中，可以考虑政府牵头，各部门参与共建生产数据、产量监测与灾害评估的微观机制和平台。

4. 期货市场的建设

收入保险另一个重要的风险就是价格风险，价格风险的分散涉及两个关键点：一是价格确定方式，二是期货对冲机制。对于价格确定方式而言，目前大多采用收获期固定期限内的期货价格加权平均，而期货对于农户相对陌生，期货价格和批发价格存在差异，和田间地头的价格存在更大的差异，农户的接受程度较低，认可度不高。对于期货的风险对冲机制，由于目前我国期货市场发展相对滞后，主粮作物的期货产品不很丰富，试点区域小规模进行对冲，期货公司尚可接受，如果大面积推广的话，期货公司的风险承受能力还不够。养殖品种和其他非主粮作物的期货产品更是欠缺，无法通过期货市场来对冲风险。辽宁义县的玉米收入保险中，价格风险就没有转移出去，公司自己承担，大面积推广后，对于保险机构而言，风险是巨大的。由于期货市场发展的不足，过渡阶段可以考虑由再保险机构承担一部分价格风险。

5. 提升再保险机构的参与度，构建大灾风险分散机制

《关于加快农业保险高质量发展的指导意见》指出，增加农业再保险供给，扩大农业再保险承保能力，完善再保险体系和分保机制，合理界定保险机构与再保险机构的市场定位。调研发现，试点区域，无论是完全成本保险还是收入保险，试点的两年期间，均存在超赔情形，甚至个别试点区域的简单赔付率超过了200%，但是并没有针对收入保险的再保险安排，中国农业再保险股份有限公司也没有接受此类新险种再保业务的准备和意向，这是不应该的。作为以技术、国际化标准为特征的再保险机构，需要加入农业收入保险的试点中来，由专业再保险机构提供技术支撑和高额风险保障，才能构成完整的可持续的试点方案。需要注意的是，针对收入保险，不应该统一采用成数再保险等简单的比例再保险模式，至少应该采用溢额再保险模式，条件成熟的，应以非比例再保险为主。

由于当前以及今后一段时间内，我国农产品价格风险具有政策性、趋势性、系统性的特征，期货市场和再保险市场并不能完全分散价格风险，所以可考虑参照现有的财产保险大灾风险准备金制度，针对收入保险中价格风险提取专项价格风险大灾准备金。

6. 建立第三方评估制度

通过文献学习和调研发现，试点地区险种运营绩效并没有规范完整的评估制度，以各个部门的总结报告或者调研报告为主，并没有上升到评估制度建设方面，所以需要建立对收入保险的评估制度，进行常态化评估，借鉴脱贫攻坚验收制度，聘请高校等第三方团队进行评估，主要从收入保险不同主体出发，评估在收入保险试点推进过程中各自的绩效。

（四）农业收入保险推进路径选择

1. 保障对象上，以主粮作物为主、区域特色农产品为辅

当前阶段依然是以物化成本保险为主，保基本风险。收入保险的比重虽然不断扩大，但短期内不会占到较高比重，硬性地计划推动，与收入保险的市场化属性是相悖的。并且，还面临财政压力的问题。所以从国家粮食安全战略的角度，首选种植业，养殖业不是主要方向，然后是种植业中的主粮作物，最后确定主粮作物中的玉米作为主要保障对象（2021年中央1号文件提出坚持并完善稻谷、小麦最低收购价政策，而玉米早已取消了最低收购价，所以适合大面积推广）。

同时，继续通过以奖代补的方式，对那些有利于实施乡村振兴战略的区域特色农产品继续推行并扩大收入保险试点范围。而且，特色农产品由于地域性特征，其产量和价格的对冲作用更为明显，从推动乡村振兴和实现共同富裕的角度来看，其发展更有价值，至少要作为试点推行（只不过当前期货的价格风险分散不太好实现，此时再保险需要发挥更大的作用）。

2. 在经营机制上，与期货有效对接为方向

农业收入保险对于保险公司而言，比较困难的还是价格风险的分散，目前比较好的手段还是期货。三大主粮作物开展收入保险试点以前，收入保险的保险标的主要是糖、棉花、天然橡胶等，这些标的没有纳入中央财政补贴范围。袁纯清（2021）提出首先将试点的“保险＋期货”类产品列入中央财政支持的奖补政策范围，中央财政支持的现有16个品种的政策性保险可适度开展“保险＋期货”。所以，实施收入保险的产粮大县，继续推广玉米收入保险，但是保险公司需要尽量购买期货产品，分散价格风险。其他农产品，推动“保险＋期货”转移分散价格风险，为未来推动收入保险打好基础。

发展“保险＋期货”要建立起保费的合理分担机制，即形成“政府＋农户＋期货公司”的分担机制。现在所进行的期货品种80％～90％的保费都是期货公司出的，不可持续，很难成为一个机制。张宝海（2021）指出，还需要进一步解决期货市场容量问题、期货与现货的价差和农户感受的问题以及WTO规则下如何“归箱”的问题。

3. 选择合作社、家庭农场为突破口

2021年中央1号文件明确指出，要突出抓好家庭农场和农民合作社两类经营主体，鼓励发展多种形式适度规模经营。实施家庭农场培育计划，把农业规模经营户培育成有活力的家庭农场。推进农民合作社质量提升，加大对运行规范的农民合作社的扶持力度。通过调研发现，试点阶段，规模化经营主体对于农业保险的认知程度较高，对于收入保险与传统成本保险的辨识度较高，主要体现在保额的差异上。同时发现，收入保险、完全成本保险对于新型农业经营主体的扩大再生产决策具有较大的作用，特别是对于养殖业来讲。所以，要选择合作社和家庭农场这类有效需求主体为突破口。

在推进收入保险的同时，要把准农业绿色发展的趋势，收入保险一方面要借鉴已经有的经验，加快创新出更符合农业绿色发展趋势、适合推广的品种，同时农产品期货要构建具有差异化的互为补充的产品体系，其中碳期货也是重要的发展方向。通过绿色保险和碳期货的双重创新，探索构建“农业绿色保险＋碳期货保险＋期货”的模式，不断拓展“保险＋期货”的内涵和外延，为模式发展提供新动能、新动力。

4. 拓展“收入保险＋信贷”模式

《关于加快农业保险高质量发展的指导意见》指出，鼓励探索开展“农业保险＋”。推进农业保险与信贷、担保、期货（权）等金融工具联动，建立健全农村信用体系，通过农业保险的增信功能，提高农户信用等级，缓解农户“贷款难、贷款贵”的问题。相对于传统的物化成本保险，收入保险的增信功能更强大，因为收入保险让农户的收入更加稳定，而且客观来讲，收入保险赔付的概率更大。所以在“支农支小”贷款模式中，“收入保险＋信贷”更具优势。

5. 养殖业进一步扩大生猪价格保险范围并创新推动生猪利润保险

目前养殖业的规模化、现代化进程推进较快，以生猪养殖为例，规模化养殖场对于自然死亡率的控制较为有效，自然死亡率较为稳定（当然在实际运行中，带来了不足额投保、一猪多赔等道德风险问题），所以对于规模化养殖户而言，更担心大灾风险（大的自然灾害和大面积的疫病）以及价格风险。所以，养殖业的价格保险发展较快，但是由于猪周期的存在以及生猪期货市场发展缓慢，导致价格类的保险大多仅仅作为试点，而且以“保险＋期货”的方式小范围运行，保险公司赚取“通道费”。中国人民财产保险股份有限公司的生猪利润保险借鉴了美国的生猪利润保险运作方式，主要规避生猪价格风险（考虑猪饲料价格的波动），保证了每头猪的稳定收益，产量是额定的，所以其实是收入保险的过渡阶段。

（五）扩大完全成本保险试点范围，为收入保险推进积累数据、经验和环境

1. WTO 规则更支持优先扩大完全成本保险

财政部有关领导曾在答记者问时指出，物化成本保险和完全成本保险都属于自然灾害保险，因而属于“绿箱”措施。WTO 规定的收入保险“绿箱”政策起赔点是要求收入损失要超过前 3 年平均收入的 30%，补偿额不能超过当前收入实际损失的 70%，而且不能与品种、产量、价格等因素挂钩。按照 WTO 的界定，目前我国实施的种植收入保险，应该属于“黄箱”措施。所以，对比而言，实施范围扩大的话，完全成本保险更有利。

2. 试点经验更支持优先扩大完全成本保险

通过调研发现，由于试点地区到了县级区域，均选择了完全成本保险和收入保险中的一种进行试点，农户对于两种保险产品的辨识度不高，再加上部分地区（如辽宁）完全成本保险和收入保险采取同一个保额，导致农户对完全成本保险和收入保险的认识程度不深。收入保险的赔付逻辑涉及测产定价，让农户理解其中的逻辑较为困难。而完全成本保险则保障因灾受损，满足保险责任即可得到赔偿，便于农户理解。因此，从农户接受程度来看，推广完全成本保险更容易被接受。再加上价格风险分散情况（期货市场发展滞后）等方面考虑，完全成本保险更符合当前我国农业保险市场发展阶段和配套机制的市场化水平。

完全成本保险对于精准承保和理赔要求更高，其大范围的推广，会积累大量精准的土地、种植品种、产量等微观运行数据，而且会获得丰富的推广经验，提升各个主体对于创新性农业保险产品的认知，构建良好的实践运行环境。

数据、经验、环境的积累和建设，都为收入保险的全面推广提供了便利条件。收入保险是农业保险的终极目标（王和，2020）。现阶段优先扩大完全成

本保险的范围，不是要否定收入保险，而是要强调继续坚持收入保险试点对于未来大面积推广的经验积累和条件建设作用。收入保险全方位补偿农户的收入损失，更加符合农业生产者风险保障的需求，符合农业保险高质量发展的要求。对于培育新型经营主体而言，未来收入的稳定预期对农业生产者特别是新型农业经营主体扩大农业生产非常重要，有利于保障其生产积极性。因农业收入的稳定性增强提高了农业生产者借贷资金的履约能力，有利于农业生产者扩大或改善农业生产，由此形成良性循环，对稳定农业生产、促进农户增收、推动农村经济发展、保障国家粮食安全具有重要作用。

总之，实践、条件更支持完全成本保险，理论、趋势更支持收入保险，需要对二者实施差异化的推进政策和路径。

“保险＋期货”与农民收入保障政策研究

李正强

（对外经济贸易大学国际经济贸易学院研究员）

摘要：我国政策性农业保险近年发展较快，但保障水平总体有限。大连商品交易所（简称大商所）根据我国国情和农情，经过多年的实践探索，借鉴国际经验，于 2015 年首倡“保险＋期货”模式，并延续至今。该模式实现了两次风险转移，即农业风险向保险公司的一次转移以及价格风险向期货公司的二次转移，是两个风险管理市场协同下的重大组织机制创新。七年来，“保险＋期货”从单一的价格保险到收入保险，从项目试点到县域全覆盖，保费从单一的交易所补贴到多方共担，从种植作物保险到畜禽养殖保险，从保险公司和期货公司参与到龙头企业、银行（信贷）等机构共同参与，“保险＋期货”模式不断丰富完善，获得从中央到地方的一致认可，并于 2016—2022 年连续 7 年写入中央 1 号文件。这不仅有效促进了我国粮食收储制度改革，为优化农业补贴机制开拓了新渠道，而且完善了农产品价格市场化形成机制，对保障农民收入，保障我国粮食安全具有重大意义。

关键词：“保险＋期货”；农业保险；收入；农民；期货

着力提升农业风险防控能力和水平，保障农民基本收益是确保实现粮食等初级产品保供稳价的重要基础。纵观世界农业风险管理市场，“保险＋期货”是我国独创的符合国情和农情的金融创新模式，是金融市场服务三农的有力抓手。在实践过程中，期货市场的发现价格和管理市场风险的功能与农业保险充分结合，提升了农业风险管理的效能。从 2015 年至今，大商所首倡“保险＋期货”模式，并不断优化完善，通过分散化解农业市场风险，有效地保障了农民收益，获得中央的认可，连续 7 年写入中央 1 号文件。

一、“保险＋期货”的背景、机理与创新

2015 年以来，在大商所及国内其他两家商品期货交易所的组织发动下，

期货公司与保险公司合作，借鉴美国经验做法，成功探索出“保险＋期货”服务农民收入保障的新模式。

（一）农业风险与“保险＋期货”模式的产生背景

从实践看，农业风险主要来自产量风险和价格风险①。其中产量风险相关保险产品发展较早，也相对成熟。价格风险属于市场风险，这类风险的系统性较强，难以通过大数定律等传统保险精算手段进行承保，在全球范围内发展依然相对滞后。从农业保险发展看，国内农业保险有开展农产品价格保险的意愿与尝试。2013 年国内保险公司开始在蔬菜、茶叶、生猪等农副产品上以现货价格指数或猪粮比价指数等探索尝试价格保险。由于农副产品现货价格或指数的可信度不高、承保理赔的价格和保障时间不匹配，加上保险公司缺少价格风险的有效转移渠道，导致我国对农产品价格类保险发展困难重重，相关业务难以为继。同时，我国农业再保险市场发展总体相对缓慢，特别是对农产品价格风险的再保险工具手段少，制约了农产品价格类保险业务的发展。从期货市场看，自 1990 年新中国期货市场建立以来，各商品交易所和期货经营机构就一直在探索寻找服务农业经营主体管理农产品价格波动风险的有效途径。但由于农户对期货市场知之甚少、难以便捷地利用期货市场价格信息指导自己的生产活动、管理农产品价格波动带来的风险，期货市场服务三农的探索举步维艰，为农户提供价格风险管理的能力很弱。

粮食收储制度改革强化了市场作用，增强了农民管理价格波动风险的强烈意愿，也为期货市场发挥功能奠定了基础条件。可以说，农业供给侧结构性改革、管理农产品价格波动风险的迫切需要、保险行业与期货市场强烈的服务实体经济、服务三农发展的意识和早期开展的相关探索以及国际成功经验，成为国内探索“保险＋期货”服务农民收入保障的背景支撑。

（二）“保险＋期货”服务三农模式的内涵与运行机理

“保险＋期货”是保险市场和期货市场共同服务于农民收入保障的模式，先由保险公司开发设计基于农产品期货市场价格的价格保险或收入保险合同，向各类农业经营主体销售，集中承接承保各类农业经营主体的生产经营风险，即完成“风险的第一次转移”。待农作物实际价格/收入确定后，如果实际价格/收入低于目标价格/收入，保险公司将按照保险单的约定，启动理赔程序，向被保险人赔付实际价格/收入与目标价格/收入的差额。保险公司承接农业经营

---

① 由于产量变化会影响农产品供给总量，所以产量风险是引发价格风险的因素之一。两者存在一定程度的关联性。但由于引发价格风险的因素较多，又导致两种风险并不存在绝对的关联性。

主体风险以后，向期货市场专业机构（期货公司或其风险管理子公司等）购买类似“再保险”服务，由期货市场专业机构向保险公司提供风险转移服务，承接保险公司的风险，即完成“风险的第二次转移”，从而将各类农业经营主体所面临的经营风险得以顺畅转移（图 1）。

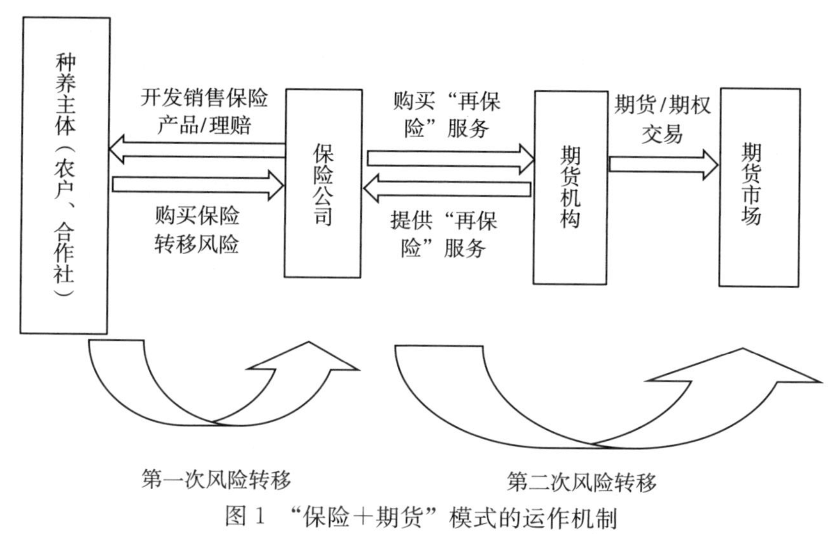

图 1 “保险＋期货”模式的运作机制

“保险＋期货”模式运行的关键环节主要包括以下三个方面：一是“保险＋期货”的产品设计包括面向种养主体的保险端产品和面向保险公司的再保险端产品两个方面：面向保险端的保险产品由保险公司或保险公司和期货公司共同完成，保险公司负责保单注册，并向农业经营主体销售，后续的理赔服务也主要由保险公司完成。再保险端产品由期货公司或其风险管理子公司负责设计（主要是进入期货市场的风险转移策略），同时针对保险公司承接的风险特点与保险公司签订“再保险”服务协议，并负责在期货市场进行对冲操作，将价格风险转移到期货市场。二是保费资金来源安排。“保险＋期货”模式试点探索初期，试点项目推动资金全部由交易所支持。随着模式效果的逐步显现，农户、农业合作社等农业经营主体、龙头企业也主动承担了少部分保费。特别是自 2018 年起，地方政府和相关部委也参与了进来，目前实现了保费来源的多元化。三是保障水平（即保险责任水平）确定方式。出于防范被保险人道德风险和逆向选择的考虑，借鉴美国农作物收入保险的做法，按照“保较高水平的基本收入”的原则，通常将“保险＋期货”收入保险保障水平按照 85％设计，即最高保障水平为目标价格×目标产量的 85％。

（三）“保险＋期货”模式的重要创新及意义

一是农业风险管理模式的重大创新。“保险＋期货”模式首次将保险市场与期货市场两个风险管理市场联通起来，充分利用广大农业经营主体了解熟悉保险产品、充分发挥保险机构深谙保险产品开发与营销的优势，使得这一服务三农的方式易于推广；同时发挥了期货机构了解熟悉衍生品市场运行机理、熟悉对冲操作的各种策略和方法，为保险机构提供来自期货市场的再保险服务，为农业再保险市场的发展提供了新的思路和解决方案，有效地解决了农业保险市场系统性风险的化解和转移问题，是对我国农业再保险市场建设的重大创新和有益补充。

二是农业保险产品设计的重大创新。"保险＋期货"模式在设计之初就充分借鉴了美国农业收入保险的成功经验，在承保理赔中选择期货价格（而不是历史平均价格）作为定价依据，更好地体现了农业保险保障未来不确定性的特点，也有效地解决了现货价格信息滞后、数据采集难、信息不准确和信息不透明容易引发的被保险人道德风险等问题，是国内农业保险产品设计的重大创新。

三是两个风险管理市场协同下的重大组织机制创新。"保险＋期货"服务模式将两个风险管理市场有效连接起来，实现了风险管理市场之间的融合，提升了风险管理服务的效率。我国"保险＋期货"模式是包括政府、期货交易所、保险公司、期货公司等在内的多方主体共同协调联动的结果。可以说，以保险市场对期货市场的价格发现和风险管理两大功能的充分利用、期货市场对保险市场定价与"再保险"服务的支持为主要内容的两个风险管理市场协同、政府强有力的组织协调、保险公司和期货市场两类风险管理机构的密切合作，显示出"保险＋期货"服务三农在组织机制方面的重大创新。

二、"保险＋期货"探索历程

我国"保险＋期货"借鉴了美国农业保险发展经验，同时在期货市场早期服务三农模式中积累了宝贵的经验，最终探索出了一条符合中国特色的金融市场服务三农的新模式。

（一）美国农业保险演变历史及期货市场功能作用

1938 年，美国国会批准《联邦农作物保险法》，该法案的推出标志着美国农业保险制度以法律的形式正式建立。1980 年，在美国面临两位数的通货膨胀的背景下，里根总统通过了新修订的《联邦农作物保险法》，结束了政府独立运营农业保险的方式，并大规模推行以产量保险为主的农业保险。克林顿总统上台后，在全球贸易自由化的背景下，1996 年美国国会通过《联邦农业完善与改革法案》，决定逐步取消对农场主有关价格和收入支持方面的补贴，转而将农业推向市场。同时美国农业部下设风险管理局（RMA），在产量保险的基础上推出收入保险计划，有效保障美国农民收入水平。1999 年 RMA 发布《作物收入保险计划》，该《计划》包括三个收入保险项目试点，共涉及两个时间段的价格，这两个价格均由保险合同指定商品期货交易所相关合约特定月份的每日结算价均值确定。2000 年美国《联邦农业风险保护法案》的颁布进一步提高美国保费补贴力度，近些年美国作物保险的保费补贴平均水平维持在 62%左右。2011 年美国联邦农作物保险公司修订《通用农业保险政策》，明确规定相关作物保险的两个核心定价基准即预期价格和收获价格均使用商品交易所价格（CEPP）计算，自此以政府规则的方式明确规定了期货价格作为美国农产品收入保险产品设计与理赔的基准与依据。

从美国农业保险的发展经验看，一是农业保险是美国农业风险管理体系中最重要、最基础的风险管理工具，而收入保险是覆盖面最广、影响最大的保障农户收益稳定的风险管理方式。二是美国收入保险立足于保障农户的基本收入水平，其保障水平总体维持在 60%～80%，过高或过低的保障水平不利于农业保险的可持续发展。三是联邦政府补贴是农业保险保费的主要来源（60%以上），成为农业保险/收入保险可持续发展的必要条件，而在一定的保障水平以上，随着保障水平的提高，保费补贴比例有所下降，体现出政府补贴“保基本收入”的特征。四是期货市场对美国农业保险/收入保险起着重要的支撑作用，农产品期货价格已由政府规则明确为农作物产量保险特别是农户收入保险定价的基准。五是美国农业保险/收入保险的发展也是一个不断实践探索的过程，政府在这个过程中起着不可替代的顶层设计与积极推动作用。

（二）我国早期价格保险的模式探索

从 2008 年起，国内一些保险公司已经开始开发、销售面向农副产品价格波动风险的保险产品。安信农业保险公司（现为太平洋安信农业保险公司）在上海市农委的支持下首次尝试推出蔬菜价格保险。此后，一些省份在蔬菜、生猪、主要粮食作物以及地方特色农产品等领域也相继推出类似保险产品。然而这类农产品价格保险大多以保障农业生产的物料成本为原则，保障水平低；定价依据为现货价格或现货价格指数，与价格保险保未来收入的内在要求不符，相关数据采集也比较困难，定价机制不完善，难以发挥防范农产品市场风险的保险保障作用。

（三）期货市场探索开展“千村万户市场服务工程”

2005 年开始，大商所在东北三省一区粮食主产区推进“千村万户市场服务工程”，将专业权威的农业信息送到种粮大户、农村经纪人、基层干部和粮食经营者手中，并在春播和秋收等关键时节举办市场形势分析报告等活动。同时探索开展“公司＋农户、期货＋订单”服务三农的模式，借助中间组织（如龙头企业），以订单的方式把小农户的生产与销售以市场化方式整合在一起，尝试性地使分散的农民间接利用期货市场管理市场风险。

（四）“公司＋农户”“期货＋订单”模式推广应用，为“保险＋期货”打下坚实基础

“公司＋农户”“期货＋订单”服务农民防范农产品价格波动风险的模式将农民收入保障与期货市场功能发挥连接起来，实现了一个重大突破。从 2005 年开始，这一模式逐渐在东北玉米、大豆等粮食品种上推广应用，涌现出了一批具有代表性的试点模式，例如四平模式、义县模式、嫩江模式等。这些探索为随后的“保险＋期货”模式打下坚实的实践基础。

三、“保险＋期货”模式在我国的形成、发展和完善

2015 年，在大商所的直接组织与资金支持下，与保险公司、期货公司协同探索出“保险＋期货”服务农产品价格波动的风险管理新模式，不仅解决了之前再保险服务缺失的问题，而且打通了风险转移通道，破解了前期保险市场、期货市场探索服务农民收入保障过程中的难题。该模式在 2015 年一经探索成功，就获得了多方认可，从 2016 年起连续七年被写入中央 1 号文件，模式内涵不断丰富、运行日益顺畅、效果也日益显现。

（一）“保险＋期货”模式以价格保险为启动方式

在大商所的支持下，我国的首个农产品“保险＋期货”价格保险由人保财险大连分公司与新湖期货子公司新湖瑞丰于 2015 年 8 月 14 日共同推出。此后，2015 年 9 月大商所支持人保财险湖北分公司与美尔雅期货在湖北省开展首单鸡蛋“保险＋期货”价格保险试点，南华期货与阳光农险公司、人保财险与永安期货、浙商期货与太平洋财险公司等陆续开展了玉米、大豆等价格保险试点。

（二）由“单一价格保险”逐步发展成“价格保险”和“收入保险”并行，模式不断丰富

大商所支持保险公司和期货公司于 2017 年开始探索“保险＋期货”收入保险模式。南华期货联手阳光农险在黑龙江赵光农场开展了以大豆产值为标的的收入保险创新试点，首次开展了基于期货价格的收入保险试点。从试点实际

情况看，收入保险的覆盖面积和保费总额已经超过价格保险试点。收入保险不仅解决了农副产品销售环节市场风险管理问题，而且管理了因自然灾害导致产量减少给农民带来的风险，为农民收入提供全方位保障。

（三）由“零星分散”项目到“全区域覆盖”项目，区域覆盖力度大幅提升

从 2018 年起，大商所支持保险公司和期货公司探索全县域覆盖试点①的模式。2021 年，县（市、旗）区域覆盖的项目已占相当比例，覆盖区域向更广区域延伸，三家商品交易所支持的县域覆盖项目 45 个，涉及 13 个省（区）49 个县市、覆盖面积 862 万亩、品种包括大豆、玉米、棉花、白糖、苹果、天然橡胶和红枣等，为集中连片农业生产主体提供了应对收入风险的有效手段。

（四）保费来源由交易所的“单一支持”到“多方共担”，项目资金来源逐步多元化

早期“保险＋期货”的保费补贴均由期货交易所支付，随着试点的不断深入推进、特别是试点效果的逐步显现，农户、龙头企业也主动承担了部分保费，尤其是地方政府和中央政府也参与进来，形成了保费多方共担的局面。从大商所支持的县域覆盖项目保费结构看，2019 年交易所支持、财政补贴和农户自缴比例分别为 56％、30％、14％，到 2021 年，上述结构改变为 31％、46％和 23％。

（五）由“等待支持”到“商业运营”，项目内在活力逐渐显现

“保险＋期货”初始阶段，几乎都由期货公司向商品交易所申请项目经费支持。随着项目的持续推广、特别是期货监管机构从推动期货市场服务三农的角度出发，通过期货业协会对期货公司参与“保险＋期货”进行分类评级计分，推动期货行业积极开展相关试点。从 2019 年开始，期货公司、保险公司以及农业经营主体自主开展“保险＋期货”项目。据期货业协会统计，2021 年全国开展项目 1 409 个，其中非交易所支持项目 924 个，占比超过 65％，首次超过期货交易所补贴的项目数量。

---

① 县域全覆盖试点，是指优先考虑在国家级、省级贫困县地区开展的覆盖足够比例的建档立卡贫困户并经地方政府认可的“保险＋期货”项目。试点品种为玉米或大豆，一个县域只能试点一个品种，覆盖范围原则上不低于该县域玉米或大豆种植面积的 60％。

（六）由“单兵作战”到更多的“联合协同”，不断夯实服务三农的基础

一是“保险＋期货”尝试在保费补贴上与政策性农业保险结合。2017—2019年赵光农场连续三年将政策性农业保险保费补贴整合入大商所支持的“保险＋期货”收入保险项目保费，其中2019年的大豆县域覆盖项目中，中央级的补贴约占50％，农场补贴10％，农户占20％。太平洋财险＋浙商期货的山东嘉祥县大豆“保险＋期货”项目整合了中央成本险补贴（10元/亩）和农业农村部试点资金（23元/亩）。

二是“保险＋期货”尝试在收入保障上与政策性农业保险进行融合，提高保障水平。2019年人保财险与银河期货合作，在内蒙古扎鲁特旗通过主险与附加险形式，进行玉米“保险＋期货”收入保险与政策性保险试点融合尝试，其中主险为政策性的三大主粮完全成本保险和收入保险试点项目（玉米试点），理赔价格基准为1 700元/吨，“保险＋期货”收入保险作为附加险，按当时玉米期货C2001合约价上浮4％（1 932元/吨）作为理赔基准，保费由大商所支持，保障水平进一步提高，取得良好效果。

三是多家期货公司共同承担“再保险”服务，进一步丰富“保险＋期货”内涵。早期开始的“保险＋期货”试点多由一个保险公司和一家期货公司合作，随着试点保障规模的扩大，特别是区域性覆盖项目的推广，多家期货公司联合起来，共同为保险公司提供再保险服务。如人保财险和浙商期货2021年在山东武城县县域玉米保险项目中，浙商期货联合国投安信期货、新湖期货、国海良时期货、华安期货共同为人保财险提供服务，各期货公司在项目发挥专长，形成合力，为农业主体提供各具特色的服务。

四、“保险＋期货”模式的主要成效、面临的挑战以及发展机遇

（一）“保险＋期货”主要成效

一是覆盖面、惠及农业各类主体数量不断扩大。2015年以来，“保险＋期货”模式累计开展了2 683个项目，涉及玉米、大豆、棉花、白糖、天然橡胶、生猪等十余个品种，涉及31个省区市，累计开展60余个县域全覆盖项目，5 800多万亩种植面积，2 000多万吨现货量，项目惠及农户385万户次（其中贫困户74万户次），新型农业经营主体约1.4万家次，全部项目总保费规模近41亿元，其中期货行业补贴超过14亿元。

二是赔付效果逐年增加，保障水平稳步提升。农民从参与的“保险＋期

货”项目中获得的赔付逐年增加，尤其是农民自缴保费获得赔付率的提升说明农户通过缴纳少量保费即获得了面临大灾风险时较大的保障。以大商所支持的“保险+期货”项目为例，平均赔付率从 2016 年的 19.73%提升至 2019 年的 84.14%，在保障农民基本收入方面取得了阶段性成果。

三是促进农业全产业链风险管理，夯实农业支持保护体系。“保险+期货”模式将龙头企业、合作社、农户、金融机构等多方联合，将小农户纳入了现代农业产业体系。特别是引入了银行或信贷机构，为参与“保险+期货”的农户提供贷款，改变了以往因农户可抵押物不足而难以获得贷款的情况，形成“保险+期货+银行（信贷）”模式。

四是服务国家战略，助力精准扶贫。为促进形成产业扶贫的内生增长动能，“保险+期货”模式注重向产业基础薄弱的贫困地区扩展，七年来，在大商所 600 个“保险+期货”项目中，有 363 个项目落地贫困地区，涉及 117 个国家级贫困县。特别是在贫困地区开展的养殖类项目，在为当地贫困户提供饲料成本保障的基础上，进一步提供饲料采购、养殖等技术支持，形成一体化的助农服务，不断提高贫困地区“造血”功能。

（二）问题和挑战

一是“保险+期货”规模和影响力仍很不够，尚未纳入中央财政支持范围。七年来“保险+期货”覆盖的农作物总量，涉及的农业主体数量及农产品现货产量规模依然较小，远不及政策性农业保险。此外，目前中央财政尚未对“保险+期货”项目进行资金支持，限制了其试点规模的进一步扩大。

二是部分期货价格的有效性有待进一步提高，期货市场在价格再保险中的保障能力仍有不足。目前我国农产品期货品种仍然不够丰富，覆盖面尚不完整；多数农产品期货合约连续性不够，部分期货品种价格代表性不强，基差有时波动较大；我国期权市场发展相对滞后，特别是场内期权品种不够丰富、交易量不大，难以为保险市场提供及时高效的风险对冲服务。另外，监管机构对期货公司将开展“保险+期货”项目作为加分项的分类评级制度也导致一些期货公司不切实际地增加投入、贪多求大争抢项目，一定程度上也易引发农户和地方政府的道德风险。

三是保险公司服务水平和质量有待进一步提升。基层保险从业人员普遍对期货、期权不了解，使得保险公司在农产品保险设计方面能力有限，同时乡镇服务站点中的专职农险人员占比不高，制约了服务能力。另外“重保轻赔”现象时有发生，容易引发农户焦虑和不满情绪。

四是相关机构和主体对“保险+期货”认识仍有待提高。当前部分保险公司、学者和相关机构对该模式有不同的看法，认为我国“保险＋期货”模式偏离了农业保险的本质，保险公司在其中仅扮演了风险转移的通道角色，不利于保险行业的发展。也担心期货公司资本金相对保险公司较小，不能完全承担市场风险，一旦发生系统性风险，期货公司的经营风险将会外溢，担心导致更大的保险行业系统性风险。

五是我国农业再保险体系不断完善过程中，“保险＋期货”发展的方向和存在的方式面临挑战。“保险＋期货”模式在过去七年间不仅为农业保险定价提供了期货价格参考，而且发挥了价格风险的再保险功能。随着中国农业再保险股份有限公司（简称“中农再”）的成立以及农业再保险体制机制的不断完善，或对“保险＋期货”模式产生一定的影响，特别是期货市场提供的再保险服务是否还有存在的价值是一个值得关注的问题，由此“保险＋期货”未来发展的方向和存在的形式都将面临不确定性。

（三）机遇与挑战

一是“保险＋期货”多次纳入中央及相关部委政策文件，具备进一步发展的政策环境。中央及相关部委陆续出台的强农、惠农、支农等政策文件，将“保险＋期货”纳入我国农业支持保护框架体系内，这为“保险＋期货”进一步发展营造了良好的政策环境。

二是前期试点获得地方政府和市场主体的认可，具备持续发展的市场基础。七年来，“保险＋期货”获得了项目所在地政府的认可与支持，申报数量呈现大幅增长态势，东北、华北等粮食主产区地方政府主动联系交易所、保险公司和期货公司，积极申报项目，这为持续推进“保险＋期货”打下了坚实的市场基础。

三是促进巩固脱贫攻坚成果与乡村振兴有效结合，需要“保险＋期货”持续发力。新时期，巩固脱贫攻坚成果与乡村振兴齐头并进，在“中央保大宗、地方保特色”思想指导下，对玉米、大豆、生猪、棉花等开展“保险＋期货”是期货市场服务国之大者、落实保供稳价政策目标的具体表现，而保障红枣、苹果、花生等特色产业可持续发展，也需要“保险＋期货”为脱贫地区农户提供持续的“保护伞”。

四是农业市场化改革背景下市场风险加大，“保险＋期货”是我国农业支持保护体系不可或缺的组成部分。收储制度改革以来，玉米、大豆市场价格波动明显加大，我国农产品市场面临的不确定性在上升。单一的政策性农业保险无法实现更深层次的保障，需要多元化，市场化的工具手段丰富完善我国农业支持保护体系。

五、相关建议

一是坚定信心，高度重视“保险＋期货”在我国农业风险管理体系中的地位和作用。建议相关部委和市场主体坚定发展“保险＋期货”模式的信心，高度重视当前该模式作为转移价格风险、保障农民收益的作用和价值。同时，将“保险＋期货”的保障水平立足于保障基本收益，与我国政策性农业保险保持一致。

二是推动“保险＋期货”的保费按比例纳入中央财政补贴范畴，明确将期货价格作为农业保险定价的参考标准。一方面应尽早明确“保险＋期货”模式是属于农业保险业务范畴，将“保险＋期货”纳入中央和地方财政支持范围，明确支持的方式和水平。政策制定部门应尽快达成共识，消除相关主体对该模式的认识误区，明确“保险＋期货”是我国农业保险的重要组成部分。另一方面要推动将期货价格作为政策性农业保险定价和理赔等业务的标准。鼓励支持保险公司在开展完全成本保险和收入保险试点中，参考或采用期货价格作为保险产品的定价和理赔标准，进一步明确不同品种在不同周期（承保期或理赔期），选择参考哪个合约的期货价格，形成制度性规范。

三是探索保险公司通过购买场内期权等方式分散对冲风险，形成农业保险与衍生品市场共存的多元化再保险机制。建议加快研究论证保险公司直接进入期货市场管理价格风险的可能性，进一步修改完善相关法律法规，促进期货市场和保险市场更好地结合，从而形成农业保险与衍生品市场共存的多元化再保险机制。建议相关部委结合农业保险的实践，鼓励引导保险公司试点直接参与衍生品市场，通过购买场内期权、直接参与期货交易等方式分散对冲价格风险。

四是进一步提高期货市场运行质量。进一步加快期货期权品种上市进度，上市更多涉农期货期权品种，拓宽服务农业产业广度。同时对于已上市品种，建议全方位提升农产品期货市场运行质量，在确保市场安全稳定运行的前提下，不断优化已上市品种功能发挥，提高市场运行效率。

五是形成合力促进“保险＋期货”提质增效。首先建议对不同类型农业经营主体分类施策，促进政策性农业保险和商业化风险管理有机统一。其次加强保险、期货、银行、龙头企业等协同，形成金融支农组合拳。鼓励交易所支持新型经营主体创新服务模式，促进粮食主产区（县）的龙头企业、家庭农场等新型经营主体，通过场外期权等方式管理市场风险。最后进一步加强监管，着力提升“保险＋期货”运行规范和服务质量，逐步减少或取消期货公司开展“保险＋期货”项目的硬性评级加分，促进该业务回归市场合理化发展。

马铃薯作为期货品种上市的可行性研究

李正强

（对外经济贸易大学国际经济贸易学院研究员）

摘要： 我国马铃薯产业以鲜食为主，产业链较短，价格波动幅度加大，产业主体避险需求较强。然而结合当前我国期货市场上市要求和马铃薯现货市场特点，目前马铃薯暂不具备上市期货市场的条件，应进一步加大马铃薯产业与上市期货研发力度，为上市马铃薯期货做好充分准备。

关键词： 价格波动；避险需求；上市条件

马铃薯具有耐寒、耐旱、耐瘠薄特点，适应性广，易于种植。2015 年，原农业部提出马铃薯主粮化战略，将其作为我国三大主粮的补充。马铃薯主产区与我国低收入地区重合度较高，大力发展马铃薯产业有助于巩固拓展我国脱贫攻坚成果，马铃薯价格波动幅度较大，易对主产区以小而散为主的种植户产生较大冲击。本文对马铃薯期货合约上市的可行性问题进行了研究，以期对利用期货市场防范市场风险、保障种植户利益的可行性作出判断。

一、马铃薯现货市场情况

马铃薯俗称“土豆”，个别地区叫洋芋，为多年生草本，一年生或一年多季栽培，广泛种植于全球 120 多个国家和地区，种植面积达 2 000 多万公顷。我国是世界上最大的马铃薯生产国，马铃薯在我国已经有 400 多年的栽培历史。联合国粮农组织数据显示，2020 年我国马铃薯产量约为 7 818 万吨，占世界产量近 1/4，当年国内市场平均价格 2 581 元/吨，现货市场规模约 2 018 亿元。

（一）种植分布广泛，区域差异明显

我国马铃薯种植分布广泛、品种繁多，遍及几乎所有省市区，各地不同的自然环境导致了明显的区域差异。一是耕作制度多样。按照耕作制度，全国马铃薯主产区可分为北方一作区、西南混作区（在高山地区一季作、低山平坝和

峡谷地区二季作)、中原二作区和南方冬作区，各区产量分别占全国产量40%，44%，14%和2%。二是种植品种繁杂。目前农业农村部登记的马铃薯品种已超过300个。不同主产省间主栽品种各异，同一主产省内种植品种多样，例如甘肃马铃薯品种超过40个，内蒙古马铃薯品种超过30个。三是供应时间交替。不同产区马铃薯集中收获时间不同，交替上市、供应全年。其中，中原产区5月大规模上市，供应到8月；北方产区接替供应到第二年4月；西南和南方产区主要补充春节前后市场供给。

（二）鲜食消费为主，产业发展不均

马铃薯消费主要包括鲜食、加工、饲用、种用和损耗，其中加工消费分为淀粉、全粉、薯条、薯片加工。我国马铃薯消费以鲜食为主，占比超过60%，种用消费约占10%，加工消费不足10%，加工率相对较低，大大低于欧美发达国家（美国60%、英国47%）的水平。鲜食薯附加值不高、门槛较低，参与主体经营规模、资金实力、资信水平和标准化意识较差，与育种、加工环节相比，地方政府的引导和支持力度有限。

（三）分级检验粗放，标准化程度低

虽然2015年国家标准委员会（下称国标委）已发布《马铃薯商品薯分级与检验规程》（GB/T 31784—2015），现有检验机构主要依据分级标准检验相关理化指标，然而现货贸易中马铃薯质量衡量方法与国标有所差异，现货贸易质量标准较为主观。现货产业主体检验芽眼、薯块肉色、缺陷时主要依靠品控人员经验，只有涉及重金属、农残等理化指标时才会引入质检机构，导致现货贸易中惯用的马铃薯质量衡量标准无法形成较为客观明确的标准化指标。

（四）价格波动较大，价格机制复杂

马铃薯种植区域广泛，价格波动较大。根据农业农村部农产品批发市场监测数据，2021年马铃薯批发价均值仅为2.29元/千克，同比下降约12.7%，近三年马铃薯年均波幅约为30%，价格波动幅度较大。不同产区马铃薯上市时间不同，供需变化导致马铃薯价格呈现季节性波动。马铃薯价格影响因素复杂，既受品质影响，又受不同产区上市时间影响。不同指标对价格的影响难以量化，不同品质、不同品种间价差关系并不固定，价格形成机制复杂。

（五）贸易流向明确，仓储条件简陋

不同产区马铃薯形成了较为明确的贸易流向。北方产区中甘肃、内蒙古外销比例较大，其中甘肃主要运往西南、华南、华中、华东市场，内蒙古辐射全

国，重点运往华北、华东地区；西南产区外销比例总体较少，但云南外销比例较大，辐射全国，重点运往华北、华南、华东地区；中原产区主要运往华东市场；南方地区产量较少，就近销售。

马铃薯储存方式可分为沟藏、窖藏、通风库和恒温库4种，但由于马铃薯货值较低，专业第三方仓储机构较少，由合作社或农户修建的窖藏、通风库是马铃薯主要储存方式，仓储条件比较简陋，且为避免马铃薯见光变绿，窖内要始终保持黑暗，出库分拣只能依靠简易局部照明设备。鲜食马铃薯贸易呈现出明显的“点”对“点”的特点，现货贸易中经由田间地头简单分拣后发往批发市场的贸易量占比超过85%。

（六）重视程度不足，现货数据缺失

受重要性和产业需求双重影响，马铃薯现货数据体系有待完善，种植成本、加工贸易规模、库存规模、不同地区价格信息等关键数据缺失。从重要性来看，马铃薯产量虽然以5：1折粮统计，但对国民经济影响有限，现货数据的收集整理没有受到政府机构的广泛重视。以农业农村部《中国农产品供需形势分析》为例，其内容只包括玉米、大豆、棉花、食用植物油、食糖，未涉及马铃薯。从产业需求来看，马铃薯贸易参与者规模较小，对于产业整体情况关注度低，马铃薯资讯机构主要提供产量、进出口等基础数据。

二、我国现行期货品种上市要求和经验借鉴

期货是一种标准化合约，通常那些具备市场规模较大、标准化程度较高、贸易流向清晰、易于检验存储等特点的商品才适宜研发设计为期货合约并上市交易。马铃薯现货市场特点给期货合约研究设计带来了巨大挑战。

（一）期货品种上市要求

按照中国证监会期货部关于上市期货新品种的相关要求，我国期货品种上市通常需要满足以下六个方面的要求：一是现货规模较大，可供交割量充足。现货市场达到一定规模，可以有效吸引产业链各方参与期货市场，从而提高期货市场流动性，同时现货市场供需量均较为充足，避免上市后出现“逼仓”的行为。因此一般要求上市品种的现货市场规模在200亿元以上，可供交割量在100亿元以上，交割标的产值不少于200亿元。二是标准化程度高，易于检验、检疫。由于我国的期货合约为标准化的实物交割合约，因此要求待上市的现货市场品种具有相对健全且客观的国家和行业质量标准体系，易于检验和检疫，便于买卖双方明确知悉其通过市场买入或卖出的商品质量，避免交割标的

缺乏统一权威标准导致设定交割标准时缺乏依据。三是价格具有较大波动性，实体产业避险需求强烈，有效吸引各方参与。商品价格波动性较大是上市期货品种的必要条件之一，通常当商品价格具有不确定性和较大的波动性时，实体产业对价格波动风险的管理需求高，可以有效吸引各类市场主体如产业主体和各类投资者参与。四是现货产品贸易流向清晰，耐储存性好，易于运输。清晰的贸易流向是期货合约设计和交割制度安排的重要前提，而实物交割过程中交货方必须具有符合交割标准的一定数量的交割品，通常要求现货产品在正常的存储体系下，可以保存 1 年及以上时间而不出现商品品质及数量上的较大变化。同时由于实物交割的货源可能来自全国各地，因此对物流运输要求较高，防止因物流因素对未来顺畅交割产生不利影响。五是现货市场运行稳健，数据相对充分。通常待上市品种的现货市场运行需要相对稳健，不会由于自然因素或政策变化导致供应需求经常性出现大幅波动的风险。同时现货市场数据相对充足，便于交易所在期货合约设计过程中可以基于现货市场数据进行历史分析和充分论证，从而使得合约规则设计更贴近现货市场，也方便市场参与者在合约上市交易后进行市场分析。六是现货产业主体多样，市场化程度较高。一般要求期货标的商品所在的产业链越长越好，期货标的商品在产业链中最好处于上游或中游位置，是下游系列产品生产成本的重要组成部分，价格直接传导性较强，价格波动有利于激发产业链各环节上的主体避险需求。

（二）我国农产品上市期货经验借鉴

截至 2022 年 5 月初，我国大连商品交易所、上海期货交易所和郑州商品交易所（下称郑商所）共上市农产品相关期货品种 27 个（表 1）。根据 2021 年各农产品期货品种现货市场规模数据，其中约有 8 个品种现货市场规模超过 2 000 亿元，5 个品种市场规模位于 1 000 亿～2 000 亿元，此外还有 14 个品种市场规模低于 1 000 亿元。从产业链特征上，已上市农产品期货主要分为四种类型：一是初级农产品，产业链环节的重要上游部分。目前我国上市的农产品期货品种中，约有 11 个为初级农产品品种①。这些品种中，部分品种规模较大如玉米、普通小麦等原粮品种均超过 2 000 亿元，多数品种规模较小，这些初级农产品品种与部分初级加工品共同覆盖了我国重要的初级农产品产业，有效提高产业客户风险管理能力。二是初级加工品，产业链环节的重要中下游部

① 晚籼稻、早籼稻、粳稻、粳米、玉米、强筋小麦、普通小麦等原粮品种和黄大豆 1 号、黄大豆 2 号、菜籽、棉花等 11 个品种。

分。目前我国上市的农产品期货品种中，约有11个品种①为初级加工品种，这类品种虽然多数规模不大，然而这些品种一方面作为产业链重要的中下游环节且现货市场价格波动普遍较大，因此产业链主体有较强的风险管理需求；另一方面，这些经过初级加工的商品，现货市场贸易标准和国标一致性较高，便于制定交割标准。三是独立的初级农产品，市场规模较大。生猪、苹果、鸡蛋品种虽然既不是初级加工品种，也不是重要的粮食品种，也没有和其他期货品种共同构成产业链，然而现货市场规模较大、供需充足且标准化程度较高，不仅具备期货品种流动性较高的特点同时还可以引导产业链主体提高交易标准化程度。四是独立的初级农产品，市场规模较小。花生和红枣期货品种市场规模不足1 000亿元，规模较小且没有和其他已上市期货品种共同构成产业链，然而两者现货标的主要产自陕西、山东、甘肃、新疆等地区，均具有价格波动幅度较大、较为明确客观的交割依据和标准、储存条件较好且便于运输的特点，同时花生产业链下游市场主体参与较多，竞争较为充分。

表1　2021年我国已上市农产品期货市场规模情况②

序号	品种	市场规模（亿元）	序号	品种	市场规模（亿元）
1	生猪	21 500	15	白糖	821
2	玉米	7 881	16	天然橡胶	804
3	黄大豆2号	5 471	17	纤维板	784
4	棉纱	3 502	18	黄大豆1号	755
5	苹果	3 238	19	菜籽油	747
6	豆粕	2 797	20	早籼稻	709
7	鸡蛋	2 635	21	棕榈油	600
8	普通小麦	2 191	22	菜籽	515
9	豆油	1 781	23	玉米淀粉	478
10	晚籼稻	1 734	24	红枣	457
11	粳米	1 519	25	胶合板	425
12	粳稻	1 265	26	菜粕	313
13	棉花	1 247	27	强筋小麦	219
14	花生	900	—	—	—

① 包括豆油、豆粕、棕榈油、菜粕、菜籽油、玉米淀粉、白糖、天然橡胶、棉纱、纤维板和胶合板等11个品种。

② 品种根据各自市场规模排序。数据来源为Wind资讯和资料整理。

（三）马铃薯作为期货上市品种的前期准备

与苹果和红枣类似，马铃薯主要生长在甘肃、内蒙古等经济相对不发达地区，近年来马铃薯品种价格波动频繁，市场各方特别是马铃薯种植户具有较大的风险管理需求。为服务相关国家战略，郑商所积极开展马铃薯期货研发，通过进行广泛的调研论证、深入的专家座谈和课题合作等形式了解产业现状、探索设计思路、持续深化相关研究工作。

三、马铃薯作为期货上市品种的可行性研究

结合新品种上市期货的要求和已经上市的农产品期货品种的特征，马铃薯现货市场在可供交割规模、交割指标标准化程度、现货质检体系完善等方面仍有欠缺，目前暂不具备上市期货市场的条件，尚需继续深入调研和探索分析。

（一）不同区域差异明显，单一品种交割规模不足

对于上市的品种，期货市场要求交割标的产值不少于 200 亿元，目前我国单一产区、单一品种马铃薯难以满足上述要求。以主产区甘肃为例，占比最高的陇薯 7 号产值仅为 20 亿元，不具备作为单一品种交割标的条件。

（二）质量指标主观性强，交割标准难以量化

交割标准是买卖双方参与期货交易的重要依据，客观清晰的交割标准有助于减少纠纷。虽然马铃薯有国家、行业标准，但与现货执行情况存在差异，难以直接应用。鲜食马铃薯现货贸易中买方一般要求“黄肉”“芽眼浅”“三两以上”，外观缺陷“严重不允许、一点点可接受”，但上述“黄”“浅”“以上”以及外观缺陷“严重”的程度等判断依据，完全依靠长年累月合作中形成的“共识”和“默契”，目前尚难以准确转化成清晰、明确、可量化的标准。

（三）现货质检体系缺失，重新构建任务艰巨

期货合约到期时，一部分客户会选择通过盘面了结头寸，另一部分客户会选择交割。而实物交割环节通常有个验货过程，需要专业第三方机构对拟交割的货物进行质量与品质检验，以解决可能的争议。目前马铃薯现货贸易中只有涉及农残、重金属等安全指标时才会引入第三方检验机构，对于肉色、芽眼、内外缺陷等质量指标，产业主体检验方法缺失，质检机构检验经验不足。

（四）储存条件简陋资质较差，制约交割仓库设置

商品期货的实物交割需在指定的交割场所进行，参与交割的相关方要在该场所开展货物装卸、存储、抽样、检验等工作，这就要求该交割场所具备较高的库容保障、较好的存储条件和消防设施、较高的人员资质、较为完备的配套工具等。目前马铃薯仓储设施以半地下窖、通风库为主，库内照明条件和配套服务能力不足，为交割仓库设置与选择带来巨大挑战。

（五）缺乏必要数据积累，难以支撑规则设计

期货合约规则设计以贴近现货为原则，需要基于现货数据开展充分论证，例如分析不同品种、产地现货价格确定升贴水，遵循现货流通数据考虑交割区域，参考月度库存变动设置交割月份。目前，马铃薯产业缺乏权威的贸易、库存数据积累，基础数据也存在产量不分品种、缺乏标的价格等统计粗放的问题。

（六）鲜食薯主体小弱散，参与风险管理主体有限

期货交易具有的高杠杠、当日无负债结算、市场变化快等特点对参与主体的专业水平、资金实力提出了较高要求。鲜食薯产业链较短，上下游分别为种植户、批发市场贸易商和超市、餐馆或食堂，而种植户、产地贸易商普遍规模较小，文化水平不高，对期货市场认知有限、参与能力不足，市场功能发挥需要较长时间的培育。

四、境外马铃薯期货上市及运行情况

到目前为止，境外鲜有成功运行至今的马铃薯期货。美国、印度、日本、欧洲等国家和地区都曾上市过马铃薯期货，但目前只有欧洲能源交易所（EEX）的加工马铃薯指数期货还在交易，然而交易量较低，2021 年全年总成交量约为 18 841 手，日均持仓量仅为 74 手。其余期货合约受流动性缺乏、风险事件频发等不同因素影响，均已退出历史舞台。在众多马铃薯期货合约中，1941 年纽约商业交易所（NYMEX）上市的缅因州圆形白肉（以下简称“圆白”）马铃薯期货曾经受到市场广泛关注，由于现货市场变化、规则调整不及时等原因导致风险事件频发，最终被监管机构要求停止交易，相关经验教训具有借鉴意义。

（一）美国马铃薯期货发展情况

1931 年全球首个马铃薯期货合约上市芝加哥商业交易所（CME），标的为

艾奥瓦州褐皮马铃薯，1941 年纽约商业交易所（NYMEX）上市了缅因州白肉马铃薯的期货合约。20 世纪 50 年代，马铃薯价格支持计划取消，1951 年开始马铃薯期货合约交易量迅速增长。到第二次世界大战结束时，NYMEX 马铃薯的未平仓头寸超过了 CME 的大部分合约。1973—1975 年的 NYMEX 马铃薯期货总合约交易量创下新高。然而 1976 年和 1979 年的两次影响较大的违约事件之后，NYMEX 马铃薯合约被暂停交易，并于 1987 年因缺乏流动性最终退出期货市场。CME 上市的马铃薯期货合约成交量持续处于较低水平，随后也逐步退出期货市场。

（二）NYMEX 马铃薯违约事件原因分析

1976 年 5 月的 NYMEX 马铃薯期货合约违约事件是当时"商品期货交易史上最大的一次违约"。1976 年以美国冷冻薯条巨头 J. R. Simplot 为首的空头合约持有者和以 Casper Mayrsohn 和 Harold Collins 为首的多头合约持有者大量持有 1976 年 5 月交割的 NYMEX 马铃薯期货合约，同时双方均试图操控期货市场，最终导致该合约空头持仓违约达到 1 000 手，即 5 000 万磅马铃薯，远高于当时缅因州圆白马铃薯年产量 2 000 万磅。1979 年 NYMEX 马铃薯期货合约再次发生违约事件，由于当时缅因州马铃薯种植面积和质量持续下降，1979 年 3 月 NYMEX 马铃薯期货合约在交割时，有 90%的交割品不符合合约标准。这两次违约事件使得部分人士提出"禁止所有马铃薯期货交易"。导致马铃薯合约多次出现违约事件的主要原因就是可供交割量不足。由于 NYMEX 对于交割品限制较高，仅接收来自缅因州种植的马铃薯，其余品种和其他产区的马铃薯无法参与交割，而当时缅因州马铃薯面临产量减少，且品种结构由晚熟调整为早熟，而早熟品种耐储性差，能存放到 3 月以后的数量相应减少，由此导致市场上可供交割的马铃薯数量严重不足，空方无法获得足够合格马铃薯用于交割，引发违约事件发生。

（三）NYMEX 马铃薯事件经验总结

1978 年通过的期货交易法案中第 27 条要求美国农业部详细研究马铃薯期现货市场运行情况，并就合约规则和监管制度提出修改建议。1979 年美国农业部经济与统计局与康奈尔大学经济学家联名提交了研究报告《期货市场表现：以马铃薯为例》，报告针对缅因州圆白马铃薯期货运行失败的问题提出以下两方面建议：一是建议将美国主要马铃薯品种在主产区的价格编制为马铃薯价格指数，将 NYMEX 马铃薯期货合约由实物交割转为现金交割；二是建议根据农业部库存报告动态调整限仓。上述建议明确了纳入更多产区、品种的必要性和现货数据对于合约设计的重要参考作用。同时，报告指出了马铃薯质量易变、标准主观等现实给研发期货品种带来的困难，强调期货市场失败并没有损害未参与的产业主体利益，同理取消期货交易也并不能解决现货市场本身的问题。

五、结论与建议

综上分析，虽然当前市场主体对于上市马铃薯期货有较为强烈需求，但从农产品期货品种特点以及马铃薯产业现货市场特性来看，目前尚不具备上市马铃薯期货合约的条件。建议进一步聚焦现货产业状况，加大研发力度，努力解决交割质量标准和仓储设施建设等制约期货上市的关键难题，推动马铃薯期货早日上市。

一是聚焦现货产业，加大马铃薯品种研发力度。加强与产业主体和相关部委沟通频率和力度，有针对性地开展马铃薯产业调研，对马铃薯现货交割品质存在较大差异、质检体系缺失现货贸易标准检测以及仓储机构条件较差等重点难点问题等，共同研究探索解决方案。

二是持续推进上市研发工作，探索上市指数化品种。要持续推动研发储备上市工作，在吸收国外经验教训、尊重期货市场运行规律的基础上，尝试开发马铃薯指数品种，丰富交易机制，为马铃薯产业主体提供更多的风险管理工具。

三是加强产业主体培训力度，为马铃薯上市期货打下良好基础。有针对性地加强与不同产业主体沟通交流，了解产业主体参与期货市场的痛点、难点问题，结合不同主体重点需求，分条线、分区域开展专题培训和特色市场培育活动，提高小而散为主的马铃薯产业主体对期货市场认知，夯实未来马铃薯期货上市与功能发挥的基础。

农业保险财政补贴结算模式与优化研究

龙文军

（农业农村部农村经济研究中心研究员）

摘要：优化农业保险财政补贴结算模式，缩短结算周期，提升财政补贴资金效率，显得十分重要。本文从农业保险财政补贴的重要性出发，分析了农业保险财政补贴的类别和资金管理方式，回顾了农业保险补贴政策的历程，对过去的农业保险保费补贴管理办法进行了详细解读，结合财政部印发的《中央财政农业保险保费补贴管理办法》以及上海市农业保险补贴实践，分析了农业保险补贴结算模式，在分析补贴结算流程中存在问题的基础上，提出了相关政策建议。

关键词：农业保险；财政补贴；优化路径

农业保险是助力实施乡村振兴战略的重要手段，是建立农业风险管理体系的重要内容，是探索高效支持现代农业的重要方式。各级财政部门通过提供保费补贴等支持手段，鼓励和引导农业生产经营者购买农业保险，依托商业保险公司开展政策性业务，进而增强农业抗风险能力，逐步构建市场化的农业生产风险保障体系。对农业保险给予财政补贴有三种：为投保主体提供保费补贴、为农业保险承办机构提供经营管理费用补贴、对农业保险提供再保险支持。本文主要研究投保主体的保费补贴实现形式。

一、我国农业保险财政补贴政策演变

2004 年中央 1 号文件首次对农业保险发展和财政补贴提出指导意见。自此，我国农业保险财政补贴历经了四个阶段。

（一）试点探索阶段（2004—2006 年）

2004 年中央 1 号文件首次提出我国应“加快建立政策性农业保险制度，选择部分产品和部分地区率先试点，有条件的地方可对参加种养业保险的农户给予一定的保费补贴。”经中国保监会批准，上海、吉林、黑龙江先后设立了安信、安华和阳光相互 3 家专业性农业保险公司，在省级财政的支持下开展农业保险业务，为农业保险市场注入新的活力。全国部分省市区还依托综合性的保险公司开展多种形式的政策性农业保险补贴试点。2004 年，上海市明确农业保险的保费补贴比例，其中水稻、生猪、奶牛、家禽按保费的 35%实施补贴，设施蔬菜、出口蔬菜、蔬菜制种、小麦、林木、西甜瓜、淡水养殖按保费的 30%实施补贴。2004 年 11 月，江苏淮安市人民政府下发《关于开展农业保险试点工作的实施意见》，在全市 4 县 2 区的 10 个乡镇开展农险补贴试点工作，保费按农民和政府 1∶1 的比例执行。

2005 年中央 1 号文件进一步提出“扩大农业政策性保险的试点范围，鼓励商业性保险机构开展农业保险业务”。2005 年，安华农业保险公司成立以后，吉林省财政为农民提供保费补贴资金，安华农业保险公司开展了玉米、水稻、肉鸡、奶牛、烟叶、草莓等种、养业保险业务试点。两年的尝试极大地增强了试点地区农民、龙头企业、地区政府参加保险的意识，探索了农业保险的业务开办方式方法，积累了财政补贴的经验。2006 年中央 1 号文件强调“稳步推进政策性农业保险试点工作，加快发展多种形式、多种渠道的农业保险”。此阶段，在保费补贴的支持下，广大农民的投保积极性逐渐提升。地方财政探索出了农业保险保费补贴的方式，为中央财政补贴奠定了坚实基础。

（二）逐步完善阶段（2007—2015 年）

2007 年中央 1 号文件提出要按照“政府引导、政策支持、市场运作、农民自愿”的原则，“扩大农业政策性保险试点范围，各级财政对农户参加农业保险给予保费补贴，完善农业巨灾风险转移分摊机制，探索建立中央、地方财政支持的农业再保险体系。鼓励龙头企业、中介组织帮助农户参加农业保险。”中央财政开始实施农业保险保费财政补贴政策，为了做好相关补贴工作，规范补贴操作，财政部专门印发了《中央财政农业保险保费补贴试点管理办法》（财金〔2007〕25 号）。2007 年中央财政首次列支 21.5 亿元的预算额度开展农业保险保费补贴试点，其中，对内蒙古、吉林、江苏、湖南、新疆、四川 6 省（区）的 5 种主要粮食作物保险给予 10 亿元的预算额度，对全国能繁母猪保险给予 11.5 亿元的预算额度。保险对象为五大种植品种，即棉花、玉米、水稻、大豆、小麦；保险责任包括暴雨、洪水、内涝、风灾、雹灾、旱灾和冰冻；遵循低保障、广覆盖的原则；保险金额中央财政承担 25%，省级财政承担 25%，其余部分由农户承担，或者由农户和龙头企业，省、市、县级财政部门共同承担，具体比例由试点省份自主决定。

此后，随着我国补贴的险种不断增多，补贴的力度不断增强，覆盖的区域也越来越广，农业保险保费财政补贴制度也不断完善。2008 年中央 1 号文件提出要“认真总结各地开展政策性农业保险试点的经验和做法，稳步扩大试点范围，科学确定补贴品种，完善政策性农业保险经营机制和发展模式。”同年，为做好种植业和养殖业的保险保费补贴工作，提高财政补贴资金使用效益，在财金〔2007〕25 号文件的基础上，财政部印发了《中央财政种植业保险保费补贴管理办法》（财金〔2008〕26 号）《中央财政养殖业保险保费补贴管理办法》（财金〔2008〕27 号）《关于做好森林保险试点工作有关事项的通知》（财金〔2009〕165 号），进一步明确了补贴险种、补贴比例、资金预算编制和执行等，规范了农业保险保费的补贴行为。2009 年，根据财政补贴的安排，我国增加了农业保险试点品种，中央财政对中西部地区的保费补贴力度由 35％调高至 40％。中央财政承担黑龙江垦区种植业保险保费补贴比例为 65％。2010 年中央 1 号文件提出，要“积极扩大农业保险保费补贴的品种和区域覆盖范围，加大中央财政对中西部地区保费补贴力度。鼓励各地对特色农业、农房等保险进行保费补贴。”2012 年中央 1 号文件提出要“扩大农业保险险种和覆盖面，开展设施农业保费补贴试点，扩大森林保险保费补贴试点范围，扶持发展渔业互助保险，鼓励地方开展优势农产品生产保险。健全农业再保险体系，逐步建立中央财政支持下的农业大灾风险转移分散机制。”

2014 年中央 1 号文件提出，要“加大农业保险支持力度。提高中央、省级财政对主要粮食作物保险的保费补贴比例，逐步减少或取消产粮大县县级保费补贴，不断提高稻谷、小麦、玉米三大粮食品种保险的覆盖面和风险保障水平。鼓励保险机构开展特色优势农产品保险，有条件的地方提供保费补贴，中央财政通过以奖代补等方式予以支持。扩大畜产品及森林保险范围和覆盖区域。鼓励开展多种形式的互助合作保险。规范农业保险大灾风险准备金管理，加快建立财政支持的农业保险大灾风险分散机制。”2015 年中央 1 号文件提出“加大中央、省级财政对主要粮食作物保险的保费补贴力度。将主要粮食作物制种保险纳入中央财政保费补贴目录。中央对财政补贴险种的保险金应覆盖直接物化成本。加快研究出台对地方特色优势农产品保险的中央财政以奖代补政策。扩大森林保险范围。”

（三）稳步推进阶段（2016—2021 年）

2016 年年底，为总结十年农业保险保费补贴的经验，进一步做好中央财政农业保险保险费补贴工作，提高补贴资金使用效益，财政部印发了《中央财政农业保险保险费补贴管理办法》（财金〔2016〕123 号），将以前分散的办法集中在一起，便于操作和管理。种植业的保险标的包括玉米、水稻、小麦、棉花、马铃薯、油料作物、糖料作物。在省级财政至少补贴 25％的基础上，中央财政对中西部地区补贴 40％、对东部地区补贴 35％；对纳入补贴范围的中央单位，中央财政补贴 65％。养殖业的保险标的包括能繁母猪、奶牛、育肥猪。在省级及以下财政至少补贴30%的基础上，中央财政对中西部地区补贴50%、对东部地区补贴40%；对中央单位，中央财政补贴80%。森林的保险标的包括已基本完成林权制度改革、产权明晰、生产和管理正常的公益林和商品林。公益林在地方财政至少补贴40%的基础上，中央财政补贴50%；对大兴安岭林业集团公司，中央财政补贴90%。商品林在省级财政至少补贴25%的基础上，中央财政补贴30%；对大兴安岭林业集团公司，中央财政补贴55%。对于藏区品种、天然橡胶，在省级财政至少补贴25%的基础上，中央财政补贴40%；对中央单位，中央财政补贴65%。

2017年中央1号文件指出，要"持续推进农业保险扩面、增品、提标，开发满足新型农业经营主体需求的保险产品，采取以奖代补方式支持地方开展特色农产品保险。鼓励地方多渠道筹集资金，支持扩大农产品价格指数保险试点。探索建立农产品收入保险制度。"2018年中央1号文件提出"探索开展稻谷、小麦、玉米三大粮食作物完全成本保险和收入保险试点，加快建立多层次农业保险体系。"2019年中央1号文件提出，要"推进稻谷、小麦、玉米完全成本保险和收入保险试点。扩大农业大灾保险试点和'保险+期货'试点。探索对地方优势特色农产品保险实施以奖代补试点。"同年，中央全面深化改革委员会第八次会议审议通过了《关于加快农业保险高质量发展的指导意见》，明确财政部同中央农办、农业农村部、银保监会、林草局等部门统筹规划、协同推进农业保险工作。2020年中央1号文件提出，要"推进稻谷、小麦、玉米完全成本保险和收入保险试点"。2021年中央1号文件提出，要"扩大稻谷、小麦、玉米三大粮食作物完全成本保险和收入保险试点范围，支持有条件的省份降低产粮大县三大粮食作物农业保险保费县级补贴比例。"

（四）规范发展阶段（2022年开始）

自我国实施保费补贴政策以来，中央财政累计拨付农业保险保费补贴资金约2 201亿元，年均增长21.7%。2021年中央财政划拨的农业保险保费补贴资金达到了333亿元，财政补贴资金的引导和使用效果显著提升。2021年年底，为顺应农业保险高质量发展新要求，更好地服务保障国家粮食安全，财政部对2016年印发的《中央财政农业保险保险费补贴管理办法》进行了修订，形成了《中央财政农业保险保费补贴管理办法》（财金〔2021〕130号）。2022年中央1号文件强调"积极发展农业保险和再保险。优化完善'保险+期货'模式。"由此，我国的农业保险财政补贴政策迈向了规范化发展阶段。在未来全面推进乡村振兴，加快农业农村现代化的过程中，农业保险的作用将越来越突出。

2007—2021年中央财政农业保险保费补贴情况见图1。

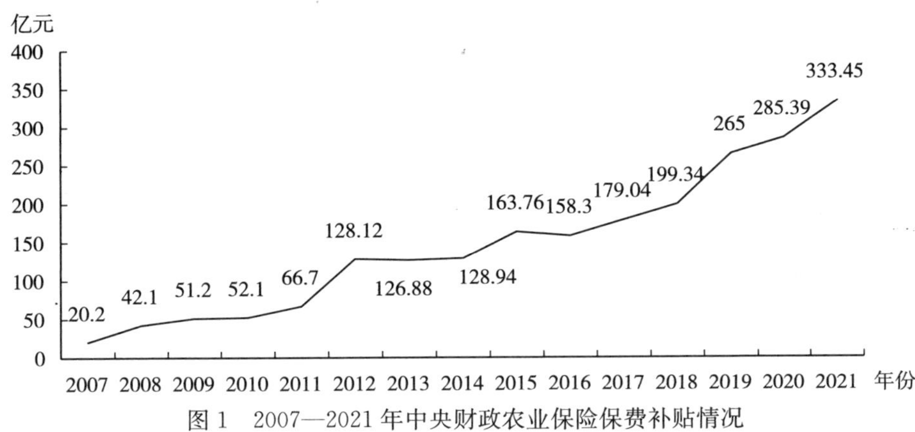

图 1 2007—2021 年中央财政农业保险保费补贴情况

数据来源：财政部网站、Wind 数据库。

二、农业保险保费财政补贴结算流程

在农业保险补贴探索的过程中，上海市一直走在前列，并形成了上海市政府主导型农业保险保费补贴模式。在试点初期，在政策性农业保险的总体框架下，上海市采取“财政补贴推动、市场化运作”的经营模式，市农业农村委员会、财政局依托上海安信农业保险公司开展补贴工作。政府部门负责制定指导政策，上海安信农业保险公司通过财政补贴和商业险种的收益来弥补种植业、养殖业保险可能产生的亏损。一方面，财政补贴保费吸引农民参加农业保险；另一方面，农业保险公司在展业、理赔等环节寻求各级政府及职能部门的协助和支持。

（一）预算编制

省级财政部门及有关中央单位根据补贴险种的投保面积、投保数量、保险金额、保险费率和保费补贴比例等情况，填报中央财政农业保险保费补贴资金测算表，测算下一年度各级财政应当承担的保费补贴资金并编制报告，于每年 8 月 20 日前上报财政部，同时抄送对口监管局。在上海市的实践中，每年 7 月底，各农业保险机构根据下一年度农业保险投保预测情况，编制次年各类财政补贴资金预算，同时形成补贴险种对外预算表，上报所在区农业农村委和所在区财政部门。区农业农村委和相关市属企业，会同区财政局，根据农业保险机构上报的预测情况，编制年度农业保险资金测算表，报送市农业农村委。市农业农村委根据预算管理要求，按照上一年度农业保险保费实际发生额的 90%编制预算，并报送市财政局，市财政局审核后纳入年度预算，报经市政府审核后，提交上海市人民代表大会审议。在得到市人民代表大会批准后，市财政局根据《预算法》有关要求，及时审核下达市级财政保费补贴。每年11月底，各农业保险机构协助所在区农业农村委完成下一年度政策性农业保险保费以及补贴资金预算的确认工作，并向区财政局和市农业农村委报送。安信农业保险公司汇总各区情况后，编制政策类农业保险保费及补贴预算上报市农业农村委，还需要根据历年情况，对预算做好区域分配和沟通工作。每年12月前，安信农业保险公司在各区的分支机构分别与区农业农村委和区财政部门进行沟通，争取足额的预算资金安排。

（二）资金申请与结算

省级财政部门及有关中央单位于每年3月31日前，编制当年保费补贴资金申请报送财政部，并抄送对口监管局。同时，对上年度中央财政农业保险保费补贴资金进行结算，编制结算报告（含用于申报奖补资金的地方优势特色农产品保险保费规模），送对口监管局审核，并抄送财政部。当年资金申请和上年度资金结算报告需分别报送，报告内容主要包括保险方案、补贴方案、保障措施、生产成本收益数据、相关表格、其他材料、地方优势特色农产品保险数据等。财政部在收到省级财政部门按规定报送的材料以及监管局审核意见后，结合预算安排和已预拨保费补贴资金等情况，清算上年度保费补贴资金并拨付当年剩余资金。有关中央单位的保费补贴资金，按照相关预算管理规定执行。具体资金拨付方式由省级财政部门自主决定。地方财政部门应当根据农业保险承保进度及签单情况，及时向承保机构或投保人拨付保费补贴资金。同时应当要求承保机构提供保费补贴资金对应业务的保单级数据。保单级数据至少保存10年，由省级财政部门确定保单级数据的留存主体。相关保单级数据要做到可核验、可追溯、可追责。

监管局应当在收到结算材料后1个月内，审核上年度中央财政补贴资金是否按规定用途使用、承保机构是否按照规定报送保单级数据、市县各级财政保费补贴是否到位、承保机构是否收取农户保费以及承保理赔公示等情况，并出具审核意见报财政部。省级财政部门及有关中央单位应在收到监管局审核意见后10日内，根据审核意见向财政部报送补贴资金结算材料。上海市农委与财政部门共同委托会计师事务所对各区上年度农业保险保费补贴资金情况进行清算审计，并根据审计结果于6月30日前发布清算文件。在上海市的实践中，区农业农村委按照要求将上年度各级财政保费补贴情况录入上海市涉农资金监管平台，并在“农民一点通”进行公示，不定期委托第三方评价机构对农业保险保费补贴工作进行绩效评价。

三、农业保险财政补贴结算模式的主要问题

由于我国采用中央与地方联动的模式进行补贴，在保费补贴结算过程中仍存在着一些问题。

（一）应收保费居高不下

应收保费是保险公司按照合同约定向投保人收取但尚未收到的保费收入，包括各级财政为投保人提供的保费补贴。大量的应收保费会侵蚀公司的资本，给公司的偿付能力带来负面影响。

应收保费率是应收保费与保费收入的比值，可以用来衡量保费收入的质量。与财产保险公司相比，农险公司的应收保费率偏高。四家农险公司中，只有安信农险 2021 年应收保费率同比下降，其他三家农险公司应收保费率均同比上升（表 1）。其中中原农险 2021 年应收保费率高达 53.29%，保费收入质量差，原保险合同保费不能及时变现。应收保费周转率与应收保费率变化方向一致。除安信农险外，其他三家农险公司应收保费周转率均同比下降，保费收入质量下降。但 2021 年国元农险和安华农险应收保费周转率分别为 6.93 和 7.51，显著高于安信农险和中原农险。加快应收保费周转速度对补充公司流动资金、提升业务经营主动性具有重要意义。

表 1　四家专业农险公司的应收账款分析

财务指标	国元农险		安华农险		安信农险		中原农险	
	2021 年	2020 年	2021 年	2020 年	2021 年	2020 年	2021 年	2020 年
应收保费率（%）	16.85	15.19	15.02	11.22	24.81	31.32	53.29	47.22
应收保费周转率（%）	6.93	7.21	7.51	10.81	3.79	3.03	2.13	20.4

资料来源：中国保险会计研究中心。这里的应收账款包括公司所有业务的应收账款。

从应收保费的账龄看，以太平洋安信农业保险公司为例，2020 年 12 月 31 日，该公司农业保险的应收保费为 3.21 亿元①；2021 年 12 月 31 日，农业保险应收保费为 3.01 亿元。按照监管部门的财务规定，超过 1 年的应收保费就要按照呆坏账处理，一旦计入呆坏账，就会严重影响农业保险的赔付，尤其是大灾的赔付，最终受损仍然是农民。

---

① 数据来源：https：//www.aaic.com.cn/nianduxinxipilu/index.jhtml.

（二）补贴拨付链条过长

应收保费拖欠问题与农业保险保费财政补贴结算流程有着密切关系。从中央到省、市、县，再到保险公司和农户等微观经济主体，涉及权力机关层级多、部门繁杂，任何一个环节的问题都可能导致保费补贴偏离原有的政策目标。这项配套补贴，对于经济和财政强省、市、县而言，压力并不算大，然而对于那些农业大省和财政弱省来说，就很有资金压力。首先，农业保险财政补贴的层级从中央、省、市县到农户，其中省及省级以下农业保险补贴分为省、市和县三级，每一层级的补贴体现了相应级别政府部门的作用。农业保险保费补贴资金的运行链条过长，使得任何一个环节不畅都可能影响农业保险补贴工作的顺利开展，进而阻碍了农业保险事业的健康发展。其次，虽然《中央财政农业保险保费补贴管理办法》要求地方财政基于投保主体的实际投保情况，按季度与保险公司清算保费补贴资金，但是在实践过程中，由于财政资金流动链条过长，许多地区只能做到按年度清算，严重影响了财政结算的效率。第三，地方特色农业保险的奖补贴资金结算更为复杂，缺乏固定规范的结算流程，各部门职能不清晰，导致了应收保费问题的进一步恶化。在这样的情况下，农险经办机构不能如期获得保费，且应收账龄时间较长，对现金流和理赔服务形成巨大的资金压力，严重限制了农业保险的开展，使得农业保险政策的支农效果大打折扣。

（三）地方财政拖欠保费

按照我国的补贴模式，中央财政提供保费补贴的保险品种，各省财政均被要求按照一定的比例进行先行补贴，在此基础上，中央财政才给予规定比例的保费补贴支持，即地方政府要拿出中央补贴险种总保费 30％左右的财政资金进行配套。农业保险需求大的地区，往往地方财政较为薄弱，县级补贴负担过重的问题较为突出。虽然中央和省级这两级财政保费补贴预算资金都是敞口的，但是很多地方因为县级财政经费有限，“可汤吃面”，只能按拿出多少保费补贴就补多少耕地。有的粮食主产县的年财政收入才 2 亿元，想要提高对农业保险保费补贴的配套显得“有心无力”。由于农业保险保费补贴并没有根据经济水平对各个地区进行划分，由此造成财政收入与财政补贴支出的错配，导致保费补贴成为地方财政的负担，甚至某些地区的农险补贴难以及时到位，限制了农业保险的发展和作用的发挥。

（四）行业数据共享不够

目前数据共享机制不健全，缺乏行业内、行业间的数据共享平台，农业灾情、产量、保费补贴、土地确权等数据难以共享，这是当前农业保险科技发展的一大困境。《农业保险条例》规定了“财政、保险监督管理、国土资源、农业、林业、气象等有关部门、机构应当建立农业保险相关信息的共享机制。”因为责任不明确，不具有可操作性，直到现在也没有完全实现有关农业保险的信息共享。由于我国农业保险不仅需要来自财政部门、监管部门和农业保险机构的数据，还需要分散于各个部门的大量数据。各部门数据分散，协作不紧密，导致行业数据的共享难度大，如果数据无法实现互联互通，便会降低财政资金的使用效益。

（五）奖补资金落实不足

中央财政对地方优势特色农产品保险的以奖代补试点，自 2020 年起将进一步扩大试点范围，试点地区扩大至 20 个省份。为了争取拿到中央补贴，农业大省在财政资金有限的条件下，只能优先提供中央险种配套补贴而放弃地方特色产品的补贴，这也就导致了中央财政补贴的 16 个险种占到补贴总额的 83%，其他 200 多个地方特色险种补贴仅占 17%的局面。在此背景下，地方财政的资金压力一定程度上造成了应收保费的拖欠。例如，上海市奉贤区 2021 年的农业保险保费补贴预算沟通数是 3 800 万元，可是在正式文件中分配的数量却只有 170 万元。

四、农业保险财政补贴结算模式的政策建议

（一）简化结算层级

简化结算层级，规范省级及以下农业保险保费补贴行为，提高效率。建议采取省级财政直接与保险经营机构据实结算保费补贴的方式，由省级财政部门根据县级财政部门审核结果按季直接与保险公司的省级分公司结算中央和省级保费补贴资金，市县财政分别与保险公司的地市和县级机构对应结算保费补贴，不再需要上级财政按照下级财政部门申请层层下拨资金，有条件的地区还可以直接将多级财政补贴进一步合并为中央和省两级财政补贴。

（二）优化补贴资金

针对不同农产品属性采取差异化的补贴方式，优化保费补贴资金结构。将粮食、油料、糖料列入国家战略农产品类别，保费补贴由国家财政承担大部分，省级财政承担小部分，免除市县的财政补贴，提高县级推进农业保险工作的积极性和主动性。将特色农产品奖补政策固定化，以加大地方优势特色农产品支持力度，做到应保尽保。建立保费预拨清算机制，结合地区年度方案、承保机构遴选计划，按季度按比例预拨保费补贴资金，加快资金拨付进度，调动

承保机构积极性；优化审核流程，明确承保机构、农业、林业、财政、银保监等部门在农业保险承保、理赔、补贴申请等各环节的职责，加快资料审核与保费补贴资金拨付，多措并举确保财政补贴资金及时足额到位。

（三）打造数字农险

发挥大数据技术的作用，整合有关部门的数据信息，将农业保险数据、土地确权登记数据以及征信数据实现信息共享，发挥相关政策之间的协同效应，从源头上真正实现承保数据的精细化。将财政部发布的农业保险保费补贴资金数量、本地区种植面积以及从保险机构获取的投保资料进行对比，筛查其中的异常值，及时发现保险机构虚增投保金额、虚增标的面积、自行垫付资金以及混淆险种套取财政补贴资金等违规行为，保证系统运行的合规性、有效性以及补贴资金数据库的完整性。可以依托中国农业再保险公司建设的农业保险数据信息系统，实现数据高效对接共享，探索农业保险数字化战略。

（四）强化绩效评价

通过第三方评估机构评估，检查贯彻农业保险补贴政策的落实情况，更好地处理政府、公司和农民的利益关系。在评估中，重点关注：一是财政资金撬动效应。关注农业保险总保额、保费规模、各级财政补贴比例、农户自负比例等情况，分析财政资金放大效应，关注财政补贴农业保险的承受能力。二是农户受益程度。通过核实理赔案件结案率、保险保障水平、受灾农户损失指标，掌握农业保险保费补贴带来的农户整体受益情况。采取随机抽样的方式对农户进行访谈，了解农户对农业保险政策的需求和满意度。三是理赔及时性。抽取保险结案周期较长的保单，查看电子档案，了解理赔方面是否存在缺陷；抽取重大自然灾害保单，核实查勘理赔时效性，促进承保机构提升服务质量，推动农业保险在灾后损失补偿中及时发挥作用。

（五）加强部门监管

财政部门要定期查阅相关制度文件、会议记录、工作报告，核对财政部门预算指标文件、资金拨付文件及凭证、承保机构资金申请文件、农业保险保费补贴结算表及预算表，查看农业保费补贴资金拨付结算等情况。保险监管部门要对承保机构管理的规范性进行监管。一方面，以资金为切口准确审核中央财政补贴结算资金。结合政策要求开展绩效评价复核，对照评价指标和日常监管发现问题逐条逐项对佐证材料进行复核、分析、论证。另一方面，围绕农业保险全流程监督政策执行情况。结合承保、理赔清单，抽取部分保单电子档案，核实承保机构展业承保、投保公示、查勘理赔等工作规范性。

大中城市农产品流通环节保供保险研究

翟留栓

（中国农业大学经济管理学院教授）

摘要：本研究首先分析了大中城市的农产品保供格局，指出农产品流通环节在当前保供格局中发挥着重要作用；其次，分析总结了我国农产品流通体系发展现状及保供保险可能的切入点，为后续分析做了必要铺垫；第三，刻画了我国农产品流通体系面临的主要风险及其可保性；第四，基于以上分析，探讨了流通环节开展保供保险的基本思路，提出了几个具体的开发建议。

关键词：城市保供；农产品流通；保险

一、前言

随着工业化、城镇化进程的不断加快，大量都市群、都市圈正在形成。一方面，农产品消费逐步向城市、都市群集中；另一方面，随着城镇规模的扩大、新城区的扩张、土地的征用，原有的城郊生产基地也在不断外移，农产品生产地与消费地之间出现了明显的分离趋势。而国家从 2002 年起持续推动的《全国优势农产品区域布局规划》与《全国特色农产品区域布局总体规划》，也加快了农产品生产向优势产区、特色产区的集中，进一步扩大了产地与销地的分离趋势。随着产销地的不断分离，都市的“菜篮子”安全保障问题成为各城市政府面对的重要课题，甚至成为重要的政治任务。

很显然，在产销分离的背景下，保障都市“菜篮子”安全的最重要环节是连接产销的农产品流通。但从各地的保供措施来看，仍主要集中于生产环节，如基地建设补助、产能提升补助、贷款利息补贴、生产保险补贴、规模生产奖励等，针对流通环节的措施却非常少，且主要是诸如应急调拨、财政补贴、调剂调运以及行政主导的区域产销协作等措施，这些行政性的措施普遍具有短期性、应急性特点，难以满足长期稳定保供体系的构建需要，也难以有效应对外部环境剧烈变化带来的冲击。特别是新冠肺炎疫情流行期间对流通体系的冲击更让我们认识到了构建短期应急与长期稳供相结合、生产保供与流通保供相结合的城市“菜篮子”安全保障体系的重要性。

保险作为专业的市场化风险管理工具，在农业生产领域已经发挥了重要的保供作用，如何运用市场化的资源配置手段，在农产品流通领域协助政府部门进一步提高农产品质量安全与数量安全的保障能力，将是以风险管理为宗旨的保险公司责无旁贷的历史使命。这也是我们提出“大中城市流通环节农产品保供保险项目研究”课题的背景与意义所在。

二、农产品流通在大中城市农产品保供格局中的作用

随着工业化、城镇化的快速发展，部分东南沿海经济发达地区为了追求更高的经济效益，不再承担粮食生产的具体任务，其耕地数量和粮食产量快速下滑。我国粮食生产布局发生了从南粮北运到北粮南运的根本性变化，粮食生产区域越来越向北方集中，目前，黑龙江、吉林、辽宁、内蒙古等13个主产区的粮食产量占全国粮食总产量的70%以上，而南方各省主要城市的粮食自给率不断下降，有的自给率不足30%，城市粮食保供挑战巨大。

而蔬菜则呈现出南菜北运的格局，南方城市的自给率普遍较高，北方包括陕西、山西、内蒙古、北京、东北、青海、甘肃等地的城市自给率则普遍偏低，需要依靠外地流通来保障。

以北京为例，北京是一座有着2 189万常住人口的超大城市，加上流动人口900万，年均农产品消费量巨大。多年来，随着北京城市化进程不断加深，农业生产空间不断调减，主要“菜篮子”产品自给率持续下降，重要农产品供给保障形势日益严峻。根据统计，2002—2019年，北京蔬菜产量连续17年下降，自给率不到10%。2020年开始，受新冠肺炎疫情影响，外埠输入农产品受到严重制约，为了保障“菜篮子”安全，北京市下大力气狠抓了本地供应基地建设，才扭转了蔬菜生产连续多年下滑的局面，2020年，蔬菜播种面积57.22万亩，产量137.89万吨，比2019年增长22.36%。据预测到2025年，北京市蔬菜产量将达到220万吨，但其自给率也仅能提升至20%左右，仍有80%的空缺需要通过流通体系来解决。

北京并不是个例，全国情况也不容乐观。表1是对我国主要城市农产品自给率的一个大致整理。可以看出，除少数城市外，大多数城市的农产品保供都严重依赖于农产品流通体系，个别大中城市甚至70%以上农产品供给要仰仗农产品流通来保障。

表 1　全国主要大中城市农产品自给率情况

城市名称	农产品自给率
港澳、深圳	除水产外，近乎为零
北京	2019 年水果蔬菜 10%，猪肉不到 2%
天津	2021 年“菜篮子”（蔬菜、肉类、禽蛋、牛奶）30%
石家庄	水果蔬菜 70%
广州	2022 年蔬菜超 100%，水产品 90%，粮食 20%
海口	2022 年蔬菜 72%
太原	2021 年冬春蔬菜仅有 30%左右，肉类全年平均 25%
哈尔滨	2020 年果蔬 80%、猪肉 152%、牛肉、禽肉能够满足自给；鲜奶基本满足自给；鲜蛋 146%
南京	2018 年猪肉 20%、蔬菜 30%（叶菜达 80%）、淡水鱼不足 20%、鸡蛋 30%、牛羊肉基本靠外采、鲜牛奶 30%
合肥	2022 年“菜篮子”69.5%
拉萨	2021 年蔬菜产品夏秋两季 90%以上
贵阳	2020 年“菜篮子”75%
兰州	2020 年蔬菜 17%、猪肉 70%
乌鲁木齐	夏季蔬菜 75%
银川	夏秋蔬菜 70%，冬春蔬菜 50%、牛肉、羊肉、鸡肉及水产品 80%以上、禽蛋、鲜奶 60%以上
上海	2022 年蔬菜 30%～40%
郑州	2022 年粮食超 100%、2013 年蔬菜超 70%
杭州	2015 年蔬菜 60.1%（叶菜 80.2%）、主要畜禽产品和水产品稳定在 70%以上，粮食 15%
青岛	2019 年蔬菜 100%
厦门	2020 年蔬菜不足 20%，2022 年粮食约 3%
宁波	2020 年粮食 20%左右，口粮 40%左右
苏州	2019 年蔬菜 35%，粮食约 11%
洛阳	2019 年蔬菜 40%
厦门	2016 年肉、菜超 80%，粮食 20%
西宁	2019 年蔬菜 55%
济南	2022 年 4 月，济南本地蔬菜年产量约 670 万吨，能满足济南本市需求
武汉	2018 年快生菜 85%以上
杭州	2022 年“菜篮子”50%
呼和浩特	2022 年猪羊禽蛋 100%
南昌	2017 年 65%以上

资料来源：根据各地政府工作报告整理。

三、我国农产品流通的发展现状

经过几十年的快速发展，当前我国农产品流通主要形成了三种渠道：一是以批发市场为核心的传统流通渠道。该渠道承担着全国约70%农产品的流通与集散功能，年交易额约5万亿元，是我国农产品流通体系的核心。二是近年发展起来的以超市、电商平台等为核心的新型农产品流通渠道，承担了全国20%左右的农产品流通量。三是以首农、光明等国有企业为代表的城市保供企业主导的基地直销流通渠道，据估计承担了城市10%左右的农产品流通量。

（一）传统的农产品流通渠道

我国有2亿小规模生产农户，其生产的产品要来到都市，首先面临一个在产地集货的过程，发挥这个集货功能作用的就是经纪人。经纪人基于信息优势预先从小规模生产农户那里收货，积少成多，然后在产地批发市场转给来收购的经销商。经销商完成收购任务后委托装车，经过长途运输来到销地批发市场，再交由一级批发商进行一级批发、二级批发，继而卖给农贸市场、零售商、饭店、机关、部队、学校食堂，最后进入百姓餐桌。这一渠道呈现出如下特征：

1. “两端散、中间大”的格局

所谓“两端散”，是指在上游，有近2亿农户在进行小规模生产，生产经营非常分散，集中度较低。在下游，流通领域经营主体除少数超市、电商外，普遍规模偏小，分散在城市的各个角落。所谓中间大是指农产品基本是“卖全国、买全国”，需要通过大规模、跨区域、长距离调运。

2. 流通环节多，层层加价，损耗严重

“两端散、中间大”的格局，导致在产地至少要通过经纪人、经销商将分散在千家万户手中的农产品收购上来，完成商品的集运。在销地则要通过多次批发，才能完成对分散的农贸市场、夫妻店、超市、社区店个体商贩的批发配货。致使农产品从农户到消费者手中至少经过“农户—经纪人—经销商—一级批发商—二级批发商—零售商—消费者”等多个环节。一方面导致面对面的交易次数呈几何级数增加，生鲜品在多个不同的“角色”之间交叉转手，商品难以溯源；另一方面由于流通渠道冗长，农产品经过每个环节都会储存、运输、装卸，损耗巨大，叠加运输成本、人工成本等，形成层层加价的状态。

3. 各环节不对等博弈，利益分配扭曲

农产品流通各个环节之间的交易，本质上是一个博弈过程。但是，由于鲜活农产品的生产方式和本身的生物特性较为特殊，且消费具有长期刚性特点，致使在“最初一公里”和“最后一公里”之间存在着显著的不对等博弈现象，导致整个流通过程各环节的利益分配被扭曲。

在上游的“最初一公里”，由于零散的小农经营户普遍缺乏自己的仓储与冷藏设施，而水果、蔬菜、鲜奶、禽蛋等鲜活农产品却具有销售周期短、易腐性强、价值易逝性高的特点，因此“最初一公里”的市场几乎要求必须一次性出清。在这种情况下，当鲜活农产品大量上市，产地经纪人和农户进行博弈定价时，农户自然处于明显的弱势地位。

在下游的“最后一公里”中，生鲜农产品一般都要经历批发市场的一级批发、二级批发、农贸市场或超市这样至少三个环节。这个过程不仅涉及了分类、包装，而且还产生了较大的损耗，包含了进场费、出场费、搬运费、摊位费、水电费、人工费和其他各种费用。这些损耗和费用最后都算到了鲜活农产品的零售价格当中，导致了“最后一公里决定菜价”的现象。

这种不对等的博弈催生了我国农产品流通特有的“两头叫、中间苦”的奇特现象：消费者嫌贵，农户觉得价贱，流通者由于竞争激烈也只获取了“辛苦钱”。这种扭曲的利益分配格局，既影响了整个流通渠道的运作效率，也蕴含着各种风险，保供保险设计时需要给予足够的重视。

（二）以农超对接、电商为核心的新型农产品流通渠道

近年来，我国农产品流通渠道的最大变化就是农超对接与生鲜电商的快速发展。特别是随着互联网的发展，现代冷链物流技术不断提高，生鲜电商行业有了更好的技术支撑。同时，在“懒人经济”浪潮及新冠肺炎疫情推动下，我国消费者逐渐养成线上购物的习惯，为未来电商的进一步发展提供了广阔的前景。

与传统流通渠道盲目的“集散”功能不同，农超对接与生鲜电商从诞生开始就非常明确地指向市民的餐桌，是为满足市民消费需求而服务的，因而具有很强的保供功能。

新型农产品流通渠道的最大特点是流通环节少。传统的农产品流通渠道从生产到销售的实现需经历多个中间环节，而新型农产品流通渠道中农户生产的农产品只需经历一个中间环节就可以直接进入超市与平台进行销售。鲜活农产品流通体系环节的减少，可以避免鲜活农产品的多次运输和搬运，降低农产品受再次污染的几率，从而保证了鲜活农产品的新鲜度和营养价值，降低了流通成本，提高了农产品的流通效率。

新型流通渠道的另一个显著特点是流通主体关系简单明了。在新型流通渠道中，其核心环节是超市与电商平台。超市（电商平台）通过向生产者提供产品质量标准、种苗等生产物资、技术支持等参与到鲜活农产品生产和流通的各个环节，不仅保证了农产品的质量，而且整合了整条农产品产业链，有利于维

持流通体系上各主体间稳定的衔接关系。在这种模式下，生产者将根据订单来进行标准化作业，避免了盲目生产，同时也可以使农民在收获之前就有了稳定的销路，缓解农产品“卖难”的问题。这些优势使得新型流通渠道成为政府提升城市“菜篮子”安全保障的重要抓手，也是保供保险的重要切入点。

（三）以国有企业为核心的流通渠道

目前理论界在讨论我国农产品流通体系时很少提及这部分。近年来，各大城市为了完成保供任务，纷纷成立了国有企业、国有平台，专司保供职能，这些国有企业老的有光明、首农等，新的有洛阳农投、山西神农科技集团等，通过资源整合，一方面普遍持有不少城市流通渠道资源；另一方面，在外埠获得了很多保供基地，构建了产销直接对接的独特流通渠道，是政府完成城市“菜篮子”保供任务最倚重的力量，非常适合保供保险的介入。

四、农产品流通面临的风险及风险可保性分析

（一）农产品流通面临的风险

农产品流通面临的风险可以分为内部风险与外部风险两大类。其中，外部风险主要是指处于整个流通体系之外，不在流通主体控制范围之内的风险。这类风险具有很强的随机不确定性特点，主要包含不可抗拒的自然灾害风险与可以减少或规避的社会不稳定造成的风险，例如灾害天气、动物疫情、社会公共卫生风险等。内部风险是流通体系中各个环节之间衔接过程中产生的风险。

1. 外部风险

（1）自然灾害引发的流通安全风险。由于地域广阔，南北跨度大，地理环境、气候条件复杂多样，使得中国成为世界上自然灾害最为严重的国家之一。随着城镇化、工业化快速发展，经济带、城市群、都市圈不断形成，产销地不断分离，农产品流通特别是跨区域流通受到自然灾害影响几率大幅上升，包括台风、地震、水灾、火灾等外部各种不可抗拒因素经常引起非常规性的破坏。例如，2008 年四川汶川发生的地震、2010 年北京 60 年一遇的暴雪、2018 年中东部地域的霜冻、2021 年郑州大暴雨等极端天气都对生鲜农产品流通产生了巨大的破坏性影响。灾害发生期间，灾区商业网点损坏严重，部分地区交通运输中断，粮食、蔬菜等农产品供应严重匮乏，价格上扬，影响市场稳定。

（2）动物疫情造成的流通安全风险。疯牛病、禽流感、非洲猪瘟等突发性动物疫情事件，对人民生命健康、畜牧业产业发展、食品安全和环境保护的威胁越来越大。2018 年生猪行业在面临产业升级和环保新要求的同时，遭遇非洲猪瘟的重大挑战，31 个省份先后发生疫情，对我国生猪流通体系产生了重

大影响。

（3）公共卫生事件造成的流通安全风险。全球鼠疫、霍乱等法定报告传染病时有发生，突发急性传染病不断出现。中国也面临境外输入传染病以及生物技术误用、滥用风险不断增大的挑战，食品安全基础依然薄弱，公共卫生事件防控难度增大。2003 年非典疫情防控期间，在生产端，畜牧养殖业受到较为严重的影响，饲料紧张、无法出栏、居民恐禽等导致养殖业亏损严重，补栏缓慢，对后续的流通恢复造成了严重的影响。2020 年开始的新冠肺炎疫情全球大流行，引发疫情防控期间严格的管控措施（例如疫区封城、高速封路、关闭农贸市场等），在短期内给农产品流通带来较大的冲击，部分地区甚至造成了农产品流通的中断，暴露出鲜活农产品流通的脆弱性。

2. 内部风险

农产品流通渠道内部风险，主要是由于系统自身单个环节产生风险源，并引起各环节之间的衔接风险，导致系统效率损失。主要表现是各环节节点间的商流风险与物流风险。

（1）商流风险。商流风险是围绕环节间的交易行为形成的风险，主要包括以下几个方面：

利益分配博弈风险。由于生鲜产品流通渠道中间环节较多，商品易腐、易损且无法长期存储，自身价值低，生产者（农户）和批发商、批发商与渠道商、渠道商与零售商之间均在博弈各自的利益，使得流通渠道的稳定性降低，很难维持长期合作关系，造成流通渠道的频繁变更和断链。

信息风险。主要指信息获取不准确、错误以及信息传递中发生的失效、泄露和延迟所造成的风险。

信用风险（道德风险）。指因合约当事人一方不能履行合约规定而给另一方当事人造成损失的风险。

（2）物流风险。生鲜农产品的生物属性决定了它属于价值极易消逝的商品，易逝性商品的显著特征是其生产、运输和储藏相比普通商品面临更多的不确定性，因此生鲜农产品流通渠道中的物流风险比其他流通渠道的物流风险更高。主要包括以下几个方面：

质量安全风险。主要指由于各流通、物流主体对产品与服务质量管理不严而引发的质量安全风险。目前看，流通过程存在的质量安全隐患主要有五个方面：一是由于农产品长距离运输及品质保持需求引发的“三剂”（保鲜剂、防腐剂、添加剂的统称）超量、超范围使用及非法添加风险；二是农产品包装材料引发的污染风险；三是盲目使用传统保鲜技术带来的风险；四是运输环节造成的变质与毁损；五是农产品储运时产生的生物毒素及其代谢风险。

运输配送风险。运输配送的风险主要包括货物灭损风险和货物延时风险。

货物灭损风险主要是在运输、搬运过程中，遇到自然灾害、交通事故、人员非标准化操作等主客观因素影响造成的货物损失风险。货物延时风险主要是承运人在运输路线规划上出现欠缺或是中途发生事故导致运输时间延长，违反签订的物流服务协议，引起托运人索赔造成的违约赔偿责任风险。

仓储保管风险。生鲜农产品的仓储风险主要来源于储存风险和积压风险。储存风险主要是指出现类似于仓储设施的损坏、温度监控设备失效、未能使用专业仓储设备等情形时，所诱发的生鲜农产品质量受损、变质、无法食用的灭损风险。积压风险主要是源于仓储周转效率低下，造成生鲜农产品积压、最终变质无法销售的风险。

（二）可保性分析

农产品流通面临的外部风险主要是自然灾害、动物疫情、社会卫生安全，这些风险因为具有随机性、突然性、客观性特征，具有较好的可保性。内部风险主要是各环节之间的衔接风险，需要根据三种不同的流通渠道来具体分析。

在传统流通渠道中，各环节之间由于是亦敌亦友关系，存在不对等博弈、利益分配格局不公平、环节多等特征，其面临的履约风险、利益博弈风险非常大且无法测量。从物流风险看，传统流通渠道由于规模普遍偏小、物流条件比较差、技术不到位、环节多、倒手多等原因，在三个渠道中面临的道德风险也最大，可保性较差。传统流通渠道的另一个特点是尽管商户面临的风险比较大，但由于规模普遍较小，这些商户对相关的物流保险需求并不强，他们更倾向于对风险的自我管理而非通过购买保险向外转移。

新型流通渠道由于是以连锁超市（电商）为核心，实力比较雄厚，环节少、有基地，面临的商流风险与物流风险相对较小，相比较传统渠道可保性较强。但是超市、电商平台与基地、合作社签订的订单面临的违约风险一直是困扰超市供应链的一个问题，研究保供保险时需要给予足够重视。

以国有企业为核心的流通渠道面临的风险与超市、电商等基本一样，在基地管理中也存在违约风险，只不过国有企业实力更强，不以盈利为唯一目的，保供责任明确。如果导入保险，规模效益也比较突出，相对其他两个渠道，该渠道所面临风险的可保性也最强。

五、发展保供保险的思路建议

（一）探索保供保险的必要性

1. 探索建立城市农产品供给保障新范式的需要

目前，我国采取的是以供给管理为主的保供范式，对确保粮食安全和重要农产品有效供给发挥了重要作用。但也存在重生产轻流通、重环节轻系统、重应急轻常态、重行政轻市场的问题，难以满足长期稳定的保供体系的构建需要，也难以有效应对外部环境剧烈变化带来的冲击。

按照推进国家治理体系和治理能力现代化的要求，需要在城市保供中全面落实总体国家安全观，把重要农产品供给保障纳入城市社会安全风险治理体系中综合考虑，这就需要建立城市农产品供给保障的风险研判、监测预警、宏观调控和应急管理机制，全面提升重要农产品供给保障的宏观调控水平和风险治理能力。保险作为专业的市场化风险管理工具，在农业生产领域已经发挥了重要的保供作用，如何运用市场化的资源配置手段，在农产品流通领域协助城市端政府部门共同探索构建城市农产品供给保障的新范式，进一步提高农产品质量安全与数量安全的保障能力，将是以风险管理为宗旨的保险公司责无旁贷的历史使命。

2. 保险公司进行产品创新、探索新业务的需要

目前，保险公司的传统业务发展普遍遇到瓶颈，农业保险也同样面临政府财力有限、业务推进缓慢的问题，亟须探索新的业务。产销的不断分离、新冠肺炎疫情的冲击、突发事件的频发都让人们充分认识到城市保供的重要性与紧迫性，中央、各城市政府已经将城市保供提高到一个很高的高度来认识，出台了大量的支持政策，对保险来说蕴藏着巨大的市场机会，亟须保险产品创新来开拓。

3. 密切保险公司与城市关系、提升公司美誉度的需要

城市保供涉及城市每一个市民的日常生活，作为所在城市的一员，保险公司如果开发出相关的保供保险，彰显出公司的使命担当，必然会大幅提升公司的美誉度，密切公司与市民、与政府的关系，有助于其他保险产品的开发与推广。

（二）开发保供保险的思路

1. 紧扣“菜篮子”市长负责制，以政策性保险的方式开发保供保险

2017 年，国务院修订颁布了《“菜篮子”市长负责制考核办法实施细则》，2021 年又对细则进行了进一步细化，使得“菜篮子”市长负责制落到了实处，“菜篮子”市长负责制表明市长负有农产品保供的不二责任，投保人、被保险人是市场流通主体，但真正的需求者是政府（市长），这点与农业保险很相似，这是保供保险政策性运行的根本理由所在。

2. 基于探索建立城市农产品供给保障新范式的理念开发保供保险

导入保供保险本身并不是最终目的，通过保供保险的导入形成保险与保供体系融合的保障新范式才是最终目的。为此，一定要避免单纯推进保供保险的片面做法，需要将保供保险的推进与市长《菜篮子责任制》、省长《米袋子责任制》的总体思路框架结合起来，厘清保供保险的调节范围，实现保供保险与市长问责的有机融合。另外，还需要考虑与金融、期货、市场监管、行业协会等的配合，共同探索市场与政府、保险与保障融合的模式。

3. 从“风险治理型保险”角度入手开发保供保险

传统保险都是“事后赔偿型保险”，并不适用于流通领域的保供需要，需要向“风险治理型保险”转变。理由如下：

（1）“事后赔偿型保险”尽管有利于被保险人的灾后重建，从而能发挥保供的作用。但那也是损失发生、供给减少后提供的补偿，与保供初衷并不完全一致。

（2）从前面的分析可以看出，如果在流通领域推进相关保险，保费的厘定是一个非常大的挑战，如果过分关注理赔率、赔偿金额，可能会限制该保险的推进，最后不了了之。

（3）过分重视“事后赔偿型保险”可能与政府部门的保供责任存在一定冲突。比如在市长农产品保供责任中，有一个很重要的责任就是农产品质量安全的监管责任，如果开发以赔偿为核心的质量安全责任险，就会有冲突：如果政府监管到位，保险就失去了赔偿“机会”，从而失去了市场开拓的理由；如果保险理赔多，有利于保险展业，却会引发对政府的问责。

保险业本质上是风险管理行业，随着人们对保险的理解和需求进一步深入，希望保险不仅从财务角度进行损失补偿，还能发挥安全预防、事故应对等作用，成为综合性的风险解决方案，可称之为“风险治理型”保险。其实，从政府部门角度看，如果与保险公司合作，可能看中的不是保险的损失补偿功能，而是如何引导保险业深度参与城市农产品保供，用专业风险管理知识帮助城市建立全面的农产品保供的风险治理体系。

因而，保供保险的开发不能局限于产品开发，更重要的是依托产品开发，积极通过各种服务介入城市农产品安全保供体系中去，在服务中发现新机会。

4. 本着先易后难的原则开发保供保险

农产品流通有三个渠道，本着先易后难的原则，建议先从以国有企业、超市、电商平台为核心的现代流通渠道入手试点探索，条件成熟再介入传统的农产品流通渠道。

（三）具体开发建议

1. 基于订单农业探索销地的“保险＋订单”模式

目前，在城市农产品保供的大背景下，城市端政府出台了大量的针对流通领域的补贴政策。为了真正发挥财政补贴的保供作用，城市端政府普遍要求各流通主体在申请补贴时必须在外埠有基地，并提供相应证明。由此出现大的经销商、超市、电商等纷纷在外地建设基地的趋势，为保险公司开发保供保险提供了切入点。

流通主体在外建基地的核心抓手就是订单农业。订单农业是指在生产经营过程中农户与涉农企业签订的具有法律效力的产销合同，农户根据合同安排生产，涉农企业按照合同收购农副产品的农业经营模式。发展订单农业一方面可以有效解决农产品销售难的问题；另一方面还可以有效地减少中间流通环节，降低农产品流通成本，维持稳定的市场价格，在城市保供中发挥着重要作用。但是，目前订单农业发展也面临着诸多困境：农产品价格不同年份受自然灾害等因素影响可能会有较大变动，特别是经济作物，当市场价格明显高于订单价格时，农户可能就会毁约，卖给出价更高的商贩；而如果约定价格明显高于普遍行情时，商家也可能会出现压价或不遵守合约的现象。为打破这一困境，不少涉农企业与保险公司合作，在产地探索了“保险＋订单农业”或者“保险＋期货＋订单”的模式，但是受地方财力的制约，开展得并不尽如人意。如果换一个视角，从销售端入手引入保险机制，基于销地流通主体的基地建设需要，与销地政府保供稳价的各种补贴政策结合，探索开发“保险＋订单”保险模式，就可能取得与产地端“保险＋订单”模式不一样的效果。首先相较产地政府，销地政府的财政实力更加雄厚，更有能力扩大“保险＋订单”的推广规模；其次，在“保险＋订单”模式中，由于订单农产品的价格和自然灾害风险得到了保障，不仅流通主体的利益受到保护，生产者的利益也得到了保障，可以实现“销地补贴，产地受益”的效果，有助于构建主产区与主销区跨区域合作的长效机制。

2. 基于产销区跨区域合作趋势探索保供保险

目前，诸如广东、浙江、福建、北京、上海、重庆等农产品主销区的负有保供任务的国有企业、国有投资公司、供销合作社等纷纷深入主产区，跨区域组建合作合资企业，建立产销合作基地、异地储备库等，推动形成养殖、蔬菜、粮食等农产品的跨区域生产、收购、储存、加工、中转、销售一体化的流通体系，通过输出生产能力、输入农产品的方式提高城市的“菜篮子”安全保障能力。基于主产区与主销区跨区域合作而形成的农产品流通体系，具有国有企业主导、保供目标明确、流通环节少的优势，特别适合保供保险的产品开发。以上海光明集团为例，为保障上海市“菜篮子”安全，在江苏、安徽、云南、东北等地建设了很多基地与农场，这些基地与农场有着巨大的保供保险应用场景。同时，生产出来的产品要回流到上海，还需要加工、仓储、物流、销售等流通环节配合，这里也有很大的保供保险的应用场景。比如，太平洋安信农险公司与光明集团合作，首先由太信农险买断优质水稻品种“太安 1 号”，并为该品种提供质量保证保险。然后由光明集团在它的外埠基地推广种植，收获的优质稻运回上海，满足上海市民对高品质农产品的需求，从而形成了“输出种子、输入产品”的保供格局，其中，保险的作用不可忽视。

3. 围绕流通环节的政府储备制度开发保供保险

目前，主要城市都健全了主要农产品储备制度，特别是北方大城市普遍有冬春蔬菜储备制度，就储备品种、储备规模、收储方式、补贴标准、投放时机和价格等都有具体要求，规模大，风险点较多，保供保险可围绕这一领域开发相关的险种。以北京为例，北京市政府依托新发地等大型批发市场建立了冬春蔬菜农产品储备制度，主要针对大白菜、圆白菜、洋葱、土豆、冬瓜等 8 个主要品种，从 9 月储备到翌年 3 月，由新发地等批发市场代储，政府在储备库装有远程探头，确保企业的储备量和蔬菜质量。储备期内蔬菜产权归企业所有，政府有使用权，储备投放市场时按市场价支付，产生的费用由政府补贴。企业代储期间，政府向企业支付 4 元/(吨・天）的储备费。这种蔬菜储备制度在突发情况下对平抑市场物价有非常显著的作用，在近年异常天气期间的北京农产品保供上发挥了重要作用，是北京农产品保供体系的一个重要组成部分，其中有非常大的保险应用场景。

我国棉花种植业支持保护政策的保险优化路径研究

冯文丽

（河北经贸大学京津冀一体化发展协同创新中心教授）

摘要： 棉花在我国是仅次于粮食的大宗农产品，关系基本民生保障和基础产业体系安全，是重要的战略性物资。长期以来，受农资价格上升等因素影响，我国棉花种植的生产成本逐渐增加，但市场价格波动幅度较大，市场风险大，加剧了棉农种植收益的不稳定性，对棉农种植积极性产生较大影响。为了稳定棉花价格，保护棉农植棉积极性和植棉利益，政府相继出台了一些棉花种植支持保护政策。本文在对我国现有棉花种植差别化补贴政策、棉花目标价格保险试点现状进行全面分析的基础上，提出借鉴美国利用农业保险支持棉花种植业的经验、发展棉花区域收入保险的建议。

关键词： 农业保险；棉花保险；区域收入保险

一、导论

棉花在我国是仅次于粮食的大宗农产品，关系基本民生保障和基础产业体系安全，是重要的战略性物资。棉花也是我国种植业中产业链最长的大田经济作物，商品率高达95％以上，在农业农村发展、农民增收和城镇居民就业中的地位举足轻重。同时，我国棉花产业在国际贸易中也占据重要地位，是全球最大的棉花消费国和进口国、全球第二大棉花生产国。2021 年，中国棉花总产量为 573 万吨，占全球总产量的 22.26％；棉花消费量为 820 万吨，占全球总消费量的 32％；棉花进口量为 252 万吨，占全球总进口量的 24.82％。

长期以来，受农资价格上升等因素影响，我国棉花种植的生产成本逐渐增加，但市场价格波动幅度较大，市场风险大，加剧了棉农种植收益的不稳定性，对棉农种植积极性产生较大影响。部分棉农调整其种植结构，“棉改粮”问题逐渐突出，导致我国棉花种植规模与棉花产量逐渐萎缩。2011—2021 年，我国棉花种植面积年均降低 3.93％，棉花总产量年均降低 1.28％。2021 年，棉花种植面积比上年下降 4.44％，棉花总产量比上年下降 3.04％。

随着我国棉花需求量不断增加，棉花“产不足需”问题比较突出，产需缺口常年围绕200万吨上下波动，这迫使我国棉花需求较大程度依赖进口，整个行业容易受到国外棉花产量、价格和政策的影响，因此需要制定一系列支持保护政策，以保证棉花种植产业的持续稳定发展。

本文在对我国现有棉花种植差别化补贴政策、棉花目标价格保险试点现状进行全面分析的基础上，提出借鉴美国利用农业保险支持棉花产业的经验、发展棉花区域收入保险的建议，以期能对决策层有所借鉴和参考。

二、研究现状

根据研究内容，本文将国内外研究现状聚焦在棉花产业支持保护政策和棉花保险两方面。

（一）国外研究现状

1. 关于棉花产业支持保护政策的研究

Evans（1980）认为，《1977年食品和农业法》提高了目标价格对种植面积分配决策的影响，目标价格和市场价格之间的差额鼓励农场主参与农作物预留计划，从而增加农作物的播种面积。但预留播种面积的影响可能是正的，也有可能是负的。目标价格公式的缺陷放大了目标价格对市场价格配置资源功能的干扰。

Makki、Johnson和Somwaru（2005）认为，反周期补贴可以为农场主带来福利，但受市场价格条件和种植面积的影响，福利提升幅度较小。因此，反周期补贴是一种比较温和的支持政策，对农户的影响程度有限。

Young和Westcott（2000）研究了美国生产灵活性合同、农作物保险、营销贷款和灾害援助四个农作物支持政策与农作物生产贸易之间的关系。结果表明，这些支持政策可以提高种植面积，保障农户收益，每项计划都会对美国出口和全球贸易产生不同程度的市场扭曲效应，补贴农作物保险的影响较小，除棉花以外，当前农作物保险计划不会显著扭曲美国的出口。

Tan、Guan和Karimi（2013）通过建立模型探讨中国棉花补贴政策对农业全要素生产率之间的关系，指出实施补贴后棉花全要素生产率会降低，如果补贴与种植面积相关，补贴政策与全要素生产率之间存在负相关关系，且对于棉花种子的补贴政策未能有效提高中国棉花生产的全要素生产率。

Guerreiro（2014）通过建立多元回归模型研究美国棉花补贴政策对世界棉花价格的影响，研究结果表明美国棉花补贴政策压低了全球棉花价格，美国取消补贴将使世界棉花价格上涨约10%。

2. 关于棉花保险的研究

对于棉花保险的作用，Tronstad 和 Bool（2010）认为，较高的棉花保险福利，鼓励农户参与农作物保险，刺激种植面积增加；产量较低的县比产量较高的县对保险参与和种植面积的反应更强烈。由此可见，棉花保险将生产的区域比较优势从产量和质量相对较高的县转移到产量、质量较低的县。Goodwin 和 Hunter（2014）通过对农作物收入保险与产量保险、价格保险进行比较分析，发现农作物收入保险是一种更为稳健的风险规避策略，它在很大程度上提升了农民购买农业保险的意愿。

对于棉花种植者的保险偏好，Luitel、Knight 和 Hudson（2015）发现，棉花生产者的最优选择为 75%保障水平的收入保险，叠加收入保险计划（STAX）的福利主要来自较高的保险费补贴。Hirsch（2015）的研究结果表明，对于棉花种植者来说，叠加收入保险计划（STAX）比补充保险选择计划（SCO）更受欢迎，损失阈值 90%、保障水平 70%的保险方案，是种植者参加叠加收入保险计划（STAX）的首选方案；风险厌恶决策者倾向于购买保障程度更低、保费更便宜的个人保险，并在该保险之外购买 STAX 或 SCO 保单，以获取项目允许的最大责任赔偿金额。

综上，国外研究结果表明，目标价格、生产灵活性合同、营销贷款、农作物保险和灾害援助等补贴政策都对市场资源配置产生扭曲作用（Evans，1980；Young 和 Westcott，2000）。例如，美国棉花补贴政策压低了全球棉花价格，如果美国取消棉花补贴政策，全球的棉花价格将上升 10%（Guerreiro，2014）。相比而言，农作物保险补贴对市场资源配置的影响较小，在美国除了棉花保险补贴外，当前的农作物保险计划不会显著扭曲美国的农作物出口（Young 和 Westcott，2000）。

（二）国内研究现状

1. 关于棉花产业支持保护政策的研究

翟雪玲和汪为（2021）通过实证研究得出结论：棉花目标价格补贴政策可以提升棉农收入，但对不同种植规模棉农具有不同的效应，对中小规模种植棉农的影响程度较低，而对大规模种植棉农的影响程度较高，提出为避免过度刺激生产和保护生态环境，可以对补贴主体及其补贴面积进行限制，加大对小规模农户补贴的标准。

程景明（2021）总结了新疆生产建设兵团棉花目标价格政策下棉花产业发展的经验，提出利用目标价格政策提高棉花生产率、提高棉花质量、完善棉花产业链及完善棉花目标价格政策的建议。

程景明（2021）基于新中国成立以来中国棉花产业政策演变，分析不同阶段政府与市场在棉花产业发展中发挥的作用，提出政府与市场之间的作用是互补的，政府和市场应准确定位各自的功能边界，政府应妥善行使职权，尊重市场价值规律，避免不当干预经济。

2. 关于棉花保险的研究

王力、刘小凤、程文明和陈兵（2019）对新疆棉花“价格保险＋期货”的试点效果进行全面分析，认为试点推进了棉花产业融合，有效规避了 WTO“黄箱”措施的约束，保障了棉农的基本收益，降低政府的财政成本，基本达到了预期的改革目标，但试点中还存在目标价格过高、棉农的保险意识淡薄、赔付机制不完善、缺乏农业保险人才和风险对冲工具不足等问题。

程文明、王力和吴志旻（2020）对农户购买棉花保险的意愿进行了实证研究，结果表明：户主的受教育程度和风险规避类型、家庭人均年纯收入、家庭从事棉花种植人口数量、植棉收入占总收入比重、曾经对保险公司的印象及对棉花价格保险的了解等因素对农户购买棉花价格保险的意愿具有促进作用；外出务工经历对农户购买棉花价格保险具有抑制作用。从边际效应角度看，对农户购买棉花价格保险意愿影响最大的因素是家庭的人均年纯收入。

尹千、谢凤杰和吴东立（2021）在分析美国棉花保险政策演变动因的基础上，提出借鉴美国棉花保险政策的发展经验和完善中国棉花保险政策的对策建议。

冯琦和冯占军（2021）认为新疆“棉花价格保险＋期货”试点存在保费来源缺乏可持续性、保险机制发挥作用受到内外限制、期货市场不够成熟及棉农对“价格保险＋期货”认知不够等问题。

综上，国内学者对于棉花种植支持保护政策的研究主要集中在“棉花价格保险＋期货”试点方面，还缺乏系统、深入研究。

三、我国现行棉花种植差别化补贴政策及存在问题

2011—2013 年，为了稳定棉花价格，鼓励棉花生产，我国实行棉花临时收储政策，对棉花实行脱市收购。该政策使国内棉花生产得到保障的同时，也产生了干扰棉花市场等副作用，使棉花市场机制失灵，国内外棉花价差过大，导致“外棉入市、国棉入库”，财政负担过重，纺织企业大量进口棉纱，开工率下滑，库存不断攀升，农民也没有完全得到政策好处。为了破解 2011—2013 年棉花临时收储政策期间形成的国内外棉花价格质量双“倒挂”、棉花产业国际竞争力严重下降等一系列问题，2014 年，我国取消临时收储政策，在新疆和内地实行差别化补贴政策，即在新疆试点棉花目标价格补贴政策，在内地 10 省（市）试点定额补贴政策。这也是我国现行的棉花价格补贴政策。

（一）我国现行棉花种植差别化补贴政策的主要内容

1. 新疆的目标价格补贴政策

目标价格补贴政策是在市场形成农产品价格的基础上，通过差价补贴保护生产者利益的一项农业支持政策。目标价格按照生产成本加基本收益确定。当市场价格低于目标价格时，国家根据目标价格与市场价格的差价和种植面积、产量或销售量等因素对生产者给予补贴；当市场价格高于目标价格时，国家不发放补贴。2014—2016 年，国家公布的新疆棉花目标价格分别为每吨 19 800 元、19 100 元和 18 600 元，2017—2019 和 2020—2022 年两个补贴政策周期中，新疆棉花目标价格均为 18 600 元。棉花目标价格政策在补偿新疆棉农生产成本、保障棉农基本收益、提升棉农植棉意向、促进棉花供给侧结构性改革等方面取得积极成效，但在实施过程中也出现补贴操作程序复杂、补贴配套措施不完善、补贴政策不透明及缺乏法律依据等问题。

2. 内地 10 省（市）的定额补贴政策

2014 年，在新疆实行目标价格补贴政策的同时，国家对内地的山东、湖北、湖南、河北、江苏、安徽、河南、江西和甘肃 9 省实行棉花定额补贴政策，补贴标准为新疆目标价格标准的 60%，以每吨 2 000 元为上限。继 2014 年中央财政对内地 9 省进行棉花定额补贴之后，天津市地方财政承担本市的棉花定额补贴。至此，内地实行棉花定额补贴的省、市实际为 10 个，即内地棉区“9 省＋1 市棉花定额补贴模式”。在实际执行中，各省（市）都是按照棉花种植面积和统一补贴标准对棉农实施补贴。

（二）差别化补贴政策的成效

国家对新疆和内地产棉区实行差别化补贴政策，取得了积极成效：①在一定程度上补贴了棉农的棉花种植成本，保护了棉农的植棉基本收益，提高了植棉意向；②完善了棉花市场价格形成机制，实现了棉花收购由过去的“政策市”向“预期市”转变，棉花市场定价机制基本建立，市场价格回归常态，国内外棉花市场价差明显缩小；③进一步促进了新疆棉花供给侧结构性改革，2017 年新疆开展了棉花目标价格改革补贴与质量挂钩试点工作，鼓励棉农和加工企业通过分等采摘、分级堆垛及加工等方式提高质量，有效提升了新疆棉花的质量和品牌影响力。

（三）差别化补贴政策存在的问题

1. 目标价格补贴可能会引发贸易争端

与当期产量挂钩的棉花目标价格补贴属于 WTO 规定的特定品种“黄箱”

补贴。按照我国加入 WTO 承诺，特定品种“黄箱”补贴额不得超过该品种当年总产值的 8.5%。由于此前临时收储政策导致棉花市场价格过度偏离供求基本面，取消临时收储后棉花市场价格大幅下降，导致补贴金额过高，可能超过我国加入 WTO 承诺水平，从而引发其他成员质疑，甚至会发展为贸易争端。

2. 内地定额补贴政策难以激发棉农种植积极性

2014 年实施差别化补贴政策以来，我国棉花产区格局发生很大变化：新疆棉花种植面积和集中度稳定增加，而其他棉区受种植效益和种植结构调整等因素影响，植棉面积显著下降。

如图 1 所示，在差别化补贴政策实施前的 2013 年，新疆棉花播种面积为 1 884.42 千公顷，占全国棉花播种面积的 45.28%。到 2021 年，新疆棉花播种面积为 2 506.10 千公顷，占全国棉花播种面积的 82.76%。2013—2021 年，新疆棉花播种面积和全国占比年均增长率分别为 3.62%和 7.83%。

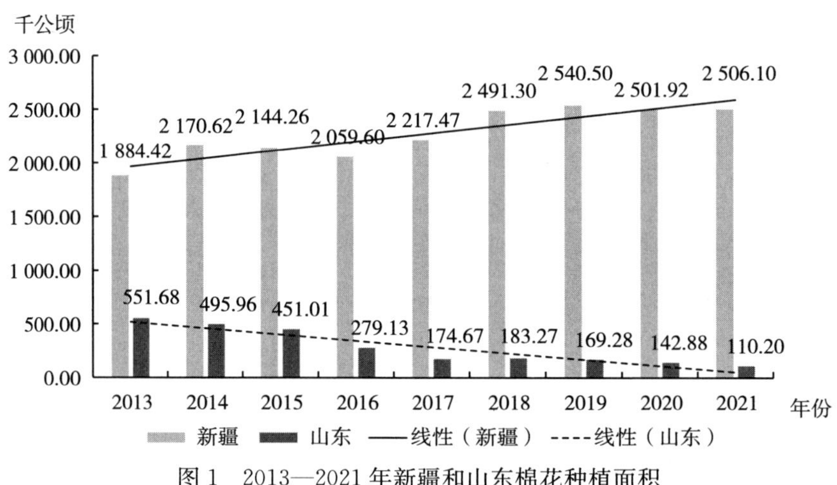

图 1　2013—2021 年新疆和山东棉花种植面积

资料来源：国家统计局网站。

反观我国第二大产棉省山东，2013 年，棉花播种面积为 551.68 千公顷，占全国棉花播种面积的 13.25%。但到 2021 年，山东棉花播种面积下降为 110.20 千公顷，仅占全国棉花播种面积的 3.64%。2013—2021 年，山东棉花播种面积和全国占比年均增长率分别为－18.24%和－14.92%。

3. 政府的财政补贴负担较重且不确定

价格风险是系统性风险，如果某年棉花市场价格暴跌，政府要给所有棉农支付目标价格和市场价格之间的差额补贴，政府的财政补贴负担之重可想而知。而且，由于棉花市场价格不确定，政府当年需要承担的棉花补贴成本也无法确定。

四、我国棉花目标价格保险试点及存在的问题

为解决新疆棉花目标价格补贴和内地棉花定额补贴政策中出现的问题，我国开始着力探索棉花目标价格补贴的市场化替代机制，作为政策储备，棉花目标价格保险就是重要选择。

（一）我国棉花目标价格保险试点现状

2016 年中央 1 号文件提出“深入推进新疆棉花、东北地区大豆目标价格改革试点”，“探索开展重要农产品目标价格保险，以及收入保险、天气指数保险试点”。2017 年中央 1 号文件再次提出，“调整完善新疆棉花目标价格政策，改进补贴方式”。

2018 年，在将棉花纳入中央财政保费补贴范围的基础上，新疆启动棉花“价格保险＋期货”试点工作。2019 年，山东省印发《山东省 2019 年棉花目标价格保险方案》，在平阴县等 6 个县（区）开展棉花目标价格保险试点。

棉花目标价格保险是指国家利用保险机制和保费补贴政策对棉农进行目标价格支持保护的一种制度安排，承保的对象是市场风险，赔付依据是目标价格或者价格指数，在保险期限内市场价格低于目标价格时，视为保险事故发生，由保险公司按约定进行赔偿。例如，《山东省 2019 年棉花目标价格保险方案》规定，2019 年山东棉花目标价格最低为每亩 1 216 元，当市场价格（按照棉花期货价格计算）低于目标价格时，保险人负责赔偿。

（二）我国棉花目标价格保险试点中存在的问题

1. 价格风险不可保

保险机制运作的基本原理是用多数人缴纳的保险费为少数发生保险事故的人进行赔偿。但并非所有风险都可以投保。在可保风险的条件中，其中有两个条件价格风险就不符合。第一，损失不能同时发生。如果保险标的同时受损，保险分摊损失的职能也随之丧失。棉花价格下跌，对于所有棉农而言就是损失同时发生的风险，保险无法分摊损失。所以，棉花目标价格保险试点地区一般都采取“价格保险＋期货”的方式，即保险公司把不可承保的价格风险通过看跌期权交易转嫁给期货市场。第二，风险不能是投机风险。投机风险是指既有损失可能，又有获利机会的风险。价格风险就是投机风险，当棉花价格下跌时，棉农受损；棉花价格上涨时，棉农获益。对于投机风险，容易产生投保人逆选择问题，即当棉农预期未来棉花价格下跌时竞相投保，届时都去索赔；但当预期未来棉花价格上涨时，则很少有人愿意投保甚至无人投保，导致保险人

对价格保险无法持续经营。

2. 目标价格保险不符合 WTO“绿箱”措施要求

根据 WTO《农业协定》的规定，收入保险与收入安全网措施纳入“绿箱”措施必须同时符合以下条件：①农户当年收入损失超过其前三年平均收入的 30%及以上；②该类型保险的赔付额度不能超过其当年收入损失的 70%；③此类农业保险不能与品种、价格、产量和生产要素等挂钩，保险产品具有普惠性质，农户均可以无门槛地获得。① 目前，我国试点的棉花目标价格保险，很显然是和特定品种和价格挂钩，并不符合 WTO 规则“绿箱”措施的要求。

3. “价格保险＋期货”模式存在推广困难

（1）保费补贴无法落实影响试点持续性。目前，棉花“价格保险＋期货”试点的保险费没有纳入中央财政保费补贴范围，要么由地方政府全额承担，要么由商品交易所、地方政府和农户共同负担。如果没有中央财政的保费补贴政策支持，仅靠地方政府和商品交易所承担，“价格保险＋期货”模式不要说推广，可能连试点都难以持续。以山东省为例，根据《山东省 2019 年棉花目标价格保险方案》，棉花目标价格保险单位面积保费为每亩 120 元，保险费用实行全额财政补贴。但在 2022 年，由于种种原因，山东棉花目标价格保险试点的保费补贴难以落实，试点项目暂停，新疆也存在类似问题。

学术界和实务界很多专家提议把“价格保险＋期货”纳入中央财政保费补贴范围。笔者认为，这在我国实现的难度可能很大。第一，从财政部门来看，对棉农的农业保险进行保费补贴完全可以接受，但对“期权/期货交易”进行补贴可能很难通过。第二，即便是农业保险最发达的美国，也不会把“期权/期货交易”列入联邦农作物保险进行补贴。《2018 年联邦农作物保险法》第 502 节“目的和定义”中规定：“根据本法由联邦农作物公司提供的保险单或保险计划的条款和条件不得受商品期货交易委员会或证券交易委员会的管辖；不得包括具有‘期权’‘投标’‘看跌’‘看涨’‘预付担保’或‘价格下跌担保’等词汇的任何交易，或根据《商品交易法》涉及未来交付、交易或执行的商品销售合同的交易。”

（2）保险公司承保的积极性不高。在棉花“价格保险＋期货”模式中，保险公司对自己所承担的价格风险购买看跌期权转移至期货市场。在这个过程中，保险公司实际发挥的作用是代理农户购买期权合约，从收益分配角度来看仅是保险公司的一种“通道业务”或“中介业务”，保费收入中绝大多数都以期权费的方式交给了期货公司，保险公司收益有限。但从保险合同的法律责任

① 史岩．美国农业保险补贴规避 WTO 规则约束的策略研究［J］．世界农业，2018（1）：65－71.

来讲，农民只知道自己从保险公司购买了农业保险，并不知道有什么期货、期权合同，保险公司的赔偿款来源于期货公司的行权收入，如果期货公司在期权交易中亏损进而违约，保险公司则要承担保险合同的全部赔偿责任。因此，“价格保险＋期货”业务对于保险公司而言，是一项收益有限但风险很大的业务。另外，保险公司支付给期货公司的期权费在会计处理上无法列支为“再保险”科目而享受免税优惠，从期货公司获得的赔付金也要列支为收入类科目缴纳税金，这在一定程度上也影响了保险公司开展“价格保险＋期货”业务的积极性。

（3）产品比较复杂，农民难以理解和接受。面向农民的保险产品，应该是越简单、越容易理解越好。棉花“价格保险＋期货”虽然说期权、期货部分和农民没有关系，但保险产品名称中包含有“期货”字样，在宣传的时候必然要花费很多时间对农民解释期货、期权的运作机理，这些复杂的金融衍生产品，对金融专业人士而言都很难理解，对于金融知识匮乏的农民而言更是难以接受。

4. “价格保险＋期货”模式监管难度较大

“价格保险＋期货”由期货公司和保险公司共同合作完成。保险部分由银保监会负责监管，期货方面则由中国证监会监管，如果涉及保费补贴，还需要财政部门对补贴资金进行监管，面临跨行业、跨部门监管难题，容易产生监管真空、推诿扯皮、重复监管、浪费监管资源等问题。

5. 与农产品价格形成机制改革的初衷相悖

从2013年起，我国积极探索农产品价格形成机制改革，力争实现“市场定价、价补分离”。农产品价格形成机制改革的基本导向是推进农产品价格的信号功能，即农产品价格要真正反映农产品供求关系变化。而棉花目标价格保险直接承保价格风险，可能会抑制棉花市场机制作用的发挥。正常情况下，棉农会根据棉花价格这一信号调整其种植规模，但棉花目标价格保险使棉农认为棉花价格风险由保险公司兜底，便忽略了价格信号的作用。为实现更高额的种植收益，棉农往往盲目扩大生产规模，增加棉花产量，导致棉花供大于求。这既会使棉花市场价格机制的作用被弱化，又不利于棉花产业的持续健康发展，显然与农产品价格形成机制改革的初衷相悖。

五、美国棉花种植支持保护政策及优点

（一）美国现行棉花种植支持保护政策

长期以来，美国推行以价格支持为主、以高额补贴为基本形式的棉花支持政策，以提高本国棉花的价格竞争力，开拓海外市场，增加棉花出口。但这造

成了与其他棉花出口国的不公平竞争，引起其他棉花出口国的反对。2002 年 9 月 27 日，巴西将美国陆地棉补贴政策诉诸 WTO 争端解决机构，声称这些政策违反了《WTO 补贴与反补贴措施协定》和 WTO《农业协定》，压低了全球棉花价格，对巴西棉花生产者不利。2014 年，争端最终以美国败诉而告终。

面对这一形势，美国在《2014 年食品、农场及就业法》中对棉花支持政策做出重大改变，取消了直接支付、反周期补贴及农作物平均收入选择等支持政策，对营销贷款及短期出口信用担保计划进行调整，并增设叠加收入保护计划和补充保险选择计划，配合传统的农作物保险计划，建立了全新的棉花支持保护政策体系。

《2018 年农业提升法》继续按照风险管理原则完善了棉花支持保护政策体系，与《2014 年食品、农场及就业法》相比变化不大，但进一步扩大了棉花的风险保障范围，增强了对棉农的补贴支持力度。

经过两次农业法的调整，美国构建起以保险体系为主、以价格和收入支持计划为辅的棉花支持政策体系。普通农作物保险计划、叠加收入保护计划和补充保险选择等项目共同构成了棉花保险体系。这一体系从个体和区域两个层面，从产量、价格、收入等多个角度对植棉收益进行合理保障，并设计出多样化且可自由选择的附加保险产品，以满足棉农个性化的风险保障需求。新的支持政策不仅更加符合 WTO 规则，而且在生产、加工、销售等环节对棉花生产商的利益起到了保障作用。

（二）美国棉花叠加收入保护计划的主要内容

叠加收入保护计划（STAX）是美国联邦农作物保险公司专门为陆地棉生产者提供的一种附加型区域收入保险计划，从 2015 年开始实施，该计划的主要内容有：

（1）保险单位。该保险计划以一个县或几个县的土地面积为保险单位（一般为 1 万～20 万英亩[①]）。当保险期限内县棉花实际收入低于预期收入的 90%，该计划启动赔偿。启动赔偿条件与单个参保棉农的植棉面积、单产水平及棉花收入无关。

（2）保障水平。该计划保障水平分为 5 档，分别为县棉花预期收入的 70%、75%、80%、85%和 90%，保障水平的级别越高，棉农越容易得到赔偿，但保费也越多。棉农可以根据自己的需求，任选一个对于自己而言性价比高的级别来参保。

（3）保费计算。保费计算公式为：保险费＝保障因数×（县棉花预期收

① 英亩为非法定计量单位，1 英亩≈0.404 68 公顷。

入×补偿比例）×保险费率。其中：保障因数为0.8～1.2，由美国农业风险管理局规定；县棉花预期收入＝棉花期货价格×县棉花预期产量，棉花期货价格是下一年度1月份和2月份纽约交易所棉花期货的平均价格，县棉花预期产量由历史数据计算而成；补偿比例由棉农所选择的保障水平减去70%得到，最高为20%，例如，棉农选择的保障水平为80%，则其补偿比例则为10%；保险费率由农业风险管理局设定，棉农因有无灌溉条件使用的保险费率会有所不同。

（4）补贴比例。美国政府对STAX的保费补贴比例高达80%，是除农业巨灾保险（CAT）外保费补贴比例最高的联邦农作物保险产品，由政府直接将保费补贴转至保险公司。

（5）赔偿金额。赔偿金额由棉花预期收入、赔偿比例与保障因数决定。赔偿比例为棉农选择的保障水平减去县棉花实际收入与县棉花预期收入的比例（或70%）决定。赔偿金额的计算公式为：赔偿金额＝县棉花预期收入×（保障水平－县棉花实际收入与县棉花预期收入的比例或70%）×保障因数。

（三）美国棉花叠加收入保护计划的优点

1. 可保性较高

该计划属于收入保险，承保的是棉农收入下降的风险，既保障产量风险，也保障价格风险，其中的产量风险是纯粹风险，强化了收入风险的可保性，缓冲了保险公司的一部分偿付压力，因此，保险公司经营STAX比价格保险更具可持续性。

2. 风险保障更加全面

棉花区域收入保险可以同时对因减产和价格变动所造成棉农的收入损失提供风险保障。同棉花价格保险相比，棉花区域收入保险所保风险既能在时间维度进行分散，又能在空间维度实现分散，保障程度更高，保障范围更广，更加满足了棉花种植者全面风险管理的需求。从美国收入保险计划推广经验来看，棉花区域收入保险正因其全方位保障的特质，受到棉农的青睐，原有棉花产量保险已不再占据市场优势。

3. 能够满足多样化的风险保障需求

STAX属于独立的附加险，即投保人可以在已购棉花保险基础上组合购买该保险，也可以单独购买。STAX的赔付不影响农户已购棉花保险的效力和赔付。该计划提供预期收入的70%、75%、80%、85%和90%五个保障水平供农户选择，以满足不同农户多样化的风险保障需求。

4. 区域性保险可降低勘察定损成本和道德风险

STAX是以某地区的产量或收入数据作为启动保险赔偿的依据，与农户个人的种植情况无关，可以减少个体保险计划下农户投保后不注意风险防范、故意夸大损失程度或隐瞒信息获取保险赔偿等情况发生，有利于降低勘察定损成本和道德风险。

5. 有利于发挥市场机制的作用

棉花区域收入保险是推动市场机制发挥作用的市场化工具。收入保险的运行主体是保险公司，在一定程度上可以规避政府干预市场造成的不利影响，有利于实现市场在社会资源配置中的主导地位。棉花区域收入保险的推行，使棉农更加重视价格信号的存在，可以有效调节棉花的市场供求关系，有利于保障棉农的收入水平与棉花产业的健康发展。

六、对策建议

（一）我国应重视棉花支持保护政策体系中的保险机制

通过上文分析可以看出，在美国棉花支持保护政策体系中，棉花保险占据越来越重要的地位。我国也应该采取这种战略，原因有三：①受 WTO 规则约束，未来各国使用保险机制支持保护棉花种植是大势所趋，因为相对于其他国内支持措施而言，保险机制对产量和市场价格的干扰最小。②相比其他直接补贴方式，棉花保险保费补贴具有“四两拨千斤”的杠杆作用，可以节约政府财政资金，花小钱办大事。例如，2019 年山东省棉花目标价格保险试点中，省财政安排 4 875 万元的保费补贴资金，为 6 个试点县的 8.66 万户棉农购买 4.94 亿元的保险保障额度，覆盖棉花面积 40.64 万亩。③棉花保险操作程序简单高效，政策操作成本较低，对棉农的利益保护更大。在棉花保险中，一旦农户植棉收入下降达到保险赔偿条件，保险公司即可启动赔付，保险赔款直接支付给农户，到账迅速，不发生任何中间损失。例如，2019 年山东省棉花目标价格保险试点中，当年底保险公司赔付棉农 7 850 万元，每亩赔付额 193 元，平均赔付率约 161%。

（二）不宜使用目标价格保险方式支持保护棉花种植

尽管利用保险机制支持保护棉花种植是大势所趋，但我国不宜再采用目前几个省份正在试点的棉花目标价格保险方式。目标价格保险具有价格风险不可保、不符合 WTO“绿箱”措施要求、“价格保险＋期货”模式存在推广困难、监管难度较大、与农产品价格形成机制改革的初衷相悖等问题，导致这种保险方式一方面经营风险和推广阻力都较大，不具可持续性；另一方面这种保险方式终究与棉花价格挂钩，可能会受到其他国家的质疑、指责甚至引发贸易争端。

（三）采用美国区域性收入保险方式支持保护棉花种植

在未来我国棉花种植支持保护政策可能会受到西方国家关注的背景下，最简单的做法就是结合我国国情，学习美国做法，采用类似 STAX 的区域收入保险方式对棉花种植进行支持保护。原因在于：①区域收入保险是推动市场机制发挥作用的市场化工具，收入保险的运行主体是保险公司，在一定程度上可以规避政府干预市场所造成的不利影响，有利于实现市场机制在社会资源配置中的主导地位，使棉农重视价格信号的存在，有效调节棉花的市场供求关系；②区域收入保险本身具有很多优点，如符合可保性要求、风险保障更加全面、可以满足棉农多样化的风险保障需求、可以降低查勘定损成本和道德风险等；③采用棉花区域收入保险，财政部门对保费补贴支持的可能性较大，具有大范围推广的基础，目前我国已经在内蒙古自治区和黑龙江省试点大豆收入保险；④棉花区域收入保险保费补贴的财政负担较小，也相对固定，不会因棉花市场价格的波动而影响财政预算，有利于降低政府财政负担；⑤区域收入保险对于农民而言，比较好理解和接受，即如果全县种植棉花的收入低于目标收入，则由保险公司赔偿差额部分，这也符合农民希望植棉收入和其他人一样的心理；⑥美国等西方国家无法指责与美国相同的棉花支持保护政策；⑦区域收入保险在技术和数据上也相对容易实现，仅需要一个地区多年的棉花历史平均产量和采购价格等数据。

（四）设计合理的财政税收支持政策

一是改变目前政策性农业保险由中央、省、市、县四级财政共同补贴保费的做法，建议由中央和省两级财政进行补贴。因为一些植棉区市、县级财政财力严重不足，支付保费补贴困难较大，尤其近三年受新冠肺炎疫情影响，地方财政更是捉襟见肘，地方财力不足会制约棉花保险的推进和发展。二是借鉴美国经验，将棉花保险保费补贴由财政部门直接拨付给经办保险公司，避免保费补贴资金拨付不及时、形成保险公司应收保费的情况。三是在条件成熟时也可以考虑借鉴美国规避 WTO 规则的做法，对保险公司实行经营管理费用补贴、再保险保费补贴和加大税收优惠力度等支持政策。这些面向保险公司的支持政策，可以间接降低农户棉花保险的费率和棉农的保费负担，相当于对农户的间接补贴，但又与棉花的产量和价格不挂钩，属于 WTO 规则中的“绿箱”措施。

（五）进行风险区划，科学厘定费率

棉花区域收入保险是以一定区域（例如以县为单位）整体植棉收入下跌作

为承保风险。我国植棉地区分布于西北地区、黄河流域和长江流域，自然风险、植棉成本和棉花价格差异比较大，这些因素都会影响区域植棉收入和费率水平。因此，发展棉花区域收入保险一定要做好风险区划，科学厘定费率，使保险费率充分反映投保区域的风险水平，降低投保单位的逆选择和道德风险，保证棉花区域收入保险的可持续发展。

（六）丰富棉花保险品种，满足多样化保险需求

一是对于棉花区域收入保险，应设计多层次的保障水平，以满足不同棉花种植者多元化的保险保障需求；二是积极探索棉花制种保险、耕地地力指数保险和农机保险等，加强对整个棉花产业链的保险保障支持，提升棉花产业的种质资源保障、绿色生产技术和植棉采棉的机械化水平，真正实现“藏棉于种”“藏棉于地”“藏棉于技”。

（七）充分发挥期货行业在棉花支持保护体系中的作用

期货、期权是重要的市场价格风险转嫁渠道，虽然通过“价格保险＋期货”模式在农业保险原保险市场上获得保费补贴、进行大范围推广有较大困难，但期货行业在棉花支持保护体系中也大有可为。第一，对保险公司的棉花区域收入保险提供价格风险转移途径，相当于对保险公司提供再保险，而不是在农业保险原保险市场直接面向农户，这就消除了无法获得保费补贴的障碍，《2018 年美国联邦农作物保险法》也支持保险公司利用期货和期权转嫁自身所承保的价格风险。第二，可以通过与棉花生产合作社等组织合作的方式，帮助农民在期货市场上购买期货或期权，对棉花进行套期保值规避价格风险。

农业保险理赔档案全流程电子化探索研究

太安农业保险研究院华中农业发展研究中心

摘要：本文通过对H省经营农业保险多家公司调研，并对一家头部公司抽样理赔案例全流程实地跟踪，通过对搜集到的相关数据进行分析，阐述了农险理赔中存在的流程繁琐、工作效率低下、纸质化浪费等弊端。通过真实数据，论证了农险理赔全流程无纸化政策依据、可行路径，指出目前在开展农业保险理赔工作中，可以通过落地实行农险理赔档案全流程电子化、精简化，助力农业保险绿色低碳发展。

关键词：农险理赔；全流程电子化；降本增效；绿色低碳

一、研究背景

（一）农业保险绿色发展现状

2020年9月，习近平主席在第七十五届联合国大会一般性辩论上的讲话中指出，中国宣布将提高“国家自主贡献”力度，力争2030年前二氧化碳排放达到峰值，努力争取2060年前实现碳中和。碳达峰、碳中和是我国统筹国际国内大局确定的目标，是综合考虑生态文明和经济发展后向国际社会作出的庄严承诺，对全球应对气候变化和我国经济高质量发展具有重要意义。“碳达峰、碳中和”是系统性、战略性和全局性工作，覆盖各行各业，涉及生活各个方面，需要全社会的共同努力。推动农业保险实现绿色发展，提升农业保险的运营、办公的电子化水平，是农业保险助力“碳达峰、碳中和”目标实现的重要路径之一。

当前，随着保险科技投入的不断增强，农业保险运营的电子化水平持续提升，全流程的承保电子化已基本实现，但是理赔档案的无纸化仍停留在初期，大量的理赔档案仍需要采用纸质的方式进行装订和保存，成为制约农业保险高效、绿色发展的主要因素。

（二）农业及农业保险发展现状和特点

H省（以中部某农业大省为研究对象，以“H省”代替）是我国重要的农业大省、农村人口大省。2020年农业产值9 956亿元，位居全国第二位，粮食产量位居全国第二，生猪年出栏量位居全国第二。2016 年，H 省共有 3 251.49 万农业生产经营人员，1 844.68 万农业经营户，其中规模农业经营户 27.09 万，小农户占比高达 98.5%。H 省农业生产主体仍以分散的农户经营为主。

近年来，H 省农业保险发展规模迅速壮大，农业保险保费规模由 2007 年的 4 亿元增长至 2020 年的 56 亿元，2022 年超过 80 亿元，居全国第二。其中，小麦保险和育肥猪保险规模均居全国首位。同时，农险品种日益丰富，全省已基本实现种、养、林 3 大类 16 种主要大宗农产品保险全覆盖。尤其是特色农产品保险，产品设计规范、地域分布较广、规模增速快、保障水平高，逐步覆盖烟叶等 30 余类、160 余种地方特色农产品，有力推动 H 省优势特色农产品规模化种养。

H 省农业大省、农村人口大省的省情决定了农业保险业务开展的复杂性和繁琐性，同时也增加了农业保险的经营成本。一是涉及农户众多，单个农户投保规模小，农业保险展业繁琐。以种植险为例，户均耕地面积 1.62 亩，每个村农户数大多在 200 户以上，而农业保险承保理赔全流程需要农户签字至少 3 次，同时宣传告知、信息收集、保费收取、公示、查勘、定损、理赔确认等各环节均需直面农户，展业十分繁琐。二是农村人口外流现象严重，增加农业保险展业难度。近年来农村外出务工人员增加，人员流动性大，多数为半工半农的性质，要在较短时间内规范地完成承保理赔等工作，难度非常大。

（三）农业保险理赔档案纸张消耗及成本分析

1. 农业保险理赔档案纸张消耗及成本分析

当前，H 省各保险主体农业保险档案均采用纸质的方式进行装订保管。结合 A 公司（以某头部财险公司在 H 省的分公司为研究对象，以“A 公司”代替）的档案管理情况，对种植险、养殖险档案的装订、打印、保存等环节的成本、人力投入情况进行了调研。抽取 2018—2020 年 A 公司下辖的 6 家中心支公司 5%理赔档案进行抽检和现场观摩统计。种植险每份理赔档案纸张用量平均 37.66 张，其中彩色打印纸张 15.27 张，其他 22.39 张，档案装订平均耗时约 16 分钟；养殖险每份理赔档案纸张用量 20.79 张，其中彩色打印纸张 8.58 张，其他纸张 12.21 张，档案装订平均耗时约 12 分钟。参考目前市场有关纸张、打印设备的耗材均价、固定资产分摊成本和 A 公司内勤员工岗位工资测算，种植险每份理赔档案平均物化成本 10.27 元、存储成本 4.36 元、人力成本 20.71 元，合计成本 35.33 元；养殖险每份理赔档案物化成本 5.75 元、存储成本 2.90 元、人力成本 14.87 元，合计成本 23.53 元。

根据 A 公司 2018—2020 年的农业保险理赔档案数量统计，年均 7 640 件种植险档案，79 898 件养殖险档案。估算年理赔档案总成本为 215 万元，其中种植险 27 万元、养殖险 188 万元。估算耗费纸张 195.2 万张，其中种植险 28.6 万张、养殖险 166.6 万张。按照全时岗位换算，需要 10 个全职档案整理员。

2. H 省农业保险理赔档案纸张消耗及成本分析

以 A 公司业务情况推算 H 省农业保险理赔档案成本。2018—2020 年 A 公司产险农业保险保费分别为 4.63 亿元、6 亿元和 7.4 亿元。2018—2020 年 H 省农业保险保费分别为 45.5 亿元、48.2 亿元和 56 亿元。

以 A 公司农险理赔档案管理情况，按照业务占比推算，H 省每年产生农业保险理赔档案 60.48 万份，其中种植险 9.62 万份、养殖险 50.86 万份；推理测算 H 省理赔档案年成本预计 1 536.7 万元，其中种植险 340 万元，养殖险 1 196.7 万元。每年耗费纸张 1 419.79 万张，其中种植险 362.20 万张、养殖险 1 057.59 万张，专职档案整理人员 74 人。

3. 基层公司档案储存情况

A 公司大部分县区公司设有单独的农险档案仓库，由于档案储存有一定的年限要求，几年积累的档案堆积如山，个别县区甚至出现房屋断裂现象（图 1、图 2）。

图 1　某县支公司农险档案储存场景

图 2　某县支公司农险档案

综上分析，当前农业保险理赔档案的整理及保管模式在资源消耗、成本等方面具有明显的劣势，与绿色发展的要求不相适应。推进农业保险理赔的全面电子化势在必行，这也是推动农业保险绿色发展的重要路径之一。

二、落地农险电子化档案可行性

（一）档案电子化、无纸化是大势所趋

《中华人民共和国档案法》（2020 最新版）、中国银保监会印发 4 月 1 日起施行的《农业保险承保理赔管理办法》（银保监规〔2022〕4 号）分别对档案电子化管理、农业保险理赔档案电子化有了明文规定。相信基层监管工作人员会迅速适应新的工作要求，电子化信息的收集整理时间将大大缩短，档案信息的时效性大大提高。档案管理电子化，使监管者可直接利用机读形式的档案，利用电脑的功能完成信息的统计，快捷地得到所需结果。档案管理电子化，信息成果可多份拷贝，使多个工作人员及时信息共享，提高工作效率。

（二）电子下乡、智能工具在农村的推广

H 省政府为提升农技推广服务效能，实施了基层农技人员素质提升工程，轮训基层农技人员 10 万余人次。同时，H 省还推动全省农业县普遍建立了由农技推广首席专家、农技指导员、特聘农技员以及农业科技示范主体构成的县域农技推广服务团队，形成了“专家＋技术指导员＋示范基地＋科技示范主体＋辐射带动户”的技术推广服务机制。农业农村信息化、数字化、智能化水平稳步提升，农民生产生活更加便捷。农业保险也将会更加便捷。

（三）公司科技的迅速发展

A 公司在积极响应乡村振兴战略，全力助推脱贫攻坚，推进中国农业保险创新发展上始终走在行业前列，以创新领域、专业能力和服务新型农业经营主体等为切入点，高质量、高标准全力参与中国农险创新发展。结合外部环境和内部要求，理赔档案电子化一定能实现。

三、农业保险理赔流程电子化路径分析

（一）农业保险理赔全流程无纸化政策依据

1.《中华人民共和国档案法》（2020 版）对档案信息化建设的有关规定

第三十五条　各级人民政府应当将档案信息化纳入信息化发展规划，保障

电子档案、传统载体档案数字化成果等档案数字资源的安全保存和有效利用。

档案馆和机关、团体、企业事业单位以及其他组织应当加强档案信息化建设，并采取措施保障档案信息安全。

第三十六条 机关、团体、企业事业单位和其他组织应当积极推进电子档案管理信息系统建设，与办公自动化系统、业务系统等相互衔接。

第三十七条 电子档案应当来源可靠、程序规范、要素合规。

电子档案与传统载体档案具有同等效力，可以以电子形式作为凭证使用。

电子档案管理办法由国家档案主管部门会同有关部门制定。

第三十八条 国家鼓励和支持档案馆和机关、团体、企业事业单位以及其他组织推进传统载体档案数字化。已经实现数字化的，应当对档案原件妥善保管。

2.《农业保险承保理赔管理办法》（银保监规〔2022〕4号）**的有关规定**

第三十条 保险机构应当根据公示反馈结果制作分户理赔清单，列明被保险人姓名、身份证号、银行账号、赔付险种和赔款金额，由被保险人签名或盖章确认。存在特殊情形的，可由被保险人授权直系亲属代为办理，保险机构应当留存具有同等法律效力的证明资料。

保险机构可以制作电子理赔清单，并采取被保险人电子签名等可验证方式确认理赔清单。保险机构工作人员、协办人员不得篡改理赔信息。

第四十六条 保险机构应当按照法律法规和监管规定建立农业保险档案管理制度。承保档案应当至少包括投保单、保险单、查验影像、公示证明、保费缴纳证明等资料。理赔档案应当至少包括出险通知书或索赔申请书、查勘报告、查勘影像、公示证明、赔款支付证明等资料。公示证明应当能够反映公示日期、方式和内容。上述资料应当及时归档、集中管理、妥善保管。保险机构按照有关规定可以采取信息化方式保存档案。

第五十条 保险机构应当加大科技投入，采取线上化、信息化手段提升承保理赔服务能力和效率，推动科技赋能，更好满足被保险人农业风险保障需求。

（二）当前农业保险电子化理赔流程介绍

在保险行业科技运用方面，作为头部企业，A公司一直处于行业领先地位，经过对A公司农险理赔流程操作的16个环节的梳理发现，10个环节已经通过系统操作实现无纸化，但仍有8个环节的操作还依赖于纸质材料，涉及材料20项。纸质材料虽然占比不足50%，但对于工作效率、成本耗材影响确实巨大。这也是推进农业保险理赔档案全流程电子化的关键点，详见表1。

结合当前监管要求、基层操作实际和系统情况，对涉及纸质材料的8个流程环节的18项纸质材料的无纸化可行性及实现路径进行了详细分析，详见表2。

表 1　农业保险理赔全流程操作介绍

序号	流程	操作机构	操作人员	工具	操作要求	时间要求	交付物	是否需要纸质材料
1	报案	司外	农户	24 小时服务热线	受损 24 小时内报案	出险之日 24 小时内	报案登记表	是
		中支	司内人员	OA	按照要求经中支、分公司领导签字确认后上报批量报案，杜绝出险后超过 30 日报案	出险之日 24 小时内	批量报案统计表	否
2	调度	中支	中支调度岗	核心系统	调度查勘任务、定损任务，并及时回复短信	报案后 24 小时内	回复短信、系统内查勘任务、定损任务	否
3	查勘	中支+县支	查勘员	APP	耳标号拍照清晰，称重和尸体明显，查勘拍照上传，并将收集材料上传系统	报案后 24 小时内	出险通知书、查勘报告、查勘照片、报案登记表、保单副本、报损清单	是
4	立案	分公司	立案岗	核心系统	对于查勘过后的案件，中支查勘员上报分公司立案岗估损，立案岗进行系统立案	报案之日起 2 个工作日内	初次估损	否
5	立案复核	分公司	核赔岗	核心系统	由分公司核赔人进行立案复核	立案之日起 1 个工作日内	立案号	否
6	估损	中支+县支	定损岗	核心系统	随着案件的进展，依照实际情况据实调整估损，并将相关依据上传系统	立案之日起 3 个工作日内	估损调整依据	否
7	估损复核	分公司	核赔岗	核心系统	核赔人依据定损岗上传调整依据进行系统复核	估损调整后 1 个工作日内	最新估损	否

（续）

序号	流程	操作机构	操作人员	工具	操作要求	时间要求	交付物	是否需要纸质材料
8	定损	中支＋县支	定损岗	APP	定损岗利用e农险对于受损的农户按要求定损到户，完成农户损失清单的签字确认，并完成系统内定损操作	报案后3日内	分户损失清单、赔偿协议	是
9	单证收集	中支	单证岗	核心系统	单证岗对于已收集的单证上传系统	报案后5日内	无害化处理证明、死亡证明、专家资质	是
10	理算缮制	中支	理算岗	核心系统	理算岗对于系统内案件进行缮制，完成综合报告书，并完善系统外的审批表	单证收集齐全1日内	赔款审批表、综合报告书、赔款计算书、分户理算清单	是
11	公示	中支＋县支	查勘岗	APP	查勘岗对于定损结果、理算结果在受损村的公示栏进行不少于3天公示，并采用e农险APP对公示结果进行拍照上传	理算缮制完成后1日内	公示照片	是
12	理算复核	中支	复核岗	核心系统	中支复核岗对于理算完成且公示无异议的案件在系统中确认后复核通过	公示完成后1个工作日内	提交两核	否
13	核赔	分公司	核赔岗	核心系统	核赔岗对于所有已上传材料进行审核，确认后核赔通过	提交两核3个工作日内	核赔意见反馈	否
14	退票	中支	理算岗	核心系统	对于退票案件查找退票原因，完善退票手续后，经中支、分公司领导审批后做系统修改，重新支付，直至成功	接到退票3个工作日内	退票修改依据、退票汇总表	否
15	支付	分公司	财务	财务系统	跟踪案件支付状态，对于成功支付的案件打印支付凭证	支付完成后5个工作日内	支付凭证	是
16	归档	中支	档案管理员	装订工具	严格按照分公司档案管理规定对案件进行归档	支付完成后7个工作日内	完整案卷	是

表 2　农业保险理赔全流程无纸化可行性及路径分析

序号	流程	现有纸质材料	监管要求	实际操作现状	无纸化可行性	无纸化实现路径
1	报案	报案登记表	必须有	系统打印纸质文件	可行	保存电子文档
2	报案	批量报案统计表	非必须	电子表格	可行	已是电子表格
3	查勘	出险通知书	必须有	系统打印纸质文件	可行	保存电子文档
4	查勘	查勘报告	必须有	纸质文件，被保险人签字	可行	电子签字
5	查勘	查勘照片	必须有	系统上传电子照片	可行	已是电子照片
6	查勘	报案登记表	必须有	系统打印纸质文件	可行	保存电子文档
7	查勘	保单副本	必须有	系统打印纸质文件	可行	保存电子文档
8	查勘	报损清单	必须有	系统打印纸质文件	可行	保存电子文档
9	定损	分户损失清单	必须有	系统打印，农户签字	可行	电子签字
10	定损	赔偿协议	必须有	纸质签字	可行	电子签字
11	单证收集	无害化处理证明	必须有	纸质盖章	不可行	监管要求
12	单证收集	死亡证明	必须有	纸质盖章	不可行	监管要求
13	单证收集	专家资质	必须有	系统上传电子照片	可行	已是电子照片
14	理算缮制	赔款审批表	必须有	系统打印纸质文件签字	可行	电子签字
15	理算缮制	综合报告书	必须有	系统打印纸质文件签字	可行	电子签字、保存文档
16	理算缮制	赔款计算书	必须有	系统打印纸质文件签字	可行	电子签字、保存文档
17	理算缮制	分户理算清单	必须有	系统打印，农户签字	可行	电子签字
18	公示	公示照片	必须有	系统上传照片	可行	电子公示
19	支付	支付凭证	必须有	系统打印纸质文件	可行	保存电子文档
20	归档	完整案卷	必须有	纸质档案	可行	全部使用电子档案

四、农险理赔档案电子化执行的难点

（1）基层监管部门。基层金融局、监管局、行业协会仍然习惯于依赖纸质档案与电子档案并行。尤其是需要客户签字确认的手续，截至当前，还是要查看纸质手续。

（2）基层公司。没有确切的文件依据可以取消纸质档案，为了在各项检查中不被动，仍然坚持保存纸质档案。

（3）基层农民。对电子化工具接受程度较低，在提交手续时依旧以纸质为重。

五、农险理赔档案电子化成果展望

升级电子程序，提高档案电子化系统性，以电子化为主，纸质化为辅。主要减轻大量纸质化档案的装订工作以及员工的重复劳动，解放生产力，以达到节约资源，降低成本，提高工作效率。

（1）提升农险理赔的整体信息化水平。改革理赔档案系统管理模式，即由传统的以纸质化档案为主线的存档方式提升到以电子化版本为主、纸质化版本为辅的管理方式。

（2）优化公司内部审批流程职责。分级管理，全部电子化，按权限大小、由低到高在系统内进行审批。

（3）提高工作效率，方便远程办公。传统的理赔操作需要大量的人力，消耗了大量的时间。电子化基本上可以确保从报案起无纸化操作，提高了工作效率，避免重复劳动，减轻了工作负担，实现了理赔手续的快速传递，也保证了时效性，能够实现现场和远程操作。

（4）节约运营成本。实行电子化、无纸化理赔，可以减少资源的消耗，缩减了纸质文档传递过程中所需的人力、物力和财力；削减人力资源开支，释放人力资源，实现人力转岗、人力资源效用最大化，将为涉及农业保险各方带来更大的利益。

六、实现农险理赔电子化，提升经营效益

（一）助力农业保险实现绿色、低碳发展

碳达峰、碳中和明确了我国经济社会发展全面绿色转型的战略方向和目标要求，而传统的档案管理模式对应的则是更大规模的人耗、物耗和碳消耗。根

据调研发现，若推行农险理赔档案电子化，A 公司每年可减少碳排放约 3.5 吨，H 省农险行业可减少碳排放约 25.8 吨，促进农业保险形成绿色、低碳的发展方式。

（二）助力农业保险实现降本增效

1. 减少农业保险理赔环节的运行费用

在农业保险整体收入中，80%左右的支出用于赔款，保险机构的经营费用及盈利占比不足 20%。

农业保险理赔环节的理赔费用支出主要包括人力成本、固定资产费用、日常运营费用等。其中，人力成本主要为理赔内外勤人员工资，占比约 0.25%，财产使用费主要为查勘车辆、打印机等设备的折旧，占比约 0.1%，日常运营费用主要为查勘车辆燃油及纸张等日常办公用品，占比约 0.1%。以 A 公司为例，每年因农险理赔纸张档案直接产生的人力成本 135 万元、纸张成本 34 万元，合计 169 万元，占每年农业保险收入总规模的 0.23%。H 省农险行业预计产生的成本高达 1 347 万元，在每年保险费收入总规模中占比近 0.25%。

农险理赔档案电子化的推行，一是可降低理赔人员的工作强度，提高理赔人员的工作效率，从而降低理赔人力成本；二是可减少与农户的见面频次，提高现有车辆等固定设备的利用效率，降低固定成本；三是可大幅减少对车辆燃油、纸张等用品的消耗，减少费用的支出，实现节能减排。

2. 提升农业保险理赔管理与服务效率

农险理赔档案的电子化可实现理赔全流程的线上化和无纸化，提升农业保险理赔服务效率，改善农户体验。农险理赔档案的电子化提高了内部档案管理人员的工作效率，为内控审计检查调阅资料节省了大量时间和人力，也减少了差旅与邮寄费用。

图书在版编目（CIP）数据

推进农业保险高质量发展　护航新时代农业强国建设：太安农业保险研究院成果集. 第一辑 / 顾越主编. —北京：中国农业出版社，2023.7

ISBN 978-7-109-30931-9

Ⅰ.①推…　Ⅱ.①顾…　Ⅲ.①农业保险—研究报告—中国　Ⅳ.①F842.66

中国国家版本馆 CIP 数据核字（2023）第 133679 号

中国农业出版社出版

地址：北京市朝阳区麦子店街 18 号楼

邮编：100125

责任编辑：赵　刚

版式设计：王　晨　　责任校对：刘丽香

印刷：北京中兴印刷有限公司

版次：2023 年 7 月第 1 版

印次：2023 年 7 月北京第 1 次印刷

发行：新华书店北京发行所

开本：700mm×1000mm　1/16

印张：22.5

字数：428 千字

定价：98.00 元
